Family Life Education:
Working with Families across the Lifespan
Third Edition

家族生活教育

人の一生と家族

第3版

キャロル・A・ダーリン
Carol A. Darling

ドーン・キャシディ
Dawn Cassidy

with

レイン・パウエル
Lane Powell

監訳　**倉元綾子　黒川衣代**
翻訳　**片田江綾子　泉光世**

南方新社

■執筆者

キャロル・A・ダーリン（Carol A. Daring）：認証家族生活教育者（Certified Family Life Educator, CFLE），フロリダ州立大学人間科学部マーガレット・サンデル記念教授および最優秀教員賞受賞教授，家族・子ども科学科名誉教授。フィンランド・ヘルシンキ大学行動科学部の家族・消費者科学講師，ヘルシンキ大学の教育・研究フルブライト交付金を2度受けた。全米教育賞3回，フロリダ州立大学優秀教員賞数回を受賞。ミシガン州立大学で，家族関係と子どもの発達に重点を置いた家族エコロジーの博士号を取得。2001年〜2003年，NCFR会長。長くNCFRに深く関与。現在，NCFR・CFLEプログラム開発実行委員会メンバー，CFLE大学プログラム審査委員会，専門職家族生活教育定義委員会，CFLE試験項目決定・作成委員会，CFLE諮問委員会に関与。家族生活教育，人間の性および性教育，家族ストレスと危機，女性の健康問題，個人・家族・教育プログラムに関連する多文化的な教育と文化的な多様性の領域で研究。フロリダ州立大学・他大学・公立学校で，地域で，NCFRおよびNCFRの州支部で，オーストラリア・コスタリカ・フィンランド・韓国・スイス・台湾などのさまざまな国で，研究，プレゼンテーション，コースを通して，生涯にわたって深く家族生活教育に貢献。

ドーン・キャシディ（Dawn Cassidy）：CFLE，NCFRの教育ディレクター。ミネソタ大学で，仕事・家族・コミュニティ教育の教育学修士号を取得。本書の先のふたつの版の共著者。ミネソタ早期学習計画（Minnesota Early Learning Design, MELD）プログラムの親ファシリテーターを2年間つとめ，サウスウェスト・ファミリー・ルーム共同評議会（Family Room Collaborative Council），幼児をもつ家族のためのユナイテッド・ウェイ・コミュニティ資源プログラムのメンバー。「ミネソタ家族関係学会倫理委員会」のメンバーとして，「親教育者・家族生活教育者のための倫理的な考え方と実践（Ethical Thinking and Practice for Parent and Family Life Educators)」（邦訳：片田江，2017）ガイドラインの開発に関与。NCFRのCFLE資格認定プログラム管理者，CFLE試験の開発にも貢献。家族生活教育分野の大規模な職業分析を実施。シンガポール社会家族発達省による家族生活教育者認証プログラムの開発を支援。

■編著者

キャロル・A・ダーリン，PhD，CFLE，フロリダ州立大学，ヘルシンキ大学
ドーン・キャシディ，教育学修士，CFLE，米国家族関係学会
レイン・パウエル，PhD，CFLE，テキサス工科大学

■出版者

Waveland Press, Inc., Long Grove, Illinois

監訳者まえがき

はじめに

　2013 年に，『家族生活教育：人の一生と家族（第 2 版）』（原著 2007 年）を翻訳・出版してから 6 年が経過した。同書は，米国における家族生活教育を日本に本格的に紹介する初めての翻訳書となった。多くの方々に「家族生活教育とは何か」について知っていただく手がかりとなったと思う。

　ここに，第 3 版を翻訳・出版する運びとなった。本書は，故レイン・パウエル博士（Lane Powell, テキサス工科大学・元教授）の協力のもとで，キャロル・A・ダーリン博士（Carol A. Daring, 2001 年〜2003 年米国家族関係学会〈NCFR〉会長，フロリダ州立大学名誉教授，第 2 版 13 章執筆者）とドーン・キャシディ氏（Dawn Cassidy, NCFR 教育ディレクターで本書初版と第 2 版の執筆者）によって執筆された *Family Life Education: Working with Families across the Lifespan*（第 3 版）（Waveland Press, 2014）の翻訳である（第 9 章 *Approaches to Sexuality Education* を除く）。3 人はいずれも家族生活教育に長い間，貢献してきている。

第 3 版の特徴

　日本語版序文および序文にもあるように，第 3 版では，この間の研究や理論の進展を反映し，大幅に改訂された。そこで，まず主要な特徴を挙げておきたい。
(1) 　家族生活教育が，多くの概念モデルを用いていっそう詳細に解説されている。従来から含まれていた「家族エコシステム・モデル」，「全米エクステンション子育て教育モデル」，「全米エクステンション子育て教育の枠組み」に加えて，「家族実践領域（Domains of Family Practice）モデル」，「ブルーム（Bloom）のタキソノミー（教育目的の分類学）」，「家族円環モデル（Couple and Family Map, Circumplex Model）」，家族生活スパイラル図，コルブ（Kolb）の「経験学習理論」，「多重知能理論」，「親教育コア・カリキュラム枠組み」などが導入され，図表も用いて，丁寧に説明されている。特に，第 1 章の「家族実践領域モデル」は，家族生活教育の位置づけを明確にするモデルであり，本書の各所で言及されている。このモデルの紹介は，本書での翻訳が日本で初めてのものとなる。
(2) 　家族発達理論，社会的交換理論，教化理論，発達段階論，世代理論，発達理論，象徴的相互作用理論，葛藤理論，フェミニスト理論，ストレス理論，評価のための論理モデルなど，各種の理論についての解説も追加や補足が行われている。
(3) 　本書をさらに根拠に基づくものにするために，出典を明確にする努力が行われた。

第2版からの変更点

　次に，各部・各章の第2版からの主要な変更点について示しておきたい。

　第1部「家族生活教育という分野」は，第2版と同様，2章から成っている。

　第1章「家族生活教育とは何か」では，「家族生活教育の寓話」と「家族実践領域モデル」（上述）が用いられ，「定義」に関する議論の第2版以降の進展が補足されている。

　第2章「専門職としての家族生活教育」は，第2版の「成長しつつある専門・専門職」というタイトルから変更された。第2版以降の変化にともなって，「医療費負担適正化法（オバマケア）」，メディア，倫理ガイドラインに関して記述が加えられている。

　第2部「家族生活教育の実践」は，第3～7章で構成され，第7章を除くすべての章でタイトルや内容が変更された。

　第3章「参加者を理解する」は，第2版・第4章に含まれていた「参加者のニーズに取り組む」を土台にし，タイトルが変更され，内容が大幅に補足された。特に，文化の役割，世代特性，メディアとテクノロジー，人種，家族構成などが追加されている。

　第4章「家族生活教育の設定」は，第2版第2章の項目「家族生活教育が行われている設定の多様性」を発展させ，独立した章となった。著者2人の研究に基づくデータと，13名の認証家族生活教育者による実践事例（教育的設定，コミュニティ，民間，行政と軍隊，ヘルスケア設定）が詳しく示されている。

　第5章「家族生活教育のプログラム設計」は，第2版・第6章「プログラム設計」を基礎にして書き直されている。特に，プログラム設計の要素図，測定可能な目的の設定（シラバスの目的指針）表，オンライン学習について，詳述されている。

　第6章「家族生活教育の実践」は，従来いくつかの章に分散して記述されていたものがまとめられ，補足されて，新しい章となった。効果的な教育活動と効果的な学習活動，読み物，教材と設備，初回のセッションなどについて記述されている。

　第7章「家族プログラムの評価」は，第2版とほぼ同様で，記述が補足されるとともに，「根拠（エビデンス）に基づくプログラム」の節が追加された。

　第3部「家族生活教育の内容」は，第8～11章から構成され，第8章以外の章の構成は類似している（原著第9章は省略）。

　第8章「理論と実践」は，第2版・第3章「理論と実践の関連」を発展させ，構成が見直されている。家族研究における理論，家族エコシステム・モデル，家族生活スパイラル図などが追加されたり，深められたりしている。

　第9章（原著第10章）「恋愛関係教育と結婚教育（Approaches to Relationship and Marriage Education）」は，第2版・第10章「結婚前教育と結婚教育（Education for Relationships and Marriage）」からタイトルが変更された。同時に，節や項目が整理され，書き直されている。また，ウェブ資源，アセスメント・アンケートが追加された。

　第10章（原著第11章）「子育て教育」は，第2版・第11章「親教育」からタイトルを

変更し，構成と記述が見直されている。さらに，「親教育者のための専門能力開発のレベル」
（タイトルは原資料に基づいている），親グループ・リーダーの能力，ソーシャルメディア
に関する記述が追加された。

　第 11 章（原著第 12 章）「家族生活教育の国際的展望」は，第 2 版とタイトルに変更はな
く，内容はほぼ同じである。さらに，世界の家族生活教育関係者の回答から成る質的研究
に関する記述が追加された。ウェブ資源についても追加されている。

　付録 A「家族生活教育の枠組み」は，第 2 版以降，2011 年に大きく見直され，年代別の
提示から内容領域別の提示へと変更されている。

　付録 B「家族生活教育の内容領域：内容とガイドライン」も同様で，第 2 版以降，2007
年に認証家族生活教育者のための試験が開始されたことを契機に見直され，内容と実践に
分けて提示されている。

　付録 C「家族科学における就業の機会」が新しく追加された。

家族生活教育とは

　第 2 版以後，「家族生活教育とは何か」についての研究に進展が見られる。詳細は第 1 章，
第 2 章に記されているが，全米家族関係学会（National Council on Family Relations, NCFR）
のウェブサイト等をもとに整理し，現時点での対象，目的，方法，定義を簡潔に記しておき
たい（本書第 1 章，第 2 章，https://www.ncfr.org/cfle-certification/what-family-life-education
参照）。

【対象】個人，家族

【目的】個人・家族に関する問題の発生予防と解決；健康な個人と家族の機能強化；生涯
をつうじた，人間の成長，発達，行動に関する知識とスキルの学習と能力育成；現在と将
来の役割に関する個人と家族の潜在能力の開発・向上；個人・家族の生活の質・ウェルビー
イングの向上

【方法】個人と家族のニーズに基づく予防的・教育的・協働的アプローチ；情報，知識，
スキル，リソース，学習体験の機会の提供；資格を持った教育者・家族生活教育者

【内容】10 領域：社会のなかの個人と家族，家庭内ダイナミクス，生涯にわたる人間の成
長と発達，人間の性，人間関係，家族資源管理，子育て教育，家族法と社会政策，専門職
倫理と実践，家族生活教育方法論（付録 A 参照）；個人と家族をめぐる社会的コンテクスト
とシステム，経済，教育，ワーク・ファミリー問題，ジェンダー，コミュニケーション・ス
キル，葛藤解決，自尊感情，意思決定スキル；その他の問題（薬物乱用，家庭内暴力，失
業，負債，子どもの虐待など）

　これらを踏まえて，家族生活教育を定義すると以下のように言うことができる。

　家族生活教育は，【対象】個人と家族が，【方法】資格を持った教育者・家族生活教育者とともに，個人と家族のニーズに基づいて，予防的・教育的・協働的にアプローチし，情報・知識・スキル・リソース・学習体験の機会の提供を通じて，【内容】個人と家族の生活に不可欠な知識とスキルの 10 領域の課題，個人と家族をめぐる社会的コンテクストとシステム，およびその他の社会問題を学ぶことを通じて，【目的】個人・家族に関する問題の発生を予防・解決し，健康な個人と家族の機能を強化し，生涯をつうじた人間の成長・発達・行動に関する能力を育成し，現在と将来の役割に関する個人と家族の潜在能力を開発・向上させ，生活の質とウェルビーイングを向上させることである。

日本における家族生活教育の進展と課題

　2004 年以降，日本における家族生活教育の確立をめざして，台湾，韓国，米国での調査研究，本書第 2 版の翻訳出版などの努力が積み重ねられてきている。（一社）日本家政学会では，2016 年から，個人・家族・コミュニティをめぐる問題の解決のため，および家政学の社会貢献の促進のために，「家庭生活アドバイザー資格」の発足に着手した。2017 年度からは，資格認定が開始されている。

　また，2018 年 12 月には実践女子大学で，髙橋桂子氏，牛腸ヒロミ氏，細江容子氏のご尽力により，本書の著者のひとりであるキャシディ氏（米国），陳若琳氏（台湾），趙熙今氏（韓国），倉元（日本）をパネラーとする「家族生活教育の国際シンポジウム」が開催され，各国の家族生活教育の歴史と現状，課題が話し合われた。各国における家族生活教育を確立させるための粘り強い取り組みは，日本の家族生活教育に多くの示唆を与えた。

　今後，資格認定に関する基準や認定システムをより確固としたものにするとともに，有資格者の能力を高める方法が検討されなければならない。また，第 11 章で指摘されているように，世界の家族生活教育でも課題となっている家族生活教育の方法論（本書第 2 部）の研究と教育を強化するという課題が挙げられる。さらに，家族生活教育の実践領域（結婚教育，子育て教育など）における研究と実践，経験の蓄積，交流が必要である。

翻訳と翻訳者

　今回の翻訳では，2017 年 3 月にウェイブランド出版との間で契約を取り交わし，2018 年 9 月には日本語版を出版する予定であった。しかし，監訳者のひとり（倉元）が異動したことや，改訂が大幅であったことなどから，翻訳にも時間を要し，足掛け 3 年がかかった。

　残念ながら，原著・第 9 章 Approaches to Sexuality Education（性教育）については，日本の家政学・家族研究における性教育に関する教育と研究の現状とはかい離していることから，今回は訳出を見送った。別の機会に譲りたい。

　いくつかの語句の翻訳で翻訳者のあいだで議論があった。特に，「healthy」に関しては，韓国における議論を参考にし，「健康」と「健全」を用いることとした。「健康」という訳

語を用いることによってやや不自然に感じられる場合もあるかもしれないが,「健全」という語によって守旧的な印象をもたらす懸念を取り除きたいと考えたからである。なぜなら,韓国では「健康家庭基本法」(2003 年) が成立した際に用語「健康」をめぐって激論が闘わされ, 家族を特定の方向に導こうとする意図がないことを理解してもらうのに長い時間が必要だったからである。また, 現在, 日本で提案されている「家庭教育支援法案」は家制度への回帰を意図しているという議論があるからである。

　今回, 翻訳を担当したのは, 倉元と黒川のほか, 片田江と泉である。新しく加わった 2 人はいずれも米国で PhD (教育学) を取得し, 米国における家族生活教育の事情に詳しい。片田江は, ミネソタ大学大学院で PhD を取得している。2017 年には「ミネソタ家族関係学会倫理委員会」の『親教育者・家族生活教育者のための倫理的な考え方と実践 (Ethical Thinking and Practice for Parent and Family Life Educators)』を翻訳した (片田江, 2017)。泉は西ミシガン大学大学院で修士, PhD を取得後, 結婚教育を中心に研究を積み重ねている。それぞれの経歴を生かし, 関連する章の翻訳に携わった。今後の活躍が期待される。

さいごに：レイン・パウエル博士を悼む

　翻訳者たちは, 本書が今日の日本の個人・家族・コミュニティをとりまく厳しい現状を改善し, ウェルビーイング向上に資することを強く願っている。また, 家族生活教育の普及と発展, 家政学・家族研究だけでなく, 広く関連する諸分野にも有効な示唆を与えることを期待している。

　さいごに, レイン・パウエル博士について記しておきたい。博士は, 2016 年 11 月にすい臓がんのため, 他界された。75 歳であった。長年にわたり, 家族生活教育の実践に献身し, 本書第 1 版 Family Life Education, An Indtroduction (2001) を構想した。黒川と倉元が, 本書第 2 版の翻訳にあたって, 2013 年 1 月, テキサスを訪問した際には, 多くの質問に長い時間を割いて熱心に答えてくださった。また, ホテルの手配, インタビューの設定や大学周辺への訪問など, 優しく細やかにお気遣いいただいた。博士こそ, 真正の家族生活教育者であった。博士がもはやこの世にいないということを信じることができない。博士の志を受け継ぎ, 日本における家族生活教育の研究と普及に尽くしたいと思う。博士のご逝去を心からお悔やみ申し上げます。

謝辞

　本書の翻訳では, 原著者のダーリン博士, キャシディ氏, パウエル博士を始め, 多くの方々にお世話になった。特に, ウェイブランド出版のロッソ氏 (翻訳権), ダーリン博士の夫ポール氏には大変お世話になった。ダーリン博士に「原著表紙デザインが魅力的である」と話したところ, 夫のポール氏によるものであることを明かされた。日本語版表紙での使

用を快くご許可いただいた。記して，深く感謝申し上げます。

　また，第 2 版と同様に，本書の翻訳・出版を快諾し，ご助言いただくとともに，原稿の完成を辛抱強く待ってくださった南方新社代表の向原祥隆氏には深く御礼申し上げます。

　さらに，翻訳者たちの家族と同僚，友人たちには多くの支援と励まし，辛抱をしてもらった。深く感謝したします。

翻訳者を代表して

倉元綾子（西南学院大学）・黒川衣代（鳴門教育大学）

2019 年 1 月 23 日

凡例

1. 本書は，キャロル・A・ダーリン（Carol A. Darling），ドーン・キャシディ（Dawn Cassidy），レイン・パウエル（Lane Powell）の *Family Life Education: Working with Families across the Lifespan* Third Edition, Waveland Press, Inc., 2014 の翻訳（Chapter 9　Approaches to Sexuality Education を除く）である。
2. 原文の引用符 " " は「 」で，またその中の ' ' は『 』で示した。
3. 原文のイタリック体の語句は，原則としてゴチック体または「 」で示した。
4. 原文の…は，訳文でもそのまま用いた。
5. 原文の－ －は，（ ）を用いた。
6. 〔 〕の中の語句は，原文にはないが，訳者が文意を補完するためにつけ加えたものである。
7. 原文には付してないが，本文と区別した方がわかりやすい語句は「 」で囲った場合がある。
8. 書名，雑誌名は，『 』で示した。
9. キーワード，組織名，人名，書名，雑誌名などには，英文・漢字・音訳カナ書きを併用したものもある。

日本語版序文

『家族生活教育：人の一生と家族　第3版（*Family Life Education : Working with Families across the Lifespan*）』の日本語訳のためにこの序文を書くことは，私たちにとって大きな喜びである。翻訳者たちは，日本における家族と家族生活教育に関するビジョンと献身から賞賛されるべきである。国の成功は，個人と家族が機能するように，前向きで先を見越したアプローチをする家族生活教育の基礎を持つ人々の家庭から始まる。家族生活教育者は，強靭で健康な家族が社会を支え強化するのに重要な役割を果たすこと，幸福な生活をし，コミュニティのメンバーとして貢献するのに必要な知識とスキルを個人と家族に提供することから得られる利益を確信している。私たちは，この本がこの努力に寄与し，今日のグローバルで個人主義的な社会における家族生活教育の必要性を示すことを期待している。

　この第3版では新しい執筆者を迎えた。ドーン・キャシディ（Dawn Cassidy）とともに本書初版と第2版を執筆したレイン・パウエル博士（Lane Powell, PhD, CFLE）は，そのバトンをキャロル・ダーリン博士（Carol Darling, PhD, CFLE, フロリダ州立大学優秀教育賞受賞名誉教授）に渡した。私たち（キャロルとドーン）は，この版を改訂し，アップデートし，拡充するために緊密に協力した。私たちは，最初のふたつの版が日の目を見るように，本書の必要性を最初に認識し，ビジョン，創造性を示し，献身したレインに大きな恩恵を受けている。

　本書は，米国の人間発達と家族科学専攻の学生を中心とする読者のために書かれているが，関連領域でコミュニティ教育やアウトリーチの仕事をしようとしている人々にも役に立つだろう。そのような仕事では，生涯の全段階の人々に対する教育プログラムやワークショップの準備，プレゼンテーション，評価を必要とするだろう。実践家が効果的にこれらの課題を達成する方法に関する実践的な知識を持っていることは不可欠である。本書は理論とプラクシス（内省をともなう活動）の現実的なブレンドである。さまざまなトピックについて多様なグループとの快適な相互作用が必要な実地体験を積むことができるように設計されている。

　この第3版で，私たちは，家族生活教育を，歴史と心踊る未来を持つ専門分野として描くことに焦点を合わせた。各章は，家族生活教育プログラムの計画，実施，評価の際に必要な現在の人口学的統計，課題，プログラムのオプション，実践を含むように再編成された。多様な設定で働く家族生活教育からの最近の実践に関する個人的な内省など，多様な参加者と多様な設定に大きな注意を払っている。さらに，「理論と実践」，「恋愛関係教育と結婚教育」，「親教育〔子育て教育〕」に関する章など，家族生活教育の内容とコンテクスト（文脈）に，さまざまな概念モデルや対話的授業活動が含まれるように，拡充されアップデートされた。

　第1版，第2版のように，各章にはクラス討論のための一連の質問，独立した研究または補助的研究のための研究課題や活動が含まれている。授業活動やケース・スタディは，章の内容に関連している。提案された活動は，内容体系に基づく講義科目に比べて，現在

多くの教育の専門家が推奨している問題解決学習に焦点をあてている。確かに，授業で練習を強調することは望ましい。自分のためにものごとを理解しようとするとき，学生は情報を保持し，個人的スキルを強化する傾向がある。

　家族生活教育の国際的展望に関する章には，6大陸29か国からの回答による国際的質的研究の結果が含まれている。各国の家族生活教育の状態に関する調査に回答した46人の家族の専門家に深く感謝する。オーストラリア，ブラジル，カナダ，中国・香港，ドイツ，ガーナ，グアテマラ，アイルランド，イスラエル，イタリア，ジャマイカ，日本，韓国，マレーシア，オランダ，ナイジェリア，パキスタン，ポルトガル，サウジアラビア，スコットランド，セルビア，シンガポール，スイス，スウェーデン，台湾，トリニダード・トバゴ，トルコ，アラブ首長国連邦，イギリスの家族の専門家から回答をもらった。彼らのコメントは，家族生活教育の今後の方向性とともに，さまざまな国際的な展望，プログラム，課題を強調している。別のコメントは，薬物やアルコールの乱用，高齢化，家庭内暴力，若者の健康，失業，介護，ジェンダーの平等，健康保険，HIV/エイズ，10代の妊娠，離婚についての世界的な懸念を示しており，米国だけが家族危機や分裂が起こっている唯一の国ではないことを示している。私たち家族生活教育者は，すべての社会で家族を強化するための予防的サービスを提供しなければならない。

　本書の執筆は，私たちにとって非常にすばらしい学習経験で，より多くの知識を持たせ，家族生活教育にさらに献身させた。私たちは，本書の内容を翻訳するという大きな役割を担った日本の研究仲間に深く感謝する。また，英語版で，サポート，指導，編集支援をしてくれたウェイブランド出版の編集者にも感謝したい。さまざまな設定で，家族生活教育を提供する喜びと課題に関して，指導し，文章に目を通し，教育活動を供給し，個人的な洞察に寄与した多くの友人と研究仲間に感謝したい。私たちは，数え切れないほど多くの人々に，大きな恩恵を受けた。彼らは，家族生活教育分野の進展と，私たち自身の個人的発展に貢献している。また，長年にわたって多くの時間とエネルギーと知恵を分かち合ってきた先生方にお世話になった。この冒険で私たちに付き添ってくれた研究仲間，友人，学生，および家族に深く感謝する。励まし支えてくれた配偶者，ポール・アンダーソンとトム・キャシディには，特に最も深く感謝したい。彼らは，私たちが多くの夜と週末を本書に専念できるようにしてくれた。夫たち，ドーンの子ども・ハミルとエレーナを含む私たちの家族のメンバーのすべてが，家族の価値に関する証拠である。

　私たちは，日本の文部科学省が学校カリキュラムで家庭科を必修にしていることを賞賛する。これは公教育が家族生活の真価を認めるすばらしい基礎になる。日本は他の国々が見習うべきロール・モデルになるだろう。

キャロル・A・ダーリン，PhD，CFLE
ドーン・キャシディ，教育学修士，CFLE
共著者

目次

序文

「国家の崩壊は家庭から始まる。」
・・・ガーナのことわざ

　家族生活教育者の目から見ると，このガーナのことわざは問題を間違った方法で捉えているように思われる。家族生活教育をよりよく描写することばは「国家の成功は家庭から始まる」だろう。家族生活教育の基礎には個人と家族の機能への積極的で予防的なアプローチが含まれる。私たちは，ほとんどの家族生活教育者は「楽観的な」人々だと信じている。家族生活教育者は，強靱で健康な家族が社会を支え強化する際に重要な役割を果たすと確信している。また，幸福に生活し，コミュニティのメンバーとして貢献するのに必要な知識とスキルを個人と家族に提供することから得られる利益を信じている。この本が，この努力に貢献することを望んでいる。

　この第 3 版では新しい執筆者を迎えた。本書初版と第 2 版をドーン・キャシディとともに執筆したレイン・パウエル博士（Lane Powell, CFLE）は，その役割をキャロル・ダーリン博士（Carol Darling, CFLE, フロリダ州立大学，優秀教育賞受賞名誉教授）に引きわたした。私たちは改訂とアップデートをし，幅広い内容を盛りこむために緊密に協力した。本書のような本が必要であることに最初に気づき，第 1 版と第 2 版でビジョン，創造性を示し，献身したレインに恩恵を受けている。

　本書は主として人間発達や家族研究専攻の学生を念頭に書かれているが，関連する研究分野でコミュニティ教育やアウトリーチの仕事のために準備している人々にも有用である。そのような仕事では，生涯の全段階の人々に対する教育プログラムとワークショップの準備，プレゼンテーション，評価が求められる。実践者がこれらの課題を効果的に達成する実用的な知識を持つことは不可欠である。このテキストでは理論とプラクシス（省察をともなう活動）が実際にブレンドされている。さまざまなグループとさまざまなトピックについて，和やかな雰囲気で考えを出し合うのに必要な参加型体験を奨励するように設計されている。

　この第 3 版で，私たちは家族生活教育が長い歴史と胸を躍らせるような未来を持っていることを示すことに焦点をあてた。全米家族関係学会（National Council on Family Relations, NCFR）の認証プログラムを通じて家族生活教育者としての認証を獲得しようとしている人々は，本書が家族生活教育領域の能力を理解し開発するのに大いに役立つことに気づくだろう。

　各章は，最近の人口統計，課題，プログラムのオプション，家族生活教育プログラムの計画・実施・評価に関する実践を含むように再構成された。さまざまな設定での最近の FLE の実践の個人的省察など，参加者と設定の多様性にいっそう注意した。さらに，第 8 章から第 11 章では家族生活教育の内容とコンテクスト（文脈）が拡充された。「理論と実践」，「性教育へのアプローチ」，「恋愛教育と結婚教育」，「子育て教育」，「世界の家族生活教育」

である。これらの章は改訂されアップデートされただけでなく，さまざまな概念モデルと
対話的授業活動も含んでいる。さらに，「世界の家族生活教育」の章には 6 大陸 29 か国か
らの回答と国際的質的研究の結果が含まれている。

　第 1 版，第 2 版のように，各章には，クラス討論のための一連の質問や問題と，単独ま
たは補助的研究のための研究課題や活動が含まれている。また，章の内容に関係した授業
活動やケース・スタディが含まれている。活動の提案では，問題に基づく学習（Problem-
based Learning, PBL）の焦点が示されている。現在，多くの教育の専門家が内容に基づく講
義よりも PBL を推奨している。授業での実践の強調は，確かに，より望ましい。自分のた
めに意欲的にものごとを理解しようとするとき，学生は情報を心に留め，個人的スキルを
強化する傾向がある。

　本書の執筆は非常にすばらしい学習体験だった。それはまた，私たちに家族生活教育を
よりよく理解させ，家族生活教育にさらに献身させた。この第 3 版で，レビューし，教育
体験に貢献し，ガイダンスや精神的支援を提供してくれた友人と研究者に深く感謝申し上
げる。

シャロン・バラード（Sharon Ballard, PhD, CFLE）イースト・カロライナ大学

ジュリー・バウムガードナー（Julie Baumgardner, MS, CFLE）First Things First

モーリーン・ブルジョア（Maureen Bourgeois, BA）NCFR

ジーン・エルズリー・クラーク（Jean Illsley Clarke, MA, LO (he), CFLE）J. I.コンサルト

キャサリン・コクシア（Catherine Coccia, PhD）フロリダ国際大学

ベティ・クック（Betty Cooke, PhD, CFLE）元ミネソタ大学

ジョディ・ドーキン（Jodi Dworkin, PhD）ミネソタ大学

ナンシー・ゴンザレス（Nancy Gonzalez, Med, CFLE）元 NCFR

キャシー・ハーディング（Kathy Harding, PhD）モーニング・スター学校

ステファニー・ジョーンズ（Stephanie Jones, MS）ポッシビリティ・ペアレンティング

ダナ・マクダーモット（Dana McDermott, PhD, CFLE）デポール大学

ジュディ・ノードストロム（Judy Nordstrom, MA）T.E.P.E.研修所

アン・ポッシス（Ann Possis, MBA）親友，驚くほど優れた校正者

マーシャ・レーム（Marsha Rehm, PhD）フロリダ州立大学

ジェイソン・サミュエルズ（Jason Samuels, BA）NCFR

イーサン・シュワブ（Ethan Schwab, PhD）フロリダ州立大学

ナタリー・セナトア（Natalie Senatore, PhD）ジャドソン大学

ベタニー・シュライナー（Bethanne Shriner, PhD, CFLE）ウィスコンシン大学スタウト校

メアリー・ケイ・ストラニク（Mary Kay Stranik, MS）元ミネソタ早期学習計画（MELD,
　Minnesota Early Learning Design）事務局長

エレン・テナー（Ellen Taner, MPH）テナー・アソシエイツ

スーザン・ウォーカー（Susan Walker, PhD）ミネソタ大学

シンシア・ウィルソン（Cynthia Wilson, PhD, CFLE）モンテヴェロ大学

スティーブン・ウェイジイズ（Steven Wages, PhD, CFLE）アビリーン・キリスト教大学

　さまざまな設定で家族生活教育を提供する喜びと課題に関して，個人的な洞察を寄せて
くれた 12 人の研究者に感謝する。その名前，所属，発言は，第 4 章「家族生活教育の設定」
に含まれている。

　各国における家族生活教育の状況に関する調査に回答した 6 大陸 29 か国の 48 人の家族
の専門家にも深く感謝する。オーストラリア，ブラジル，カナダ，中国・香港，ドイツ，ガ
ーナ，グアテマラ，アイルランド，イスラエル，イタリア，ジャマイカ，日本，マレーシ
ア，オランダ，ナイジェリア，パキスタン，ポルトガル，韓国，サウジアラビア，スコット
ランド，セルビア，シンガポール，スウェーデン，スイス，台湾，トリニダード・トバゴ，
トルコ，アラブ首長国連邦，イギリスから，回答を得た。

　言及はしないが，自分自身の個人的発達と同様に，家族生活教育分野とその専門の進化
に貢献した数多くの家族生活教育者に深くお世話になった。さらに，ウェイブランド出版
の編集者，ドン・ロッソ（Don Rosso）とダコタ・ウエスト（Dakota West）のサポートと指
導，編集に関する支援に特に感謝したい。私たちの教授，教師，メンターにも感謝したい。
彼らとは非常に多くの時間とエネルギー，知恵を分かちあった。この冒険で，私たちに伴
走してくれた，研究仲間，友人，学生に大いに感謝する。私たちを勇気づけ助けてくれた
夫，ポール・アンダーソン（Paul Anderson）とトム・キャシディ（Tom Cassidy）には最大
の感謝を表したい。彼らは私たちがこの本のために働いている間，多くの晩と週末をひと
りで過ごした。夫たちと，ドーンの子どもたちハミル（Hamil）とエレーナ（Elaina）など，
私たちの家族全員が家族には価値があることを示す証拠である。

第1部　家族生活教育という分野

第1章　家族生活教育とは何か

家族生活教育を理解する

　あなたは，家族生活教育のクラスの学生として「家族生活教育とはいったい何ですか」と尋ねられるかもしれない。次の寓話は説明の助けになるだろう。

　　昔むかし，激流が岩を洗う川のそばに村がありました。川岸には「危険」という警告がしてありましたが，人々はしばしば警告を無視し，川に落ちました。落ちた人は，おぼれたり，川下の滝に流されたりして，二度とその姿を見せることはありませんでした。村人たちはある計画を思いつきました。川の中に落ちた人を救うために，流れに沿って網を置きました。常勤の係員が雇われ，村人が川に流されていないかを見張り，川に落ちた人を引き上げて体を乾かしたり，救急車に乗せたりしました。川の縁近くには新しい病院が建設されました。これらすべての努力のおかげで亡くなる人は減りました。しかし，まだ多くの人がけがをしたり溺れたりしていました。

　　村に移ってきたカップルが，何が起こっているかを見て，村人を救うためにもっと他に何かできないか，尋ねました（**協働**）。村人たちは，〔何か新しいことをやることに〕反発しました。「良いシステムを開発した」，「全ての人を救うことはできないが事態は良くなっている」と説明しました。カップルはそれに満足せず，自ら行動をおこすことにしました。川の危険なところに沿って大きい柵を建設するのを助け（**予防**），水泳教室を開いて，人々に岩場でボートを操る方法を教え（**予防と教育**），救命胴衣を着けないで川に入るのは危険だということを村人たちに話しました（**予防と教育**）。やがて，川に落ちる人はだんだんと少なくなりました。落ちた人も何とか自分で脱出できるようになりました。（全米家族関係学会, National Council on Family Relations, NCFR, n.d.a）

　家族生活教育は川の上流での行動に関係している。家族生活教育は，問題が発生し，個人や家族が苦しめられ，苦闘するまで，行動するのを待つのではなく，個人と家庭の問題に対して**予防的**，**教育的**，**協働的**にアプローチする。この予防的アプローチは，問題を防ぎ，潜在能力を高める。それは，無数の課題・関心・懸念・状況に対処しながら，さまざまな参加者を対象に，さまざまな設定で行われる。次のような話は，あなたの近くのコミュニティで行われているいくつかの家族生活教育活動について説明する。

　　リバティ高校の若い母親クラスは10人の妊娠している生徒から構成されている。教師が本物の赤ちゃんを入浴させ，くるりと動かすのを見ている。彼女たちの質問から，若い母親としての差し迫った役割に関する緊張感や恐怖がわかる。次回のクラスでは，幼児の発達について議論するだろう。午後には，保育園で，手本を示し教え参加をう

ながす幼稚園の園長か，実習室の教師の周到な注意の下で，他の10代の母親たちの幼児の取り扱いを学ぶ。

　地方のコミュニティー・センターでは，9年生〔中3〕や10年生〔高1〕の親が「10代の子育て」に関する話し合いのために集まっている。若者の発達と行動についてさらに学ぶためだ。前の週におこなわれた若者の脳の発達についての議論は特に啓発的だった。同じ課題に直面している別の親たちから話を聞く機会があったのは心強かった。自分たちだけが，子どもの性格が一夜のうちに変わったと感じているのではないことを知るのは参考になる！

　近所のアパートでは，若い大学卒業生が地域のエクステンション・サービスが提供する金銭リテラシー・オンライン・プログラムを終了しようとしている。保険，退職後の計画と投資，家計のやりくりを学んでいる。目標設定に関する要素もあれば，情報に基づく決定に関する要素もある。彼は，親のせいで直面している〔親から被害をこうむっている〕倒産や差し押さえを避けることを望んでいる。

　近くの教会では婚約している男女のための結婚教育教室が行われている。ファシリテーターは，参加者が結婚への期待を明確にするための訓練をしている。この後，カップルたちはアクティブ・リスニング（積極的傾聴）に関して学び，いくつかの新しいコミュニケーション・スキルを練習するだろう。

　高齢者住宅団地では，高齢者のグループが「退職後の計画」に関する4回シリーズの1回目に出席している。彼らは，収入と予算の立て方，健康で活動的である方法，社会的関係を維持する方法，定職のない生活に適応する方法を学ぶのを楽しみにしている。

「家族……生活……教育」は多様なイメージと期待を含む概念である。これらの話は，家族生活教育において取り組まれた多くの話題や参加者のほんのいくつかの例である。すべてにおいて，リーダー教育者と「学生〔参加者〕」グループがスキルと期待を結合させることを求めている。どのように，多面的な文脈を含む家族生活教育を定義するのか。さらに，どのように「家族」を定義するのか。家族生活教育は家族生活のために個人を支援し教育するのにどんな価値があるのか。家族を対象にして働いている専門職や将来の専門職として，非常に多くの要求に効果的に応じるにはどのようにスキルを発達させたらよいのか。

　この本は，家族生活教育者の教育的準備に関する多くの問題に取り組むために書かれており，家族生活教育モデルの典型である対話式の授業スタイルを促進するアプローチを用いている。第1章では家族生活教育の定義，歴史，将来の方向性を概観し，文脈を設定し，専門職についての理解と感謝を育む。第2章では家族生活教育という専門の発展について

議論する。家族生活教育者の成長のための現在の課題と戦略，個人的スキルと質，倫理ガイドラインの重要性が含まれる。第 3 章から第 7 章では，家族生活教育の参加者や設定から，家族生活教育プログラムの設計，実施，評価まで，家族生活教育の実践を扱う。第 8 章から第 10 章では，より特殊化され，専門のなかで最もよく発達し，しばしば提示される家族生活教育の 4 領域，家族理論，性教育〔本書では訳出していない〕，恋愛関係教育と結婚教育，親教育〔子育て教育〕を扱う。第 11 章では，ニーズ，状況，方法など，家族生活教育の国際的な展望について議論する。本書は，真に実践者のためのハンドブックになるように設計されている。それゆえ，「…のためのグループを始めるのを助けてくれますか」という電話があれば，あなたには準備ができているだろう！

定義に関する議論

　「家族生活教育」の定義は過去 50 年間，多くの論文や会話の焦点であった。実践の内容，目的，参加者，焦点，タイミングなどに関して意見の違いがある。家族生活教育の定義について一般的合意に達するという課題は『家族生活教育ハンドブック第 1 巻（*Handbook of Family Life Education, Volume 1*）』（Arcus, Schvaneveldt, & Moss, 1993）で詳しく調べられている。Box 1.1 には定義の試案がまとめられている。見て分かるように，多くの共通する概念と特性があるが，普遍的に採用されている定義はない。

　簡潔な定義から，家族生活教育を包括する目的や概念に関する記述的議論（「分析的調査・研究」）に移行したことによって，容易に合意に達することができた。アーカス（Arcus）ら（1993）は家族生活教育の目的や原理を 3 つの基本的なものに減らした。すなわち，（1）家族に影響を与える問題を扱うこと，（2）問題を予防すること，（3）個人と家族のために能力を発達させることである。言いかえれば，家族生活教育は「個人と家庭のウェルビーイング（健康で幸福で反映している状態）を強化し豊かにする」ように計画されたプロセスである（p.12）。

　トマス（Thomas）とアーカス（1992）は，家族生活教育の操作定義（operational definition）を開発するために，「家族生活教育と呼ばれるためには，どのような特徴がなければならないか」を問題提起した。大量の文献やプログラムを検討した後，アーカスら（1993）は家族生活教育を一般的に次のように結論づけた。

- 　生涯にわたって個人・家族に関係する
- 　個人と家族のニーズに基づいている
- 　研究領域は学際的（multidisciplinary）であり，実践も学際的（multiprofessional）である
- 　たくさんのさまざまな設定で提供される
- 　治療的アプローチよりむしろ教育的アプローチを採用する
- 　いろいろな家族価値を示し尊重する
- 　家族生活教育の目標を認識している，資格を持った教育者を必要とする

Box 1.1　家族生活教育の定義，1962-2011

年	定義および執筆者
1962, 1963, 1964	「家族生活教育は，生徒の人格が，現在と将来の家族員としての完全な能力（すなわち，個人がその家族役割に特有の問題を最も建設的に解決するために身につける能力）の獲得にむけて成長するのを支援する際に，教師によって用いられる意図的・意識的な，すべての学校での体験を含んでいる。」(Avery, 1962, p. 28; Avery & Lee, 1964, p. 27; Lee, 1963, p. 106)
1964	「家族生活教育は，デート・結婚・親であることに関連する事実・態度・スキルを含んでいる。…家族生活教育の概念の中で，関係性（親と子，夫と妻，男子と女子など）という考えを作り上げる。」(Kerckhoff, 1964, p.883)
1967	「変化している社会は，配偶者・親・子・きょうだい・祖父母の役割に新しい責任や機会をもたらしている。家族生活教育は，このような社会で家族員としての機能を果たす際に，選択可能な代替手段について，学生の理解を深めるための，家族員としての人間行動の研究である。」(Somerville, 1967, p. 375)
1968	「それは，家族員としての現在と将来の役割における個人の能力を発達させるために計画され指導される体験学習プログラムである。その主要な概念は人格の発達を通じた人間関係である。個人はそれについて意思決定し，関与し，そのなかで自分自身の価値を確信する。」(Smith, 1968, p. 55)
1968	「個人と家族が，生涯を通じて，人間の成長，発達，行動に関する知見を学ぶのを助けるのが，家族生活教育の主な目的である。現在および将来の家族役割における個人の可能性を発達させるために，学習体験が提供される。その主要な概念は，人格の発達を通じた人間関係についてである。個人はそれについて意思決定し，関与し，そのなかで自尊心を高める。」(National Commission on Family Life Education, l968, p. 211)
1969	「家族生活教育は…家族生活の課題や問題…（および）行動的・情緒的機能の認識的要素をめぐって，主として認識と情報交換のレベルにおいて，グループの人々と関わる。その技術には，家族という単位内で機能する人間関係に関連する行動的資質と同様に，社会システムとしての家族の考え・価値観・行動パターンについての議論と教育，および個人の機能に与える影響が含まれる。」(Stern, 1969, p. 140)
1971	「…どんなグループによるどんな活動も，家族関係に関する情報の伝達，および人々がさらに深く理解して現在と将来の家族関係に取り組む機会を提供することを目的とした。」(Vanier Institute of the Family, 1971, p. i)
1973	「個人が，良好な人間関係を形成し維持するための理解と能力を向上させるのを助ける家族生活教育プログラムは…個人と個人の間，および家族内部での多くの相互作用と，人間関係の質に影響を与える個人の特性に集中するようになっている。」(Kirkendall, 1973, p. 696)
1973	「…最も広い意味での人間教育，人間の全体的あり方：身体的，精神的，情緒的，に関係する…人間関係の本質。」(Whatley, 1973, p. 193)
1974	「家族生活教育は，個人の役割，人間関係，家族形態，新しい生活様式，全ての年令の個人の情緒的ニーズ，性の身体的，心理的，社会的側面についての研究である」(Herald, Kopf, & deCarlo, 1974, p. 365)
1975	「…家族生活を強化し，個人が他者との関係のなかで自分自身をより深く理解するのを助けるために準備された教育プログラム」(Levin, 1975, p. 344)
1976	「家族生活教育は，家族生活を向上させるために，個別の家族にあわせて，家族発達資源の開発，コーディネート，統合を促進する。」(Cromwell & Thomas, 1976, p. 15)

1984	「…さまざまな世代の人々のあいだの…人間関係の身体的，精神的，情緒的，社会的，経済的，心理的な側面についての理解を深めさせる教育」（Sheek, 1984, p. 1）
1985	「家族生活教育は…個人の強さの上に築かれ，人格形成・人間関係・行動に対する環境要因の影響についての知識を深めさせる。」（Barozzi & Engel, 1985, p. 6）
1985	「小グループの設定で，さまざまな人生の課題について，全ての世代の個人に情報を提供する専門的プロセスとして…」（Gross, 1985, p. 6）
1987	「個人と家族が多面的な環境のなかで資源と相互作用するとき，個人と家族に関する研究によって人間生活の質を維持し向上させることに関係する…」（Darling, 1987, p. 818）
1989	「家族生活教育は…成人が，毎日の生活のなかで（すなわち，他者と関係する際に，人生のイベントに対処する際に，個人的潜在能力を実現する際に）スキルの有効性を向上させることに捧げられる。」（Tennant, 1989, p.127）
1995	「家族生活教育の目標は，家族生活を向上させ，家族に関連する社会問題を減少させる手段としての公的教育プログラムを通じて，家族役割と課題について家族と家族員を支援することである。」（Arcus, 1995, p. 336）
2001	「家族生活教育は個人と家庭の問題に予防的で教育的なアプローチを取り入れる。家族生活教育には，コミュニケーション・スキル，葛藤解決，人間関係スキル，子育て教育，結婚教育，意思決定，他のスキルと知識などの分野が含まれる。それらは家族が日常生活のストレスに対処するのを助ける。」（Boyd, Hibbard, & Knapp, 2001）
2005	「家族生活教育のアウトリーチ（組織的奉仕活動）は，伝統的な学校の教室以外のところで行われる教育的活動で，通常成人が含まれる。家庭の人間関係を強化し，個人やカップル，家族の好ましい発達を促進するように設計されている。」（Duncan & Goddard, 2005）
2011	「個人と家族が最適なレベルで機能するように，知識を教えスキルを構築するために，予防的で，家族システム的な視点から，健康な家族の発達についての情報を用いること」（NCFR, n.d.b）

資料出所：Arcus, M. E., Schvaneveldt, J. D., & Moss, J. J. (1993). The nature of family life education. In M. E. Arcus, J. D. Schvaneveldt, & J. J. Moss (Eds.), *Handbook of family life education* (Vol. 1, pp.5-6). Newbury Park, CA: Sage

　さらに，アーカスとトマスは家族生活教育の実践に関連するさまざまな達成目標を特定した。最も一般的なのは，（1）自己と他者に関する洞察の獲得，（2）生涯にわたって家族における人間発達と行動について学ぶこと，（3）結婚や家族のパターンと変遷について学ぶこと，（4）家族生活に不可欠なスキルの獲得，（5）現在と将来の役割に関する個人の潜在能力の開発，（6）家族の強みの確立である。「家族生活教育の前提のひとつは，もしこれらの目標や他の同じような目標が家族生活教育プログラムを通じて達成されるならば，家族は，問題をさらに上手に処理し，予防し，そして／または，家族の潜在力を伸ばすことができるということだろう」（Arcus & Thomas, 1993, p. 5）。次に，より安定した，うまく機能している家族の発達は，より安定した，うまく機能している社会をもたらすので，家族生活教育は社会強化を助けることができる。

　家族生活教育を定義し，家族生活教育のアプローチと内容に関して共通理解を得るための継続的努力は，この分野に明快さをもたらした。正確な意味では定義ではないが，NCFR

のウェブサイトの家族生活教育についての記述は，家族生活教育の目的，内容，目標に関して役に立つ概観を提供している。

　　家族生活教育は，家族システムの視点のなかでうまく機能する健康な家族に焦点を合わせていて，主として予防的にアプローチする。健康的に機能するために必要なスキルと知識は，広く知られている。すなわち，優れたコミュニケーション・スキル，典型的人間発達の知識，優れた意思決定能力，肯定的自尊心，健康な人間関係である。家族生活教育の目標は，個人と家族が最もよく機能するように，これらの知識とスキルを教え育てることである。

　　家族生活教育専門職は，経済，教育，仕事と家庭の問題，子育て，性，ジェンダー，その他の社会問題を，家族の文脈のなかで考えている。薬物乱用，家庭内暴力，失業，負債，子どもの虐待などの社会問題は，個人と家族を，より大きいシステムの一部と見るとき，より効果的に対処できると信じている。これらの問題の多くを予防したり，最小化したりするために，健康な家族機能に関する知識を適用することができる。家族生活教育は，教育的なアプローチ（しばしば教室のような設定や教材）を通じて，この情報を提供する（NCFR, n.d.a）。

　NCFR は，家族に関する研究・実践・教育に焦点をあてている，国際的で学際的で無党派の専門職のメンバーの組織である。家族と家族関係に関する知識を発展させ，普及し，専門職の基準を確立し，家族のウェルビーイングを促進するために働く家族研究者・教育者・実践者に教育的フォーラムを提供する。本章で後に議論するように，NCFR は，認証家族生活教育者（CFLE）認証プログラムを含む数多くの関連資源の開発に関与しているなど，多くの理由から，家族生活教育分野の主要な専門職組織である。

　『生涯にわたる家族生活教育の枠組み（*The framework for Life Span Family Life Education*）』は，NCFR によって 1984 年に最初に開発され，1997 年と 2011 年に改訂された。この『枠組み』は家族生活教育の実践で取り組むことができる多くのトピックの背景状況を提供している（Bredehoft & Walcheski, 2011）。1984 年以来，何回か改訂されたが（2011 年改訂では『家族生活教育枠組み（*The Framework Life Education Framework*）』とタイトルを変更），一般的概念は維持されている。これは，家族生活教育の 3 つの主要な側面から組織化されている。すなわち，年齢（幼年期，青年期，成人期，高齢期と大まかに定義），領域（社会的文脈のなかの家族と個人，家族の内的ダイナミクス，生涯にわたる人間の発達と成長，人間の性，人間関係，家族資源管理，親教育と指導，家族法と公共政策，職業倫理と実践），内容（各ライフ・ステージで教育を通じて取り組まれるべき個人と家族の発達領域）である。また，『枠組み』で説明されているのは家族生活教育の包括的視点であり，家族生活教育は正義，価値，さまざまな文化・コミュニティ・個人についても考える。2011 年改訂では，教育的プロセスの適用を反映した車輪の図が追加された。図はプログラムの計画・実行・評価にかかわるプロセスを示している（Clarke, 1984）。2011 年改訂は，フォーカス・グループ会議と家族の専門家の地域活動の成果である。長年のあいだにおこなわれた変更は

家族生活教育の内容と背景状況が明確化され発展してきたことを反映している。付録 A は年齢カテゴリによる全体の枠組みを示している。NCFR は『枠組み』のポスターを制作している。また，教室で用いるためのパワーポイントもある。

家族生活教育のモデル

　長年にわたって，モデルを用いて家族生活教育をさらに概念的に説明し，明確にするさまざまな試みが行われてきた。最新のふたつのモデルは，「家族関与レベル（Levels of Family Involvement, LFI）・モデル」と「家族実践領域（Domains of Family Practice, DFP）モデル」である。

家族関与レベル（Levels of Family Involvement, LFI）・モデル

　このモデルは，家族セラピー（family therapy, FT）と関連させて家族生活教育（FLE）の実践について検討している。両者間の専門的境界を明確にするために 5 レベル・アプローチを特定した（Doherty, 1995）。これらのレベルには，(1) 家族への最小限の注目，(2) 情報と助言，(3) 感情と支援，(4) 簡潔な集中的介入，(5) 家族セラピーが含まれる。これらのレベルの描写に関しては図 1.1 を参照してほしい。LFI モデルの目標は，家族生活教育者が「家族セラピーとの境界を超えること」（p.353）を避けるのを支援することである。
　このモデルは，階層的関係にある FT と FLE の概念化に関心を持っており，最初の 3 つのレベルだけが FLE に適切であることを暗示している。セラピストに支援を受ければ，習熟した FLE 専門職は時にはレベル 4 で働くことができるものの，家族セラピストの領域に入るべきでない。明確には述べられていないが，このモデルは家族セラピストが 5 つのレベルすべてで専門的実践ができることを暗示している。FLE は家族セラピストほどの知識とスキルを持つわけではないとはいえ，家族セラピストが必ずしも教育体験を提供するための知識とスキルをもっていないということも真実である。もうひとつ，LFI モデルは，FLE と FT の内容が不明瞭だということに関心を持っている。例えば，LFI モデルではアンガー・マネジメント（怒り管理）はレベル 4 の家族生活教育者には適切である。し

図 1.1　家族関与レベル（LFI）

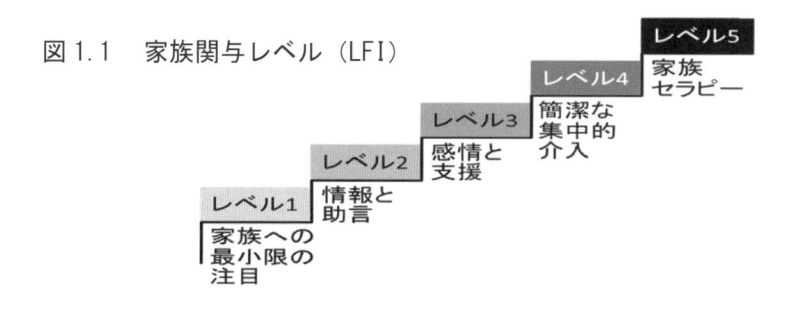

かし，配偶者あるいは姻戚とのアンガー・マネジメントはそうではない。方法は異なるが，カップルが家族生活教育コースと家族セラピーの両方から恩恵を得る場合もある。

家族実践領域モデル（Domains of Family Practice Model, DFP）

　家族実践領域（DFP）モデルには，家族生活教育の領域と境界についての理解を促進するために，家族生活教育（FLE），家族セラピー（FT），家族ケース・マネジメント（FCM）の協働的パラダイムが組み込まれている。FCM は社会福祉におけるケース・マネジメントの一種にすぎない（Myers-Walls, Ballard, Darling, & Myers-Bowman, 2011）。これら3つの専門職の領域と境界を識別するために，次のようなジャーナリスティックな質問をしよう。すなわち，「なぜ」，「なにを」，「いつ」，「だれのために」，「どのように」である。

　家族生活教育の「なぜ」では，これら専門職のそれぞれの目的と，家族を対象にして働いている理由に焦点を合わせる。3つの専門職のすべてが，強靭で健康な家族を推進しようとしているとはいえ，FLE は家族が知識とスキルを身につけるのを支援しようとしており，FT は家族が，家族〔の問題〕を修復し，〔うまく〕機能するのを助け，FCM は家族が法的・政策的システムに従って，資源のありかを突きとめるのを助ける（図 1.2 参照）。

　このモデルの「なにを」は家族のために働く内容や研究の基礎を指している。NCFR，米国結婚・家族セラピー学会（American Association for Marriage and Family Therapy, AAMFT），アメリカ・ヘルス・ケア専門職学会，ケース・マネジメント・センターなど，他の組織のウェブサイトを調べると，FLE には 10 の家族生活教育内容領域が，FT には 6 つの中核能力（コア・コンピテンシー）が，FCM には複数の資源の多様な構成要素がある（DePanfilis, 2003; National Adult Protective Services, 2005）。図 1.3 には「なにを」に含まれる〔各専門職領域〕特有の要素を見ることができる。一方，図 1.4 に見られるように FLE，FT，FCM には内容の重なりがある。家族システム論，エコシステムの文脈，多様性への感受性，研究に基づく実践，価値と倫理のようないくつかの要素は 3 つの専門職すべてにみられる。しかしながら，それぞれの方法論は異なっている。

図 1.2　なぜ

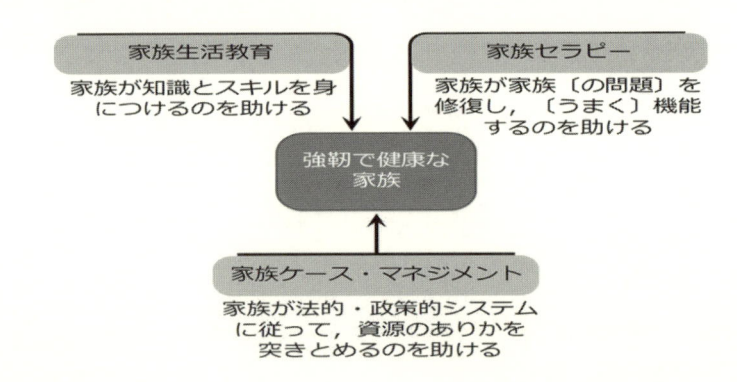

図 1.3 「なにを」…内容

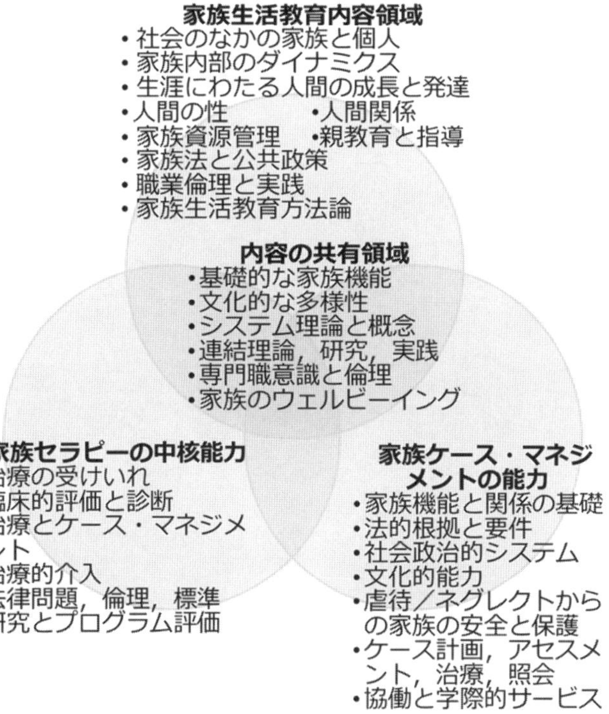

家族生活教育内容領域
- 社会のなかの家族と個人
- 家族内部のダイナミクス
- 生涯にわたる人間の成長と発達
- 人間の性　・人間関係
- 家族資源管理　・親教育と指導
- 家族法と公共政策
- 職業倫理と実践
- 家族生活教育方法論

内容の共有領域
- 基礎的な家族機能
- 文化的な多様性
- システム理論と概念
- 連結理論，研究，実践
- 専門職意識と倫理
- 家族のウェルビーイング

家族セラピーの中核能力
- 治療の受けいれ
- 臨床的評価と診断
- 治療とケース・マネジメント
- 治療的介入
- 法律問題，倫理，標準
- 研究とプログラム評価

家族ケース・マネジメントの能力
- 家族機能と関係の基礎
- 法的根拠と要件
- 社会政治的システム
- 文化的能力
- 虐待／ネグレクトからの家族の安全と保護
- ケース計画，アセスメント，治療，照会
- 協働と学際的サービス

　「いつ」の側面では，家族に関する実践家が，いつサービスを提供するか，サービスのタイミングに焦点を合わせる。サービスのタイミングは「1 次予防」(なにかが起こる前に，健康な人々を害悪から保護すること)，「2 次予防」(問題・葛藤・リスクが発生した後の保護，問題が進行するのをできるだけ早く停止させるか，または遅くすることができる)，「3 次予防」(さらなる害悪を防ぐために，人々が複雑で，長期的な問題に対処するのを助ける)に基づいている。図 1.5 では，FLE には 1 次予防と 2 次予防が含まれ，FT は 2 次予防と 3 次予防に対処し，FCM は 3 次予防に焦点を合わせる。サービスのタイミングに関しては，FT はしばしば家族に影響を与える家族的背景因子を特定するために過去に焦点をあてたり，家族が問題に対処するのを助けるために現在に焦点をあてたり，心配を最小限にとどめるために将来にむけて準備する。FLE は将来の家族を助けるために目標をもって現在に対処する。FCM は日常生活を管理するために資源を探しだして現在に対処する (図 1.6 参照)。

図1.4　「なにを」…重なり

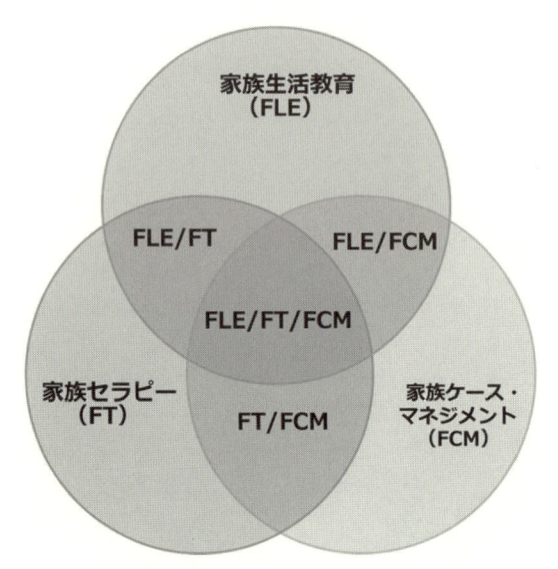

家族セラピー（FT）
・治療的介入
・アセスメントと診断
・精神セラピー

家族生活教育／家族セラピー（FLE/FT）
・人間関係技能
・健康な性的機能
・ライフ・コースの視点

家族生活教育（FLE）
・家族生活教育方法論
・一般的で健康な機能
・広く包括的な知識の基礎
・教育／予防に焦点

家族セラピー／家族ケース・マネジメント（FT/FCM）
・家族問題に焦点
・介入技術
・治療目標／方法
・クライアントの記録管理
・ケースの終了

家族ケース・マネジメント（FCM）
・サービスの調整
・家族の擁護
・家族のニーズに焦点

家族生活教育／家族ケース・マネジメント（FLE/FCM）
・家族資源管理
・家族政策

家族生活教育／家族セラピー／家族ケース・マネジメント（FLE/FT/FCM）
・家族システム論
・多様性への感受性
・研究に基づく実践
・生態学的コンテクスト（エコロジー的文脈）
・価値と倫理

図 1.5　サービスのタイミング

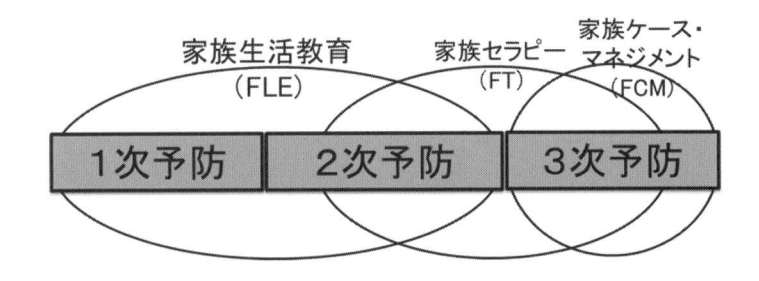

図 1.6　サービスの位置づけ

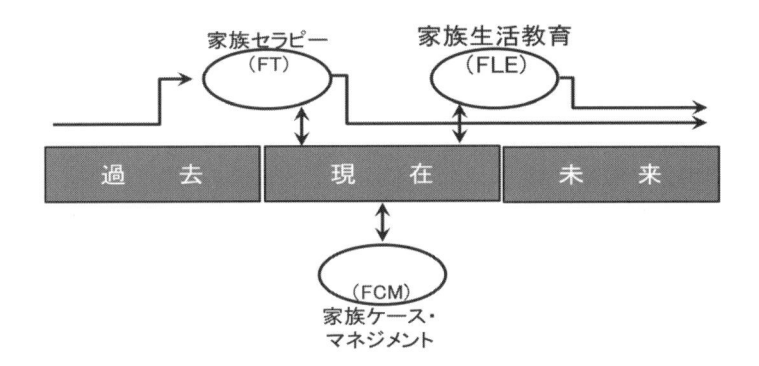

　これら 3 つの専門職のサービスは「だれのために」行われようとしているか。だれのためにサービスが提供されるかの決定に関係するのはふたつの主要な因子：適格基準と動機である。「適格基準」はサービスを提供する家族専門職によって決定され，「（他者から）与えられたニーズ (*ascribed needs*)」に基づく。「（他者から）与えられたニーズ」は家族の何らかのニーズとして，他者によって特定される。「動機」はサービスが必要で適切であるという参加者の認識を表し，「感知されたニーズ (*felt needs*)」に基づく。個人的で，学習者の経験に基づく。FLE と FT はしばしば「感知されたニーズ」または「（他者から）与えられたニーズ」に対処するが，FT と FCM はしばしば「（他者から）与えられたニーズ」，照会，命令された出席に基づく。例えば，より良い親になりたいと思っている人は子育て教育の家族生活教育コースに参加するか，自発的にセラピストを探すかもしれない。子どもが少年司法制度のもとに置かれている親は，FT に行くことを命令されるか，FCM が自分たちの子育て問題を助けると考えるだろう（図 1.7 参照）。

図 1.7　だれのために

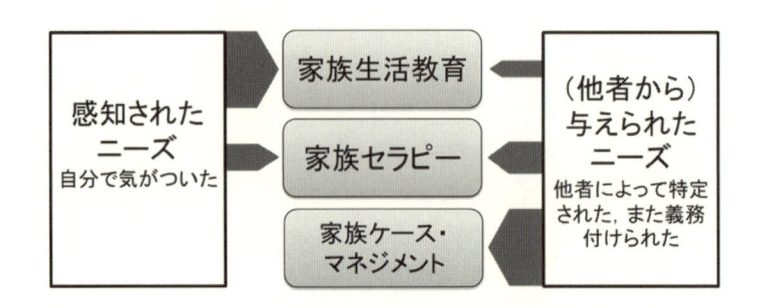

　これら 3 つの専門職の「どのように」，または技術と戦略は，非常に可変的であり，「なぜ」，「なにを」，「だれのために」，「いつ」の問題への応答に依存する。言い換えれば，参加者のニーズおよび最も良い供給システムを検討しなければならない。ニーズは，感知されているか，または与えられているか。どんなニーズ・アセスメント技術を用いることができるか。サービスはどのように行われるか，家族のニーズを最もよく満たすにはどんな方法が用いられるか。授業計画，治療計画，またはケース計画を用いるか。なにが，最も良い設定（コミュニティ，学校，機関，または個人事務所）か，形態（マス〈大集団〉，遠隔学習，グループ，または個人）か。さらに，家族はどのようにサービスにかかわるか。学習者は能動的なパートナーか，治療の同盟（therapeutic alliances）か，それともケース計画に参加するか。

　これらの図は表 1.1 の理解を助けるだろう。表 1.1 にはこれら 3 つの家族専門職に対する質問の回答が含まれている。3 つすべてが相関し協働的であるので，どれかひとつが他の専門職よりも優れた専門職というわけではない（図 1.8 参照）。すべてが，提供されるサービスから利益を得ることができるような異なる目的，方法，サービスのタイミング，個人と家族を持っている。しかしながら，時には，家族はこれらの家族専門職の 1 つ，2 つ，または 3 つすべてとかかわることによって利益を得るかもしれない。学生に助言したりカリキュラムを計画したりするときや，家族専門職の仕事を探したり宣伝したりするとき，これらの専門職の領域と境界を理解していることは役に立つだろう。家族に関する機関には，しばしば，異なった方法で家族に奉仕するさまざまな人々が存在する。DFP モデルは，雇用主と労働者の両方が労働の設定における専門職の役割と期待をより明確にするのを助けるだろう。さらに，サービス提供者に個人・家族・コミュニティのニーズを満たすのに必要な柔軟性を与える。

表 1.1 家族実践領域（DFP）モデル

質問	家族生活教育	家族セラピー	家族ケース・マネジメント
なぜ 家族のための仕事の目的と目標	家族が自分たちの強みを生かして最適なレベルで機能するように，知識を増やしスキルを伸ばすため	安定し，長つづきする，情緒的に豊かな家族関係に到達するように，人間関係問題や精神的または情緒的障害を改善するため	家族の安全・永続性・ウェルビーイングを向上させるように，家族がシステムと折り合いをつけ，法的で規制的な要件に従うのを助けるため
なにを 内容の基礎	家族生活教育 10 領域における家族および生涯についての理論と研究；学習的，教育学的／成人教育学的，教育哲学と方法論	家族および人間関係についての理論と研究；家族セラピーに焦点をあてた哲学と方法論	ケース・マネジメント理論と方法論；社会システム，資源，政策についての研究と情報；家族の機能不全についての情報
いつ 家族のための仕事のタイミング	現在と将来の家族がうまく機能するように準備し，向上させるために，現在の家族のニーズや課題に対処する	現在と将来の家族の機能を向上させるために，過去の原因とパターンに焦点をあてて，過去と現在の家族問題に対処する	現在の問題と差し迫った危機に対処する
だれのために サービスを提供する目標集団	教育的環境で喜んで働いたり，学習したりすることができる個人と家族	機能不全と診断され，進んで治療環境に入ろうとしている個人・カップル・家族	危機にあると特定された家族，または法的・社会的規則に従う際に支援を必要としている家族
どのように 用いられる技術と方法	家族に関連する教育的ニーズのアセスメント；家族のニーズや強みに基づいた目標設定；多様な設定で起こる；知識・態度・スキルについて教える；個々の家族または家族のグループは学習過程で能動的	家庭の問題の診断；特定の理論または哲学によって指導された治療計画の特定；非公開で行われる；1 回にひとつの家族との治療同盟（therapeutic alliance）の確立；家族はインプットするが，他の家族との相互作用はほとんど，またはまったくない	家族機能のアセスメント；家族機能の不足を埋めるための目標設定；現場で行われる；規則への適合性・困難・成功をモニターしながら，福祉サービスを調整する；家族（拡大家族を含む）は，サービスに参加するが，他の家族とはめったに相互作用しない

資料出所: Myers-Walls, J., Ballard, S. Darling, C., & Myers-Bowman, K. (2011). Reconceptualizing the domain and boundaries of family life education. *Family Relations*, 60, 357-372.

図1.8　専門的協働

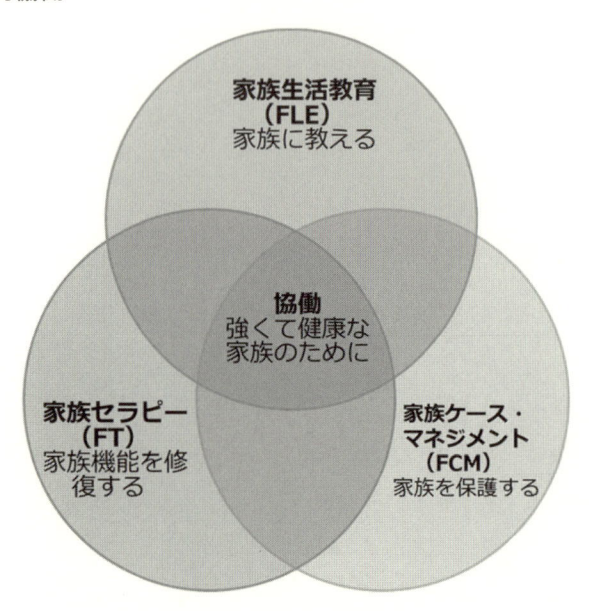

家族生活教育の歴史

　生活が始まって以来，人間は家族生活の知識を次世代に伝えるという課題を経験してきた。しかし，どのように，だれによって行われるかは，家族集団，部族，文化によって異なる。また，時代とともに劇的に変化してきたし，実際，今なお変化している。しかし，21世紀初頭には，全ての人々が次のことに合意している。すなわち，あらゆる多様な形態や環境においても，家族は支援と教育を必要としている。

初期の関心

　早くも紀元前4世紀には，ギリシアの哲学者アリストテレス（Aristotle）がその教育目的の中に「子育てのための親の教育」を挙げた（Dickinson, 1950, p.5）。有名な教育者ホレス・マン（Horace Mann）（1796-1859）はその見解を踏襲し，「親の義務を遂行する資格としての教育」を要求した（Dickinson, 1950, p.5）〔ホレス・マン：米国の教育改革者。「アメリカ公教育の父」，現代公教育の基盤をなす。1837年マサチューセッツ州に米国最初の教育委員会設置，1837〜48年同代教育長，1839年米国最初の師範学校創設，公立学校の組織化，男女共学，黒人学生入学を断行〕。哲学者ハーバート・スペンサー（Herbert Spensor）（1820-

1903）は，人間生活を形作る 5 つの活動のなかに，子育てとしつけに関連する活動を挙げている〔ハーバート・スペンサー：英国の哲学者。進化論的社会思想家。『総合哲学体系 (*The Synthetic Philosophy*)』(1862-96)，広範な知識体系としての哲学を構想，進化論に基づき諸現象を総合的に説明，認識の相対性を主張，不可知論の立場に立つ，哲学と科学と宗教とを融合しようとした。20 世紀初頭の米国，日本の自由民権運動に取り入れられた。〕。スペンサーは，公立学校のカリキュラムにこれらの活動の「効率を高める」科目を含むよう，強く求めた。それにもかかわらず，彼は公的教育が概してこの普遍的な課題を無視していると見ていた（Dickinson, 1950）。なぜそうだったのか。

　米国の歴史の初期の時代に，家族生活のための正規教育がどのように無視されたかについては容易く理解することができる。開拓者の生活は厳しく，子どもたちの生命はしばしば短く悲惨だった。このような生存のレベルでは，子育てや家族生活の繊細なすばらしさよりも，毎日の生活に必要な課題の方が，常に先に立ったのだ。

19 世紀米国の家族教育

　大家族の要求と終わりのない雑用の負担に対処できずにいる多くの女性たちが，身体的精神的な健康に関心を持っていた。そのことが，キャサリン・ビーチャー（Catherine Beecher）〔1800-1878〕に 1842 年，『ドメスティック・エコノミー（家事経済学）論 (*A Treatise of Domestic Economy*)』を書かせるきっかけになった〔同書は，ドメスティック・サイエンス運動の発展に貢献。使用人を使わない家庭管理についての最初の包括的な本，公立学校の教科のための最初の教科書〕。第 3 版（1858）への序文で，彼女は自分の関心について次のように述べた。

　　　結婚生活の最初の数年が過ぎるまでに健康を損なう若い女性の数がどれほど多かったかは，この問題を調査していない人にはあまりにも信じられないかもしれない。また，妻や母がひっきりなしに病気を罹っていたほとんどの家族は，悲しみ，落胆，苦悩を経験していた。それらを描写するのは空しいことだろう。(p. 5)。

　貧しい人々が家族の基本的生存と闘っている一方で，中流・上流の家族は正反対の生活をしていた。新しい人気のある女性雑誌が，家族のための避難所としての理想的な家庭を描きだしていた。そこでは，疲れた夫が賃金を得るための 1 日の闘いから離れてリラックスしていた。幸せな子どもたちが愛情深い母親の慈しみに満ちたまなざしの下で遊んでいた。もはや，家庭は植民地時代のように家族全員の仕事の中心ではなかった。母親であることは女性の生活の目的だと考えられた。「もちろん，金色の檻への監禁に疑問を持ち，女性の権利のために立ち上がる女性もいた。わずかな女性だけが職業世界に入り，経済的に独立していた（Youcha, 1995, p. 123）。

　ジェーン・アダムス（Jane Addams）（1860-1935）はそんな若い女性だった〔米国の社会改革運動家。1889 年米国初のセツルメント，ハル・ハウスを設立。貧しい移民の生活改善

に努力，教育，文化活動を推進。1915-34 年平和と自由のための婦人国際連盟議長。1931 年ノーベル平和賞〕。彼女は裕福な家庭に生まれた。しかし，身体的・情緒的な苦悩に悩まされた。彼女は貧しい人々とともに生活し，親教育や保育サービスを提供することを通じて，彼らの生活を改善することを自分の人生の価値ある目的として発見した。シカゴにおけるアダムスのハル・ハウスは，有名なセツルメント・ハウスのモデルになったほか，家族介入と教育のモデルを開発した〔ハル・ハウス Hull House：1889 年，シカゴの貧民街の中心にあったハル所有の古い邸宅を借りて設立された。保育所，運動場，集会所；料理・裁縫など移民に必要な技術や知識を教える学校；芸術活動を通じた地域の生活・文化の中心。F・ケリーなど，社会改革に意欲を持つ人材が多く集まった〕。これは知られている限りで最も成功したモデルであったし，今でもそうである。

　　　アダムスはセツルメントをふたつの目的に奉仕するものとして構想した。すなわち，それは「シカゴの哀れなドイツ人，ボヘミア人，イタリア人，ポーランド人，ロシア人，ギリシア人が，農民の習慣から大都会の生活に適応するの」を助けるだろう。それだけではなく，恵まれた若い女性たちに目的と場所を与えるだろう（Youcha, p.138）。

　ハル・ハウスの女性たちは，夫を亡くしたり，夫に捨てられたりしたために，お金のために 10 時間も 12 時間も働かなければならない絶望的な状況にある母親の子どもの世話をしながら，同時に親教育を実践した。彼女たちは，子どもを教育の「架け橋」に用いた。子どもに，衛生と医療の新しい習慣，新しい食べもの，活動について教えた。次に，子どもたちが，自分たちの健康と精神を向上させて，親にその教育の妥当性を示した。親たちは子どもたちが学んだやり方や説明を知ろうとした。教師たちは，食事，就寝時刻，排便など家庭での個々の子どもの活動に関して毎日の報告を求めた。このやり取りは，子どもの生活におけるそれらの要素と日課の重要性に注意を促し，親はそれらを実行させるために努力して調整した。また，子どもの服作りやアメリカの食べ物の調理についての教育を含む母親の会が毎週行われた。会は，しばしば，母親にとって，苦労を背負った生活の中の唯一の社会的なはけ口となった。彼女たちは熱心に出席した。アダムスは「このセラピーを通じて，母親たちの顔はとても柔和になった…」と指摘している（Youcha, p.145）。

　アダムスの非常に成功した家族生活教育モデルには，家庭訪問，双方向対話型学習，個別のグループ学習目標が含まれており，慈善団体運動とともに発展した。しかしながら，セツルメントの焦点は，慈善ではなく，むしろ社会正義を通じた改革だった。それは，個人的な弱点よりむしろ社会経済的状況が貧困の根本的原因であるという考えに基づいていた。運動の中心はコミュニティの構築と次のような考え方であった。「健康なコミュニティは，単に慈善を施すことによってではなく，まずそのメンバーすべての間に健全な人間関係を育成することによって構築されるだろう。金持ちと貧乏人が仲良く隣に住んでいる。セツルメントの職員は，居住者に『私たちはあなたのために何ができるか』と尋ねるよりむしろ，『私たちは一緒に何ができるか』と尋ねる」（Alliance for Children and Families, n.d.）。この視点は家族生活教育の中心にある。

家族研究の正規化

150 年以上の間，取り組まれ，次に無視され，その後再び取り組まれているもうひとつの問題は，家族生活教育が学問的研究に値するか，あるいは適切かということである。キャサリン・ビーチャー（1858）は，彼女の 19 世紀のテキストに，当時の有名な教育家ジョージ・B・エマーソン（George B. Emerson）〔1797-1881，アメリカの教育者，女性教育の先駆者〕を引用して，次のように書いた。

> そんなことは本で教えなくてもよいと反対されるかもしれない。なぜ教えなくてもよいのか。自然科学の法則と同じように，人体の構造やそこから類推される健康の法則を，なぜ教えなくてもよいのか。立方根を求める式を適用するのと同じように…幼児や幼い子どもの管理にこれらの法則を適用することは，なぜ重要ではないのか。(p. 7)

1862 年モリル・ランド・グラント法〔土地交付大学法〕は，家族に関係する仕事についての教育の供給システムを支援する最初の連邦法だった（USDA NIFA, n.d.）。1872 年，マサチューセッツ州議会はその問題に積極的に対応し，若い女性を教育するためにドメスティック・サイエンス（家政学）を法的に認める法令を通過させ，公立学校で家族生活教育を行うことを承認し支援した最初の州になった（Quigley, 1974）。他の州もすぐにこの例に従った。1875 年から 1890 年の間に，米国全土で公立学校のドメスティック・サイエンスと産業教育科目が増えた。1884 年，研究テーマと教育方法論を融合させた最初の大学プログラムがコロンビア大学に開設された。1895 年までに，16 の大学にホーム・エコノミクス（家政学）課程が設置された（East, 1980）。研究テーマと焦点は幅広く多様だった。しかし，家族生活スキル教育の重要性についての認識は確実に高まっていた。家政学運動が信用を得るにつれて，女性学者と同じように男性学者も家庭と家族の教育への関心を高めた。ニューヨーク大学理事会がカレッジ入学試験にハウスホールド・サイエンス（家庭科学）を含めると決めたとき，問題作成を依頼されたのはエレン・リチャーズ（Ellen Richards）〔1842-1911，米国家政学の母〕だった（Quigley, 1974）。リチャーズは，ヴァッサー・カレッジとマサチューセッツ工科大学の化学の学位を持っており，家庭経営と家族生活の質に関心を持っていた。1898 年，リチャーズはニューヨーク州レイク・プラシッドでの会議で，「科学的原則の家庭管理への適用」について講演をするよう招待された。

レイク・プラシッド会議は年に 1 回ずつ，9 回，行われた。会議は，19 世紀の最後の数年の間に，家族・家庭・家庭経営の入門指導教育を普及させるという視点を明確にするきっかけになった。また，「ホーム・エコノミクス（家政学）」は，公立学校システムにおける家庭と家族の生活のための教育の名称として正式に認められた（Lake Placid Conference Proceedings, 1901）。

会議のもうひとつの成果は，1909 年 1 月 1 日，765 人の女性と 65 人の男性から成る 830 人のメンバーによって，アメリカ家政学会（American Home Economics Association, AHEA）が正式に設立されたことである。その目的は，「家庭，家庭的施設，コミュニティにおける

生活状態の改善」であった（Baldwin, 1949, p. 2）。また，AHEA は，同年，学会誌の刊行を開始した（Parker, 1980）。さらに，1909 年には，「第 1 回子ども福祉ホワイトハウス会議」が開かれ，1914 年の親のための幼児の世話についての刊行物につながった。次の 20 年間（1910-1930）は，アメリカの家族への大きな支援と研究の時代であった。1914 年，各州のランド・グラント大学に「協同エクステンション・サービス（Cooperative Extension Service）」が設置された。これは「家庭に…関連する問題についての有益で実践的な情報の…普及を支援する」義務を持っていた（Rasmussen, 1989, p. 153）。最初の年，家政学者は人々の教育の先頭に立ち，5,500 の家庭を訪問し 6,000 人の女性を訓練したと報告されている（Rasmussen, 1989）。

　子どもの発達と家族組織に関する研究は，社会学者と社会心理学者の強い関心を引いた。1917 年，アイオワ大学に米国初の子ども福祉研究センター（Child Welfare Research Center）が設置された。メリル・パーマー研究所（Merrill Palmer Institute）を含む他のセンターがいくつかの主要な大学に相次いで設立された（Frank, 1962）。1920 年代，親教育は国家的関心事になった。「親と教師の全米会議（National Congress of Parents and Teachers）」がこの時期に組織化され，1929 年までに父親と母親の両方から成る 500 以上の研究グループが生まれた。このとき，全部で，75 以上の主要な組織が親教育プログラムを実施していた。その多くは政府の助成金に支えられていた。その後，1930 年代になって助成金は著しく削減された。その理由は，結婚がますます不安定になったことによって，家族がバラバラに崩壊しつつあるように見えるので，親教育にお金を払う価値があるのか，疑問を抱く専門家も出てきたからである（Brim, 1959）。これは，奇妙な論理だった。しかし，不景気の時代であったことと，その結果として起こる家族への〔経済的〕圧迫を考えると，理解することができる。アーネスト・バージェス（Ernest Burgess）は，1917 年，シカゴ大学に記録に残されている最初の家族に関するコースを開設した。彼は 1926 年の雑誌論文で現代家族の危機について次のように述べている。

　　安定した均質な社会では，家族生活についての考えや家族内のさまざまなメンバーの役割は比較的固定化されていて変化がない。異質な要素から構成され，変化している社会においては，慣れ親しんできた考え方はほとんど必然的に流動的になる。伝統のなかで確立されてきた家族生活の一般的パターンや，普遍的な調和をめざすという圧力によって，変化へと向かうアメリカ社会の衝撃の全て〔混沌とした状態・カオス〕が緩和されることはない。南部山岳地帯の高地における家父長的親族関係から，グリニッジ・ヴィレッジの同棲者たちまで，一見，家族の組織化と非組織化のありとあらゆるパターンが混沌として混ざり合った塊のように見える。何らかの新しい形の粗野で無謀な行動，特にもはや通常の管理では制御できない若者の反抗的な行動によって，国民がショックを受け，憤慨しない日はほとんどない（Burgess, 1926, p. 5）。

　しかしながら，バージェスは悲観論者ではなかった。家族が混沌とした廃墟に向かって崩壊しているという悲観的な予言に対しては異議を唱えている。

　　しかし，家族生活の基本パターンから離れた，これらの行き当たりばったりの目的のない変化は，家族生活と性的関係の未来の姿ではないと考える人もいる。それらは，過去の同じような時代のように，単に，今日の社会が変化していることの現れである。均衡をとりもどせば，もっと適切に，新しい状況に適合した家族生活の新しいパターンが現れるに違いない。しかし，それは単に家族の人間関係における古くて身近なパターンの異種にすぎないかもしれない（p. 6）。

　家族危機の増大への専門家の対応のひとつとして，1934 年，「結婚と家族の社会関係のための教育についての会議（Conference on Education for Marriage and Family Social Relation）」に，AHEA，米国社会衛生学会（American Social Hygiene Association），コロンビア大学教育学部の代表，社会学分野と心理学分野から専門家が集まった。家族研究の専門家の協働への関心は，1938 年の全米家族関係会議（National Conference on Family Relations）の組織化につながった。同会議は，1947 年に全米家族関係学会（National Council on Family Relations, NCFR）と名称を変更した（Walters & Jewson, 1988）。
　家族社会学および関連する課題についての研究と刊行物の 90 パーセントは 1940 年以降に書かれている（Mogey ; Howard, 1981, pp. viii-ix に引用）。高校や大学の家族生活科目で用いるための最初の教科書が，1945 年にイヴリン・ミルズ・デュヴァル（Evelyn Mills Duvall）（NCFR 事務局長）とルーベン・ヒル（Reuben Hill）（ミネソタ大学，家族社会学者）によって書かれた。『あなたが結婚するとき（*When You Marry*）』と題されたその本は，多くの例と漫画が入った非常に読みやすいスタイルのものだった。それは，第 2 次世界大戦の末期に書かれたので，特に戦争花嫁が戦後の夫婦生活をどうするかという課題について記述していた（Duvall & Hill, 1945）。その本は，1950 年には，最初のテキストの学生読者による約 2 万 5000 の質問に応えて分厚くなり，『家族生活（*Family Living*）』として発行された（Duvall, 1950）。

　　家政学は学校教育を通じて教えられていたので，デュヴァルの本は，社会学に変わって家政学が，家族生活教育の重要な学問分野となる土台をつくるのを助けた。家族生活教育に関連する特別な教材の出版を通じて，家政学の支配的地位は米国内でも，国際的にも高まった。家政学者は，マーシャル・プランのような政府のプログラムに支援されて，国全体に家族生活教育プログラムを開設した〔マーシャル・プラン：別名欧州復興計画 European Recovery Program。1947 年当時の米国国務長官 George C. Marshall により提案された第 2 次世界大戦後のヨーロッパ諸国経済復興援助計画。1948 年経済協力局を設立。〕（Lewis-Rowley, Brasher, Moss, Duncan, & Stiles, p. 39）。

　NCFR は，家族に関する学術研究の発展に貢献し続けていた。理論，研究，実践を統合しようとして，家族研究に関連するいくつかの分野（主として，人間発達，結婚と家族セラピー，家族社会学，発達心理学）の研究者や実践家のための基礎的会員資格をつくった。1960 年代後半，家族生活教育者の基準と認証，すなわち認証家族生活教育者（Certified

Family Life Educator, CFLE）制度の開発の先頭に立った。CFLE の基準と認証は，家族生活教育の実践内容と文脈の決定に NCFR が関わることについて，次のように説明している。

　　家族生活教育者に必要な知識・スキル・能力を定義することを構想して，1968 年，家族生活教育特別委員会が設置された。同年，全米家族生活教育委員会（National Commission on Family Life Education）はレポート「家族生活教育プログラム，理念，計画，手順：家族生活教育枠組み（Family Life Education Programs, Principles, Plans, Procedures: A Framework for Family Life Education）」を発表した。1970 年，家族生活教育者教育基準・認証委員会は家族と性教育の教師教育に関する評価基準を提案した。1978 年，家族生活教育者基準委員会は NCFR の会員資格に関して提言を行った。この持続的な関心，および「1980 年家族に関するホワイトハウス会議（1980 White House Conference on Families）」から推進力を得て，1981 年に家族生活教育専門職のための認証プログラムを確立するための家族生活教育者基準・認証委員会が，理事会で満場一致で承認された。1982 年 10 月，「大学カリキュラム・ガイドライン（College/University Curriculum Guidelines）」，「家族生活教育者の認証基準と評価基準（Standards and Criteria for the Certification of Family Life Educators）」，「家族生活教育の内容の概要:生涯にわたるプログラム計画の枠組み（An Overview of the Content in Family Life Education: A Framework for Planning Programs over the Life Span）」が最終的に理事会で承認された。理事会は認証プログラムを「迅速に実施」するよう推奨した。1985 年，NCFR は，ポートフォリオ・レビュー過程を経て，家族生活教育者の認証を開始した（NCFR, 2013）。

　カナダでは最近 40 年の間に家族生活教育の分野で重要な活動が見られた。1964 年，初めての「家族に関するカナダ会議（Canadian Conference on the Family）」が家族領域のリーダーを集めて行われた（Gross, 1993）。その会議から，「家族生活についての調査や研究を奨励するために，および情報交換機関として」，常設組織ヴァニエ家族研究所（Vanier Institute of the Family）が創られた（Gross, 1993, p.10）。ヴァニエ研究所も，家族生活教育者が高度な資格と基準を持つことの重要性を明確に理解していた。1970 年，彼らは家族生活教育者の質に関する声明を出し，学校教育以上のものが求められることを強調した。「心と精神の質」が同じように重要であると見なされた。これは，さらに，人間および専門職としての，知的・情緒的な，深い理解，誠実な人格，柔軟な教育方法，人間の状態についての繊細な認識，成長への関与と定義されている（Gross, 1993）。カナダでは多くの大学で家族研究が行われている。1993 年には，カナダ認証家族教育者（Canadian Certified Family Educator, CCFE）の認証が家族サービス・カナダ（Family Service Canada）によって開始され，現在ではカナダ家族資源プログラム学会（Canadian Association of Family Resource Programs， FRP Canada, FRP カナダ）から支援されている。

　AHEA は家族生活スキルに関して公立学校教育のなかで大きな勢力を維持してきた。しかしながら，家族の役割と責任は 20 世紀後半に急激に変化したので，一般社会の関心と学生の興味は，家族生活からも，伝統的な家事スキル（被服構成，調理）を教えるジェネラ

リスト〔万能家，分野全体に通じた人〕のアプローチからも，大きく離れた（Shultz, 1994）。1994 年，AHEA のメンバーはこの分野の新しい強調点が何であるかをより正しく示すために，その名称をアメリカ家族・消費者科学会（American Association of Family and Consumer Sciences, AAFCS）に変更することを採択した。州制定指令の下で，多くの公立学校が生徒にさらに多くの「学問的な」必修科目を学ばせるために，職業教育プログラムを締め出した。そのなかには，家政学カリキュラムもしばしば含まれた。また，専攻への入学者が少なくなったために，多くの大学における家政学プログラムが次第に廃止された。同時に，人間発達・家族研究（human development and family studies, HDFS）領域への関心が急速に広がった。学生たちは，人間発達・家族研究専攻を，結婚・家庭カウンセリング，家族ミニストリー（family ministry, 教会の家族援助およびサービス），社会福祉事業，子どもの生活と幼児教育などの仕事を始めるための優れた基礎と見なしている。また，人間発達・家族研究は，これらの仕事の全てにおいて，多様なコミュニティで，また多様な参加者に対して，家族生活教育のクラスを運営するための専門知識として期待されている。

　家族研究の学位プログラムはアメリカ合衆国とカナダの約 300 の大学・大学院課程総覧に見られ，NCFR のウェブサイトの「家族科学学位プログラム」（www.ncfr.org/degree-programs）を通してアクセスできる。NCFR はまた，認証家族生活教育者の認定だけではなく，認証に必要な 10 の家族生活内容領域のそれぞれに対する学問的授業課題を内容に組みこんだ大学・学部も認証している。これらのプログラムの卒業生は，CFLE 認証コースを修了すると，簡略な出願プロセスを経て CFLE に出願できる（他のすべての CFLE 候補者は全米試験を受ける）。現在では，米国とカナダの 127 大学・学部が NCFR の CFLE 認証プログラムとして特定されている。この全米的認証は，家族に関する学位の学問内容に一貫性をもたらすのを助けている。

家族生活教育の今後の方向性

　この分野の将来の方向性予測のなかで，ルイス=ラウリー（Lewis-Rowley）ら（1993）は 4 つの主要な傾向を予測した。

1. ジェネラリスト（万能家）とスペシャリスト（専門家）の間で，家族生活教育のための協働的アプローチが増えるだろう。彼らは，互いの貢献を評価しているし，ひとつの組織や専門家グループでは解決することができないほど，課題が複雑であることを理解している。
2. 一層精緻な理論と研究を行うことが，教育的介入と支援についての理解と実践を強化するだろう。コンピュータ時代のテクノロジーが猛烈な勢いで発展しているのに呼応して，研究は広がり，より差別化されている。実践家，政策立案者，一般大衆に研究成果を伝えることは引き続き難しい課題である。
3. 私的および公的領域における介入は，予防と教育にもっと焦点をあてるだろう。それはまた，家族全体が，教育／学習チームの一部として関わることを高く評価するだろう。

4. テクノロジーが，大洋や大陸を越えて情報を流通させ，家族に関する異文化研究と多様性が認識され理解されているので，グローバルな情報収集と政策立案が増えるだろう。

■要約

　私たちは，家族生活教育の意義に関して同じような質問を続ける。私たちは，教育が多くの悲劇の発生を防ぐことができると知っているのに，なぜ子どもや家族が大きな精神的苦痛に悩まされるまで待つのか。私たちは，なぜ多くの時間とエネルギーを，予防に投資したり，個人や家族の生活を向上させるためのスキルや知識についての教育を提供したりするよりむしろ，人々・家族・状況の修復に投資するのか。洞察力のある教育者や社会的改革者は，予防的教育のような解決策を常に強調してきている。残念ながら，社会や政府は未だに予防策よりも，〔起こった〕危機に対応する場合が多い。

　しかし，希望はある。最近50年の間に，家族分野の協働，定義，学問研究と理論，リーダー養成，認証に，より多くの注意が注がれてきている。家族生活教育は，行動科学者やプログラム開発者の間で新しく評価されるようになっている。長い間公共の視界から隠されてきた虐待，搾取，暴力などの問題が，有名人の告白や多くのメディア報道によって日の目を見ている。離婚やひとり親はもはや社会的不名誉として押しつぶされることはない。性革命は私たちに全てを「明らかにした」。法廷は，アンガー・コントロール（怒り管理）プログラムや親教育プログラムを義務づけている。テクノロジーは私たちを互いに新しいレベルの関係に導き，新しい遠隔教育の機会と資源を提供している。世界中で，私たちは多様な文化と相互作用し，新しい家族のあり方を探っている。また，家族は，生存や繁栄のために闘っていて，以前よりも支援を求めるようになっている。今こそ，知識と家族とを結びつけるべきときである。それは，人間を中心に据え，訓練された専門職と効果的プログラムを用いて，対面型やオンラインで行うことができる。第2章では成長している家族生活教育分野とプロフェッショナリズム（専門職意識）の課題を取扱う。

■討論課題

1. 今日の家族生活における要求とストレスは，過去のものとどう違いますか。特に，共働き家族，ひとり親低所得家族，移民家族について考えなさい。
2. 何が，予防プログラムや教育プログラムの効果の実証を難しくしていますか。
3. 公立学校のカリキュラムに子育て科目を含むべきですか。なぜですか，あるいはなぜそうでないのですか。
4. 予防／教育プログラムには，危機介入プログラムや治療プログラムに比べて，どんな意義があると思いますか。

■活動

1. Box 1.1 の定義のリストから，トマスとアーカス（1992）によって述べられた家族生活教育の課題や設定の範囲について最も適切に述べていると思われるものを選びなさい。また，なぜ，それを選んだかを説明しなさい。全ての定義を見直し，長く続いているのはどれだと思いますか。どんな要素が拡充され，あるいは縮小されてきましたか。

2. ルイス=ラウリーが予測した主要な傾向は「家族実践領域（DFP）モデル」の開発によってどのように支持されているか，またはそうでないかを説明しなさい。

    「ジェネラリスト（万能家）とスペシャリスト（専門家）の間で，家族生活教育のための協働的アプローチが増えるだろう。彼らは，互いの貢献を評価しているし，ひとつの組織や専門家グループでは解決することができないほど，課題が複雑であることを理解している。」

第2章　専門職としての家族生活教育

　カールは芸術史の学士号を持っている。この9年間YMCAの若者コーディネータとして働いてきて，地域の高リスクの若者のために活動や教室を組織している。彼は，全米放課後協会（National after School Association, CNAA）のメンバーで，理事を務めている。

　ファニータは2歳以下の子どもを持つ家事専業の母親や父親のために地域の親グループを組織している。グループは定期的に会合を開き，毎回，予定した論題について議論する。メンバーは，持ち回りで，論題について調べて，情報を提示している。会合の大半はざっくばらんな会話と支援に費やされる。

　キャスリーンは地域家族資源センターの事務局長である。人間発達と家族研究の学位を持っており，認証家族生活教育者（CFLE）である。家族の活動，健康な赤ちゃん教室，親支援グループ，家庭訪問プログラムの開発と実施を監督する責任を担っている。彼女は12年以上，家族生活教育分野で働いている。

　これらの人々のうち誰を専門職（professional）の家族生活教育者と考えるだろうか。何が人を専門職にするのか。仕事を専門（profession）と見なすのにどんな評価基準が必要か。家族生活教育は専門か。第1章では，家族生活教育の歴史と，社会の強化におけるその機能のゆるやかな認識について詳しく述べた。この分野の発展とともに，効果的な家族生活教育プログラムやサービスの提供における個人の役割の重要性についての認識が高まってきた。

　本章では専門職であるとはどういうことか（professionalism）について考える。どのように専門を定義するか。有能な専門職になるには何が必要か。質の高い家族生活教育体験を提供するためには，また効果的な教材を開発するためには，どのようなスキルや知識が必要か。より有能な家族生活教育者になるための，特有の人的特徴や特色があるか。専門職にとって必要な基礎とはどのような倫理的実践か。

専門職を定義する

　用語「専門職（*profession*）」は「専門的知識を必要とし，通常，長く集中的な学術的準備を必要とする天職」（Merriam-Webster Dictionary, n.d.）と定義できる。多くの個人や組織が，これについて研究している。専門職になる過程で一般に必要とされる特質を特定する人々がいる（Weigley, 1976）。一方，専門とはなにかを特定する政治的社会学的側面に焦点を合わせる人々もいる（Torstendahl & Burrage, 1990）。イースト（East）によって開発されたアプローチ（1980）は，専門の発達には8つの評価基準が含まれると主張する。イーストの枠組によると，ある分野や職業が専門であると認識されるためには，しかるべき評価基準

がなければならない。家族生活教育の実践に対するイーストの評価基準の適用は，家族生活教育が専門職として進歩していることを明らかにする。表2.1は結果の要約である。

1．活動がフルタイムの有給の職業になる。

　「家族生活教育者」という肩書が，常に，実際に用いられるわけではないけれども，家族生活教育は，中学校・高校，エクステンション・プログラム，軍隊，コミュニティ教育，ヘルスケア，福祉サービス，宗教団体，および高等教育など，世界中のさまざまな設定で専門職によって行われている。家族生活教育は，親教育，性教育，健康教育，ライフ・コーチング，結婚エンリッチメント〔エンリッチメント enrichment，質・価値・重要性・効果を高めること，豊かにすること，結婚エンリッチメントについては第9章参照〕，若者擁護などの名称で行われている。

　多くの場合，家族生活教育はフルタイムの仕事であるが，一定の割合で，介入に焦点をあてた仕事を意味することもある。多くの家族生活教育者は，危機にさらされていると特定されたか，子育て，金銭管理，または人間関係スキルに問題があるとわかった家族を支援する設定で働いている。専門職の多くの時間は，介入と考えられる活動に費やされるかもしれないが，それらの設定で教育を通じて家族生活支援を提供する機会がある。別の例では，保育園の園長がその時間の多くを，保育園プログラムの管理に充てているだろう。しかし，彼らもまた，子育て教育ワークショップの特定と実行に責任をもっていることがある。このワークショップの開発や提供に費やされる時間は家族生活教育と考えられる。

表2.1　家族生活教育：専門・専門職を定義する

イーストの基準 (1980)	進歩	成長の余地	評価基準 1＝全く進歩なし 5＝完全に満たしている
1.活動がフルタイムの職業になる	めったに家族生活教育とは呼ばれないが，多くの専門職が，フルタイム勤務で，親教育・性教育・結婚エンリッチメントという名称で家族生活教育を実践している。	家族生活教育は，しばしば，家族生活教育者の職責の一部であるにすぎない。あるいは，特に家族生活教育としての雇用はパートタイムだけかもしれない。	4
2.教育機関とカリキュラムの確立	1960年代以来，家族に関する学位が提供されている。NCFRは1996年の初めにCFLE資格に必要な評価基準を満たしている学問プログラムを認証し始めた。現在，127の認証プログラムがある。	ほとんどの学位が家族生活教育とは呼ばれず，むしろ，子どもと家族研究，人間発達と家族研究，福祉サービス，家族研究，家族・子ども研究と	4

		呼ばれる。合意の欠落が分野のアイデンティティの断片化をもたらしている。	
3.専門の学協会の設立	NCFR, AAFCS など，1900 年代の初期以来，多数の家族関連の学協会がある。子育て教育に焦点をあてた組織 (NPEN) や結婚教育に焦点をあてた組織 (NARME) も設立される。	多数の，他の家族関連の学会や組織がある。組織はアイデンティティの断片化を引き起こす場合がある。	4
4.名称，入会基準，中核的知識，実践能力の開発	NCFR は 1984 年に家族生活教育者の認証のために，大学のカリキュラム・ガイドライン，基準，評価基準を開発した。		5
5.内外の葛藤とユニークな役割定義	多数の組織と資格が，いくらか重複する内容を持ちながら存在している。しかし，NCFR のカリキュラム・ガイドラインと認証家族生活教育者 (CFLE) 評価基準の開発は家族生活領域を定義する。家族実践領域（DFP）モデルが家族生活教育のユニークな役割を明確にするのを助ける。	雇用主と一般の人々は，家族生活教育とは何か，家族生活教育者が，ソーシャルワーカー，セラピスト，カウンセラーと，どのように異なっているかについて，いまだにはっきりと分かっていない。	3
6.一般の人々が，その仕事に携わっている人々の専門的知識を受容する	米国全体における子育て教育と結婚教育プログラムの人気の上昇は，一般の人々が家族問題に関する教育を受け入れつつあることを反映している。	一般の人々は家族生活教育者の特別な資格 (CFLE) が存在することにあまり気づいていない。	3
7.認証と免許：認証と免許は，グループが社会に対する特別なサービスのために認可され，自主的に管理されているという法的証拠である	CFLE 資格が家族生活教育提供者資格を管理するために開発された。CFLE は，その資格を維持するために継続教育要件を満たさなければならない。		5
8.倫理規定の開発：非倫理的な実践を排除し，一般の人々を保護するために，倫理規定が開発される	NCFR の家族科学部門は 1995 年に倫理規則とガイドラインを承認した。2009 年，NCFR はミネソタ家族関係学会の「倫理ガイドライン・プロセス」を公式の CFLE 倫理規定として採用した。		5

資料出所：Bredehoft, D., & Walcheski, M. (2009). *Family life education: Integrating theory and practice*. Minneapolis, MN: National Council on Family Relations.

２．教育機関とカリキュラムの確立

　1917年，記録に残っている家族に関する最初のコースがシカゴ大学のアーネスト・バージェス（Ernest Burgess）によって提供された。しかし，家族に焦点をあてた学位がさらに一般的になるには1960年代まで待たなければならなかった。家族生活教育者に必要な知識，スキル，能力を定義するという構想は，全米家族関係学会（National Council on Family Relations, NCFR）による「家族生活教育のプログラム，原理，計画，手順：家族生活教育枠組み（Family Life Education Programs, Principles, Plans, Procedures: A Framework for Family Life Education）」（NCFR, 1968）の開発をもたらした。NCFRは，1982年に『大学カリキュラム・ガイドライン（*College/University Curriculum Guidelines*）』，1984年に『家族生活教育者の認証基準と評価基準（*Standards and Criteria for the Certification of Family Life Educators*）』および『家族生活教育の内容の概要：生涯にわたるプログラム計画の枠組み（*An Overview of the Content in Family Life Education: A Framework for Planning Programs over the Life Span*）』（NCFR, 1984）を開発した。NCFRは1985年に最初の認証家族生活教育者（Certified Family Life Educators, CFLE）を承認した。

　1996年，NCFRは「大学プログラム審査（*Academic Program Review*）」を導入し，認証家族生活教育プログラムに必要な基準や評価基準に合っているか，審査を開始した。非常に多くのプログラムがこの「事業〔NCFR〕」の認証を求めている。認証は，この分野における，明確で認証されたカリキュラム内容であることを保証している。NCFR　ウェブサイトで利用できる「家族科学の学位プログラム・リスト（*Degree Programs in Family Science*）」（Hans, 2013）には，300以上の家族に関する特別な学位プログラムの情報が含まれ，そのうち127以上がCFLE認証基準を満たしている。

３．専門学会の設立

　専門学会は，実践の認証基準を確立したり，専門職を支持したりすることによって一般の人々の専門職についての認知に大きい影響を与える。さらに，メンバーに対してネットワーク形成や情報共有を通じて実践を強化する機会を提供する。アメリカ家族消費者学会（AAFCS，以前のアメリカ家政学会），家族関係学会（NCFR）など，家族に関連する多くの専門組織が存在する。NCFRは家族生活教育の内容に関する認証基準の開発や認証家族生活教育者（Certified Family Life Educator, CFLE）プログラムを後援しているので，家族生活教育者のための専門団体として広く認知されている。

　専門学協会の発展は，専門職グループ内で多くの知識が共有され，共通の関心があることを示している。家族の専門学協会には，いくつかのレベルの会員資格があり，継続的な教育機会や，家族分野の他の実践家とネットワークを作る機会を提供している。

４．名称，入会基準，中核となる知識，実践能力の開発

　先に述べたように，NCFRは，1960年代後半から1980年代前半に，多くの特別委員会と

委員会の仕事に取り組み，入会基準，中核となる知識，実践能力を特定した。その結果，CFLE 資格を確立した。

　CFLE 認証・評価基準には，元々，家族生活教育の中核をなしている 9 つの家族生活の領域が含まれている。社会のなかの家族，家族内ダイナミクス（力動），人間発達と成長，人間の性，人間関係，家族資源管理，親教育と指導，家族法と政策，倫理である（付録 B 参照）。1991 年に家族生活教育の方法論が 10 番目の領域としてつけ加えられた。1984 年から 2007 年まで，認証を求めようとする専門職は申請の過程でこれら 10 の領域のそれぞれについての学問的準備，専門職としての成長，仕事の経験に関する証明書を提出した。1996 年の学術プログラム審査の開発によって，NCFR は CFLE 資格の評価基準に準拠した大学における家族に関する学位プログラムの認証を開始した。NCFR の学術プログラムの審査過程は，この分野の，特定され受け入れられたカリキュラム内容として 10 の領域を認める。「CFLE 認証」プログラムの卒業生は，自分の学校であらかじめ承認された特定のコースを修了すれば，ポートフォリオ出願プロセスよりも前に，簡略出願プロセスを通じて申請することができた。

　2007 年，NCFR は〔CFLE の認証システムを〕ポートフォリオ出願プロセスから，全米標準化多項選択式試験に変更した。試験の開発では，家族生活教育の効果的な実践に必要な知識，スキル，能力をさらに特定し確定する大規模な実践分析がおこなわれた（Darling, Fleming, & Cassidy, 2009）。付録 B は「NCFR の家族生活教育内容領域：内容と実践ガイドライン」であり，家族生活教育分野の理論，研究，実践を反映している。

5．内外の葛藤とユニークな役割の定義

　家族に関する多くの専門組織がある。先に論じたように，NCFR は 1960 年代前半以来，家族生活教育カリキュラムと認証評価基準の定義と開発を活発に行ってきた。さらに，アメリカ家政学会（American Home Economics Association, AHEA）は，1974 年に家政学の能力と評価基準を特定し，1987 年に認証家政学者（Certified Home Economist, CHE）資格を確立した。1994 年，AHEA はアメリカ家族・消費者科学会（American Family and Consumer Sciences, AAFCS）に名称変更し，認証資格の名称を認証家族消費者科学者（Certified in Family and Consumer Sciences, CFCS）に変更した。

　NCFR と AAFCS の認証プログラムの間にはいくつかの類似性と相違がある。両方とも，人間の成長と発達，家族システム，家族資源管理の領域における最低水準の教育と知識を求めている。2004 年の AAFCS 認証プログラムの再設計と拡張によって，それぞれに必要な能力に基づいて資格試験を行う 3 つの資格が作られた。AAFCS は，元々の広い領域の能力にもとづく CFCS 資格を維持している。新しく作られた資格は，人間発達と家族研究（CFCS-Human Development and Family Studies, CFCS-HDFS），ホスピタリティ・栄養・食品科学（CFCS-Hospitality, Nutrition and Food Science, CFCS-HNFS），さらに最近では，認証個人・家族金銭教育者（Certified Personal and Family Finance Educator, CPFFE）に重点を置いている。CFCS-HDFS は，栄養やデザインに関するテーマを切り離したので，元々の CFCS 資

格よりも，認証家族生活教育者（CFLE）にもっと似ている。HDFS 資格の全体的焦点は，CFLE 資格よりも広く，人間発達の文脈での話題である。CFLE の認証基準は家族生活教育に関連する人間の性，子育て，教育方法・技術に関連する知識とスキルをよりいっそう強調している。

　CFLE と CFCS-HDFS の両方とも行政や福祉サービスで働くことを想定しているが，CFCS-HDFS 資格を持つ専門職は，幼児期，中学，中卒後のプログラムで働く傾向がある。これに対して，CFLE は宗教団体，軍隊，ヘルスケア，ワーク・ライフ・プログラムなどの幅広い領域や，子育て，人間関係スキル，金銭管理などに関連する家族生活教育サービスを提供するコンサルタントとして民間で働いている。

　非常に多くの他の組織が家族生活教育に関心をもっている。例えば，性教育に直接かかわっている専門職は「米国性教育者・カウンセラー・セラピスト学会（American Association of Sexuality Educators, Counselors, and Therapist, AASECT）」か「性科学研究学会（Society for the Scientific Study of Sexuality, SSSS）」に加入しているだろう。また，親教育者は「全米子育て教育ネットワーク（National Parenting Education Network, NPEN）」のメンバーである可能性がある。カップル教育や結婚教育における活発なカップルや教育者は，「ベター・マリッジ（Better Marriage, BM, 先のカップルのための結婚エンリッチメント協会，Association for couples in marriage Enrichment, ACME）」か「全米恋愛関係教育・結婚教育協会（National Association for Relationship and Marriage Education, NARME）」に加入したいと考えるだろう。または，「結婚・家族・カップル教育連盟（Coalition for Marriage, Family, and Couples Education, CMFCE）」にかかわりたいと考えるだろう。これらの組織は，家族生活教育特有の多くの課題を議論する専門的フォーラムを提供するために作られている。このような関連する組織の多さは家族生活教育の学際的な性質を反映している。

　最近の生活「コーチ」や親「コーチ」の増加は，家族生活教育者であるために必要な知識とスキルとは何かを明確にするよい機会をもたらした。コーチングに焦点を合わせた訓練プログラム，認証，組織が増えているとはいえ，それらはいまだに比較的あいまいで，新しい分野である。用語「生活コーチ」をインターネットで検索すると，認証や教育を提供している会社や組織が過剰になっている。しかし，実践のための特定の国家的基準があるようには見えない。コーチになるのに必要な評価基準に関する合意がないことから，コーチ・サービス提供のための十分な教育・訓練・見とおしを持たないコーチに好機を与えることになっている。コーチングに人気があるのは，日常生活の課題に対処するときに，長所に基づく視点から，助言を求めている人のはっきりしたニーズに取り組むからである。家族生活教育者は，研究に裏打ちされた知識やスキルを役立てて，助言を提供して，コーチングのためのユニークな資格を発展させることで，この関心から恩恵を受ける可能性がある。

　第 1 章で論じた「家族実践領域（DFP）モデル」は，家族生活教育，家族セラピー，家族ケース・マネジメントの分野の間の重なりと対比を特定し，家族生活教育分野を前進させた（Myers-Walls et al., 2011）。モデルの開発は，分野間の協働作業を奨励する家族生活教育者のユニークな役割定義に貢献した。最終的に，家族生活教育の内容や実践，家族への持

続的サービスの場所に関して，より広範な合意が形成されるに従って，役割定義の議論は鎮静化するかもしれない。

6．一般の人々による，家族生活教育者の専門的知識の受容

　離婚，ひとり親による子育て，混合家族，景気後退，非行，薬物乱用，若者による暴力など，社会はますます家族の危機や課題に直面しているので，家族に対する予防策や教育への認識が高まっている。ストレスと健康の関係を理解しているので，健康管理機関でさえ，ペアレンティング（子育て，親になること），ストレス管理，仕事と家族のバランスをとり扱う教室をより多く開いている(CDC, 2013)〔Centers for Disease Control and Prevention, 疾病対策センター〕。さらに，多くの企業が，個人や家族の問題が生産性や出勤の減少の主な原因になっていることを認識している（Bond, Galinsky, & Hill, 2004）。また，多くの会社が，労働者の生産性を向上させるために，昼食時の弁当持参セミナーや他の教育機会を提供している。

　グループや組織が家族生活教育プログラムを提供しようとするとき，家族に関連する分野の専門家を探す傾向がある。認証や経験は，家族関係領域の専門職としての信頼性を高めるだろう。認証や経験と同様に，家族を専門とする学位は，家族関係の領域の専門家としてのその人物の信頼性を高める。しかしながら，人間関係や子育てスキルに関する指導を求めている個人や家族は，多様なトレーニングや専門知識を持つ広範な提供者から選ぶことができる。

　結婚エンリッチメント運動は，40年以上にわたって，カップル関係スキルや意識的な成長促進の機会を提供してきた（Mace, 1982）。リーダーシップ訓練の価値は，1973年にデヴィッド・メイス（David Mace）とヴェラ・メイス（Vera Mace）によって設立されたACMEや，1962年にガブリエル・カルヴォ（Gabriel Calvo）神父によって設立された「結婚との出会い（Marriage Encounter）」のような世界的な結婚エンリッチメント組織によって，常に強調されてきた。両方のグループは厳格でよく開発されたリーダー訓練プログラムを提供している。訓練プログラムは，リーダー・カップルが学問的準備と経験を持っていることを求めている。また，訓練をうけるリーダーは，完全な認証を受ける前に，豊富な経験を持つリーダー・カップルの指揮の下で働き，参加者からスキルについて肯定的評価を受けなければならない。

　過去数年間，結婚教育に対する関心が高まり，「従来の常識を破って」結婚について教える「台本になっている」結婚教育プログラムが増えた。これらのプログラムは，結婚と家族または教育方法論についての特別な学問的訓練をもたない普通の信徒のなかのリーダーが教えるように設計されている。同様の課題が，「ママとパパ」ブログや子育てのウェブサイトの急増に見られるように，子育て教育に関しても存在している。結婚教育分野と同様に，子育てと格闘している親のニーズを満たすように発展しているさまざまな子育てプログラムがある。これらのアプローチは，家庭教育の特定の教育・訓練をした人とそうでない人との間に何らかの緊張をもたらした。特別なカリキュラムやアプローチを通じて提供

されるガイドラインに従えば，だれでも有能な結婚教育者や子育て教育者になることができると考える者がいる一方で，最も有能な教育者とは，プログラム開発や実践スキルの証明を持つだけでなく，家族システムやダイナミクス，性教育，人間関係，人間発達や子育てについて正式な教育を受けていると考える者もいる。

　正式に訓練された家族生活教育者は「フリーサイズ」アプローチ（特定のやり方を全てに適用すること）よりむしろ，参加者や状況に合わせて適切に調整した多様なアプローチや技術をもとにしてプログラムを実施することができると主張する者もいる。特定の方法やカリキュラムで訓練された人々は，実際，非常に有能かもしれない。しかし，その専門的知識がただひとつのカリキュラムや設定（setting，場面・環境）だけに限定される場合，「専門職」とは言えない。彼らが台本どおりにする限り，すべては順調だが，一定の水準の専門的知識を必要とする質問が出てくるだろう。

　家族生活教育の専門職とプログラム参加者は，人間関係を高める効果的な学習経験やスキル形成を促進するには，「良い親」や「満足なカップル」でいるよりも，もっと多くの時間が必要だということを明確に理解している。適切な訓練と経験が不可欠である。しかしながら，そのようなさまざまなプログラム，学習機会，異なる資格の有用性と提供者の訓練レベルは，広く認められた職業としての家族生活教育の確立の課題であり続ける。

7．認証と免許

　用語・認証評価（*accreditation*）と免許（*licensure*）に関する混乱や，認証（*certification*）と証明（*certificate*）の違いがある。したがって，「自発的」対「義務的」，「専門職組織」対「行政または認可局」，「プログラム」対「個人」のような，下記の特定の用語を使うとき，何らかの明確化が役に立つだろう。

- 認証評価（*accreditation*）は，専門職組織または学会によって特定の要件を満たしたプログラムを承認する自発的プロセスである。ほとんどの大学や学部が地域ごとに認証評価されている。
- 認証（*certification*）は，専門職組織または学会によって，特定の予め決められた資格または評価基準（例：CFLE, CFCS）を満たした個人を承認する自発的プロセスである。これは，認証を維持するために継続教育が必要な継続的資格である。
- 免許（*licensure*）は，政府または認可局が，指定された専門職（例：教員，ソーシャルワーカー，セラピスト）として働くために個人に許可する義務的プロセスである。それは，資格要件を満たした人々に，その州で特定の職業または専門職に従事し，特定の職名を使い，具体的な機能を果たす権利を与える。認可制度は通常，実践のための最低基準を表している（例：教員，セラピスト）。
- 証明（*certificate*）は，定義された訓練プログラム（例：老年学，親教育）の修了に対応して専門職機関，学会，営利事業，大学によって提供される。それは，最終的な賞状（award）で，継続教育や追加の学習の継続的要件がないことを意味する。

　先に論じたように，NCFR は，AAFCS のように，個人に認証プログラムを提供している。また，AAFCS は大学の FCS プログラムを認証評価している。NCFR は CFLE 評価基準を着

実に実行するために学位プログラムを承認しているが，施設と教授陣の評価を含む認証評価はしていない。

NCFR は，家族生活教育提供者の資格と，提示する資料の質を間接的に管理するために，CFLE プログラムを開発した。現在のところ，家族生活教育者の州資格要件はないが，ミネソタ州は，1989 年以後，「幼児教育（Early Childhood Family Education, ECFE）」プログラムを通じて家族教育を提供するには，幼児教育者および親教育者の免許を持つことを求めている。さらに最近，ノースカロライナ州立大学，ウィーロック大学，プリマス州立大学，リヴァー・カレッジ，ミネソタ大学，ノーステキサス大学デントン校など，多くの教育機関が子育て教育の認証プログラムを提供し始めた（NPEN, 2013）。全米子育て教育ネットワーク（NPEN）は全米の子育て教育資格のオプションを追求し続けている。同じく，性教育（American Association of Sexuality Educators, Counselors, and Therapists, AASECT, 米国性教育・教師・カウンセラー・セラピスト協会を通じた）や個人の経済・家計（AAFCS を通じた）など，家族生活教育が重点的に取り組んでいる部門の特別な認証が存在する。これらの努力は，効果的な実践のためには何らかの形での最低基準の公的認知が重要であるという認識を反映している。

8．倫理規定の開発

1995 年，NCFR の家族科学部門は，家族科学者が使う『倫理原則とガイドライン（*Ethical Principles and Guidelines*)』を採択した（NCFR, 1995a）。ガイドラインは，主として，大学での教育や研究に特有の倫理的問題を扱っている。2 年後，ミネソタ家族関係学会は，家族生活教育の実践家のための『親教育者・家族教育者のための倫理的考え方と実践（*Ethical Thinking and Practice for Parent and Family Educators*)』（MCFR, 1997）を公表した。2009 年，NCFR はミネソタ家族関係学会の「倫理ガイドライン・プロセス」を公式の「CFLE 倫理規定」として採用した（NCFR, 2009a）。これらの倫理ガイドラインや規約の必要性が認知されているという事実は，家族生活教育それ自体のなかに，専門として認知される必要があるという認識が存在するというさらなる証拠である。

イースト（East）による専門を定義するための評価基準についての段階的議論(1980)は，家族生活教育が実際，成熟に向かって発展している専門職であることを示している。家族生活教育のパイオニアたちや，現在この分野で働いている人々の努力の結果，この専門は，結婚・家族セラピー，カウンセリング，ソーシャルワークと同じレベルの認識と参加という目標に向かって発展し続けている。

家族生活教育分野の課題

家族生活教育が，家族問題やウェルビーイングに関する広く認識され高く評価されたアプローチであるためには何が必要か。どうしたら，CFLE 資格や家族科学の学位を雇用要件

に入れさせることができるか。また，どうしたら，より多くの人々を家族生活教育に参加させることができるか。もし出産を控えたすべての親が，子育て教育教室を出産準備の一部と見なすならば，どうだろうか。もしすべての婚約中のカップルが結婚教育に参加するか，または結婚しているカップルが定期的に結婚エンリッチメント・プログラムに参加することによって自分たちの関係に投資したならば，離婚率への影響はどうだろうか，想像してみなさい。全ての高校生がコミュニケーション・スキル，金銭管理，葛藤解決のコースを修了していれば，個人的・社会的問題を回避できるということを想像してみなさい。どんなに多くの若者の危険な行動が，彼らの重要な成長期に家族生活教育を受けることによって回避できるか。

　家族生活教育は，専門職や日常生活へのアプローチとして大きく進歩している。しかし，家族生活教育が標準的に実施されるような状況になるには，多くの課題に取り組む必要がある。家族生活教育の進歩のための最も容易に特定される課題には，学問の一分野や専門職としてのアイデンティティの不足，家族生活教育が行われる設定の多様性，家族生活教育プログラムやサービスの財源の不安定さがある。

学問としてのアイデンティティの不足

　おそらく，家族生活教育者が直面している最も大きい闘いは，一般の人々の認知不足と，家族生活教育者とはだれか，何をしているかに関する理解の不足である。上述のように，家族生活教育の内容と効果的な実践のための基準についての合意が確立したときに，この分野の実質な進展があった。しかしながら，これらの基準を満たす学位を何と呼ぶかについてはあまり合意がない。ほんのわずかな課程しか，明確に「家族生活教育」と名づけられていない。家族関連の課程は，むしろ，家族科学，家族研究，個人・家族研究，家族・消費者科学，家族・子ども発達，ヒューマン・エコロジー，人間発達と家族研究，家族・若者・コミュニティ科学，家族・子ども科学，子ども・思春期の若者・家族研究，家族関係など，無数の名称で運営されている。約300の大学プログラムや，100以上の異なる名称の家族関連の専攻が存在することからわかるように，家族研究分野全体が，長年にわたってアイデンティティの問題と闘っている（Hans, 2013）。中核的知識や実践基準の確立は，家族生活教育がより明確なアイデンティティを確立するのを助けたが，家族専門職に与えられる，より一貫した学位名称が必要である。これは，雇用主が，家族のウェルビーイングのために予防的で家族中心の，生涯にわたるアプローチを適用する資格をもつ専門職を，いっそう容易に特定できるようにするだろう。さらに，一貫した学位名称は，家族生活教育者が，（法によって）義務づけられた親教育の提供者として広く認められることや，そのサービスの費用を保険提供者に負担してもらうのを，容易にするだろう。

家族生活教育が行われる設定の多様性

　コミュニティでは，おそらく，どんな日にも，非常に多くの家族生活教育の実例を見る

ことができる。家族生活教育者は，ヘルスケア，コミュニティ教育，宗教団体，中学・高校，大学，社会福祉機関，企業，政府機関，教化施設，退職者団体，軍隊で働いている。家族生活教育が本質的に学際的で，それが実施されている設定が多様であることは，資産でもあり負債でもある。積極的側面としては，「ジェネラリスト（万能家）」としての家族生活教育にふさわしい多くの機会が存在することがある。否定的側面としては，このように設定が多様なので，職を求めて努力することが難しい。病院やコミュニティ教育プログラムに応募するだろうか。広告やインターネットを探すとき，どんな職業名を探すだろうか。家族生活教育が行われる設定の多様性のためには，家族生活教育者が自分たち自身の支持者であることを必要とする。家族生活教育者が何をするか，また何を提供しなければならないかを明確にすることができなければならない。付録 C には，家族生活教育が行われる設定のリストが含まれている。

　合衆国労働省，労働統計局の『職業案内ハンドブック 2012-13 （*2012-13 Occupational Outlook Handbook*, OOH）』（www.bls.gov/ooh）は「家族生活教育」を職業として含んでいない。実際に，名称のなかに「家族」を含んでいる職業には，家庭医・一般開業医，家族保育提供者，家族サービス・ソーシャルワーカー，家族セラピストがある。家族サービス・ソーシャルワーカーだけが，他の家族関連の職業とは関係がなく，社会福祉の情報を含んでいる。家族生活教育に関わる人々が知っているように，社会福祉分野はそれ自体をブランド化し〔用語，組織，自分たちが何者かを語る方法のようなものを確立すること〕，社会福祉教育（および多くの場合，社会福祉免許）を非常にうまく州や連邦の法律に組みこませた。これは，介入やケース管理に焦点を合わせた職業にうまく役立つと同時に，予防的方法を通じて家族を援助するのに必要なスキルや知識を持っている多くの質の高い家族専門職〔家族生活教育〕を排除する。家族専門職のための，社会福祉ではない新しい免許に対する要望は近い将来にはありそうにない。一般に，多くの議員は人々の健康や福祉といった重大なリスクに関わる分野においてだけ，新しい免許の必要条件を生み出すことに関心がある。

　全米家族関係学会（NCFR）は，米国労働省（U.S. Department of Labor, DOL）に対して，公式コード化システムに「家族生活教育者」という職業を掲載するよう働きかけている。DOL で専門職として識別されるための最初のステップは，その用語〔家族生活教育者〕を既存の標準職業分類（Standard Occupational Classification, SOC）システム・コードに関連づけることである。SOC システム・コードは，この専門職の存在に関する情報を集めているDOL 職員の目を引くだろう。労働省職員が「家族生活教育者」が多く使われていると見なせば，労働省は標準職業分類 SOC システムや，ひいては『職業案内ハンドブック』のなかに，「家族生活教育者」をより多く掲載するだろう。

　長期目標としては，用語「ソーシャルワーカー」や「カウンセラー」と同じように，雇用主・学生・求職者が職業案内ハンドブックで用語「家族生活教育者」の項に行き，家族生活教育者に関する情報のページを開くことができることである。これには，仕事の本性，労働条件，訓練，その他の資格，昇進，雇用，仕事案内，収入，関連する仕事，追加の情報源に関する情報が含まれるだろう。残念ながら，「家族生活教育者」が特定の標準職業分類

システムのリストに掲載されるには何年もかかるだろう。一定水準の頻度で，ある職名や地位が出現するとき，このシステムにその名称が追加される。「家族生活教育者」という名称は労働現場にまだあまり出現していない。一般の人々がその特別な職業によって家族生活教育者を特定するとき，あるいは雇用主が労働者をそのように特定するときにのみ，それが可能になるだろう。

　ウェブサイト，名刺，および刊行物で，家族生活教育者という肩書を用いることによって，また雇用主に適切に人材募集においてこの用語を用いるよう奨励することによって，家族生活教育者はこの過程を開始するよう激励されるべきである。共同で集中的に努力することで，うまくいけば，用語「家族生活教育者」はいつか，他の職業と同じように，労働省にはっきりと認識されるだろう。そのことは，回りまわって専門としての家族生活教育を強化するだろう。

家族生活教育プログラムの財源の不安定さ

　多くの家族生活教育プログラムが連邦や個人の助成金を受けている。多くの場合，この資金は特定の期間しか利用できない。したがって，受給者は，しばしば，プログラムの実行よりむしろ，現在の助成金の維持と新しい資金の獲得に多くの努力を集中する。効果的で立証された家族生活教育プログラムが，しばしば，資金提供期間が終了したり，元の資金に持続的に資金を投入する必要性を認めさせるのに失敗したりして中止になる。

　さらに，助成金による家族生活教育プログラムへの資金提供は，通常は行政や非営利組織によるプログラムの管理を必要とする。これは，家族生活教育が困難を抱えている人々や家族のためだけのものであるというメッセージを送って，これらのプログラムに参加する人々に不名誉の印を押す場合がある。妊娠している女性が出産プロセスを学ぶために教室に出席する価値にはだれも疑問を持たない。しかし，すべての親が，子どもが成長する間，ずっと子育て教室に通うところにまでは，まだ達してはいない。保険会社による家族生活教育への資金提供と，雇用主，学校，宗教団体，病院，民間企業，労働者の健康維持プログラムなど，さまざまな提供者を通じたプログラムの管理によって，家族生活教育の機会や理解が進み，普通のこととして一貫して受け入れられるようになるかもしれない。

成長戦略

　家族に焦点をあてた教育的・予防的努力を可視化し，家族生活教育の価値を高めるために多くの戦略を実行することができるだろう。そのことは回りまわって家族生活教育を発展させるだろう。これには，実践の推進と実践基準の維持，雇用主や一般の人々の教育，介入の設定に家族生活教育を組込むこと，法律要件を満たした提供者としての家族生活教育者の認知，資金の増加と安定，ニッチ（特定分野）市場の創造，メディアを通じた家族生活教育の促進と標準化が含まれる。

実践基準を向上させ支える

　認証家族生活教育者（CFLE）や認証家族・消費者科学者（CFCS）の認証は，おそらく家族生活教育で働いている人々に最も関係していて適切な資格である。家族の専門家は，実践基準を確立する必要性を認識することによって，家族生活教育分野を支援することができる。この支援には，自分たち自身が認証を求めることや，CFLE や CFCS 資格を持つ人々を雇ったり昇進させたりすることが含まれるだろう。家族生活教育者として認められる人々の数の増加や，宣伝資料・身上書・履歴書・仕事の肩書で，名前の後に CFLE や CFCS の頭文字を用いて家族生活教育者が特定されるのを積極的に進めることは，専門としての家族生活教育の認知度を高めるだろう。同様に，CFLE や CFCS の数の増加は，家族生活教育の価値を認識させるための重要な戦略である。役職に指名された人の名前の後の CFLE と CFCS の文字は，特定の基準と要件を満たした実践としての家族生活教育に注目させる。

雇用主や一般の人々を教育する

　家族生活教育者は，家族生活教育とその価値について他の人々を教育するには，かなりの時間が必要であることを認識している。仕事を見つけるときや，潜在的な雇用主に売り込もうとするとき，家族生活教育者はしばしば創造的で積極的である必要がある。雇用主は，しばしば，家族の学位や認証が何を意味するかを本当に理解していないかもしれない。雇用主は，これらの資格が家族についての確かな理解，生涯的視点，教育プログラムの開発と実施に必要なスキルと知識を意味しているという事実について，教育されなければならない。特に，家族分野で教育を受けた多くの家族生活教育者は，個々のカップルや家族のシステム，社会サービス，ビジネス，行政システムなどのシステム的視点から，仕事をするだろう。家族に関する学位プログラムの卒業生は，「どのような」組織の「どのような」システム・レベルでも，自分自身を家族生活教育者として働いていると考える必要がある。教育とスキルに関して，自分自身を非常に幅広くとらえる必要があり，雇用主が同じように考えるように働きかける必要がある。雇用主がそのようなスキルや知識を持つ被雇用者を雇うことから利益を得ていると，将来においても同じような志願者を雇い，また，他の人々がそうするよう奨励する可能性が高い。

介入の設定に家族生活教育を組み込む

　主として介入やカウンセリングを中心とする場所で働いている家族生活教育者は，多くの場合そこで家族生活教育を提供する機会を見出せるだろう。例えば，主として金銭的問題に対処している家族を扱う仕事をしている政府機関は，コミュニティで金銭管理ワークショップを提供したいと考えるかもしれない。また，潜在的に危険な状態にあると認められた親への家庭訪問では，情報と友情を分かち合うために，全ての家族が集まる機会を提供する根拠（エビデンス）に基づく家族教育プログラムを支援するかもしれない。ソーシ

ャルワーカーやカウンセラーの援助を必要とする家族は常に存在している。とはいえ，ほとんどの専門職は問題を予防することが家族や社会にとって最も良いということを認めている。第1章で議論した「家族実践領域（DFP）モデル」は，家族生活教育者が家族を支援し強化するために家族ケース・マネージャーやセラピストと協働して働く方法を特定している。

政策立案者としての家族生活教育者についての認識を高める

　結婚教育や子育て教育という成長しつつある分野は，家族生活教育者を政策立案者として法的に認知させる機会を広げるべきである。多くの州が，結婚教育や親教育のクラスを修了することを人々に命じたり，インセンティブ（行動を促す刺激）を提供する法律を策定したり，法律化しようと考えている。この法律には，通常，これらのサービスを提供している人の推薦リストが含まれる。残念ながら，議員は資格を持つ少数の提供者のリストを含む案を支持する傾向がある。これらの提供者は通常，州や連邦機関から既に認可され認知された免許などの資格を持つ人々である。それは，案の通過を容易にする。しかし，これらのサービスの提供に適しているのは誰かということについて最良の尺度をもたらすことはできないだろう。例えば，いくつかの州で子どもを持つ離婚カップルが受講しなければならない（法によって）義務づけられた親教育プログラムは，しばしば，免許を持つソーシャルワーカー，カウンセラー，セラピスト，聖職者を唯一の承認された提供者としている。これらの多くは，子育て教育の授業をする資格が十分あるかもしれないとはいえ，ソーシャルワーカー，カウンセラー，セラピストの資格や，牧師であることが，子育て教育の特別な知識・教育ワークショップを開発・実行する能力・教育的能力を持ち，単独で親を対象にして働く能力を保証するわけではない。結婚教育や子育て教育の提供では，単に特定の状況に関する肩書によって提供者として特定されるソーシャルワーカー・セラピスト・牧師よりも，特に家族生活教育について教育を受けた者の方が，少なくとも資格があり，多くの場合，より適任だろう。さらに，家族生活教育者は，危機管理に関して単一ではなく，より包括的，家族中心的，強みを基礎にした視点を提供できる。

　幸い，議員，弁護士，裁判官のなかには，過去，習慣的にセラピストやソーシャルワーカーのサービスを求めたが，家族の学位や認定資格を持つ専門職が，家族とともに働くスキルと知識を持っていることを認識し始めている人たちもいる。例えば，テキサス州では，家族の学位を持つ CFLE や専門職が，裁判所によって義務づけられたいくつかの子育て教育プログラムの適切な提供者として認識されている。また，離婚した親のために働く子育て教育コーディネータは，仲介に関する訓練を完了しなければならないが，家族に関する学位や CFLE 資格は最小限の要件を満たすのを助ける。

　家族生活教育を促進しようとする人々は，適用できる法律をモニターし，承認または推薦された提供者のリストのなかに家族生活教育者が含まれるように関連法案をつくる人々を教育する機会を獲得する必要がある。連邦法のなかで「承認された提供者」として家族生活教育者が含まれることは，州や地方自治体による公的部門や民間部門の認識に扉を開くだろう。

根拠に基づく予防プログラムのために資金を増やし安定させる

　根拠に基づく家族教育プログラムの有効性を支持する豊富なデータが存在する。これらのレポートは，次のような問題に取り組む予防的プログラムを支援するために，提供された財源に対する肯定的な投資利益率を示している。それらには，幼児教育（Karoly, Kilburn, Cannon, Bigelow, & Christina, 2005），子育て教育（McGroder & Hyra, 2009），10 代の妊娠（Alford, 2008; Kirby, 2007），少年犯罪および薬物乱用（Miller & Hendrie. 2008; Spoth, Guyll, & Day, 2002）がある。

　家族の機能不全の心理的コストは測定しにくいが，財政的費用は明確である。データが入手できる最新の年である 1999 年には，薬物乱用だけで全米で 5,108 億ドルの費用がかかったことが示されている（Miller & Hendrie, 2008）。CDC（アメリカ疾病予防管理センター，Centers for Disease Control and Prevention）による 2003 年の研究（CDC, 2013）では，米国の家庭内暴力の 1 年間の費用は 58 億ドル以上と見積もられた。児童虐待とネグレクトの推定年間費用は 800 億ドル以上である（Gelles & Pearlman, 2012）。

　「子ども期の有害事象（Adverse Childhood Experiences, ACE）研究」（Felitti, Anda, Nordenberg, & Williamson, 1998）は，18 歳以前に起こる人生のトラウマ体験と，成人の生涯の健康とウェルビーイングには強い相関があることを明らかにした。これらは「子ども期の有害事象」と定義される。身体的虐待・性的虐待・言葉による虐待，世帯員の精神疾患，自分自身や家族員の問題の多い飲酒やアルコール依存症，家族員による不法なストリート・ドラッグ〔街角で簡単に手に入る麻薬〕や処方薬の使用，離婚や別離による親の不在，親に対する家庭内暴力，家族員の投獄が含まれる。離婚・薬物乱用・10 代の妊娠・子ども虐待とネグレクト・暴力・破産・その他多くの個人的・社会的問題に由来する問題は，教育や予防プログラムによって社会悪を回避したり，改善したりすることができる領域である。しかし，先に論じたように，そのようなプログラムのための財源は，しばしば交付金に基づいており，不安定である。

　家族生活教育を正規化するには，より着実な資金の流れが必要である。この領域の成長のためのひとつの機会には「医療費負担適正化法（オバマケア，Affordable Care Act, ACA）」があり，家族生活教育を組みこむために努力している（Taner, 2013a）。同法では，薬物乱用障害とメンタル・ヘルスに関する予防の取り組みが義務づけられている。子育て教育や人間関係スキル，薬物乱用防止に焦点をあてた根拠に基づく家族生活教育プログラムへの，健康保険からの資金提供の可能性は，プログラムをいっそう有効で安価にし，支援を求めることによる不名誉の印を取り除き，アクセスや参加を増加させるだろう。

ニッチ（特定分野）を形作る

　上述のように，家族生活教育は多種多様な設定で行われている。その学際的な本質は，家族生活教育者が，ソーシャルワーク，心理学，子ども発達，性，セラピーで教育を受けた人々と，仕事を得るために競争したり，一緒に仕事をしたりする可能性があるというこ

とを意味する。家族生活教育の可視性を高める方法は，家族生活教育者がサービスを提供する唯一の資格であるという状況を確立するか，特定することである。健康管理提供者は，ますます多くの子育てやストレス管理のワークショップを提供している。コミュニティ教育便覧には家族生活に関連する多数のクラスが記載されている。若者プログラムや宗教団体は，家族生活教育の最も一般的な設定である。

「労働生活」の領域には家族生活教育者にとって極めて大きい可能性がある。より多くの法人や企業が仕事と家族生活の相互関係を認識している。特に労働者の私的生活が，薬物乱用，家庭内暴力，深刻な金銭的困難に満ちているならば，それが，労働生活に有害な影響をもたらす可能性があることを理解している。薬物乱用の費用の多くは，労働生産性の低下と医療支出の増加に起因する（Harwood, Fountain, & Livermore, 1998）。しかし，それほど重大でないか，問題でない課題もまた，労働生活に影響を与える可能性がある。それには，カップル関係，ペアレンティング（子育て），高齢者介護のような標準的な家族ストレスに関する課題がある。「思春期の若者とのコミュニケーション」や「時間管理」についての昼食持参ワークショップやウェビナー（Web セミナー）への資金投資は，生産力の向上や被雇用者の欠勤の減少として戻ってくる。家族生活教育者は，これらのタイプの学習機会を提供するのに非常に適している。

多くの状況で，家族生活教育は既存の設定に組み入れられ，多くのサービスのひとつとして提供される。例えば，退職計画，居住計画，介護問題に焦点をあてたワークショップは，引退者のコミュニティや介護ホームで提供される。ニュースレターや一連の夜のワークショップを通じて，幼稚園や保育園で，ペアレンティング（子育て）教育が提供されるかもしれない。医院は，予約するときに，よく生じる子育ての関心事に取り組むために，正規またはパートタイムの親教育者を雇うことに，価値を見出すかもしれない。こうした具体的な取り組みは家族生活教育の価値を組織に導入する方法となる可能性があり，最終的にフルタイムのサービスにつながる。

満足のいく生産的な生活を送るのに必要な知識やスキルを，個人や家族に提供する利点について論じることができる人はほとんどいない。しかし，そのような努力が一般に受容されることや，あるいはそのような努力に異論がないことだけでは，家族生活教育分野が確実に進歩するのに十分ではない。問題は，家族生活教育を擁護する前に，1 次，2 次，3 次予防に焦点をあてた根拠に基づくプログラムへの投資には利益があることを裏づける研究についての認識を向上させることである。親教育，結婚エンリッチメント，生活スキル教育が社会的に理解され，これらの活動に日常的に参加することは価値があると認識される必要がある。関連する分野の専門職が家族生活教育者によって作成された知識やスキルを認識し評価し，家族生活教育がさまざまな設定や状況で担うことができる役割を理解するとき，私たちは家族を支援するチームとして効果的に働くことができる。家族生活教育は，ソーシャルワーク，セラピー，カウンセリング，牧師の職務と競合することはない。むしろ，できるだけ効果的に家族機能を支援するために，利用できる資源やサービスを補うものと考えられる（Myers-Walls et al., 2011）。

メディアを通じて家族生活教育を宣伝し正規化する

　家族生活教育を前進させるための別の戦略は，メディアを意図的に使うことである。「教化理論（*Cultivation theory*）」は，メディアが描くイメージにさらされることによって社会に関する概念の一部が形成されると言う（Gerbner, 2009）。テレビや映画は，ひとり親，同性カップル，同棲，離婚など，さまざまな家族形態を描き，これらの家族を標準化する（normalize，特別視しない）のに実質的な影響を持っている。「ウィルとグレース（*Will and Grace*）」，「モダン・ファミリー（*Modern Family*）」のようなテレビ番組は，同性愛者の特徴を紹介して，標準化するのを助けた。メディアは，人間関係，子育て，性について，一般の人々を教育するのを助ける物語の筋書きに，家族生活教育を組み込む無限の機会を提供する。「ペアレントフッド（親であること，*Parenthood*）」は，自閉症，10 代の妊娠，癌，薬物乱用，ひとり親，デート，養子縁組，高齢化，およびこれらの課題が家族に与える影響などの話題を組み込んだテレビ番組のすばらしい例である。登場人物が状況に対処する方法は，積極的なものも否定的な戦略も教育的洞察を提供する。テレビや映画に描かれた登場人物は，健康な子育てや人間関係のために最も良い実践をモデル化できる。家族生活教育の支持者は，テレビや映画のプロデューサーが家族生活教育をプログラムに組み入れるのに影響を与えて，家族生活教育を促進し，標準化するのを助けることができる。厄介な10 代の若者に対処するとき，登場人物が親教育者からの支援を得るとしたら，その影響を想像しなさい。もしコミュニケーションの問題と格闘しているカップルが，セラピストに緊急に相談するよりも，むしろ結婚教育教室に通ったとしたら，と想像しなさい。すべての価値ある目標と同じように，家族生活教育が広く認められた価値ある専門職になるには，すべての家族教育専門職・組織，事業所，学校，政府機関のねらいを定めた持続的な努力が必要である。それらの組織の使命とサービスは専門職によって強化される。

家族生活教育専門職

　家族生活教育分野の評価におけるもうひとつの重要な要素は，実践家たちが確固とした専門職意識（professionalism）を持っていることである。専門職意識の核心は，一般の人々に対して，実践しサービスを提供する人々のスキルと質にある。家族生活教育は，その本性から，しばしば個人的で繊細な課題を扱う。その主要な要素には，参加者が自分自身の価値と価値システムを分析し明らかにし特定するのを助けることが含まれる。家族生活教育者は，数学や化学などの「自然科学」の教師による教育とは異なって，性，コミュニケーション・スキル，子育て教育，金銭のような繊細な課題とともに，個人的価値，意思決定，行動という課題を扱う。参加者は，議論された話題が個人的であるということから，より興奮したり防御的になったりする可能性がある。家族生活教育では，学習者の感情，動機，態度，価値観が学習プロセスの中心になる（Darling, 1987）。

個人的な態度や偏見

　家族生活教育の内容とプロセスには個人的な性質があるので，家族生活教育者は自分自身の価値，態度，偏見を確実に理解していることが不可欠である。専門職である家族生活教育者は，他の人々の気持ちやさまざまなものの見方を容易に受容できる必要がある。多くの家族分野の学位プログラムでは，学生が自分の家族経験の影響にもっと気づくように，学生自身が生まれ育った家族と家族役割，規則，価値の検討と研究を必要としている（Bahr, 1990）。これは，実際に，家族生活教育を効果的に実践する能力に影響を及ぼす可能性のある，葛藤を特定するのを助ける。批判的省察をしなければ，どんな価値，哲学，パラダイムが，自分たちの個人的な専門職としての人生の指針となるかに気がつかないだろう（Hennon, Radina, & Wilson, 2013）。

　ますます多様化する社会では，家族生活教育専門職が文化的能力の向上に取り組むことは重要である。「また，単に多様性を知ること以上に，特にさまざまな人々のためのプログラムを開発し実行することから生じるユニークな課題と機会を認識しなければならない」（Ballard & Taylor, 2012b）。文化，人種，身体能力，ジェンダー，性的指向，社会経済的状態のような事柄に対する人々の偏見を認識することは，効果的に実践するために必要である。

　家族生活教育者には，さまざまな設定で倫理的で効果的に働く能力がなければならない（Allen & Blaisure, 2009）。そうするためには，次の問題を考えなければならない。すなわち，人々のあいだの違いをどう見るか。評価し，祝福し，無視し，恐れるものに違いがあるか。自分の役割をアシスタント，リーダー，支持者，パートナーと考えるか。自分とは異なる人のために働くことをどれくらい快適と感じるか。

　アセイ（Asay），ヤネス（Younes），ムーア（Moore）（2006）は，文化変換モデルを開発した。それは，人々が文化的能力を高めるときに，経験する可能性のある文化的見解の変化を説明する。モデルは５つの段階，（1）独善的文化（cultural smugness），（2）認識的な過重負担（cognitive overload，文化的課題）および不安定性の出現（emerging insecurity，多様な考え方が存在することに気づくこと），（3）具現化（realization）と受容（surrender），（4）自省と文化的検討（self and cultural examination），（5）適応（adaptation）を含む。文化の違いや類似性についての認識や評価は，家族生活教育者の実践と個人的生活の両方を向上させる。

　さらに，個人的社会的責任のような事項に関する認識や態度について真剣に考える時間を取る必要がある。例えば，貧しい人々は，彼らが行った選択が適切でなかったために貧しいのか，彼らがコントロールできない事情のために貧しいのか。「支援モデル類型」は「道徳的啓発，医療，代償／エンパワーメント・モデル」を含む問題と責任を考えるための意味ある枠組みを提供する（Brickman, Rabinowitz, Karuza, Coates, & Kidder, 1982）。これらの課題についての家族生活教育者の視点は，参加者とともに実践し相互作用する方法に影響を与える。

　私たちの感じ方や態度は，しばしば，深く根づいているので，自分がそれを持っていることにさえ気づかない。どのように世界を見ているかを分析するには，意識的な努力と工

夫が必要である。これは，居心地が悪く挑戦的になることがある。しかし，家族生活教育者がこれらの課題に向き合うことができなければ，効果的に実践する能力を低下させる危険を冒すことになるし，周囲の人々から学び成長する豊かな機会を自ら失うことになる。

個人的スキルと質

　NCFR は，CFLE プログラム基準の一部として，家族生活教育者の成功のための重要な特徴を特定した（NCFR, 1984）。それらには，一般的知的スキル，自己認識，情緒的安定性，成熟度，自分自身の個人的態度や文化的価値観の認識，共感，柔軟性，多様性の理解と評価，口頭や記述によるコミュニケーション・スキル，グループおよび 1 対 1 で全ての年代の人々と上手に関係を作る能力が含まれる。

　個人的特性や特長は，家族生活教育者の成功に明らかに重要な役割を果たす。自己評価（Box 2.1）は，個人的特質を評価し，改善しなければならない領域を特定する機会を与える。メンター（助言者）やスーパーバイザー（監督者）との協力，仲間による評価に参加し，経験豊富な教育者を観察することは，専門的実践に関する個人的特徴を高める方法の一部である。

個人的哲学を開発する

特定の個人的資質は家族生活教育者の有能さを高めることができるけれども，哲学的な基礎を開発することもまた，家族に関して教えるために重要である。家族生活教育者は，自分の個人的哲学が効果的に作用する場所を徹底的に考えなければならない。どのように家族を定義するのか。家族生活教育の目的は何か。それらは，家族生活教育の利点や，どうしたら最も効果的に達成されるか，を明らかにするに違いない。家族生活教育の哲学は次のような点から重要である：目標や目的に意味を与え，家族生活教育者に自分自身を理解させる；家族生活教育の問題について評価できるようにする；家族生活教育やもっと大きい社会のニーズや活動との関係を明らかにする；家族の現実，社会における家族生活教育の価値，個人にとって家族の一員であることの本質，家族生活教育の役割を理解する基礎を提供する（Dail, 1984）。個人的哲学を持つことは，家族生活教育者の生活に，より深い意味をもたらす。

　家族生活教育の哲学を形作るとき，検討しなければならない 4 つの個人的哲学は次のとおりである（Dail, 1984）。
- 　家族と家族生活の質と本性に関する個人的哲学
- 　家族生活教育の目的に関する個人的哲学
- 　家族生活教育の内容に関する個人的哲学
- 　家族について学ぶ過程に関する個人的哲学

Box 2.1　家族生活教育者としての個人的資質を評価する

　以下に記されているのは，家族生活教育者としての有能さにとって決定的に重要な意味を持つと考えられる性質である。次の尺度で自分を評価しなさい。

1　　大いに改善する必要がある。
2　　いくらか改善する必要がある。
3　　平均的，しかしあまり能力が開発されていない。
4　　平均以上，必要な能力に近づいている。
5　　この領域において有能である。

- **一般的知的スキル**　情報を集め，読み，処理する能力，それをトピックやグループのニーズに適用する能力。概念や考えについて明確に話す能力。資料を提示するとき，それらを組織し妥当なものにする能力。他者の考えを聞き，取り入れる能力。
- **自己認識**　自分自身の個人的見解，態度，文化的価値観を認識し，明確に話す能力，およびそれらがすべての人の意見・態度・価値観であると仮定しない能力。介護者・管理者・調停者・怒りをなだめる者・支配的な権力者のように，自分があるグループのなかで確実に引き受ける個人的傾向を理解する能力。自分自身の長所と短所を認識する能力。
- **情緒的安定性**　与えられた状況のなかで自分自身の感情的快・不快のレベルを認識する能力。適切な方法や時に，感情を表現する能力。危機や対立に直面して平静さを維持する能力。他者への言葉による，あるいは身体的な，個人攻撃を控える能力。
- **成熟度**　品位と理解を持って，成功，失意，葛藤，対立に対処する能力。自分自身の間違いや弱点を認識し，他者を非難しない能力。怒りを乗り越え，個々人を価値と可能性を持つ人間であると見なし続ける能力。
- **共感**　自分自身を他者の立場に置く能力。他者の感情に配慮する能力。ジレンマを理解する能力。
- **有効な社会的スキル**　快適だと感じ，他の仲間と楽しむ能力。グループ活動を分かち合う能力。会話に参加し，他者の話を能動的に聴く能力。
- **自信**　個人的会話やグループを前にした会話で，決断力を持って話し，行動する能力。防御の姿勢をとらないで，自分の考えの課題を受け入れる能力および個人的批判や攻撃ではなくて，熱意をもって，また文書で自分の立場を述べる能力。個人的長所を認識し，喜んで感謝の言葉を受け入れる能力。
- **柔軟性**　変化する状況に合うように計画を適応させる能力。いつ変化が必要かを理解し，進んで新しいやり方を試みる能力。
- **多様性の理解と評価**　他者の価値観，態度，ライフスタイルの違いを認識する能力。服装，習慣，言語の文化的民族的違いを尊重し評価する能力。収入，教育，地位の社会経済的違いとこれらの違いがどのようにライフスタイルや意思決定に影響するかを理解する能力。ジェンダー的，人種的，社会経済的な偏見や固定観念に積極的に抵抗する能力。
- **口頭や記述によるコミュニケーション・スキル**　歯切れよく，納得のいくように，簡潔に示す能力。参加者の「頭の上を素通り」しない言葉で簡潔に書く能力。自分の主張を裏付ける図や例を用いる能力。参加者にとって情報が「多すぎる」場合を知る能力。
- **グループや1対1で，全ての年代の人々と上手に人間関係をつくる能力**　どんなグループや人とも話をし，見下さない能力。一方的な判断に耐える能力。ユーモアや共有を認識する能力。忍耐強く聞き対話する能力。

家族と家族生活の質と本性に関する個人的哲学

　家族生活教育者は，家族をどう定義するかに関する自分自身の哲学に注意を向けなければならない。家族は血統，機能，近住，意志，法的認知で定義されるか。例えば，ゲイやレズビアンのカップルが家族であると考えない家族生活教育者は，それがそのようなカップルに効果的に対応するための自分の能力に影響を与えるので，この偏見に気づく必要がある。

　家族を定義するのにどんな評価基準が用いられているかを考える練習問題として，Box 2.2 を考えなさい。それぞれの例はさまざまな集団の形成について説明している。学生は，それぞれのグループを家族であると考えるかどうか，独自に結論を下さなければならない。クラス討論は，多くの場合，かなりゆるやかな評価基準で，何が家族を構成するか，何が家族を構成しないかに関するさまざまな意見を明らかにする。

Box 2.2　何が家族を作るのか

次のグループのどれが家族か。

1. 新婚カップルが一緒に初めてのアパートに引っ越す。彼らは子どもを持たないことに合意している。
2. ある男性とある女性がこの 2 年間アパートを共有している。彼らは家事の維持と費用を平等に分担している。彼らには結婚する計画はないけれども，互いに個人的に深く関与し，人生の残りを一緒にすごす計画を立てている。
3. ある男性とある女性がこの 2 年間アパートを共有している。彼らは家事の管理と費用を平等に分担している。彼らは良い友人であるが，他の人と交際している。
4. 10 人のグループ（5 人の男性，3 人の女性，2 人の子ども）が農場で共同生活をしている。彼らは自分たち自身の食物の栽培を含む，家事の維持のために責任を分かち合っている。家庭の維持の責任を共有している。全ての家族メンバーが 2 人の子どもの世話に参加している。グループは円満に共同生活をすることに深く関与している。
5. ふたりの同性愛の男性がひとつの家で共に生活している。彼らは互いに個人的に深く関与している。
6. ふたりの同性愛の女性がひとつの家で共に生活している。彼女たちは互いに個人的に深く関与していて，ハワイ州で合法的に結婚した。
7. 離婚した女性が，結婚による自分の息子と，もはや会うことのない別の男性との間に生まれた自分の娘と，同居している。
8. ある男性とある女性がアパートを共有している。彼らは個人的関係にあり，その関係がふたりに有益である限り一緒に生活することに深く関与している。
9. ふたりの異性愛の男性が，自分たちの子どもとひとつの家で生活し，家事の費用や管理を分かち合っている。それぞれの男性は，片方が働いている間，時々もう片方の子どもの面倒をみている。
10. ある女性がひとりで生活している。しかし，別の州で生活している姉妹や兄弟と毎日話をしている。
11. 離婚した母親が，別の都市で学校に通っている間，彼女の息子と娘は祖父母の家で共に生活している。母親は週末に子どもと自分の親と共に滞在する。
12. 妻を亡くした男が自分の息子と息子の妻のところに引っ越してくる。

　家族生活教育者は，家族をどう定義するかに加えて，家族はどうあるべきだと思うかについて理解する必要がある。個人の生活において，家族はどのような役割を果たしているか。家族は社会のなかのどこに適合しているか。最もよく機能するためにはどこに位置づけられるべきか。健全に機能するのに必要な，家族の役割や特性に関する自分自身の個人的哲学を理解することは，家族生活教育者に努力目標や自分のプログラムや他のサービスの基礎を提供する。

家族生活教育の目的に関する個人的哲学

　家族生活教育者は，適切な目標と目的を作るために家族生活教育のねらいを理解しなければならない。家族生活教育の目標は行動を変容させることか。洞察，スキル，知識を提供することか。家族生活の目標は先を見越しているか，それとも対応しているか。家族生活の目標は支援を提供することか。特定のイデオロギーや個人的哲学システムを促進することか。家族生活教育者は，家族生活教育の目的に関する仮定がプログラム・デザインに影響を及ぼすので，自分たちが，何を，なぜ達成したいかを明確にしなければならない。

　家族生活教育プログラムにはさまざまな見方がある（Miller & Seller, 1990）。それは家族生活教育の目的や開発されるカリキュラムのタイプと密接な関係がある。「伝達的（*transmission*）」見方は，事実の集積と，内容やスキルの習得を同じだと考えている。学習者は，教師の話をよく聞き，基本的に受動的な消費者であることを期待されている。（彼らは質問したり質問に答えたりするかもしれないが，それ以上の関わりは期待されていない。）この見方による家族生活教育の目的は，事実の伝達，スキル開発の情報，人が社会に適応するために準備する価値観の情報であるように見える。

　「相互作用的（*transaction*）」見方は，教師と学習者のさらに多くの関与を暗示している。学習者は自分自身の学習経験に，合理的に考え，積極的に参加することができる自律した存在と見なされる。したがって，相互作用的見方による家族生活教育の目的は，個人が問題解決状況で用いる認知スキルと批判的思考能力を発達させることに焦点をあてるだろう。

　「変換的（*transformation*）」見方は，知識の個人的な要素と，個人の行動や価値観を決定する際の社会的相互作用や文化的背景という大きな影響を認識している。学習者は多様でユニークな存在であると見なされるけれども，多くの人間の基本的ニーズや関心も共有している。この見方による家族生活教育の目的は個人的・社会的変化をもたらす社会的相互作用を促進することである。

家族生活教育の内容に関する個人的哲学

　実践の哲学を開発するとき，家族生活教育者は，特定の内容の適切さ，偏見や固定概念のないプログラム内容を持つ必要があること，最新の研究や資源が含まれる必要があることなど，家族生活教育プログラムの内容に関連するさまざまな課題を考えるべきである。

　例えば，性的・身体的暴力の問題は家族生活教育の設定で持ちだされるかもしれないけれども，継続的な議論は適切でない。この場合，参加者は，カウンセリング，セラピー，場合によっては法的処置に委ねられるべきである。家族生活教育専門職は適切な情報源や

サービスに精通し，必要に応じて，照会し，トピックについて研究することができなければならない。直接そのような課題を扱ったり，あるいはグループの場で長い議論をさせたりする家族生活教育者は，専門職としての役割を果たしていないといえる。「家族実践領域モデル（*Domains of Family Practice Model*）」は，さまざまな文脈のなかで特定の問題に取り組むのに，どの専門職がもっとも適任かを考えるのに役立つ枠組みを提供する。

　有能な家族生活教育者は，家族生活教育の設定にどんな内容や，どんな開示レベルが適切かを明確にすることに加えて，プログラム内容が効果的になるように，確実に文化的に適切にすることを望んでいる。コース内容では次のことを考えなければならない。すなわち，全ての年令の家族員を考慮する。家族員に非性差別主義者（非ジェンダー的，非伝統的）の役割を示す。さまざまな人種的，民族的，文化的グループの家族に関する情報を盛り込む。年代，性，人種，民族性，文化的社会経済的背景に関係なく，個人と家族のユニークさを認識させる。家族構成が異なっていることを認識させる。現在の研究に基づく（Ballard & Taylor, 2012b）。『国際家族研究：カリキュラム開発と教育ツール（*International Family Studies: Developing Curricula and Teaching Tools*）』（Hamon, 2006）には，文化に配慮し，文化を尊重して，家族に関する内容を開発し教えることについての広範な局面の議論が含まれている。プログラム内容に関する注意は，プログラム・デザインを超えて拡張する必要があり，参加者の学習方法・参加への障壁・環境整備が集団によって異なることを考慮する必要がある（Ballard & Taylor, 2012b）。

家族について学ぶ過程に関する個人的哲学

　家族生活教育者は，家族がどのようにグループとして学び機能しているかということと，グループが個々のメンバーの学習と思考にどう影響を与えているかということに関心を持つ必要がある（Clarke, 1998）。グループは，個人とはどのように異なるやり方で学んでいるか。小さいグループはどのように最も効果的に用いられるか。グループの発達的，社会的，情緒的ニーズは重要か。学習目標と評価はどれくらい重要か。一人の家族員の教育が他の家族員にどのように影響を与えるか。

　人間発達や学習過程について理解することによって，家族生活教育者が各々の参加者や個人に対して最も効果的な技術を用いることができるようになる。さらに，システムとしての家族を理解している教育者は，学習過程に全ての家族員を関与させる重要性を認識することができる。学習過程に全ての家族員を関与させることができないとき，子育ての方法のような新しい情報を家族に知らせることを考え，また，他の家族員を，新しい考え方や行動の仕方に適応させるために準備する。さまざまな教育方法と学習体験については，第 6 章〔家族生活教育の実践〕でさらに詳細に議論する。本章で考える重要な方法論の概念は，どうしたら個人と家族が最もよく学ぶことができるかに関する家族生活教育者自身の個人的哲学についての認識である。

　個人的哲学の構築は難しい過程になるだろう。それには，質問，評価，受容，拒絶が含まれる。それは単なる「ひとつの過程」であり，家族生活教育者は，成長し学ぶとともに持続的に進化する。家族生活教育に関する個人的哲学の発達に時間と努力することは十分

に価値がある。家族生活教育についての自分の個人的哲学をしっかりと考えている家族生活教育者は，より満足のいく個人と家族の生産的生活の支援をする十分な準備ができるだろう。

実践倫理ガイドライン

専門職倫理の問題を調べるために，本章で先に紹介されたふたりの家族生活教育者について再考しよう。

カールは芸術史の学士号を持っている。この9年間，YMCAで若者コーディネータとして働き，地域のリスクの高い子どものために活動やクラスを組織してきた。カールは，彼と親しくしているクリスがギャングの活動にかかわるようになったことを知っている。クリスの両親は，カールに，息子を近くで見守ってほしいと言った。彼らは自分たちの息子がギャングにかかわっていることを知らない。カールは親に話すべきか。

ファニータは子ども発達の学位を持っている。2歳以下の子どもを持つ母親と父親のために地域の親グループを組織している。グループは定期的に会合を開き，毎回，予定した論題について議論する。メンバーは，持ち回りで，論題について調べ，情報を提示している。会合の多くは，ざっくばらんな会話と支援に費やされる。最近，親のひとり・グレッチェンが議論を独占していて，夫との関係に関する情報を明らかにした。グループの他のメンバーのなかには現在進んでいる開示レベルを不愉快に感じているように見える者もいる。しかし，グレッチェンは，グループからの注目とインプット（意見・情報）を必要としているように思える。ファニータはどうするべきか。

政治家，会社の重役，ウォール街のビジネスマンに関連するかどうかに関係なく，私たちはしばしばニュースで倫理的問題を目にする。多くの専門職には特有の倫理規定があるが，いくつかの一般的経験則もある。これらには「黄金律」（他者があなたに対して行うことを期待する方法で行動する），「専門職規定」（専門職の「公平な」委員会によって適切と見なされる行動だけを取る），「テレビの規定」（人は，いつも「私がなぜこのような行動をしたかを全米のテレビ視聴者に説明することを快適だと感じるだろうか」と尋ねるべきである）が含まれる。

医学から自動車整備法にいたるまで，専門職は，一度は倫理的問題に直面する。家族生活教育も例外ではない。事実，実際に直面するいくつかの課題には，繊細で個人的な性質があるので，倫理的ジレンマの影響を受けやすいかもしれない。家族生活教育はしばしば価値観や個人的哲学のシステムを扱うので，家族生活教育者が専門職としての生活のなかで倫理の役割を理解していることは絶対に必要である。

　倫理規定は，消費者と専門職，専門自体に危害を加えるのを防ぐために設計される。専門に役立つように，これらの規定は，一般にヒポクラテスの教えに基づく倫理的実践の 5 つの原則を扱っている（Brock, 1993）。それらは以下のとおりである。

- 　能力を身につけて実践しなさい。
- 　〔どんな功績も〕利用してはいけません。
- 　敬意を持って人々を扱いなさい。
- 　秘密を守りなさい。
- 　危害を加えてはいけません。

　さらに，家族生活教育の価値は次のような事項から成り立っていると考えられる（Brock, 1993）。

- **消費者に対する責任**　家族生活教育者は，学生，監督者，労働者の権利を尊重し，家族のウェルビーイングを促進するべきである。
- **専門職としての能力**　家族生活教育者は，高い実践基準を維持し，継続教育を通して新しい発展に遅れをとらずに，専門職の境界を守るべきである。
- **守秘義務**　家族生活教育者は，法によって必要にされる場合を除いて，クライアントや学生の秘密を守るべきであり，それらを明かすべきでない。
- **差別**　家族生活教育者は，だれに対しても，人種，性，宗教，国籍，性的指向に基づいて差別したり，否定したりしない。サービスを提供できないなら，他の資格のある専門職に照会する。
- **二重関係**　家族生活教育者は二重関係にあるクライアントや学生の信頼を利用しない。
- **性的親密さ**　家族生活教育者は学生やクライアントと性的に親密になるべきでない。
- **ハラスメント**　家族生活教育者は性的ハラスメントや他のハラスメントをするべきではない。
- **個人的援助**　家族生活教育者は自らの個人的な問題に対して援助を求めるべきである。
- **専門職に対する責任**　家族生活教育者は，自らの専門職の目標（州法における家族知識の提供者として，家族生活教育者の参加を促進することなど）を発展させるべきである。

　倫理規定の開発は専門職の進化の重要な指標であり，専門職の行動への期待を特定し，重要な価値を反映することができる（East, 1980; Palm, 2012）。家族生活教育者は，専門職として，倫理ガイドラインについて考え，それに基づいて行動する能力を持つとともに，実践のために倫理ガイドラインにアクセスすることが必要である。「倫理規定は，私たちを構成する要素であり，互いの専門的な相互作用の指針でもある。一般の人々に，専門職に何を期待することができるかを知らせる。また，家族生活教育者が，仕事につきもののいくつかの難しい決定に自信を持って向き合う実践者であるのにも役立つ」（Freeman, 1997, p. 64）。

　今日の家族の多様性と複雑さは，家族生活教育者の役割を強化し修正するよう求めてい

る。家族がますます複雑になるにつれて，家族生活教育が家族に害を与える可能性も高くなってきている（Palm, 1998）。この複雑さの認識は，ミネソタ家族関係学会（MCFR）親教育／家族教育部門に，特に親教育と家族教育の実践家のために，倫理規定を開発させた。MCFR 親教育／家族教育部門は，家族生活教育が新しい分野であり，多くの実践家が相対的に孤立しており，限られた指針しかないなかで，倫理的ジレンマに直面していることを認識していた（MCFR, 1997）。

　倫理への多面的アプローチは，「関係倫理アプローチ」，「倫理原則アプローチ」，「美徳倫理」を統合して行われた（MCFR, 2009）。関係倫理アプローチは，家族のメンバーと一緒に倫理的決定をし，思いやり尊重しあう関係を発達させる土台としての人間関係を理解することに焦点を合わせる。それは「利害関係者はだれか」と尋ね，他者との関係のなかで，それぞれの人々の役割を考える。倫理原則アプローチでは，「私たちは子どもにどんな害も加えないし，他者にも同じことを強く求める」・「私たちは自分たちの役割を家族教育者と定義し，自分たちの能力レベル内で実践する」といった基準にしたがった専門職の実践のための合意原則を考える。これまでは，専門職の行動を決定する方法として，ひとりの個人の強い願望だけを考慮するのではなく，技術的能力に焦点を合わせ，家族と社会に対する「大義」を考える重要性を認めていた。しかしながら，現在，さまざまな組織が，倫理規定を持ち，専門職として行動することを期待されている。例えば，結婚・家族セラピストは医学モデルを用いる。一方，家族生活教育者はいくつかの点ではセラピストと重なるかもしれないが，人間関係に集中はしない。倫理原則アプローチにはふたつのアプローチ「義務的アプローチ（専門職の道徳的行為の一般的および特定の規則の遵守）」と「意欲的アプローチ（自分の実践のなかで一連の理想的な基準に従う動機）」がある。

　「美徳倫理」の導入は専門職の行動を定義することとのギャップを埋める，より個別化されたレンズを必要とし，道徳的性格よりも技術的能力に焦点をあてる。言い換えれば，正しい動機に基づいて正しいことをすることである。家族生活教育者の有名な 3 つの美徳がある。すなわち，「思いやり（*Caring*）」（自分自身の生活においてエージェントとして家族員の福祉を高める），「思慮と実践知（*Prudence and Practical Wisdom*）」（競合するニーズを理解し，省察と相談に基づいて決定する能力），「希望／楽観主義（*Hope/Optimism*）」（家族員や他の個人の長所を見て，状況のなかでプラスの可能性を見いだす性質）」である。「家族生活教育のグッド・プラクティスは内面的優良基準と結びついていていなければならない」（MCFR, 1997, p. 2）。

　倫理的ジレンマは 5 つのステップで調べることができる（NCFR, 2012）。
　ステップ 1　重要な関係を特定する
　ステップ 2　関連する倫理原則を特定する
　ステップ 3　原則との矛盾／緊張を特定する
　ステップ 4　可能な解決策を特定する
　ステップ 5　行動を選択する

『家族生活教育における倫理的思考と実践のためのツール（*Tools for Ethical Thinking and Practice in Family*）』（NCFR，2012）は，倫理的ジレンマに対処するときに用いる段階的プロセスと，さらに詳細な原則について記述している。NCFR は CFLE プログラムのための公式の「倫理規定」として，倫理的な考え方と実践のための MCFR ガイドラインで特定された原則を採用した。CFLE 出願者はすべて，出願プロセスの一部として CFLE 倫理規定を読み，署名しなければならない。

　労働の場における倫理的ジレンマを処理する場合，個人的道徳だけでは十分ではない。実践者は，専門の基本的価値観を理解し内面化させている必要がある。仕事の本質から，家族生活教育者にはさまざまなクライアントのニーズのバランスをとることが期待されている。子ども，親，同僚，雇用主，社会に対する道義的責任がある。倫理的ジレンマは，しばしば，関係者の矛盾するニーズや関心から生じる（Freeman, 1997）。倫理原則を考慮することと，倫理ガイドライン・プロセスの遂行は，関係者とその状況にふさわしい正しい決定を行うのを助ける手引となる。

専門能力開発の重要性

　学位を授与され角帽を空中に投げる準備をする段階になった〔卒業する〕とき，学生としての時間が終わったと思いたくなる。学位に必要な授業を終え，最終テストを受け，最後の論文を提出した。今や，仕事を始め，全ての知識を効果的に利用するときだ！　新卒の専門職は，しばしば，卒業後に教育を続ける必要性について少ししか考えていない（Darling & Cassidy, 1998）。しかし，それは専門職に不可欠の部分である。資格を持つ専門職は，技術やベスト・プラクティスに伴う自分たちの分野での研究や発展の流れをフォローアップしていかなければならない。

　継続教育と専門職としての成長は，多くの道筋を経て成し遂げられる。例えば，ワークショップ・セミナー・専門職の会議への出席，ウェビナー（Web セミナー）や自己調整学習モジュールを含むオンライン学習の機会の修了，ニュースレター・ジャーナルなどの専門雑誌を通じて最近の研究をレビュー，専門職の学会での研究発表，専門職組織や学協会の会員資格を通じた，その分野の他の人々とのネットワークなどがある。

　ほとんどの認証プログラムや免許プログラムは，資格や免許を維持するために，専門職に対して最小限の継続教育単位（continuing education credits，CEUs）（専門能力開発単位，professional development units，PDUs とも呼ばれる）の取得を求めている（Knapp & Reynolds, 1996）。したがって，専門職は，活発に，継続教育の機会を追求し，会合や専門的活動に出席した記録を持っていなければならない。ふたつ以上の専門職組織の会員資格を持つことは，持続的成長にとって非常に多くの機会をもたらすだろう。

■要約

　本章では，家族生活教育分野と専門・専門職の課題について詳細に検討した。家族生活教育分野は，専門家〔イーストなど〕によって示された専門の評価基準の多くを満たしていることを明らかにした。専門職を認知させる際のいくつかの課題や成長のための戦略について考えた。家族と家族生活教育に関する個人的洞察，価値観，哲学を含む個人的哲学を発達させることの重要性について考察した。さらに，効果的な実践のための，個人的特質と特性について研究した。最後に，ベストプラクティスを保証する倫理ガイドラインの重要性について議論した。これらの考察は，家族生活教育の実践に関して，さらに議論するための基礎を提供している。

■討論課題

1. 本章の最初のページで説明された人々の誰が家族生活教育「専門職」と考えられますか。なぜですか。
2. 「家族」をどう定義しますか。
3. 家族生活教育の目標は何ですか。
4. 人は，私的生活で，専門職生活での価値とは異なる価値を持つことができますか。なぜですか，あるいはなぜそうでないのですか。
5. 家族生活教育者としてコミュニティでどのように仕事を探しますか。
6. 家族生活教育者のサービスを促進する方法は何ですか。

■活動

1. イーストの評価基準を適用して，社会科学の別の専門（例えば，ソーシャルワーカー，結婚家族セラピー）の発達を明らかにしなさい。
2. 学科の家族専攻の代表者や，地域の家族生活教育者の代表者にインタビューしなさい。本章のケース・スタディで提示された倫理的ジレンマと，彼らの回答を比較しなさい。彼らはどんな基盤に基づいて判断していますか。
3. NCFR の刊行物『家族生活教育における倫理的思考と実践のためのツール』のなかの「ケーススタディ・プロセス」を用いて，親教育グループの親が，配偶者から身体的暴力を受けていることを明らかにした場合の，家族生活教育者の適切な行動について決定しなさい。
4. 倫理ガイドラインで説明されたふたつの倫理的ジレンマを読みなさい。カールはどうするべきですか。ファニータはどうするべきですか。

第2部　家族生活教育の実践

第3章　参加者を理解する

参加者のニーズに取り組む

　家族生活教育は生涯にわたって関係する。生まれたばかりの赤ちゃんについて学ぶ親，若者への性教育，進路を決める学生，コミュニケーションや葛藤解決スキルを練習する新婚夫婦，退職準備をしている高齢者に関与するかどうかに関係なく，家族生活教育者は自分のプログラムの参加者について知っている必要がある。これには，コミュニティの人口学的データに関する知識，学習者の背景，ニーズ，関心，目標が含まれるだろう。参加者は，主題について，前に何らかの経験を持っていたり，クラスに通うことで何を達成したいと考えたりするか。言い換えれば，どんな種類のニーズを持っているだろうか。

ニーズ・アセスメント：ニーズのタイプの識別

　家族生活教育は個人と家族のニーズに基づくべきなので，「ニーズ・アセスメント」はどんなニーズかを判断するのに役立つ。ニーズ・アセスメントはよりよい意思決定をするためのツールである。それは，プログラムを計画するのを「積極的に」助け，プログラムを「持続的に」改良する進行中のプロセスとして，また，好ましくない結果に「速やかに」対応する場合に，用いられる（Watkins, Meirs, & Visson, 2012）。ニーズ・アセスメント戦略を組み込むことによって，プログラムの優先事項・カリキュラム・指導方法を，参加者のニーズ・関心・目標に合わせて，より効果的でより良く計画できる（Chamberlain & Cummings, 2003）。

　「家族実践領域（Domains of Family Practice, DFP）モデル」は，家族生活教育が「だれのために」設計されているか，「動機」と「適格性」というふたつの主要な要素が含まれているかを分析する（Myers-Walls et al., 2011）。「動機」は，「感知されたニーズ（*felt needs*）」に照らして，サービスが必要で適切だと参加者に認知されていることを示す（Arcus et al., 1993）。「感知されたニーズ」は自分で特定することができ，自分自身の経験から生まれ，学習者の要求（wants），欲望（desires），願望（wishes）を成就する（Arcus et al, 1993）。家族生活教育の多くは「感知されたニーズ」に基づいている。通常は通例的で，親になる・若者の親である・結婚・退職など，年齢やできごとに関連している。言いかえれば，新しい親や若者の親は，婚約中のカップルや新しく退職した人と同様に，〔現在〕経験しているか，経験する可能性のある役割の変化に関して，自分たちの役に立つ何らかの知識を求めるかもしれない。また，失業，経済的困難，健康問題から生じる非通例的問題に関する家族生活教育の例もある（Arcus & Thomas, 1993）。これに比べ，「適格性」はサービスを提供する専門家によって決定され，多くの場合，他者がその必要性を特定する「（他者から）与えられたニーズ（*ascribed needs*）」に基づく。親のなかには，少年の法的問題，虐待，ネグレクト，離婚から生じる問題のために，家族生活教育のクラスに通うように命令された人

もいるだろう。たとえば，誰かが「私はよい親になりたい」と言う場合，「感知されたニーズ」を表している。しかし，もし誰かが「彼らはよい親になる『べきだ』」と言う場合，それは「(他者から) 与えられた」ニーズである。また，家族生活教育者は学習者が将来直面する可能性がある問題を予防的パラダイムから教えるので，「将来のニーズ (*future needs*)」を考える。その結果，学習者はたいてい将来の生活に備えて，学校で家族関係のコースに登録する。あるいは，新しく親になることや，末子の離家，退職に先立って，コースを受講する。

ニーズ・アセスメントの実施

　DFP モデルの「どのように」という質問では，参加者の特性やニーズを明らかにするためにニーズ・アセスメントを行う (Myers-Walls et al., 2011)。それは，ニーズや現在の状態と，期待される結果や「要求」の間の「ギャップ」を明確にし，個人・家族・コミュニティの向上のために計画する系統的プロセスである (Kizlik, 2012)。これらのニーズについての知識は，(1) 対象となる人々の「人口学的特性」の調査，(2) 参加者に関連する適切な「研究結果」，(3)「ニーズ・アセスメント」を通じた学習者の計画プロセスへの参加によってもたらされる。

　参加者のニーズを決定するプロセスを示すために，シングルのための人間関係コースを提供すると考えよう。「人口統計データ」から，18 歳以上のシングルが増えており，約 1 億 200 万人 (41.1%) のシングルの米国人 (女性の 53% と男性の 47%) がいることがわかる。ひとり暮らしの数は 2012 年には 27% で，1970 年の 17% から増加している (Vespa, Lewis, & Kreider, 2013)。一度も結婚したことがない未婚の米国人は 62%，離婚 24%，死別 14% であった。18 歳以上の未婚の男性の数は，未婚女性 100 に対し 89 であった (U. S. Census Bureau, 2012b)。シングルのライフスタイルはどうか。シングルは，どのように時間を使うか，何を食べるかを管理できる。バー，レストラン，カフェ，体育館，ブッククラブ (読書会) に，時間とお金を費やすことができる。読書，芸術のクラス，公的活動などに参加できる。シングルは，友人，隣人，きょうだい，親と，より多く連絡をとる傾向があり，「自分たちは既婚者より寛大で公共心がある」と誇らしげに考える傾向がある (DePaulo, 2006)。(潜在的参加者の一般的な人口統計についての理解を助けるには，Box 3.1 の活動を参照。)

　対象母集団 (例：シングル) に関する「研究を分析すること」はアセスメント過程のもうひとつの重要なステップである。例えば，シングルが「独身者差別」(否定的なステレオタイプや差別) の対象になっている米国文化において，シングルへの広範な偏見が作られてきたことを示す研究がある (DePaulo & Morris, 2013)。既婚者は明らかにプラスと評価されるのに対して，シングルは，時には，未熟で，適応性がなく，自己中心的と見なされる。既婚者とシングルの「認知された」違いは大きいが，「実際」はそうではない。それにもかかわらず，未婚者差別が存在し，多くの場合，正当だとされる。人間の環境において，他者との人間関係における個人間の差別は，部分的に，シングルの自尊心の低さと，うつ病の多さの主な原因となっているかもしれない (Simon, 2002; Waite & Gallagher, 2000)。既婚

Box 3.1　参加者を知るためのチェックリスト

　この活動は，クラスの参加者について，見ただけではわからない多くのことが存在することを認識する重要性を実証するのに役に立つ。

　クラスから 10 人のボランティアに教室の前の方に立ってもらいなさい。ボランティアはそこに立つ以外，何もしたり言ったりする必要はない。シナリオは完全に仮定で，前に立っている人のうちの誰かを直接特定しているわけではないことを明確にしなさい。次の問題を考えるようにクラスに質問しなさい。回答する必要は全くない。これらの質問はまさに考えるためだけのものである。

　前に立っている人の何人が〜であるか。

- アルコール依存症か，薬物乱用の影響を受けている
- 養子か，養子の家族がいる
- 性的虐待の犠牲者
- 身体的虐待か，心理的虐待の犠牲者
- 失読症か，ADHD
- ゲイ，レズビアン，トランスジェンダー
- 離婚しているか，離婚に影響を受けている
- 政治的に保守的
- 政治的にリベラル
- 信心深く宗教的
- アルツハイマーか，認知症
- 混血
- うつ病
- 愛する者を介護している
- 退役軍人
- ひとり以上の孫を育てている
- 児童養護制度（里親制度）にかかわっている

　別のオプションは，その地域や国の人々のなかの，これらの状況に関連する統計を得ることである。米国国勢調査局，専門職組織，新聞記事など，さまざまな情報源から，データを集めることができる。これらを用いて，評価基準を満たす規定の集団の実際の割合を表すように質問を変更できる。10 人のグループでは，1 人が人口の 10％にあたる。例えば，州の 10 人のうち 3 人がアルツハイマー病であるとわかっているなら，「どの 3 人がアルツハイマー病か」と尋ねることができる。この方法は，特定の状況や課題に関連する焦点を追加するのを助ける。しかしながら，この課題の主な焦点は参加者が出会う可能性のあるさまざまな状況や課題に対する家族生活教育者の認識や感受性を高めることである。

　グループ・リーダーシップ・ワークショップでのジーン・エルズレイ・クラーク（Jean Ilsley Clarke，CFLE）の活動のデモンストレーションに感謝する。

者対シングルという単純な対比からの移行が提案されている。すなわち，シングルを，パートナーを持たない，同棲している，死別している，離別している，多様で独特のグループと考えるものである。選択の結果，シングルである人もいれば，一度はパートナーを持っていただろうが，長く続く人間関係を発達させる力に影響を与える身体的精神的課題に直面した人もいるかもしれない（Byrne & Carr, 2005）。若い成人シングル（18〜31 歳の 36％）はますます親と同居するようになっている。特に女性 32％に比べて男性は 40％である。これは部分的に，大学の学位を取得しようとするシングルの増加，雇用の見込みのなさ，結

婚の遅れのためである（Fry, 2013）。また，シングルは年をとってからさまざまな人々と進んでデートしたいと思っていることを示す研究もある。中年で，一度も結婚しておらず，性的に自由な男性は，異性のパートナー（異なった人種，宗教，より低い経済状態のパートナー）と，より進んでデートしたいと思っていた。このことは他の友人や家族員との人間関係で摩擦を生じるだろう（Fitzpatrick, Sharp, & Reifman, 2009）。これらの人間関係の意思決定は，シングルのための一般的プログラムが彼らのニーズを満たしていないことを意味している可能性がある。文献研究から，シングルが直面している課題についての洞察を得ることができる。また，対象となる参加者のニーズの理解や，ニーズ・アセスメントの評価基準の設計を促進する実践のための提案を得ることができる。

　対象者（例：シングル）に関する「人口統計データ」や「研究結果」を調べることができるが，潜在的参加者と連絡をとって，「ニーズ・アセスメント」を行うことも不可欠である。ニーズ・アセスメントは，効果的な教育プログラムを設計するために，参加者の知識，能力，関心，態度の状態を調べる体系的アプローチである。参加者は何を知っていて，何を考えているか，潜在的学習者に自分のプログラムをよりアクセスしやすく，許容され，役立つようにするために何ができるか（McCawley, 2009）。例えば，シングルは人間関係についてどのような問題を扱ってほしいだろうか。年齢やシングル状態（一度も結婚していないで，ひとりである，離婚している，別居している，パートナーがいる）はどうか。親密な関係，親しい友人，コミュニティでのつながり，または家族員に支援を求めているか。その家族員は長く続く人間関係を築くために圧力をかけたり，介護サービスを求めたりする可能性がある。シングルの生活に満足か，不満か。関心事は何か。

　なんらかのニーズ・アセスメントが，諮問委員会などの関係者との議論を通して「間接的に」行われる可能性があるが，「直接的ニーズ・アセスメント」は潜在的参加者から質的・量的データを集めることによって行われる。どんな方法によって実施されても，それには〔プログラムを〕設計し，実行し，結果のデータを分析するためのすばらしい資源が含まれる。一般に，利用可能な資源（例：時間とお金）の制約のなかで，できるだけよいデータがほしい。徹底的なニーズ・アセスメントを行うかどうかにかかわらず，最初のセッションの間に，参加者に，受講理由，トピックに関する経験，何を達成したいかについて，質問するのは，常によいことである。〔参加者が〕クラス・セッションに関するあなたの計画を共有すること，またコースの戦略がニーズを満たしているかどうかを見極めることは重要である。そうでない場合には，どんな変更が必要か，尋ねなさい。すべての提案を受け入れることはできないかもしれないが，時間と資源が許せば，少なくともなんらかの調整をする機会があるだろう。

ニーズ・アセスメント実施のステップ

ニーズ・アセスメントの計画

　実際にニーズ・アセスメントを始める前に，目的を作成するのが最も良い。言い換えれば，次のようになる。どのような種類の情報を得たいのか。学習者の年齢や話題への関心，

関心を持っている課題，あるいは授業のための最適な時間，場所，形式について知りたいのか。参加者はだれか，どのようにサンプルを選択するのか。教会，学校，高齢者センター，運動施設に所属するさまざまなシングルのグループのところに行くのか。どんな方法論や道具を用いるのか，どのようにデータを集めるのか。オンライン調査やフォーカス・グループを用いるのか。どのようにデータを分析し，それをどのように意思決定に用いるのか（さまざまなタイプのニーズ・アセスメントの実施に関する特別な詳細に関しては，McCawley, 2009 参照）。

承認を得る

教育プログラムや研究プロジェクトに，特に大学や助成金から資金提供を受けている場合は，ニーズ・アセスメントに機関の承認を必要とするだろう。これは，人を対象とする研究審査，研究倫理委員会（Institutional Review Board, IRB）を通して，そして／または，関係する学校，教会，機関，親から追加の許可を得て行われる。これらの承認を得るために，十分に時間をかけて計画しなさい。しかし，もし既存の 2 次資料や，諮問委員会やその他の関心を持つ人々との議論のような非公式な方法を用いる場合には，研究倫理委員会の承認を得る必要はないかもしれない。

データ収集

データ収集には，調査，インタビュー，フォーカス・グループ，他の創造的なアプローチなど，いくつかの方法がある。以下に，ニーズ・アセスメント技術の簡潔な概要と，それぞれの方法の利点と問題点と合わせて示している。各方法の手順をさらに検討することが強く求められる。アセスメント方法の質問を設計した後に，潜在的参加者を何人か選んで〔あなたが考えた〕アセスメントのツールと手順についてパイロット・テストをすると良い（Dillman, Smyth, & Christian, 2009; McCawley, 2009）。

- **調査** 書面による調査は，郵便，電子メール，オンライン，電話，対面で行うことができる。量的データの収集方法には費用対効果の優れたものがあるが（例：オンライン，対面グループ），印刷や郵便料金のせいでそうでないものもある。データは，匿名で，集約しやすいが，的確に質問しなければ，期待する追加的洞察や詳細を得ることはできない（Dillman et al., 2009）。電話調査では，参加者が読み書き能力を持っていなくても，補足的情報を得ることができる。しかしながら，多くの人は知らない番号からの電話には出ない。電子メールやオンライン調査は，学習者がコンピュータを持っていたり，インターネットに詳しかったり，知らない人からの電子メールを削除する前に答えるだろうと予想できる場合，うまくいく。時には，調査対象者のなかに潜在的参加者がいるグループに，あなたが参加してもよい。調査をしていて，環境状況がそのプロセスを促進しているならば，回答を得るのは簡単だろう。つまり，PTA の会合で参加者に意見を求めることができるだろうが，事前に許可を得る必要がある。

- **インタビュー** インタビューには，ニーズ・アセスメントのデータを集めるための，ふたり以上の人との会話が含まれる。それは，対面，電話・ビデオ会議・オンラインなどの技術を用いて行うことができる。インタビューは，安価で，オープンエンドの質問にうまく対応できる。さらに，インタビュー者は，必要に応じて，非言語的手がかりを探したり質問を明確にしたりできる。対象者の許可を得てテープに録音し，その後，文字化しコード化できるが，時間がかかる可能性がある。インタビュー者は，必要としているラポートを促進し，意図とデータを明確にするために，発言を練りあげるべきである（Dillman et al., 2009; McCawley, 2009）。一方，調査と同様に，ニーズ・アセスメントのデータ収集では，事前の連絡がない限り，知らない人からの電話には出ない人もいる。これは時間対効果や費用対効果がよくないだろう。

- **フォーカス・グループ** フォーカス・グループは社会経験をもつ6〜8人の人を必要とする。これらの人々は，自分自身の意見，認知，個人的哲学，態度を表明するだけではなく，他者の意見を聞き，自分たちのコメントに組み込んだり組み込まなかったりするかもしれない。これは構造化された個人インタビューよりも多くの情報を生み出す「グループ・ダイナミック」な要素をつけ加える（Polson & Piercy, 1993）。フォーカス・グループ法は，ニーズ・アセスメントのプロセスを計画する手段であるだけではなく，グループに参加した人々のものの見方から「現実」について理解を促進する独特の力を持っている。質的パラダイムのうち，小グループで態度や意見を探るフォーカス・グループ法は，応答者にとって刺激的で，個人インタビューの設定ではあまり得ることができない累積的で緻密な応答を通じて豊富なデータを提供する（Denzin & Lincoln, 2008）。フォーカス・グループは作りやすい一方で，多くの異なった意見や提案が次々と出されるために，データ収集の過程で緊張が高まる可能性がある。後の文字化のために応答を録音する許可を得ることは最も役に立つ。質問を促し，主要課題を追究することができる有能な司会者の存在は重要である。

- **他の創造的技術** 教育者としてのあなたの普遍的な課題は，質問，研究，観察についてのアセスメントを実施する創造的な方法の設計である。家庭，オフィス，教室を訪問する可能性がある。電話，アンケート，参加者への聞き取り調査をする場合もある。ウェビナー（Webセミナー）をしていれば，トピックに関連する参加者の背景，関心，ニーズを判断するために，登録時に簡単な調査ができるかもしれない。また，子どもたちに家族生活についての「3つの願い」を質問したり，妊娠している10代の若者グループに母親になることに関して一番の心配を尋ねたりするなど，何らかの，より革新的なことができる。新しく親になった人に，クラスの最初に乳幼児発達についての事前テストを受けるよう頼むだろう。それは，グループが「能動的」活動をしている間に，リーダーが知識の格差に気づいたり，正確な情報を提供したりする機会を与えるので，効果的な方法である。この肝心なのは，あなたが温

かく思いやりのあるつながりを作り，「壇上の賢人（sage on the stage）」ではなく，知識をもつ友人になることである。

- **データの解釈**　いったんニーズ・アセスメントのデータを集めて分析したら，それらを解釈する時である。これによって，優先順位の決定，共通理解を得るための計画，選択肢を比較するための複数の基準の使用，ギャップを特定するためのファシリテーターに指導された討論など，さまざまな意思決定ツールや技術を用いて，簡単な図表作成以上のことをする（詳細は Watkins et al., 2012 参照）。今や，結果の意味を決定し，何らかのパターンがあるかを判断し，どのような活動が対象者に最も役に立つかを特定しなければならない。解釈は異なる可能性があるので，他の人と結果を分かち合い，議論しなさい。

文化の役割

　参加者のニーズ調査に加えて，文化的な考え方と，それがどのように適用されているかを調べるべきである。「文化」とは人々の全体的な生活方法である。それは，グループを特徴づけ，共通のアイデンティティを提供する慣習，信念，価値観，態度，コミュニケーション・パターンである。。これらの要素がグループのメンバーの間で共有され，現実を解釈する方法を形づくっている。過去数年間に，家族への介入や改善の必要性を強調した「文化的欠陥」と「代償モデル」が，さまざまな文化集団からの子どもや家族に対するプログラム設計に用いられた（Hildreth & Sugawara, 1993）。このモデルは強みを弱め自尊心を低下させた。しかし，最近では，文化集団に必要な支援について価値判断を全くしない「文化の相違パラダイム」が一般的になっている。したがって，すべての文化集団はそのユニークな性質と尊厳によって評価される。家族生活教育プログラムが文化集団の強みに敏感ならば，もっとうまくいくだろう（Hildreth & Sugawara, 1993）。私たちはたいてい人種・民族性の観点から文化を考えるが，文化は，このパラダイムを越えて，年齢，ジェンダー，社会経済的地位，世代別集団，家族構成（ひとり親，拡大家族），性的指向，特殊な状況（健康問題，危機，軍事的役割，投獄），さまざまな文化的レンズの組み合わせ（同性愛のひとり親，軍役に服している母親）を含むように拡張している。
　私たちは文化の影響をそれほど認識しているわけではない。そこで，文化の多くの側面についての議論を導入するひとつの方法は，サングラスをかけているか，学生に尋ねることである。できれば，サングラスをかけさせなさい。そして，他の学生にサングラスの違いを特定させなさい。学生はしばしば，色や種類など，フレームやレンズのさまざまな形や大きさに気づくだろう。サングラスを通して見ると，ものごとは異なって見える。同様に，どんな種類のフィルタが，個人や家族の見方に影響を与えているか質問しなさい。回答はさまざまである。人種，民族性，性的指向，性，宗教，教育，社会階級，政治団体への所属，地理的位置，年齢，婚姻状況，専門的役割，家に住んでいるかホームレスが含ま

れるだろう。

　私たちは人についての「固定観念」を避けたいと思う一方で，どのように「一般論」と異なるかも理解する必要がある。一般論は特定の人々のグループの傾向に洞察を与えるし，多くの場合，研究や知識のある文化の専門家からの入手可能な情報を統合して行われる。これに比べて，固定観念はある人々の集団の過度に単純化された特徴のことである（例：人種，国籍，性的指向，宗教，年齢，家族のタイプ）。固定観念は，実際の違いとこれらの違いの認識をどのように誇張しているかに関して，正確でない場合がある。固定観念はたいてい否定的だが，肯定的である場合もある（Peterson, 2004）。例えば，特定の文化集団は数学が得意だと言えるかもしれない。問題は，それが部分的な像にすぎないということであり，数学が得意でない人は数学に過度なプレッシャーを感じるだろう。「一般論」は固定観念と似ているように見える。しかし，固定観念は多くの場合極端で，誇張された考え方を特定のグループのすべてのメンバーに適用する。次の例のどれが，一般論か，または固定観念か（答えは本章要約の後，参照）。

1. 　多くの米国人がフットボールの試合に参加する。
2. 　米国人は皆サッカーが好きである。
3. 　多くの米国人が，ファストフードが好きである。
4. 　すべての米国人が毎日ファストフードを食べる。
5. 　ヨハンは X 国出身だから頑固そうだ。
6. 　ヨハンは X 国出身だから本当に頑固かもしれない。
7. 　Z 国出身の人々の多くは自分の気持ちを秘密にする。
8. 　Z 国出身の人々は自分自身について決して何も共有しない。
9. 　女性は決して時間通りに来ないので，マリアは遅れるだろう。
10. 　女性のなかには約束の時間を守らない人もいるので，マリアは遅れるかもしれない。

　私たちは皆，自分の国，海外，職場，近所にいるかどうかに関係なく，他の文化とかかわっている。したがって，文化をさらに意識することは重要である。他者の認識（技能や行動）と文化（事実や特色）についての知識，および自分自身の文化についての知識を獲得すると，私たちは自分たちの環境のなかの他者に対して文化的に敏感で，知的になることができる（Peterson, 2004）。自分たちの文化の内や外で，異なる文化集団について学ぶならば，異なる視点を発見し，文化的違いをよりよく理解し対処することができる。

　文化を考えるときに組み込むべき，さまざまな例えがある。歴史的に，米国人はしばしば，米国を，さまざま文化をすべて融合してひとつの集合体にした「るつぼ」だと考えてきた。しかし，米国の文化集団のなかにはその特色を維持しているものがあることから，このパラダイムはもはや機能していない。もうひとつの見方は，文化を「サラダボウル」と考えるものである。サラダボウルには，独特の風味，色，テクスチャーをもつパリパリした野菜と，すべての成分をまとめるのを助けるドレッシングが含まれる。さらに最近の例えは「野菜スープ」である。スープには，スープを作る野菜のエキスと調味料がある。しかし，すべての材料によって風味を添えられ，すべてをひとつのおいしい料理にまとめ

るブイヨンがある。米国人の文化的構成の中で，さまざまなグループを「ハイフネーショ
ン・アメリカン (hypenated-American)」と呼ぶことに注意すべきである。つまり，私たちは，
イタリア系，ポーランド系，アジア系などという用語を使うかもしれない。それは，時に
は受け入れられるが，9・11 や，ボストン・マラソンでのテロ攻撃のように何かが起こると，
私たちはすべて「米国人」になる。言い換えれば，野菜には何らかの独特の風味があるが，
米国のブイヨンは文化的なスープをまとめている。

「氷山」もまた文化の例えとして使われてきた。慣習や言語のように，文化には喫水線
の上や「目に見える」部分がある。しかし，大部分は喫水線の下にあって，価値観，文化
的前提，非言語的コミュニケーション，思考パターン，認知知覚など，文化の「目に見え
ない」部分を構成している。目に見える文化の「ビッグ C」と同様に，目に見えない文化
の「リトル c」について論じる（図 3.1 参照）。

私たちは他の文化集団の本質を知るようになることはほとんどない。そこで私（キャロ
ル・ダーリン）は，他の文化よりなじみが深いので，私自身の文化遺産を例として用いる。
私の祖父母 4 人は皆，フィンランドで生まれ，若いときに米国にやってきた。私はフィン
ランドから移住してきた米国人文化のなかで生活していた。こうして，私はフィンランド
系米国人の文化に親しんできた。文化の「ビッグ C」には次のことが含まれる。

図 3.1 参加者を理解する際の文化の役割

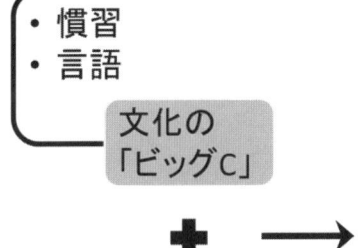

- **慣習**…伝統や休日（例：私は，フィンランドの夏至祭り，独立記念日，食べ物，衣服，芸術，文学，政治，構造，デザイン，工芸，フォークダンス，音楽に参加してきた。フィンランド人の若者キャンプに子どもとして参加し，多くのフィンランド文化の例について学んだ。ヤン・シベリウスの音楽，ヨハン・ルーネバリの詩，アルヴァ・アールトとエーロ・サーリネンの建築やデザインを鑑賞した。）
- **言語**…言葉によるものと言葉によらないもの（例：私は親から言語をいくらか学び，フィンランド語の学習を進めるために米国とフィンランドで課程を受けた。沈黙の時間にもさらされた。それは最小限の表情とアイ・コンタクトで，雄弁に語るものだった。沈黙は，プライバシー，個人的思考，礼儀正しい聞き方を意味する。フィンランド人はもの静かかもしれないが，いつも考えている。米国のようなダイアローグ〈対話〉の文化を持つ他の国々に比べ，フィンランドはモノローグ〈独白〉文化である。）

さらに，次のようなフィンランド系米国人文化の「リトル c」（Tamminen, 2003）の要素を吸収した。

- **価値観**…どのように行動するか，何が善か悪かの基礎（例：多くのフィンランド人は公平，正直，信頼についての強い感覚を持っている。生き残る必要性に基づいた勤勉という倫理観を持っている。また，迅速さ，政治における女性への感謝，自然の尊重，「シス（sisu）」〈不屈の精神と忍耐にあたるフィンランド語〉の役割を重視している。）
- **文化的前提**…ある文化にとって当然と思われることが必ずしも正しいわけではない（固定観念でもありうる）。（例：私は，フィンランド人は勤勉で，創造的，信頼できると認識されていると学んだ。しかしまた，内向的，直接的，性急かもしれない。さらに，フィンランドには非常に多くのサウナがあるので，たいてい清潔だと認識されている。）
- **非言語的コミュニケーション**…タッチ，アイ・コンタクト，指のシンボル（例：私は，フィンランド人は一般にいくらか内気で，物静かで，「言うまでもなく」という表現を使う傾向があることに気づいた。ビジネスでは最小限のタッチングしかなく，握手だけが許容される。けれども，親しい友人の間で〈女性の間ではより頻繁に〉いくらか抱擁するかもしれない。また，人と距離を保ち，他者の私的スペースへの侵入に気を使う。家や衣服は控えめであるべきだと考えている。）
- **思考パターン**…考え方と情報処理の仕方（例：私は，多くのフィンランド人が多くの場合直接的，論理的で，核心を突くが，自分自身の美徳を賞賛するのは不適切だと考えていると学んだ。自分自身の教育，経済，地位，家族の背景について自慢すべきではないと考えていて，一般にそれについては話さない。）
- **経験的知識に基づく理解**…知識を理解する方法（例：私は，フィンランドは1950年代後半まで貧しい国で，人々は共有財のために一生懸命働いたと認識している。人々は，第2次大戦後，米国への戦債を返済した唯一の国であることに誇りを持ってい

る。以前の世代の家族員の勤勉さはその国の遺産の認識に影響を与える。したがっ
て，米国に住む私の親の世代は，フィンランドに残った家族よりもさらに勤勉だっ
た。そこで，私たちは自分たちができるどんな方法ででも親世代を助けるべきだと
教えられた。）

　私は，米国に住んでいる私の家族，友人，コミュニティを通してフィンランド文化に親
しんできたが，フィンランドで教えたとき，フィンランド文化の「リトルc」に関して知る
べきことを全て知っているわけではなかった。しかしながら，アメリカ文化とフィンラン
ド文化の両方を背景に持っているので，質問をすることができるし，洞察に満ちた答えを
得ることができる。文化は変わらないと同時に変化もするので，私は未だに学んでいるし，
そうし続ける必要がある。「ビッグ C」の特性はずっと同じ状態で残る傾向にあるが，「リ
トルc」のテーマは何か月または何年間かで変化する可能性がある（Peterson, 2004）。この
例は，私たちが，自分自身の文化，特に複数の文化のすべての「ビッグ C」と「リトル c」
の特性を知る方法はないことを示している。しかしながら，他の文化について，特に教室
を代表する文化について，できる限り学ぶことによって，特定の文化や複数の文化グルー
プのニーズにもっとも適合するように，授業を設計し実施する方法を理解し始めるだろう。
文化の「ビッグ C」と「リトル c」は人種や民族性に関係するだけではなく，異なる家族構
成，性的指向，世代に適用することができる。

さまざまな集団の特性とニーズ

　私たちは，家族生活教育者として，学生のウェルビーイングの向上と学習のために献身
している。したがって，学生のために最善をつくそうと努めて，できるだけ個別に指導す
る。しばしば，年齢，ジェンダー，民族性によってグループを特定する。しかしながら，
ゲイのラテン系の若者，シングルのアジア系の母親，身体障害児をもつアフリカ系の親，
または白人女性など，特性が組み合わさってもたらされる多様性が存在する。すべての文
化集団の特性を知ることはできないとはいえ，エコシステムの文脈（O-E〈生命体-環境〉
関係）を組み込み，さまざまな文化集団の人口統計，研究，理論を調べることは重要であ
る（第 8 章参照）。個人や家族を研究するとき，法的，政治的，経済的，宗教的，教育的，
医療的システムなど，相互作用している環境をどう特徴づけるか。既存のデータを収集し，
エコシステムの視点からどんな文化的グループの形成についても批判的に考えることができ
きるなら，教育において自分を助けるためのよりよい理解をすることができるだろう。

発達段階と世代

　学生の発達段階は，個人と家族のニーズに関連づけて理解する必要がある。さらに，さ
まざまな世代コホート（群）の，異なる時期に生まれた人々も，学習スタイルに影響を及

ぼすさまざまな個人的ニーズ，態度，価値観を持っているだろう。

発達段階

　発達段階に基づくさまざまな理論があるが，一般的に使われているのはエリック・エリクソン（Erik Erikson）（1950，1963）のものである。彼は，人生のさまざまな時期に直面する発達上の課題をはっきりさせるために 8 つの段階を提案した。これらの段階と大まかな年齢は次のとおりである。「信頼 vs 不信」（0-1 歳），「自律性 vs 羞恥・疑惑」（1-3 歳），「自発性 vs 罪悪感」（3-6 歳），「勤勉さ vs 劣等感」（6-11 歳），「アイデンティティ vs 役割の混乱」（思春期），「親密さ vs 孤立」（成人初期），「生成的 vs 低迷」（成人中期），「統合性 vs 絶望」（高齢期）である。各段階は前の年齢段階の達成のうえに築かれるとはいえ，次の段階に進むのに，その段階に十分達している必要はない。各段階には，生物学的変化，社会経済的力，心理的危機など，乗り越えるべきさまざまな要素がある（さらなる詳細は，Harwood, Miller, & Vasta, 2008 参照）。私たちはあらゆる年齢の集団に教えることができるだろうが，一般的には思春期や成人期の学習者を対象にして働いている。

　「思春期」は 10 代の若者が批判的な人生の選択をする時期で，身体的，認識的，社会感情的，道徳的発達における重大な変化の時期である（Tippett, 2003）。この期間には，外見，身体変化，自己アイデンティティの探求に集中する一方，驚異的な成長，身体的変動，ホルモン変化という特徴がある。思春期の初期には，同性間の友人関係が支配的で，成熟してくると両方のジェンダーの友人がいることで居心地の良さが増したり，親からの独立願望が高まったりする。具体的操作から系統的操作への移行と同様に，脳の発達や認識力の変化もある。それは，道徳的な発達と結びついており，報酬があるから何か良いことをしたいという欲求から，前向きな関係を維持するために良いことをすることに移行する。若者は自覚を持つようになるので，単に利己的になるばかりでなく，将来の道につながるスキルや職業的可能性を意識する。この年齢層での学習を促進するためには，次のことが期待される。成長と発達のさまざまな程度の認識，自尊心を高める活動の計画，家族との関わり，さまざまな学習スタイルに合ったさまざまな教育技術の使用，あらゆる種類の多様性への対応，さまざまな活動（特にリスクを伴う活動）の選択肢を，批判的思考スキルを発達させ評価する機会の提供である（Tippett, 2003）。

　「若年成人」は強靱で良好な身体的状態にありスタミナがある。記憶力と認識力は最も高い。また，成功し，人生のパートナーを選び，家族をつくり，責任を引き受ける強い意志を持っている。「中年期」には，強靱さ，洞察力，鋭さ，協調性があり，いくらかの記憶力の低下がある。中には，中年の危機に陥る者もいる。それは人生の目標や業績の再評価や，何らかの肯定的な変化を引き起こす場合もある。「高齢期」には，更年期，骨粗鬆症（骨密度の減少），白髪，皮膚の弾力の低下，筋力の低下という特徴がある。記憶力と可動性も低下する傾向がある。

　成人の生涯学習は，平均寿命の伸び，家族員に対するケアの変化，健康やウェルネスへの関心，技術の使用，生活の全ての領域における知識の増大など，生活の複雑さに影響を与える社会的変化に基づくニーズや欲求の関数である。成人の学習者には，家族生活教育

を受けるさまざまな理由があるだろう。あるトピックをもう少し知りたいという願い（「感知されたニーズ（*felt needs*）」）があるかもしれない。または，強制的に知る必要があること（「（他者から）与えられたニーズ（*ascribed needs*）」）があるかもしれない。それは，おそらく，同じような関心をもち他者に接する方法である。50 歳以上の成人が高い関心をもつトピックは何かについての調査から，最も関心が高いのは栄養と健康，運動，高齢化の積極的な側面であった（Ballard & Morris, 2003）。成人学習者は一般に自分自身の人生に責任を持ち自律性があるので，教師はしばしばまとめ役を引き受ける。成人学習者は豊かな経験を教室にもたらすだけではなく，特定の統制方法に関する価値観など，なんらかの偏見をもたらす可能性がある。家庭や職場での生活において情報が自分たちを助けてくれることを理解しているので，ほとんどの成人は学ぶ動機づけが非常によくできている（Tippett, 2003）。彼らは，クラスでのケース・スタディやロールプレイに現実の生活状況を取り入れることを望んでいる（第 6 章参照）。

　もちろん，成人のなかには，「定年」以上に達して，もはや働いていない人もいる。米国の人口のなかで，最も急速に増大しているのは 65 歳以上のグループで，そのうち「後期高齢者」または 85 歳以上が劇的に増大している。高齢女性は 3 対 2 の比率で男性より多いが，85 歳以上では 80% が女性，女性 5 人あたり男性 2 人である。これは，彼らがおそらく社会保障で生活していることを意味する。65 歳以上の人口は，2012 年から 2060 年の間に，4,310 万から 9,200 万に倍増すると予測される。85 歳以上は 590 万から 1820 万に 3 倍以上，

Box 3.2　高齢化による変化

　高齢化シミュレーション活動は，感覚運動機能に関する高齢者の身体的変化についての知識と，高齢者の気持ちに対する感受性を向上させるのを助ける（Wood, 2003）。
　小グループで，ボランティアメンバーに毎日の活動を行う能力をひとつ以上変更させなさい。これらの制限には次のものがある。
- レンズにワセリンを塗って視力障害を引き起こした眼鏡をかける（例：白内障）。または周辺視力が失われるようにレンズの外側の縁の一部を覆う（例：緑内障）。
- 両耳に耳栓か脱脂綿の球を入れる（例：難聴）。
- 脱脂綿の球をふたつにし，鼻の穴に入れる（例：嗅覚と味覚の低下）。
- 利き手の親指，人差し指，中指の関節に透明なテープを巻く（例：関節炎による硬直）。
- 乾燥して割れたエンドウか，ヒマワリの種を靴底に入れる（例：足の痛み，バニオン，ウオノメによるバランスの喪失）。
- 膝を包帯で固定する（例：関節炎）。
- 階段を上るとき，息をするのにストローを使う（例：呼吸の問題）。

　正常な機能が損なわれていない学生を介護者に指定し，高齢化による機能障害の人の安全と支援に責任を持たせ，他者に対する応答や反応を観察する。学生たちは，図書館に行く，スナックを買って食べる，電話をする，コンピュータ・自動販売機・トイレを使うなどの活動をして，約 30〜60 分間，キャンパス内を動き回る。活動を通じて，高齢化による制約がもたらす影響を体験するだろう。
　報告会では次のような質問が行われる。どんな困難や気持ちを経験したか。自分と他者にどんな変化が見られたか。その経験は高齢者や高齢者の機能障害について考えさせたか。この経験から高齢者に対する気持ちや行動がどのように変化したか。

総人口の 4.3％になる（U.S. Census Bureau, 2012c）。長寿が暗示するのは，高齢者とその家族にはいくつかの重要な問題があるということである（Zinn, Eitzen, & Wells, 2011）。高齢の学習者は，学び，対話するという両方のことのために授業に出たいと願っているかもしれない。年を取ると，金銭計画や家族関係とともに，健康問題が重要になる。聴覚，視覚，身体能力は，もはや若かった時ほど鋭敏でないだろうということを忘れてはいけない。したがって，家族生活教育者は彼らの関心事と身体能力，限界に注意を払う必要がある。高齢の学習者が直面する限界についての理解を促すために，Box 3.2 の活動を参照してほしい。

世代

　私たちは「最も偉大な世代」，「ベビー・ブーム世代」，「ミレニアル世代」，「X 世代」，「Y世代」，「Z 世代」などを，ニュースで頻繁に見る。これらはすべて，異なった価値観のシステムを発達させた多様な年代または世代の人々のグループを表すために用いられる。近年，出生世代に従った広いアプローチのうち，個人を概念化する方法として，世代理論がますます人気を集めるようになっている。これは，出生世代による人々のコホート（群）を特徴づけて理解し，時代がどのように人々の価値観や世界の見方に影響するかについて容易に理解できるようにする。ひとつの「世代」は，親の誕生と子の誕生の間の平均の間隔，通常約 20 から 22 年である。世代は正式なプロセスでは定義されないが，人口統計学者，メディア，大衆文化，市場調査員，それぞれの世代のメンバーによって定義される（Pendergast, 2009）。世代には，世代特有の経験と，社会における世代の役割についての共通の強い願望を伴う特有の仮説，価値観，態度，人生へのアプローチの識別可能な組み合わせがある（McGregor & Toronyi, 2009; Strauss & Howe, 1991）。これらの時期のあいだに，戦争，テロリズム，主要な政治的事件，技術の進歩など，開発や価値観を形成する重要なできごとがある。

　「人気のある心理学者」やレポーターが世代というラベルを使いすぎたので，世代理論を高く評価しない人もいるが，科学的に許容できる良質な社会科学に根ざしていると信じている人もいる（Cordrington, 2008）。世代的類似性と相違の研究は興味深いが，扱いにくい。特定の世代の暦年については全くコンセンサスがない。そのため，ほとんどの世代は，いくつかの世代と重なり合っており，正確な始まりと終わりの期日がない。その結果，ふたつの世代特性を持つ可能性のあるグループが作られる。しかしながら，一般に，暫定的な日付の組み合わせの間に生まれた人の大部分は多くの類似した特性を持っている（Rosen, 2010）。表 3.1 は，世代，その世代の人の特性，価値観の概要を示すために作成された（Codrington, 2008; Pendergast, 2006, 2009; Rosen, 2010）。

　家族生活教育プログラムの学習者の大部分を占める 3 つの世代は，ベビー・ブーム世代，X 世代，ミレニアル世代（Y 世代）である。これらの世代をよりよく理解するために，その一般的特性と価値観のいくつかを次に示す（McGregor & Toronyi, 2009; Pendergast, 2006）。

- **ベビー・ブーム世代**（1946-1964 生まれ）は，家族，教育，個人主義，変化，品質，インスピレーションとやる気を起こさせる支援，チームの基準への適合，成功，葛藤解決，オープン，自由と選択，個人的成長と達成，自発性と規律の混在を評価する。

表 3.1　世代特性

出生年	世代の名称	注目に値するできごと，特性，価値観
1901-1924	失われた世代 第 1 世代 最も偉大な世代 （誕生した）	第 1 次世界大戦；社会的使命を持った技術の実践；都市志向；公衆衛生；科学的基礎を持つ管理と家族；質素；フェミニズムの第 1 波で定義された男女の役割
1925-1945	もの言わぬ世代 最も偉大な世代 （第 2 次世界大戦に従軍した）	第 2 次世界大戦，戦争と「大恐慌」からの世界経済や衰退の結果としての管理や倹約への集中；勤勉；法と秩序；自給自足；犠牲；服従；謙遜；忍耐
1946-1964	ベビー・ブーム世代 （彼らの親は最も偉大な世代であった）	公民権運動；1960 年代の社会的革命；反ベトナム集会；個人的成長と自己表現への集中；消費者主義の拡大；J. F. ケネディ暗殺；麻薬，セックス，ロックンロール；月面着陸
1965-1981	X 世代	メディアと消費主義の台頭；冷戦終結；フェミニスト運動；経口避妊薬の導入の広がり；MTV；未定義／異なるアイデンティティ；グローバルな認識；「鍵っ子」として育つ
1982-2001	Y 世代 ミレニアル世代 第 2 次ベビー・ブーム世代	グローバル化；情報化時代／WWW 誕生；コミュニケーション，メディア，デジタル技術の使用；ピア・オリエンテーションの増加；文化的にリベラル；ブーメラン・キッズ〔アダルトチルドレン〕；トロフィー世代；校内暴力；9・11 が終わりを告げる
2002+	Z 世代 i 世代 自国（ホームランド）世代 ネット世代	生涯にわたるコミュニケーションと技術の使用；WWW の使用の拡大；インスタント・メッセージ，携帯電話メッセージ，携帯電話，フェイスブック，ツイッター；夢見る者；せっかち；ADD〔注意欠陥障害〕；個人主義；ヘリコプター・ペアレント（過干渉・過保護な親）

唯物論と寛大さのバランスをとろうとする。仕事中毒。楽観的。実践的関わりを求める。ゆるやかな構造，一時的なこと，特別委員会，会議を好む。権威を拒否するが，価値観に敏感な権威主義者。前進や出世のために働く。

- X 世代（1965-1981 生まれ）は，独立，楽しみ，挑戦，創造性，たくさんの情報へのアクセス，具体的集中的なフィードバック，自分のやり方でものごとを行うことを重視する。レジリエンス（回復力）があり，独立していて，経済的に保守的。雇用の安全性には配慮しない。率直さと先行投資に感謝する。多様性を受け入れる。都市志向でない。ルールを拒否し，自己陶酔的で，孤立し，隔離されている。友人は家族でないと思う。多様な人間関係スキルを持つ。仕事のために生活を犠牲にはしない。
  - ミレニアル世代（Y 世代）（1982-2001 生まれ）は，メンターによる指導，育成，助言を重視する。教育とスキルの構築を重視する。個人的充足感のために働く。特別だと感じる。テクノロジーのために，およびテクノロジーを通じて生活する。能力

に引きつけられる。建設的な補強を好む。計画し，目標指向。市民意識があり，社会活動家。多様性を称賛する。友人は家族と同じだと思う。起業家的で，規則を改革する。職場がどのように機能しているかについては判断力を欠いている（仕事に精通していない）。監督者がいる環境や構造が必要。チーム指向。徹底的な大騒ぎを楽しむ。

　この25年から30年は，工業化の時代から，情報を基礎とする文化や経済の時代へのかつてない移行の時期である。一般的に，ベビー・ブーム世代の多くが定期的にメールを使うと同時に，直接対面して行うコミュニケーションや電話によるコミュニケーションを好むのに対し，X世代はより多様で，携帯電話，電子メール，インスタント・メッセージを受け入れている。この結果，情報化時代のミレニアル世代は，前の世代との間に通常の世代間ギャップよりも大きいギャップを作る巨大な影響力を持つ（Pendergast, 2009）。前の世代は「デジタル移民」と言われるが，ミレニアル世代は「デジタル・ネイティブ」と言われる（Prensky, 2006）。「デジタル・ネイティブ」は従来の速度ではなく，「トゥイッチ速度〔ひきつるような速度〕」で操作すると言われる。というのは，ランダム・アクセス，並列処理，グラフィックスを使い，一般に，新鮮な空気よりも，画面を見る（テレビ，コンピュータ，電話）のに多くの時間を費やしているからである。言い換えれば，つながれ，遊び指向で，グラフィックスに集中している。大量コミュニケーション技術に満足しており，世界中の人とオンラインチャットをしている（Pendergast, 2009）。フェイスブック，マイスペース，スカイプ，インスタント・メッセージ，テキスト・メッセージ，インスタグラム，ツイッターなどのソーシャルメディアの多くのテクノロジーや形態を使っている。

　「ネット世代（i世代）」は2002年に始まったばかりである（表3.1参照）。この世代はこれをさらに進化させ，毎日，大量のメディアを消費している。メディアの使用でも，同時にいくつかを用いるが，目が覚めている時間の大部分をメディアやテクノロジーに費やしている。ニールセン社によれば，典型的な10代の若者は，月に3,146件のテキスト・メッセージを送受信する。一方，電話での通話は191件だけである。彼らはスマートフォンを，ソーシャルメディアやテキスト・メッセージに使うPCと考えている（Rosen, 2010）。

　異なる世代からの参加者を理解することは，授業計画に役立つ。教師が「デジタル移民」ならば，学生はデジタル・ネイティブだろうと考える必要がある。過去の世代は新聞やレコードで成長したが，ミレニアル世代はコンピュータと携帯型メディアプレーヤー（例：スマートフォン，タブレット，iPod）を活発に用いる。

　「ミレニアル世代」にとって，理想の世界で学ぶということは，彼らが望む時と場所で，十分に詳細を知って，目の前にある装置を使って，ニーズに合わせることである。すべての知識がデータに接続され，互いに接続されている。学生は内容を見つけ，フィルタにかけ，焦点を合わせる一方，教師はガイド，ファシリテーター，コーチと認識されている（McGee, n.d.）。「デジタル・ネイティブ」は文章よりもグラフィックスやビジュアルに，よりうまく応答するだろう。読み書きはあまりできないが，多面的技能をもち，一般的にデジタルテキストを閲覧したり意味をスキャンしたりするとともに，パターン解読を利用

し，紙のテキストよりバーチャル・テキストを好む（Pendergast, 2010）。「タグ・クラウド（ワード・クラウド）」の使用や用語の使用頻度の視覚化は重要な教材かもしれない。タグ・クラウドは，重要度をフォントのタイプ・大きさ・色で重みづけした「単語」を使って，テキストデータを視覚的に表現する。これは，ウェブページ，写真，ビデオ・クリップなど，デジタル情報と結びついているので，資源にタグをつけているウェブサイトのナビゲーション支援に利用できる。教師はコースのフェイスブック・サイトを作って，新技術を取り入れる。しかし，複数の場所に授業情報を掲示することにフラストレーションを感じる可能性がある。教室でソーシャルメディアと授業に，同時に参加するという複数のことをやっている学生に対応するのと同じように。ミレニアル世代も，テクノロジーが進化している状態で育てられ，講義形式の学習にほとんど我慢できないだろう（Prensky, 2001）。アクティブ・ラーニングは，「反転」授業モデルを組み込むとともに，最もよく学ぶために重要である。反転授業を用いる教師は，放送による講義や教育内容を宿題にしたりする。そして，授業時間を，問題を解決し概念を進化させ協働学習に参加させるのに使う（Roehl, Reddy, & Shannon, 2013）。

　ミレニアル世代は科学技術の最前線にいて，成人の91％がなんらかの種類の携帯電話を，56％がスマートフォンを所有している（Pew Research Center, 2013b; Smith, 2013）。さらに，全成人の59％はデスクトップ・コンピュータを，52％はラップトップを使っている（Zickuhr, 2011）。言い換えれば，ミレニアル世代は技術をリードしている。しかし，他の世代の成人たちもオンラインで活動している。これは家族生活教育者に影響を与える。2,240人の親に対するオンライン調査は，75％の親がインターネットは子育て情報を得る方法を改善させたと報告したと明らかにした。とはいえ，19.7％は子育てウェブサイトを使うのは難しいと報告し，13.1％は必要な子育てウェブサイトや情報を見つけることができないと述べた（Connell, 2012）。若者と高齢者の両方ともインターネットを使うが，スキル，目標，ニーズ，装置，オンライン学習を利用できる時間量は異なるだろう。労働者さえ，在宅勤務を好むミレニアル世代の技術の腕前に影響を受けている。なんらかの専門職では会話のために電話を使うことは重要であるが，彼らはそれを嫌っている（Permenter, 2013）。私たちはさまざまな世代の人々の特性やニーズに取り組むべきであるだけではなく，どのようにテクノロジーを使っているかにも注意しなければならない。これは，家族生活教育者に，学習者に到達するための創造的な方法を開発する大きな機会を与え，以前は得にくかった情報に学習者がアクセスできるようにする。さらに参加者に到達するために，彼らを知り，ニーズや技術的資源を理解する必要がある。

階級，ジェンダー，人種／民族性

　階級，ジェンダー，人種／民族性は，資源と機会の不均等な分布を通して，家族生活に影響を与える。所属している階級，ジェンダー，人種／民族性グループが何であっても，皆，文化の「ビッグ C」と「リトル c」の特性を持っている。富裕階級かホームレスか，文化的少数者か多数者か，別のジェンダーであるとはどういうことかを，知るかもしれない。

しかし，大部分の人は，これらの文化グループの「リトル c」を構成する，価値観，文化的前提，非言語コミュニケーション，思考パターン，経験的認識に基づく理解を知らない。本章では，家族生活教育プログラムに参加するすべてのグループについて深く触れるわけではないが，少し説明しておく。

階級

　階級は，経済的資源の分配や，人またはグループの相対的社会的地位に着目する一方，階級の意味や定義方法については不一致がある。配偶関係，配偶者や家庭の他のメンバーの収入，世帯の大きさ，収入，職業，教育レベルが，階級の指標としてよく使われる。貧困家族やホームレス家族のような階級に関係する多くの家族グループがある。貧困は，結婚の可能性を減らし，核家族の維持を難しくするが，広範なネットワークがサービス，援助，対処のための支援を調整する。専門職の家族では，転勤が一般的な法人では，「家族生活」はたいてい，転勤が一般的な法人での仕事の要請よりも下位に置かれる。多くの場合，複数の住宅を持ち，ウェブに接続している裕福な家族についてはほとんど知られていない。米国人の大部分（53%）は「中産階級」だと自己認識しており，たいてい，両方のパートナーの経済的貢献と子どもの世話を助ける社会的ネットワークの支援によって，その地位を維持している（Zinn et al., 2011）。中産階級のなかにさえ，4 つのグループがある（Morin, 2008）。

- 「中産階級のトップ」…主に男性，十分な教育を受け，財政的に安定している（35%）
- 「満足している中産階級」…女性と少数派に偏っている（25%）
- 「苦闘している中産階級」…高齢者と若者に偏っている。お金以外のすべてを持っている（17%）
- 「不安を感じている中産階級」…ほとんどが不満をもち落胆している。「中産階級のトップ」の経済的優位性をいくぶん楽しんでいるが，「苦闘している中産階級」になる可能性があるという暗い認識を持っている（23%）。

　米国の文化のなかでは目に見えない階級の人々とその課題があるかもしれない。しかし，そのニーズは米国の人々の考え方や計画の最前線に置かれるべきである。第一の関心は何か。金銭，移動，時間に制約があるなかで，家族生活教育は彼らにとって低価格でアクセスできるものか。

ジェンダー

　性（sex）は生物学に関係しているが，ジェンダーは男性と女性に付随する社会的文化的意味と同様に，社会的に学習された態度，行動，期待のことで，階級や人種と結びついている。ジェンダーを理解するためのふたつのアプローチがある。「社会的役割アプローチ」はジェンダーの違いを個人が学んだ役割として認識する。一方，「ジェンダー化された機関アプローチ」は，ジェンダーが社会分野や労働分野のさまざまな部分で，社会にどのように埋め込まれていて，結果として利益と不利益を生んでいるかを調べる（Zinn et al., 2011）。

Box 3.3　ジェンダー日誌

　ある日，目覚めると，自分が新しいジェンダー期待をされている別の性の一員であることに気づくと想像しなさい。シングルだったり，結婚していたり，同棲していたりする可能性がある。

　その日の活動，世界をどう認識しているか，そしてそれがどう変化するか（あるいは変化しないか）を書きなさい。最初の質問は次のとおりである。
1. どんな気分ですか。
2. 自分の身体についてどう感じますか。
3. どのように一日を過ごしますか。
4. 他の人はあなたをどのように知覚／対話しますか（例：，友人，家族，配偶者，大切な人，教師，他の学生，家主，ウェイター・ウェイトレス）。

　この用紙には，あなた以外のみんなが（あなただけが違うが），あなたは別の性の一員だと知っていたかのように書きなさい。言い換えれば，あなたのボーイフレンド／ガールフレンド（夫／妻）は，あなたが女性か男性かに気づいて，どのように「動揺したか」を書いてはいけない。
　あなたが得た洞察について結論を書きなさい。さらに，あなたが認識した，あなたの性であることの利益と不利益，この1日経験した別の性であることの利益と不利益を含めなさい。これらの利益や不利益はなぜ存在するのか。
　この活動は小グループの討論や課題として用いることができる。そこでは，書いた人の名前は，識別できるようにも，できないようにもできる。

　第9，10章では，性，結婚／恋愛関係，子育ての内容に関連するジェンダー役割について検討する一方，Box 3.3には生活におけるジェンダーの「ビッグC」と「リトルc」の認識を調べる活動を示した〔性に関する章については訳出していない〕。

人種と民族性

　米国国勢調査局は，一般的に，集団を分類するのに用語「人種」と「民族性」を用いる。人種は，結果的に，身体的特性を識別する，推定された共通の遺伝的遺産に基づいた社会的に定義された区分である。一方，民族性は，宗教，言語，歴史，国籍，服装，食物，他の価値観に基づいて，文化的に区別し，より広範な関係を表すものである（Zinn et al., 2011）。（注：連邦政府は，ヒスパニック系の起源と人種を，別の異なった概念として扱っている。国勢調査では，別々の質問がヒスパニック系の起源と人種に関して行われる。ヒスパニック系の起源についての質問では，回答者にヒスパニック系か，ラテン系か，スペイン系かと尋ねる〈Lofquist, Lugaila, O'Connell, & Feitz, 2012〉。）米国の人口は，次の50年間でさらに民族的に多様になるだろう。実際，2012年から2060年までの予測では，米国は「多民族国家」になり，非ヒスパニック系白人人口が引き続き最大の単一グループになることが示唆されている。しかし，どのグループも過半数にはならないだろう（U.S. Census Bureau, 2012c）。また，米国国勢調査局（2013）は，2012年にはアジア系が2.9%に増加し，最も速く増加している人種または民族だったと発表した。この増加の60%以上は国際移住に由来する。これに対して，ヒスパニック系は2.2%の増加で，主として自然増（出生から死亡を

引いたもの）によるものであった。ヒスパニック系は引き続き（非ヒスパニック系白人に次いで）2番目に大きなグループで，総人口の約17%を占める。2012年の総人口に占める人種やヒスパニック系の割合は次のとおりである。

- 白人　78%
- 非ヒスパニック系白人　63%
- 何らかの人種のヒスパニック系　17%
- 黒人　13%
- アジア系　5.1%
- ふたつ以上の人種　2.4%
- アメリカ先住民とアラスカ先住民　1.2%
- ハワイ先住民と他の太平洋諸島系　0.2%（U. S. Census Bureau, 2012c）

（注：白人の米国人は，自分自身を白人と認識する米国の人々である。ヒスパニック系やラテン系でない非ヒスパニック系白人または白人〈白人小集団〉は，米国では国勢調査によって，「白色人種であり，ヒスパニック系またはラテン系起源／民族性でない」と定義される人々である〈Lofquist et al., 2012〉。）

　米国人の人種や民族性の構成は流動的である。それは，家族生活教育者が，家族の人員構成，強み，ニーズの変化に注意を払う必要があることを意味する。家族の人種的・民族的特徴の多くは文化的にユニークである。例えば，娯楽・言語の使用・習慣の形成と同様に，メンバーがどのように互いに関係し，家族を知覚し，余暇時間を過ごし，礼拝するか，などのように（Zinn et al., 2011）。

　このひとつの章だけで，複数の文化集団の特徴を理解するのに必要なすべての情報を伝えることはできないので，バラード（Ballard）とテイラー（Taylor）の本『多様な集団との家族生活教育（*Family Life Education with Diverse Populations*）』（2012）などの情報を概観するための他の推薦書と，下記のようないくつかの重点を示しておく。この本は，家族生活教育者がどのようにして11の多様な集団のニーズに合わせることができるかについて，洞察を提供する。

　「黒人とアフリカ系アメリカ人家族」は，しばしば互換性を持って使われる。また，アフリカ系と非アフリカ系黒人の人種的特性を持つ人々に注目するために使われる場合がある。アフリカ系アメリカ人の遺産は集団主義と，ともに働く人間集団の重要性を強調し，家族のウェルビーイングのために子育て資源を蓄える。黒人家族は主要な資産として拡大家族支援網を持ち，強靱さとレジリエンス（回復力）を維持している。宗教と高い精神性は，親族ネットワークと同じように，家族に希望や資源を提供するうえで重要である。これらの資源には，励ましや助言，財政的・情緒的支援，保育・介護，衣服，掃除，輸送が含まれる（Barnes, 2001; Hamilton-Mason, Hall, & Everett, 2009; Jarrett, Jefferson, & Kelly, 2010）。教育は成功への道だと考えられているので，仕事と教育の成果は高く評価される。黒人家族は，経済的苦難，失業，暴力，薬物乱用，不十分な教育，家族関係の崩壊などの課題に直面しているが，家族生活教育者にとって重要なことは，彼らの強みに焦点を合わせるこ

とである。家族生活教育者は，文化的に関連するプログラムの計画，実施，提供を支援するために，コミュニティのリーダーや信仰コミュニティと協力できる（Baugh & Coughlin, 2012）。

「ヒスパニック系およびラテン系家族」も互換性を持って使われる。これらふたつのグループは重なりあっているけれども，ヒスパニック系がスペインに結びつきを持つ人を意味するのに対し，ラテン系はラテンアメリカ起源の人々を意味する。ヒスパニック系／ラテン系アメリカ人は人種的に多様で，したがって人種よりむしろ民族である。ラテン系アメリカ人は教育の達成度を高く評価する。これは，文化の変容のレベルや，伝統的文化と多数派の文化とのバランスに関連する可能性がある。家族の強みには「家族主義」（familismo；家族の強調と強い結びつき，家族を支援する意欲），「共感」（simpatia；礼儀正しさ，快い相互作用の重要性），「ペルソナリズモ」（personalismo；パーソナル・スペース，握手・ハグ・軽いキス・タッチによって表わされる親密さ），「マチズモ」（machismo；男性は家族を支え保護する家長である），「マリア信仰」（marianismo；女性は性的に保守的であり，子どもと家族に集中している）がある（Falicov, 2007; HHMI, n.d.）。ラテン系にとっては，宗教もまた重要で，特にカトリックであることは離婚率が低い（一般の人々より約 30% 低い）要因かもしれない。課題としては，移民，言葉の壁，交通手段，資金援助がある。それらは，家族生活教育者がラテン系の家族に介入して影響を与える機会を提供してきた。ラテン系文化にはかなり多様性があるので，プログラムは文化グループの特性に合わせて開発するべきである。家族生活教育者は，大多数の文化のために開発されたプログラムよりも，ヒスパニック系／ラテン系の文化のためにプログラムを開発するか，適合するプログラムを使うべきである（Schvaneveldt & Behnke, 2012）。

「アジア系家族」には，中国，インド，フィリピン，ベトナム，韓国からの 5 つの最も大きい移民グループがあり，かなり多様である。学生として自発的に米国に来て，後で残りの家族に資金援助する者もいれば，自国の政治状態や不安定な状態のためにやってくる者もいる。アジア系家族は教育的達成と雇用を評価する。アジア系米国人の 49% が専門職の地位についている（Fong, 2008）。しかしながら，自国で教育された者のなかには，米国で仕事を見つけることができず，言葉の壁のために低い地位に置かれている者もいる。その結果，財政的ストレスが起こり，家族の相互作用に影響を与える。アジア系移民男性のなかには妻や子どもに対して懲罰的な行動をとる者もいる（Kim, Lau, & Chang, 2006; Min, 2006）。家族構成はしばしば家父長的で，拡大家族・親族を含み，円満な人間関係を重視する。一般に，家族ユニットは家族への忠誠心で評価される。外国で生まれたアジア系の家族メンバーは，定期的に調整をはかり変化しているため，高度にレジリエンス（回復力）を持つことを学ぶ。アジア系家族は子どものために家族の安定を望んでいる。しかし，家族問題を家族システムのなかで秘密にする傾向があり，不名誉をもたらすどんな問題も明らかにしたがらない傾向がある。したがって，結婚関係よりむしろ親子関係に焦点を合わせた家族生活教育に参加する可能性が高く，権威者に挑戦していると感じさせないようにして質問することができる小グループに参加する可能性が高い（Adler, 2003）。アジア系は，一般的に，家族に関するワークショップは精神疾患に関連していると感じるので，文化に

配慮し，多様な言語に対応していて，匿名でアクセスできるオンラインプログラムは，利用可能な選択肢だろう（Hwang, 2012）。

「アメリカ・インディアン／アラスカ先住民（AI／AN）家族」は多様である。米国には連邦政府によって認識されている 562 の部族と，認識されていない非常に多くの他の部族がある（BigFoot, Willmon-Haque, & Braden, 2008）。人口推計によれば，アメリカ・インディアンの 60～65%が都市部に住んでいる。しかし，近年の経済的困難のために，部族共同体や拡大家族が支援を提供する居留地に戻るようになっているので，推計は不正確な可能性がある（Hildebrand, Phenice, Gray, & Hines, 2008）。推計人口もまた変化している可能性がある。というのは，いくつかの部族では非アメリカ・インディアンの男性と結婚したアメリカ・インディアンの女性は部族員の地位をはく奪されるからである（Krouse & Howard, 2009）。AI／AN 家族の基本的強みは，拡大家族構造，ユーモア，レジリエンス（回復力）である（Hildebrand et al., 2008; Lafromboise, Hoyt, Oliver, & Whitbeck, 2006; Stiffman, Brown, Freedenthal, House, Ostmann, & Yu, 2007）。部族にはユニークな特徴がある一方で，ユーモアのセンスと物語の伝承という共通する特徴がある。多くの AI／AN の若者は問題行動を避け，家族との交流や家の手伝いなどの社会的行動に従事し，学校やコミュニティのイベントに参加する。若者のレジリエンス（回復力）は，前向きな自尊心，暖かい母性，家族構成，方向感覚や粘り強さによって進化してきた（Lafromboise et al., 2006）。

AI／AN 家族が直面している課題には多くの原因によるトラウマ（文化的，歴史的，世代間）がある。単一の事件から，数年にわたるさまざまな形態のトラウマから生じる複数の犠牲までである（Bigfoot, 2008）。AI／AN 家族が直面している最近の課題には，北部の州での乳幼児突然死症候群（SIDS）（NICHD, 2010），親密なパートナーによる暴力（Weahkee, 2010），糖尿病，心血管疾患，薬物乱用，心理的ストレス，限られた余暇活動，未知の医療ニーズなど，さまざまな健康問題が含まれる（Barnes, Adams, & Powell-Griner, 2010）。

家族生活教育者は，時間，育児，交通手段，天候など，参加をはばむ障壁に注意を払いながら，部族の支援をもらって，家族の強みを築く必要がある。信頼関係を築くのは非常に重要である。学習方法には，物語を話すこと，経験の共有，観察，参加，議論，直接または間接的な情報提供が含まれる。このとき，家族生活教育者は敬意を表し，謙虚で，あまり話しすぎないようにしなければならない（Perrote & Feinman, 2012）。

異文化間の認識をよりよく理解するためには Box 3.4 の活動を参照してほしい。BARNGA は，文化グループが他のグループに同化するのがどんなに難しいか，言葉の壁がある場合には特にそうであるかを示すシミュレーション・ゲームである。

家族構成

米国文化のなかには，家族構成のせいで，特別なニーズをもつ多数の家族形態が存在する。これらには，未婚の親，異人種間または異文化間の里子など，里子を持つ家族，多国籍家族，里親家族，孫を育てる祖父母，多世代家族，家にずっと住んでいる年長の子ども（パラサイト・シングル，または「ブーメラン」の子ども），多民族家族が含まれることも

> **Box 3.4　BARNGA**
>
> 　「BARNGA」はさまざまな文化が，ものごとを異なって認識し，異なったルールで行動することに関する理解を促進するために利用できる異文化間認識のシミュレーション・ゲームである。家族生活教育者は，異文化間のグループ分けで，効果的に機能させるために，これらの違いを理解し，調整する必要がある（Thiagarajan & Thiagarajan, 2011）。
> 　「BARNGA」にはカードゲームをするグループの課題が含まれている。各グループがゲームのルール（グループごとに異なる）を理解し，そして，ゲームの方法を理解するために数回勝負に参加したら，ゲームについての指示は終わる。その後，文字は書かない。ジェスチャーや絵を描くことは許されているが，唯一話せる言葉は「BARNGA」である。各勝負の後，勝者と敗者は別のグループに移り，ゲームを再開する（Pittenger & Heimann, 1998）。
> 　成功はゲームの後の討論にかかっている。そこでは，さまざまな質問ができる。たとえば，ゲームをしているときやルールが変わる前と後の反応，何かが変わったと認識したのはいつか，それにどう対処したか，話すことができないことでどういう気持ちになったか。異なる行動をする他のグループの人と協働することをどう考えるか，異文化間のコミュニケーションや異文化理解はなぜ重要か，である。

ある。家族構成の変化は貧困の変化と密接に関連している（Cancian & Reed, 2009）。ひとり親家族，複合家族，同性またはトランスジェンダーの親の家族という 3 つの家族集団の特徴を簡潔に示す。それらの家族はすべて経済的問題に立ち向かっている。

　「ひとり親家族」は子どもを持つ家族の約 3 分の 1 にあたる。その 84％は母親が世帯主で，16％では父親が世帯主である。2000 年から 2010 年までの間に父子家庭が 27％増えたのに対し，母子家庭は 11％増えた（Lofquist, Lugaila, O'Connell, & Feliz, 2012; U.S. Census Bureau, 2012a）。ひとり親は，配偶者やパートナーと同居していないが，毎日の子育てに責任をもち，主に世話をすると考えられる。2005 年から 2011 年までの間に，子どもがひとり親家族で生活する割合は，32％から 35％（300 万人）に増えた（Annie E. Casey Foundation, 2013a）。ひとり親家族は，別居，離婚，児童虐待またはネグレクト，養子縁組，パートナーの死，未婚の親から生まれるだろう。ひとり親のなかには一度も結婚していない場合もあるが，ほとんどが離婚しており，結婚していた時よりも多くの否定的な人生のできごと・社会的孤立・子育ての困難・毎日の苦労，心理的ウェルビーイングの低下を報告している（Amato, 2000）。ひとり親には新しい責任がある。家族の扶養，新しい支援ネットワークの構築，自分で努力して子育てするだけでなく，もう片方の親の特徴を組み込むことなどである（Peterson, Hennon, & Knox, 2008）。

　離婚はしばしば子どもの行動，心理，学業の問題に関係する。そこには，結婚の解消だけではなく，子どもの安定性に影響する多くの変化（例：複数回の離婚，転居，親の同棲，再婚）がある（Amato, 2010）。しかしながら，積極的に子どもの生活にかかわる，同居している親と同居していない親の両方による円満な家族関係によって，離婚後の子どもの適応を促進することができる。子どもは同居していない親との間に，親密で支援される関係を持っているとき，恩恵を受ける。しかし，社会的接触よりも重要なことは，子どもとの信頼できる相互作用に両方の親が参加することである。例えば，彼らの課題についての話，情緒的な支援，宿題や日常の問題の支援，ルールの設定，行動の観察である（Amato, Kane,

& James, 2011)。〔離婚時の〕共同子育てはむずかしい挑戦かもしれないが，親が別々に住んでおり，交信の時刻を合わせられない場合，情報を共有するためにテクノロジー（電話，電子メール，テキスト・メッセージ）を使う親もいる（メッセージは一定期間，断続的に送受信される）。効果的な共同子育て関係にあるカップルにとって，コミュニケーションは，計画を立てたり，子どもについて共同で決定したりするのを容易にする。議論を好む親は多くの場合，共同子育てをしている親との葛藤を減らすために，情報を差し控え，インプットを子育ての決定に制限し，もう片方の親の行動に影響を与える（Ganong, Coleman, Feistman, Jamison, & Markham, 2012)。

　カップルは，一般に仕事，保育・介護，家事の責任について話し合う。しかし，ひとり親は仕事と家庭の葛藤をもたらす，これらの課題すべてに責任をもつ。シングルマザーは，良い母親であり，良い労働者であろうと努力する。しかし，教育を十分に受けておらず，仕事の経験も限られている可能性がある。そのことは結果的に，週 7 日・1 日 24 時間のなかで伝統的でない仕事のスケジュールにつながる（Zinn et al., 2011)。多くのシングルマザーは，探すことができる仕事が標準的でないために時間管理をしなければならないが，それに必要なスキルを持ちあわせていない。信頼できる交通手段と適切な保育がなければ，安定した雇用の維持は難しい。レベルの高い親教育は子どもがより良い結果を生むことに強く関連している。しかしながら，2011 年には 15%の子どもがいる家庭の世帯主は高校の卒業証書を持っていなかった（Annie E. Casey Foundation, 2013a)。この仕事と家庭の葛藤は，貧困，不安定な生活形態，家族ストレスの原因となる。一般に，ひとり親は多面的役割を果たす一方，「バックアップする」親がいないことで「時間の問題を抱えている」。

　ひとり親は不利であり，両親が揃っている家庭よりうまくいかないとしばしば報告される。とはいえ，10 代の母親もいれば，選択と計画の結果，ひとり親になった成人の専門職など，さまざまな種類のひとり親家族がある。親が子どもの父親と同居している家族もあれば，同居はしていないが，親がデートするときには訪問する関係にある家族もある（Osborne, 2005)。さらに，ひとり親の定義に家族構造を用いるのは，親子関係に起こる変化の過程を描かないことになる。安定しているシングルマザーと子どもの関係を調べてみると，母親と子どもの関係が非常に強く，排他的で，相互依存的という特徴が明らかになった。資源が限られているので，母親は境界線を維持しようとしているけれども，子どもは家庭でケアを担っており，力と依存のダイナミクスが移行している（Nixon, Greene, & Hogan, 2012)。父親と子どもの関係については，父親が親権者である割合が増えているので，さらに注意が必要である。

　ひとり親が家族生活教育や親教育のクラスに参加する時間を見つけるのは難しい。とはいえ，小児科医・家庭医の診療所，親・友人・親戚，TV・本・雑誌・パンフレットなどのマスメディアを通して，情報を得ることができる。さらに，親・親戚・友人は，支援だけではなく，情報も提供してくれる。最近の研究では，ひとり親のための情報源のトップ 3 は，本（94%)，インターネット（84%)，家族（81%）であった（Radley & Randolph, 2009)。ひとり親は，一般に若く，傷つきやすく，デジタルに熟達している。結婚しているカップルの場合，子育て支援や情報を配偶者に頼ることができるだろうが，ひとり親はインター

ネットを利用する傾向がある。したがって，ひとり親はさまざまな情報源を必要とし，非常に忙しい生活の予定を立てることができるオンラインのウェブサイト，プログラム，ウェビナー（Web セミナー）から恩恵を受ける可能性がある。

　「ステップ・ファミリー（複合家族）」は，ひとり，またはふたりの成人のパートナーが，以前の結婚関係による子どもを連れてくる家族である。一部の家族や専門家にとっては，専門用語が課題になる可能性がある。用語「ステップ・ファミリー」は，シェイクスピア劇や，おとぎ話「シンデレラ」や「ヘンゼルとグレーテル」によって，「意地悪な継母」にステレオタイプ化されているので，やや問題がある。しかし，他の家族タイプが親子関係によって特徴づけられ命名されているのと同様に最適な用語である。「ブレンディッド・ファミリー（混合家族）」という用語を好む人がいる一方，これは新しい家族はすぐに「混じり合い」，円満な家族の形成のために調和するだろうという非現実的な期待を示すことになる。したがって，この用語は家族の調整のいくつかの局面をいっそう難しくする可能性がある（NSRC, 2013）。複合家族は頻繁に混じり合うわけではないので，料理用語を使うなら，「やさしく結びつく，またはそっと折り重なる（combine or fold gently）」だろう。別の用語は「再編成された家族（reconstituted families）」である。しかし，この用語は以前に存在した「〔水で〕戻した果物」，または作り直しと同義であると考えられる（Weston, 1994）。他には，結合した，合併した，再婚した，広げられた，拡張した，家族がある。複合家族の子どもは次のように呼ばれる。例えば，きょうだい（生物学的に関係がある），「ステップ・シブリング（義きょうだい）」（親の結婚によって関係ができる），「片親が異なるきょうだい」（ひとりの生物学的親を共有する），「お互いの子ども（mutual children）」（再婚カップルに生まれた子ども），「同居している継子」（再婚カップルと同居している時間が半分以上），「同居していない継子」（再婚カップルが同居している時間が半分以下）である。

　米国国勢調査局が結婚，離婚，再婚の推計を提供しなくなったので，複合家族の数の推計は難しい。しかしながら，2009 年の「最新人口研究報告（Current Population Study Report）」では，ふたりの親がいる家庭のうち，同居している 18 歳未満の子どもの 12.3%が複合家族の一部であると推計した（Kreider & Ellis, 2011）。さらに，42%の成人は少なくとも 1 人の複合家族の親戚を持ち，その 30%に「義理」または「片親が異なる」きょうだいがいる。30 歳未満の人々を調査したところ，52%が義理の親戚，44%が「義理」または「片親が異なる」きょうだいがいると報告した（Pew Research Center, 2011）。義理の家族がいる成人のほとんどは，義理の家族よりも，自分の生物学的家族メンバーに強い義務感を感じている。成人にとって，新しいパートナーはスリル満点である。しかし，前の結婚関係の子どもがいれば，子どもの要求とニーズのために，カップル関係を調整し構築する最小限の時間が必要である。複合家族の最も難しい局面のひとつは，喪失と，継親が生活に加わることによる生活変化を経験した子どもの子育てである。凝集性のある家族関係を育てている幼児を持つ複合家族の形成は，自分自身のアイデンティティを形成するために自立を模索している思春期の子どもを持つ複合家族の形成よりも容易だろう（Kemp, Segal, & Robinson, 2013）。継親には子育て・しつけ・ライフスタイルの違いという課題がある。それらは子どもを神経質にさせる。複合家族に共通する違いは，(1) 子どもの年齢差，これによって年

齢の近い義きょうだいの役割，責任，出生順が変わるかもしれない，（2）継親が親でない場合の，親経験の無さ，（3）家族関係の変化，特に両方のパートナーが既に存在している家族と再婚する場合，子どもには各家族において異なる役割がある，（4）新しい親を受けいれる難しさ，特に子どもが長い時間をひとり親家族で過ごしてきた場合，（5）養育権の考慮や他者の要求への対処，特に家族の行事（events）・休暇・パーティ・旅行の計画を立てる場合，（6）家族の伝統の変化，ほとんどの家族には休日や特別な行事（events）をどのように祝うかについての異なる考えがあるからである，（7）継親の子育ての不安定さ，継親は子どもがどのように実の親と自分を比較するか，心配だろう（Kemp et al., 2013）。特に子どもをしつけるとき，複合家族には明確で安全な〔親と子の〕境界が必要である。それぞれの親がそれぞれの子どもを育て，家庭の規則に対処する際の役割を決めることは重要である。実の親と継親というすべての親がオープンに，頻繁にコミュニケーションし，かかわり続けることが不可欠である。新しい家族の日課と家族行事（rituals）を作ることは家族の結びつきを助ける。複合家族の子どものニーズに焦点を合わせることは重要であるが，夫婦の強い絆を構築することもまた重要である。愛・敬意・オープンなコミュニケーションを見れば，子どもはより安全だと感じるだろう。複合家族の複雑さをより深く理解するには，Box 3.5 の活動を参照してほしい。

　複合家族が増加し，「最初の家族」への偏見が増えているので，複合家族が機能することは家族を取り扱う専門家（例：教師，学校と家族サービスの担当者，カウンセラー，心理学者，弁護士）による家族生活教育セミナーにとって重要な話題である。これらのプログラムに含まれる話題は次のとおりである。複合家族の複雑さと「最初の家族」とどのように異なる形で機能するか；世帯間の関係；役割やルールと折り合いながら異なる家族の歴史に適応することへの共感；葛藤の発生や悪化における子どもの役割；関係がゆっくりと

Box 3.5　家族構成の変化と複雑さ

　クラスの人数に応じて3〜7人の少グループをいくつか作りなさい。4〜6人になるかもしれない。

　これらのグループは割り当てられたさまざまな世帯所得をもつ仮想家族になる（例えば，完全な核家族，拡大家族，ひとり親家庭）。各家族グループが家族に名前をつけ，特徴を描くのに少し時間をかける。例えば，親のひとり，またはふたりが働いているかどうか，仕事／地位の種類，家族メンバーの年齢，家屋の種類（寝室と浴室の数），家族のための家事，家族の好きな活動・食事・家族の伝統を含む休日についてである。

　家族グループを作った後，それぞれのグループに，離婚，再婚，複合家族の構成などの困難をランダムに割り当てなさい。親と子のなかには，他の家族グループに加わるか，家族サイズを小さくするために再形成されるものもある。

　もし再形成したら，新しい家族グループの名前を決め，子どもの養育権と訪問について決めなさい。家庭のスペースの共同利用，家事への期待，活動・決まって行う日常の儀式的行動（rituals）・食事・休日への参加についてどのように折り合いをつけるだろうか。

　これらの変化についていくらか話し合った後，最初の家族を解体させ，規則・役割・収入・利用可能な家庭のスペース・決まって行う日常の儀式的行動・休日の変化に関する感情を共有しなさい。ふたつの家族の間の一致していない生活様式についてどのように折り合いをつけたか。家族変化の複雑さに関してどんな洞察を得たか。

進化し，単位家族よりもむしろ，たいてい二項的に進化することに注意して，結婚のパートナーの変化および子育ての変化をかじ取りすることである（Adler-Baeder, 2002）。複合家族が利用できる家族生活教育のクラスはほとんどないし，多くのリーダーは，最初は家族生活教育の訓練を受けていない。しかし，個人として複合家族を経験している（Adler-Baeder, Robertson, Schramm, 2010）。複合家族のためのプログラムの研究によれば，主要な共通の話題は，複合家族のユニークな特性の理解，有効な継親・継子関係の構築，協働的な共同子育て関係の維持，カップル関係スキルである。複合家族のクラスで，低所得の参加者を募集するとき，複合家族のユニークなニーズに取り組むカリキュラムであることと同時に，個人的にかかわることが最も効果的である。

　食事・金銭的支援・賞などのインセンティブ，子どもの参加，参加への熱意は，参加し続けることにプラスの影響を与えた（Skogrand, Reck, Higginbotham, Adler-Baeder, & Dansie, 2010）。

　「レズビアン，ゲイ，両性愛，トランスジェンダー（LGBT）家族」は米国文化ではしばしば隠されている。性的指向が，生まれたときの性と完全には一致しない人や，自分から公表しないことを選択する人がいるだろう。「異性愛」の人々が異なる性の人々に惹かれる一方，「ゲイ」や「レズビアン」は同じ性の人々に惹かれ，「両性愛者」の人々は異なる性と同じ性の両方に惹かれる（Maurer, 2012）。「トランスジェンダー」は，ジェンダー・アイデンティティやジェンダー表象（expression）が自分の生まれたときの性と異なっている人々をまとめた一般的用語である。トランスジェンダーの人々は自分自身を同性愛者，ゲイ，両性愛，無性と認識するので，そのアイデンティティは医学には基づいていないし，またどんな特定の形態の性的指向も意味しない（Pew Research Center, 2013a）。正確な LGBT 人口は全くわからないが，米国の人口統計学者は成人の 4～7％が LGBT と推計している（Krane, Witeck, & Coombs, 2011）。しかしながら，データを得るのは難しい。というのは，データでは，独身のゲイ，レズビアン，同居している同性カップル，自分をトランスジェンダーと特定していない人が除かれているからである。そのうえ，トランスジェンダーの人々に関するデータはあまり収集されていない。「全米トランスジェンダー平等センター（National Center for Transgender Equality）」（2009）は米国人の 780,859 人から 3,123,435 人（0.25％から 1％）がトランスジェンダーだと推計している。LGBT と特定された成人の約37％が人生のある時期に子どもを持つ一方，約 600 万人の子どもと成人が LGBT の親を持っている（Gates, 2013）。過去 10 年間に，LGBT 家族に関する大量の研究が活発に行われた。包括的用語「LGBT」が使われているものの，大部分はレズビアンの子育てに集中している（Biblarz & Savci, 2010）。LGBT 家族システムは，職業差別・ハラスメント・孤立・ストレス・自殺・暴力・ホームレスなどの多くの否定的状況や，家族・友人・教会などから疎遠になることによって，被害を受けやすい（D'Augelli, 2002; Garofalo, Wolf, Kessel, Palfrey, & DuRant, 1998; Pew Research Center, 2013a）。

　LGBT 家族の特別な面には，差別や経済的援助が多様であることや，経験，独特の法的地位にあることがある（Maurer, 2012）。また，生まれ育った家族に関する懸念，疎外の問題の話し合い，家族の選択，LGBT に対する一般の人々の反応や仮定という複雑な世界を生

きていくことに関連する家族課題を抱えている。それにもかかわらず，LGBT の親をもつ子どものウェルビーイングは親の性的指向には関係がない。したがって，LGBT の親をもつ子どもは異性愛の親をもつ子どもとまさに同じように成長するだろう（Paige, 2005）。LGBT の家族は，人生の間ずっと，ストレスの多い状況を乗り越えなければならないので，レジリエンス（回復力）があると認識されている。トランスジェンダーの親は，子どもに性転換について明らかにするという非常に重要な問題に直面する。オープンで正直に，子どもの年齢に適した方法で話をし，（1 回限りでなく）会話を続けることが推奨されている（Hines, 2006）。

LGBT の個人と家族を対象とする特別な家族生活教育プログラムはほとんどなく，見つけるのは難しいかもしれない。コミュニティの LGBT 指導者に連絡したり，支援組織，LGBT の親のための雑誌，LGBT コミュニティー・センターに問い合わせたりすることが推奨されている（Maurer, 2012）。グループと連絡をとるのは有益である。例えば，「レズビアンとゲイの親・家族・友人（*Parents, Family, and Friends of Lesbians and Gays, PFLAG.org*）」，「トランスジェンダーの子ども（*Kids of Trans, KOT*）プログラム」を持つ「レズビアンとゲイの子どもたち（*Children of Lesbians and Gays Everywhere, COLAGE.org*）」がある。守秘義務が問題なので，オンライン・コースは利用可能な選択肢だろう。家族生活教育者は次のことをするべきである。一般的定義と用語，正確で役に立つ中立的な内容の提供，安全な場所（例：支援的，秘密が守られる，知識が豊富）の確立，適切な用語（例：パートナー，親）・代名詞（例：トランスジェンダーの人の性の表象と好みに基づく）・ジェンダーにとらわれない名前（例：クリス，パット，レスリー）を例に組み込むこと（Maurer, 2012）。LGBT の個人と家族の社会的認識（例：汚名，差別，経済的負担）および家族の問題（例：境界のあいまいさ，社会的支援）に注意することによって，家族生活教育者はこの文化集団に対して有意義なプログラムを提供できる。

特別なニーズをもつ家族

多くの家族には特別なニーズがあるが，次のふたつの例が強調されている。ひとつは障がいをもつ子どもの家族である。しかし，これは大きなトピックである。なぜなら子どもは身体の動き，感情の問題，視覚や聴覚などの感覚障害に対処するからである。もうひとつは投獄されている家族メンバーがいる家族である。投獄された人，その子ども，その拡大家族に関連する複数の問題がある。

「障がいをもつ子どもの家族」には独自の子育て課題がある。家族員の生活にかなりの影響を与える，子どもの感情・発達・行動の障害にともなうストレスに関する重要な研究がある（Macinnes, 2008）。米国では，18 歳未満の子どもの 17%が発達障害と報告されている。また，男性の発達障害の患者数は女性の 2 倍である（Boyle et al., 2011; CDC, 2009）。これらの障害は軽症（例：喘息）から重症（例：広範な神経系の合併症をもつ脳性まひ）まである。約 650 万人の米国の学齢児童が障がいを持ち，430 万人が深刻な制約を生じる障がいを持っている（Hogan, 2012）。米国は，彼らの潜在能力を最大にし，成人としての生活

Box 3.6　障がいをもつ子どもの子育て

障がいをもつ子どもを持つ親の文化をよりよく理解するには，次の類推が役に立つだろう。

> 大学を卒業した後に，フランスに行く予定だった若い女性がいた。彼女はフランス語の授業をとり，フランスの歴史・地理・音楽・文化・料理について学んだ。フランスに Facebook の友人がおり，フランスで訪問するべき名所に関する本を研究し，フランスの気候に合うと思われる服を買った。準備して，準備して，準備した。最後に重要な日が来た。パリ行きの飛行機に乗った。しかしながら，途中で，空港，鉄道の駅，バスの停留所，道路が無期限に閉鎖されるという大きな交通機関のストライキに出くわした。そのため，飛行機は代わりにイタリアに着陸した。彼女は，その言語・文化・慣習を知らなかった。

あなたは，彼女がどのように感じると思いますか。

> 子どもが障がいをもって生まれるとき，まるでフランスに行く予定だったが，結局，代わりにイタリアに行ったようなものである。（資料出所：不詳）

に備えるための教育へのアクセスと医療提供において，家族を当てにしている。しかしながら，家族の金銭的保障，親の関係，家庭の他の子どものニーズは限界まで延期される可能性がある。障がいをもたない子どもの親に比べ，障がいをもつ子どもの母親と父親は，両方とも，親としての非常に大きいストレスと結婚ストレスを報告している。実際，そのような子どもが生まれたとき，カップルは他の親よりも離婚する可能性が高い（Hogan, 2012）。障がいをもつ子どもの3分の1はひとり親家族で生活しており，障がいをもつ子どもを育てている家族の30%が貧困状態にある。

母親はしばしば第一の介護者になる。一方，父親は家族の暮らしを支えるために長時間働いたり，仕事をふたつ持っていたり，定年後も働いたりする。大きな介護役割を果たしていることから，しばしば母親に焦点があてられるが，障がいをもつ子どもの父親はそうでない父親に比べて，子育てストレス，家族生活のできごとや変化によるストレス，生活満足度の低下を経験する（Darling, Senatore, & Strachan, 2011）。きょうだいは，より少ない資源と，より多くの費用を使って，育てられる。結果として，きょうだいは，より役に立つ態度や忍耐力を育てる人的ケア支援を学ぶ一方，健康問題では危機にある。きょうだいは，障がいをもつ子どもがいない家庭の子どもに比べて，病弱な健康状態になる可能性が3倍も高い（Hogan, 2012）。

障がいをもつ子どもの誕生によって，たいていはストレスが多くなるものの（Box 3.6 参照），ストレスはライフサイクルの間に変化する。障がいをもつ子どもが，時とともに成長し発達するとき，家族は，ニーズ，サービス，治療，費用の増加に直面する。さらに，複数のシステム（例：医学的，法的，教育的）に持続的に関わり，「個人教育プログラム（Individualized Educational Program, IEP）」の会議に参加する。会議には，親とともに，教師・校区の職員・指導カウンセラー，試験の結果を説明する心理学者または教育評価者，多様なタイプの治療を提供する関連専門職，ソーシャルワーカー・ケースマネージャー・

家族が参加してほしいと望む他の人々が含まれるかもしれない。IEP チームがそれぞれの子どもの毎年の評価をする一方，どのメンバーもチームの臨時会議を召集できる。このすべてが，家族生活の複雑さと気が遠くなるような将来の見込みに付け加えられる。さらに，障がいをもつ子どもが重要な発達上の節目に達したとき，親は特別なニーズやまだ対応できていない可能性を考えてストレスを高める（Bernier, 1990）。障がいをもつ年長の子どもの親は，成人した子どものために，適切な訓練と仕事を見つけるのに重大な困難に直面する。これらの親の多くは，障がいをもつ成人した子どもを支援し続ける。しかし，もはやそれができなくなるとき，だれがその支援を提供するだろうか（Hogan, 2012）。いくつかのストレスの多い要求を持ち，特別なニーズを持つ子どもを育てるには多くの課題があるけれども，この課題は主として否定的経験とは言えない。障がいをもつ子どもの子育てが積極的な恩恵をもたらすことを認識している家族もいる。父親たちは障がいをもつ子どもを育てるという独特の側面を学び，子どもの状態から新しい情報を得ることはやりがいのあることだと報告している。多くの家族がより親密になり，レジリエンス（回復力）を持ち，ゲーム・テレビ・食事などの多くの活動を共有し，人生についての新たな見通しを持ったと報告している（Darling et al., 2011; Hogan, 2012）。

　家族生活教育者は，特別なニーズをもつ子どもがいる家族の強みに焦点を合わせて，家族システムと家族エコシステム〔家族生態系〕に，ストレスがどのように影響を与えるかを理解する必要がある。それぞれの障がいの種類と重さはそれ自身のユニークな課題に関係する。家族生活教育者は，折に触れて，ストレス，金銭管理，カップル関係，そして／または，特別なニーズをもつ子どもの子育てに関する情報を提供する必要があるかもしれない。外の世界から孤立し，子どもの世話に圧倒されている親のなかには，生活のバランスをとるために毎日の仕事から一時，離れることを望む親がいるだろう。しかしながら，仕事の責任と家族の扶養という競合する要求によって，重荷を負わされていると感じるだけではなく，障がいをもつ子どもを育てる際の個人的な課題を認識している親もいるかもしれない。したがって，家族生活教育コースでは，例えば，母親のストレス発散や，父親と子どものセッションなど，それぞれの親が必要とするものを提供できる。そうすることで，父親は個人的な課題について他の父親と対話でき，障がいをもつ子どもの子育てについて学ぶことができる。同時に子どもとの結びつきを強めた経験や一緒に行ったことを共有できる（Darling et al., 2011）。言い換えれば，家族生活教育者は，家族システムにとって最もよいものを提供するために，別々に，または一緒に，母親・父親・カップル・きょうだいのニーズに焦点を合わせる必要があるだろう。

　「投獄されている家族メンバーがいる家族」は複雑でストレスの多い状況に対応している。用語「投獄（incarceration）」は，ジェイル（jail, 刑務所）またはプリズン（prison, 刑務所）への投獄に関する包括的用語として使われている。ジェイルは裁判所の決定か，主に軽犯罪の判決（通常 1 年以下）の前後に人を監禁するのに使われる地方の教化施設，刑務所（correctional facility）である。プリズンの刑はほとんどが重罪である（通常 1 年以上）（Bureau of Justice Statistics, 2010）。現在，100 人中 1 人以上が刑務所におり，米国は投獄率が世界一高い国のひとつである（Warren, 2008）。これら投獄されている男女の 60%（200 万

人以上）は未成年の子どもの親で，米国の子どもの約 2％（170 万人）には少なくともどちらかの親が獄中にいる。したがって，これらの家族のウェルビーイングは次のように推論できる（Glaze & Maruschak, 2008; Hairston, 2002; Mumola, 2000）。投獄された親の大部分は，電話（71％），郵便（76.5％），個人訪問（49.6％）のいずれかの方法で子どもと接触していると報告している。投獄される前に肯定的な関係にあった場合，継続的接触と支援が行われる可能性が高い（Loper, Carlson, Levitt, & Scheffel, 2009）。さらに，新たに釈放された受刑者にとって，家族は緩衝剤として働き，釈放後の成功や失敗に大きい影響を与える（Naser & Visher, 2006）。

　家族の課題には金銭的損失が含まれる。例えば，家計を維持する費用，親の投獄による収入の損失，刑事弁護の費用，投獄中の接触の維持，子どもを世話する家族に対する潜在的費用，刑務所にいる間の受刑者の扶養などである（Hairston, 2002）。受刑者の家族と子どもは恥辱や社会的不名誉という気持ちに対処しなければならない。この状況を助けるため，セサミストリートは小児向けの投獄について説明するビデオとツールキットを開発した（Sesame Street, 2013）。社会復帰に関する金銭的・精神的支援提供など，家族のメンバーを支援する追加の課題がある。これらの支援は家族の金銭的負担や不安を増大させる結果になる可能性がある。

　第一の関心は受刑者の子どものケアである。親が刑務所に行く場合，子どもはしばしば年配の家族と同居する。彼らの生活は財源が限られているほか，男性の存在が著しく欠けている。多くの祖父母が世話をするが，彼らは年配で，健康上の問題を抱えているだろう。また，新しい子育て責任について計画していなかった可能性がある。その上，子どもの親権者がコミュニケーションを制限したり否定したりするかもしれない。したがって，投獄されている親は子どもを奪われるか，他の誰かが彼らに取って代わるかもしれないと恐れている（Hairston, 2002）。事実，子どもを持つ，国に保護され，投獄された親には，法的な親子関係を断ち切られることを懸念する理由が存在する。投獄された母親を持つ子どもの約 10％と，投獄された父親を持つ子どもの 2％が，平均 3.9 年，児童養護制度のもとにある（Annie E. Casey Foundation, 2008; Bouchet, 2008）。投獄された親の子どもは児童養護制度の「年齢制限」を受けやすい。また，親と再び家族を形成したり，養子にもらわれたり，奨励金つきの保護を受けたり，後見されたり，自立した生活に移行したりする可能性は低くなる（Annie E. Casey Foundation, 2008）。

　投獄された親の子どもは，認知の遅れ，学校での困難，愛着の不安定さによるリスクの増大とともに，内的行動（例：うつ病，不安，離脱）や外的行動（例：非行，薬物乱用）のリスクが増大する（Eddy & Poehlmann, 2010）。投獄された親は，子育て能力を阻害する薬物乱用や精神衛生の問題を抱えているとともに，困難な子ども期を過ごし，高校を卒業せず，身体的または性的虐待の歴史を持っていることがよくある（Glaze & Maruschak, 2008）。したがって，親の投獄が子どもの問題の原因であるか，それとも他の危険因子と組み合わさって起こるかは不明である。考慮すべき多くの問題がある。例えば，子どもが経験したトラウマ，年令，投獄された親，生活状況，子どもを世話する人やその関係の質，家族の収入に対する投獄の影響，子どもが親との接触を持っているかどうかなどである。これら

の脆弱な家族の長期的リスクや結果の可能性を考えると，根拠に基づく予防と介入の努力が必要である（Shlafer, Gerrity, Ruhland, & Wheeler, 2013）。

　家族生活教育者は専門職として多面的な家族プログラムを提唱し開発する用意ができている。とはいえ，「家族生活教育」は受刑者やその家族のために設計されたプログラムや新しい取組みにはめったに適用されない。子育てプログラムの 4 つのカテゴリ（投獄された親のための子育てクラス，親子訪問プログラム，投獄された親のための子どもの指導，学校やコミュニティを基礎にした子ども支援グループ）とともに，生活スキル，アンガー・マネジメント(怒り管理)，親教育に関連するプログラムが提供されている (Mulroy, 2012)。プログラム促進の障壁には次のようなものがある。刑務所に入る前に人間関係が壊れていた，家族メンバーへの連絡を拒否する，投獄を知らないことによって子どもが利用できない，訪問するうえでの課題（例：刑務所までの距離，訪問費用，連絡先の数と種類・訪問者の「身体検査」・出会いスペースの条件など）がある（Arditti, 2008; Naser & Visher, 2006）。スタッフが支援する，限定的でない環境での「家族にやさしい（ファミリー・フレンドリー）」訪問プログラムの促進は，子どもやケア対象者と同様に，投獄された人に前向きな影響を与えるかもしれない。これらのプログラムは，結果として，親と子の接触をより頻繁にし，親子関係を改善し，親の満足度と自負心を高める。家族生活教育者は専門職の資格を持ってはいるだろうが，子育て，ストレスとストレスへの対処，子どもの発達上の特性について，これらの参加者（教職員，ボランティア，受刑者，家族など）に離れたところから教えるためには，強く，決然としており，自信を持った個人である必要がある（Mulroy, 2012）。しかし，投獄されている個人やその家族に関するどんなプログラムも，開始前にはニーズ・アセスメントが不可欠である。

■要約

　本章では家族生活教育の参加者の理解に関して，ニーズ・アセスメントの段階を概説し，文化の役割や文化的パラダイム「ビッグ C」「リトル c」に注意を払い，発達段階と世代に基づくさまざまなグループ特性とニーズを検討した。また，強み，課題，家族生活教育者のための提案など，いくつかの異なる家族グループについての簡単なコメントを盛り込んだ。以上のように，多様な参加者グループに教える前に考えるべきことは多い。

　複数の文化グループについて，すべてを知ることは不可能だろう。そこで，その要点を強調するためには次の活動が役立つかもしれない。さまざまな色の風船をいくつかふくらませなさい（各色の複数の風船）。次に，教室に入るとき，参加者にそれらを持たせなさい。特定の色が特定のグループを指定していると言いながら，これらの風船を参加者に投げ，参加者に立ってもらいなさい。例えば，黒人家族，アジア系家族，ヒスパニック系／ラテン系家族，アメリカ・インディアン／アメリカ先住民家族，LGBT 家族，軍人家族，ひとり親家族，投獄された人の家族，障がいをもつ子どもの家族など。すべてのクラスのメンバーがこれらの風船を持とうとするけれども，床に落ちるものもある。それらは床に置いた

ままにしなさい。その後，すべての風船を一度に持つことをどう感じたか，そして，何個かが「すべて」床に落ちたことをどう感じたか，話し合いなさい。これは，複数の文化を同時に取り扱うことを示している。風船を持つのが難しいように，私たちは文化の「リトル c」問題のすべてを知らないし，全員のニーズを希望するように完全に満たすことはできないだろう。しかし，この目標に向けて努力することが重要である。

（文化の役割：問い　どの項目が一般論か，固定観念か。答：固定観念―2, 4, 5, 8, 9）

■討論課題

1. 別の文化や異なる年齢層のだれかと一緒に働いていた時のことを考えなさい。あなたや彼らは，仕事上のよい関係を促進するために何をしましたか。
2. 米国の文化グループの例は何か，またそれらに関して何を知っていますか（例：家族，仕事，学校，教会，クラブ，階級）。
3. あなたを不愉快にさせる人種や民族性に関する固定観念は何ですか，またなぜですか。
4. さまざまな文化グループに関連する一般論と固定観念は何ですか。
5. 継母，継父，複合家族についての一般的神話と固定観念は何ですか。
6. どのような課題が，複合家族のなかで生活している知人たちに出現しましたか。
7. あなたは自分の世代グループをあらわす特性とどのくらい合っていますか。
8. ジェンダーを変更したいですか。なぜですか，またはなぜそうではないのですか。
9. どんなひとり親を知っていますか，また彼らはどのように自分の役割に対処していますか。
10. いくつかの風船（異なった背景を持つ人々）が「床に落ち」，提示されたすべての多様な文化的課題に対処できたわけではないとき，どのように状況に対処しますか。

■活動

1. いろいろな世代（例：ベビー・ブーム世代，X 世代，ミレニアル世代／Y 世代，ネット世代）に人気のある記事をインターネットから探しなさい。
2. 自分のコミュニティから民族グループを選び，図書館やインターネットで，特に結婚・家族体験・慣習を調べなさい。次に，その民族の 3, 4 人にインタビューしなさい。付録 A の「家族生活教育の枠組み」のカテゴリのひとつ（例：人間関係，社会のなかの家族）を選びなさい。選んだ民族がそのカテゴリでどのように表現された発達課題を経験したかを調べるのに役立つ，年齢段階ごとのインタビュー項目のセットを作成しなさい。

3. さまざまな方法（調査，インタビュー，フォーカス・グループ，他の独創的やり方など）を用いて，子育てに関するクラス（複合家族，ひとり親，投獄された親など）のためのニーズ・アセスメントをどのように実施するか，話し合いなさい。一般的に，参加者から何を学ぶことができますか（発達上のニーズ，能力，学習スタイル，個性など）。

4. アセスメント・プロセスで特定された「感知されたニーズ」について話し合いなさい。また，プログラムではどのような他のニーズ（「（他者から）与えられた」，「将来の」，「発達上の」）に取り組むべきですか。

5. あなたが使わない言語のテレビ番組を見なさい。このプログラムで何が起こったと思いますか。観察するのにどんな手がかりを用いましたか。観察はどれくらい正確だと思いますか。

6. 他国からやってきた人々が，米国の価値観，行動，文化についてどのように認識していると思いますか。

第4章　家族生活教育の設定

「家族実践領域（*Domains of Family Practice*, DFP）モデル」では，家族生活教育が，「なぜ」，「なにを」，「いつ」，「だれのために」，「どのように」，ということを検討した。しかし，モデルには家族生活教育の設定という要素が欠けている（Myers-Walls et al., 2011）。これは，家族生活教育が非常に多くの設定で行われるからというだけではなく，家族生活教育を行うことができる場所が無限だからでもある。家族生活教育の設定の多様性はやりがいのある課題と格好の機会の両方を創造する。家族生活教育は，学校，信仰に基づく団体，病院，コミュニティなど，人々が生活し，働き，自分の時間を過ごしている場所に関連している必要がある。しかしながら，それぞれの設定には理解しておかなければならない状態と限界が予想できる。家族生活教育の設定を理解するために，これらの設定のうちのいくつかで働く家族生活教育者の個人的見解と，家族生活教育者や実践者が雇用されている多様な設定の情報を示したい。

家族生活教育の多様な設定

家族生活教育者はどこで働いているのか。認証家族生活教育者（Certified Family Life Educator, CFLE）522人と非認証家族生活教育者396人の専門的実践を比較し分析するために，オンライン調査を行った。回収率は47％であった（Darling et al., 2009）。調査項目のひとつに，家族生活教育者の雇用の設定がある。専門職としての持続的な進化，家族生活教育分野の学生の増加，家族生活教育への学問的関心の増大が見られることから，家族生活教育者の概要の分析は重要である。CFLEと家族生活教育実践家の両方の雇用主の組織的構造は類似しており，大部分がNPO，次に政府と営利機関であった（有意差なし）（表4.1参照）。また，両グループの主要な設定も類似しており，特に教育，介入，予防であった。CFLEは多様な設定で働いており，大部分は教育的設定（中等教育後教育），次に地域社会に根ざしたサービス，教育（出生から中等教育まで），民間部門，信仰に基づく組織，その他，政府・軍，ヘルスヘア，家族の健康の順であった。実践領域もまた多様であった。最も多いのは大学教育で，次に子育て教育，カウンセリング／セラピーであった（表4.1参照）。家族生活教育はセラピーでなく，教育に焦点を合わせているが，多くの家族生活教育者がふたつ以上の領域が結合した設定で働いている。「家族実践領域（DFP）モデル」で示したように，介入は予防的または教育的アプローチで働く機会を提供する可能性がある。

家族生活教育者は週平均66.7の人や家族のために働いていた（非認証家族生活教育実践家は1〜999の範囲で，平均68.1の人や家族のために働いていた）。この幅は，家庭訪問，多人数クラスでの教育，マスメディアを通じたプレゼンテーションといった家族専門家の多様な設定から生じるだろう。また，幅広い年齢の参加者がおり，主要な年齢層は若年成人（19〜30歳）で，成人（31〜64歳），若者（13〜18歳）がそれに続いていた。

家族生活教育者が雇用されている設定の多様性は，家族生活教育者が複数の実践領域で

働いていることを示している。一般に，その設定は，教育，信仰に基づく組織，ヘルスケア，家族の健康，ビジネスに分類できる。これらの設定には次のような雇用の機会がある。若者開発プログラム，養子縁組斡旋機関，10 代の妊娠センター，公立学校教育・大学教育，協同エクステンション（Cooperative Extension），消費者保護機関，家族ミニストリー，公衆衛生プログラム，福祉支援プログラム，保育所，成人デイケアセンター，ヘッド・スタート・プログラム，放課後プログラム，出産前サービス・妊婦サービス，危機サービス・ホットラインサービス，障がい者サービス，高齢者プログラム，ホスピス，公共ラジオ・テレビ番組である。仕事の特性は，実際には，正確な意味での家族生活教育とは定義されないかもしれない。そのことは家族生活教育が仕事を見つけるのを難しくしている可能性がある。したがって，さまざまな雇用の設定で，学生のインターンシップの機会を提供したり，職を得る方策を共有したりすることは有益である。さらに，コミュニティや労働の設

表 4.1　認証家族生活教育者（CFLE）と家族実践家の主要な実践の設定と領域

特性	CFLE (n=522)	家族生活教育 実践家 (n=369)	合計 (n=891)
組織構造 [a]			
NPO	52.9　%	51.6　%	52.4　%
政府	30.2	36.4	32.7
営利	16.9	12.0	14.9
主な組織 [a]			
教育	65.5　%	67.4　%	66.3　%
介入	13.7	13.5	13.6
予防	10.6	10.7	10.6
その他	10.2	8.4	9.5
主要な実践の設定 [a]			
教育（中等後）	34.0　%	38.8　%	35.9　%
コミュニティに根ざしたサービス	20.3	21.9	20.9
教育（出生から中等まで）	11.4	14.9	12.8
民間部門	9.7	5.9	8.1
信仰に基づく組織	8.5	3.7	6.5
その他	6.6	6.5	6.5
政府／軍	5.4	4.8	5.1
ヘルスケアと家族のウェルネス（心身の健康）	4.2	3.7	4.0
主要な実践領域 [a]			
大学教育	18.5　%	20.4　%	19.3　%
ペアレンティング（子育て）教育	12.0	11.7	11.9
カウンセリング／セラピー	9.1	8.4	8.8
その他	6.8	7.8	7.2
結婚／恋愛関係教育	8.3	5.0	7.0
協同エクステンション／コミュニティ教育	4.2	5.9	4.9

幼児教育	4.4	5.0	4.7
幼小中高教育	3.5	5.3	4.2
子どもと家族の擁護（advocacy）	3.1	5.0	3.9
高齢化／老年学	2.5	2.2	2.4
ヘルスケアとウェルネス（心身の健康）	1.9	2.0	1.9
家族維持	2.7	.6	1.8
牧師	1.7	1.1	1.5
コミュニティ活動／サービス	1.7	.8	1.4
性教育	1.5	1.1	1.4
若者発達プログラム	1.2	1.7	1.4
ワークライフバランス	1.0	2.0	1.4
養子縁組／児童養護制度	.8	2.0	1.3
家族政策	.8	2.0	1.3
子どもの生活スペシャリスト	1.7	.3	1.1
保育園／幼稚園	1.5	.6	1.1
軍人家族支援	1.5	.6	1.1
家庭内暴力／暴力防止	.8	1.7	1.1
薬物予防・アルコール予防	.8	1.1	.9
家族金銭計画とカウンセリング	.8	.8	.8
ヘッド・スタート・プログラム	1.2	.3	.8
多様性／文化認識教育	.4	1.4	.8
刑事司法	1.0	.0	.6
住宅	.8	.0	.5
危機ホットライン	.6	.0	.3
栄養教育と栄養カウンセリング	.6	.0	.3
平和教育	.6	.0	.3
犠牲者／目撃者支援活動	.6	.0	.3
家族法	.4	.3	.3
就職斡旋	.4	.3	.3
通信と文書作成	.2	.6	.3
プログラム評価とアセスメント	.2	.6	.3
妊娠／家族計画	.0	.8	.3
居住型療養施設	.0	.6	.2
メディア（テレビ，ラジオ，インターネット，映画）	.2	.0	.1
レクリエーション	.2	.0	.1
ホスピス	.0	.3	.1
クライアントの年齢[b]			
新生児（1か月未満）	6.7	6.6	6.6
幼児／子ども（1か月-12歳）	14.0	14.3	14.2
若者（13-18歳）	15.7	18.2	16.7
若年成人（19-30歳）	27.5	28.5	27.9
成人（31-64歳）	24.5	21.8	23.4
高齢者（65-85歳）	8.2	7.8	8.0
高齢者（85歳以上）	3.3	2.8	3.1

a　数値の大きい順に並べた。
b　回答者は該当するものにチェックした。
　（CFLE n = 1,246，家族実践家　n = 822，合計　n = 2,068）

資料出所：Darling, C., Fleming, M., & Cassidy, D. (2009). Professionalization of family life education: Defining the field. *Family Relations, 58*, 357-372.

定における家族生活教育の促進も，この分野を発展させるだろう（家族生活教育者の雇用設定と就業機会の詳細は付録C参照）。

家族生活教育の設定についての個人的理解

さまざまな設定における家族生活教育をよりよく理解するために，家族生活教育者は，自分たちが開発し実施し教えたプログラムのタイプまたは既存のプログラムのタイプ，直面している課題，家族生活教育のプログラム作成に影響を与えるトレンド（動向）を家族生活教育に統合する方法を共有するよう求められている。表 4.1 は主要な実践の設定である。これには，教育，コミュニティに根ざしたサービス，民間部門，起業家，政府／軍，ヘルスケア・家族のウェルネス（心身の健康）が含まれる。

教育的設定

家族生活教育はさまざまな教育的設定で見られる。中学や高校の家族・消費者科学（Family and Consumer Sciences，FACS）のカリキュラムでよく教えられている。学校の環境にますます関係してきている多様な話題には，人間関係，家庭内暴力，いじめ，価値観教育，性の健康，葛藤管理が含まれる。また，家族生活教育の要素には保育園・幼稚園や小学校で教えられるものもある。例えば，幼児教育の教師は多くの場合，自尊心，家族，人間関係について教える。したがって，学校の家族生活教育者には，学生や家族を支援するための新しい知識やスキルを共有する機会がある。また，非常に多くの大学が，学部プログラムや大学院の家族科学プログラムを含む家族生活教育コースを持ち，学生に全米認証資格（CFLE）を与えるカリキュラムを提供している。

■高校

中等学校の設定では，家族生活教育（FLE）は，通常，家族消費者科学（Family and Consumer Sciences, FACS）という名称の部門で教えられる。コースの名称と内容は異なるかもしれないが，全員がいくつかの主要な課題を学ばなければならない。まず，生徒は多くの形態の家族のなかで生活していて，各家庭の価値観は彼らの日常生活の一部である。次に，学校はコミュニティの一部であり，教室で起こることはコミュニティで許容されるものでなければならない。さらに，それは卒業資格に適合する選択科目なので，生徒が自分のスケジュールにその科目を追加する価値があるということを理解できなければならない。また，学校管理者から，他の授業と同じだけの価値があり，最新のものであると見なされなければならない。多くの学校組織から，FACS 部門が削減されているので，助成金削減に直面している。それは，結果的に家族生活教育科目の廃止につながる可能性がある。

高校の家族生活教育の教師になる準備ができている FACS の大学卒業者はほんのわず

かしかいないし，最近の中等学校では欠員を補充するために新人を雇うことはほとんどない。別の課題として，教師は内容標準，免許要件の格付け，アセスメント手順，免許交付要件の絶え間ない変更に直面している。

　こういった制約はあるが，高校の家族生活教育の授業は，大学の授業で見られるような時事問題を高度な対話形式であつかう授業になる可能性がある。さまざまな形態のコミュニティ機関の講演者，プロジェクトに基づく学習（project-based learning, PBL），2 人 1 組の会話，最新の読み物やビデオ・クリップ，体験学習課題，クラス討論を取り入れることによって，高校の教育が，大学の教室に残る「使い古した」ノートを使った講義形式のコピーになるのを回避できる。「これは私が高校で受けたなかで最も良い授業だ」はよく見られる授業評価コメントで，家族生活教育をすべて価値あるものにする。

マリリン・フリック（Marilyn Flick），科学修士，CFLE
北ユージン高校，美術／体育／保健，学科長
オレゴン州ユージン

■高等教育／カレッジ／中等後教育

　高等教育ではふたつのタイプの家族生活教育卒業生を養成している。すなわち，家族・消費者科学（FCS）教員と人間発達・家族研究（HDFS）の家族専門家である。家族・消費者科学卒業生は幼稚園から第 12 学年〔高校 3 年〕までの子どもに家族生活教育を教える。また，公立学校で重要な生活管理スキルに基づく科目を教えるために認証を受ける。家族・消費者科学教員はプログラムの規模に応じて，子どもの発達，家族生活，家族資源管理，食物と栄養の科目を教える。カリキュラムは，州全体の基準を満たすように開発され，通常，実践的学習方法（例えば，保育所，食物実習室）を使う。人間発達・家族研究専攻は（社会）福祉の設定で家族生活教育を提供する可能性が高く，コミュニティ機関で子育て教育，金銭管理，その他の知識やスキルを提供する。

　家族生活教育を，私たちが伝統的に高校 3 年生までに実施されたものと〔同じだと〕考えるのは，本当は危険である。最近の経済情勢と科学，数学，技術スキルの圧力のなかで，歴史的に家族・消費者科学で教えられてきた科目が過小評価されている。多くの家族・消費者科学プログラムが削減され，完全に廃止された学校もある。これは学校における家族生活教育の存在を脅かし，高等教育の家族・消費者科学プログラムに影響を与えている。学生はあまり仕事がないかもしれない専攻への入学を不安に感じる。家族を評価し，家族指向「であること」は必ずしも容易ではなく，「常識的」でもないことを理解している人々は，もちろん，家族や専門的役割のために正式な準備をする必要性を理解していることが必要である。

　仕事の多くは高給ではないとはいえ，人間発達・家族研究を学んだ卒業生はコミュニティや政府の設定で家族生活教育（子どもの発達，子育て，金銭管理についての情報とスキル）を提供する準備が十分にできている。これらの職業は確かに経済の悪化に影響を受けるが，消滅するとは思えない。多くの家族は，家族生活教育が提供するものを本当に必要としている。

　高等教育での特別なやりがいのある課題と格好の機会のひとつは，さまざまな設定における家族生活教育の推進である。複数の設定でインターンシップをする選択肢があることは，コミュニティに家族生活教育を売り込む機会を提供するのと同じように，学生が将来携わる可能性のある家族生活教育職への見通しをもつ機会を提供する。インターンシップをした学生や卒業生が定期的にキャンパスに戻ることや，インターネット掲示板での電子的情報交換は，学生にさらに多くの設定を経験させることになる。また，インターンシップに参加するとき，専門職とは何かについて議論することもまた適切である。同様に，学生を地方，州，地区，全米レベルの専門の会議に出席させるのもよい。これらの専門的な経験は，家族生活教育のキャリアへの知識，資格，関与を増大させる。

リーアン・ハモン（Raeann Hamon），PhD，CFLE

メサイア・カレッジ

人間発達・家族科学学科，学科長

ペンシルヴェニア州メカニクスバーグ

コミュニティに根ざした設定

　コミュニティにおける家族生活教育プログラムの選択肢は非常に多い。それらは，短期プログラムを通じた「協同エクステンション・サービス」，インターネット，メディアによって提供されるかもしれない。さらに，さまざまな機関に，家族生活教育，家族カウンセリング，家族ケース・マネジメントを統合するために，複数のニーズを持つ家族を対象にして働いている家族専門家チームがある。その他のコミュニティに根ざした家族生活教育プログラムは，多様な信仰に基づく団体で提供され，若者の性から結婚準備や高齢化への適応まで，幅広い話題を取り扱う。

■エクステンション

　米国のいたるところにある「協同エクステンション」は研究に基づくプログラムを中心に構築されている。特に，その家族発達部門は研究に基づく家族生活教育に関連している。過去10年間，エクステンションの家族生活教育プログラム作成に影響を与えているふたつの主要な傾向がある。第一に，家族とともに働いている専門家は説明責任が増える一方，資源は少なくなるという問題に直面している。このことによって，エクステンションの家族生活教育プログラム作成が，（通常，スタッフの削減や，郡単位の提供システムから，地区単位のシステムへの移行によって）親や家族に直接伝達することから，「『教える人』を教えること」またはモデルを利用するプログラム作成に移行した。第二に，エクステンションの家族生活教育にたくさんのテクノロジーを用いるようにという圧力がかけられている。研究者たちは，インターネットは家族生活教育者にとって以前の対面型伝達では情報を届けられなかった人々が多様な情報を広く利用できるようになると断言している。また，印刷情報よりも，費用対効果が優れており，維持，更新，配信しやすいかもしれない。同時に，家族は，自分たち自身のニーズ，個人的哲学，価値

観に基づいて，都合の良い時に情報にアクセスしたり，情報を作成したりできる。しかしながら，これは，家族生活教育者に，急速に変化するテクノロジーを理解し遅れずについて行くことを求める。残念ながら，最も上手なテクノロジーの使い方に関する適切な情報を家族生活教育者に提供する研究はない。同時に，家族生活教育の開発，配信，評価に利用できる資源はますます少なくなっている。その結果，エクステンションの家族生活教育プログラム作成は，エクステンションの強みと資源を，家族のニーズにうまく適合させるためのプログラム変更に関して，イノベーションを必要とする重要なポイントである。

ジョディ・ドーキン（Jodi Dworkin），PhD
ミネソタ大学，エクステンション・サービス
家族社会科学学科，准教授
ミネソタ州セントポール

■児童養護制度（里親制度）にかかわっている複数のニーズを持つ家族

　「児童保護サービス」は児童虐待やネグレクトの申し立てに基づいて家族にかかわる行政機関である。「児童保護サービス」では，いったん報告書が作成されると，虐待の重症度を調査し子どもの親権譲渡に関する決定をする。子どもは，時々，家から離され養護施設に入る。その結果，実の親が親権を取り戻すには多くの要件を満たす必要がある。家族生活教育者はそのような家族のために働くなかで重要な役割を果たす。家族生活教育者はたいてい予防的にアプローチするけれども，多くの側面を持っている。つまり，それらは，児童保護制度にかかわっている複数のニーズをもつ家族の機能を向上させることに，強く関連し，しばしば対応している。家族生活教育者は情報，ツール，戦略を提供し，家族の知識とスキルを高めることにかかわる。

　児童養護制度にかかわる家族のために働く多くの異なったサービス提供者がいる。そのため，家族は，家族生活教育者，家族セラピスト，家族ケース・マネージャーの連合した力から恩恵を得ることができる。実際に，よい実践で，家族が確実に包括的サービスを受けられるようにするために，これらの互いに依存している専門職の強みを引き出す必要がある。これは「家族実践領域（DFP）モデル」に示されているように，協働の良い機会である（Myers-Walls et al.,2011）。

　家族生活教育は，家族機能を向上させるために家族の現在のニーズに取り組むことを目的としている。家族生活協医者はサービスの照会を受けた後，その家族に関するできるだけ多くの情報を集めるため，親，ケースワーカー，その他のサービス提供者と協働する。ニーズ・アセスメントでは次のような質問が行われる。例えば，何が児童養護制度とかかわるようにさせたか，家族のどんな特徴が家族を危険にさらしているか，家族の強みは何か，最後に，児童養護制度からうまく抜け出すために親はどのような目標を達成しなければならないか，である。次に，すべての当事者の期待（expectation）を明確にするために，親と契約する。堅固な基礎がいったん作られれば，適切な介入と教育プログラムが開始される。特定されたニーズが家族生活教育者の専門的知識の範囲外の場

合，家族は，家族ケース・マネージャーと連絡をとって，必要な訓練を受けた他の提供者を見つける。児童養護制度には独特の社会的背景がある。したがって，効果的に提供するためには，家族生活教育の多くの内容領域の専門的知識を持っていなければならない。例えば，アセスメントには家族の強みと弱みについての情報収集など，家族の内的ダイナミクスに注意を払うことが含まれる。また，家族システムの中での人間関係の評価も不可欠である。完全なアセスメントでは，家族生活教育者は親教育や親指導に焦点を合わせることができる。一方，関連する家族法や公共政策に焦点を絞ることもできる。

　具体的には，キャロライン・ウェブスター＝ストラトン博士（Dr. Carolyn Webster-Straton）が開発した「すばらしい年代（*Incredible Years*, IY）」と呼ばれる根拠（エビデンス）に基づく子育て教育プログラムが組み込まれている（Webster-Stratton & Reid, 2003）。「すばらしい年代」は，多くの側面をもつ介入／教育プログラムで，責任を持って成長を促す子育てを強化し，子どもの社会的情緒的能力の向上を，親が支援するように設計されている。「すばらしい年代」は，対話的な遊び，強化計画，暴力的でないしつけ，自然で論理的な成果，問題解決法に関する指導を含んでいる。このプログラムは複数の学習法を取り入れている。例えば，グループ討論や支援，実地活動，目標管理と自己監視アセスメント，実践活動，短い場面を撮影するビデオ・モデリングである。このプログラムは，各セッション，週1回，2時間で，グループ形式で行われる。

　児童養護制度にかかわっている家族のために働くとき，社会状況を気にとめておくことは重要である。特定の実際の領域で専門家として準備し，専門知識を伝えることは，私たちの学問分野における「専門家」としてのアイデンティティ確立に重要であるとはいえ，家族のために働いているときに別のやり方をすることもまた当然である。私たちは子育て教育プログラムを実施するとき，ジーンズとTシャツを着るなど，どう装うかを意識する。私たちの目標は，現代の子育て教育研究について講義し専門家としての地位を確立することよりもむしろ，グループ全員が貴重な情報を共有して，協働的環境を創ることである。その目的は，本質的に，意見が尊重され，人々が敬意をもって評価され，扱われる環境を育むことである。

　サービスを提供するとき，おそらく最も大きな課題は時間である。児童保護サービスとの契約では，6つの親教育セッションにだけ費用を払うと規定している。児童保護サービスに費用が支払われることは，明らかに非常に良い機会をもたらすとはいえ，6つのセッションが課題解決に十分な時間を提供し，うまく児童保護サービスを受けることができるようにするわけではない。さらに，問題を複雑にすることとして，いったん児童保護サービスとの契約が成立しても，親にサービスの費用を払う余裕がない場合がある。親にとってはかなりの負担になる場合がある。例えば，児童保護サービスは，シングルマザーに雇用と安定した住居を維持できるようにしてくれる一方，親教育クラス，個人・家族セラピー，家庭内暴力のクラスをすべて終了することを求めるかもしれない。実際，時間は大きな課題になるだろう。

　幸い，児童養護制度における重要な動向として，だれのための，どんな条件のもとでの，教育プログラムや介入が有効であるかを特定する研究が推進されている。成功の要

因を特定し，親のドロップアウトに関する予測と同じように，家族のニーズをよりよく満足させるために，サービスを適用することができる。多くのニーズを持つ児童養護制度にかかわる家族にとって，家族生活教育から情報提供された研究はこの目標を達成する重要なステップになるだろう。

レノール・M・マックウェイ（Lenore M. McWey），PhD

フロリダ州立大学，家族・子ども科学部，教授

フロリダ州タラハシー

■ホームレス

米国住宅・都市開発省（2010）によると，現在，約50万人がホームレスである。米国経済に関する懸念の増大に伴い，過去10年間以上にわたって，ホームレスの個人や家族が増えている。ホームレス家族は，住宅がないために経験するストレスに加えて，複数のストレス要因に直面している。例えば，雇用の心配，社会的支援が限られていること，子育てストレス，それにともなう一時的または過渡的居住施設での環境ストレスなどがある。多くの場合，これらはかつて家を持っていた可能性がある家族である。しかし，失業またはその他のシステム的な問題によって，ホームレスになり，今や複数のストレス要因が山積している。

家族生活教育は，多くの場合，本来多様なニーズをもつ「危機にある」ホームレスの家族に非常に役立つだろう（Miller, 2011）。これらの家族が経験するストレスは，子育て，夫婦の葛藤，親子ストレス，全般的な家族の機能不全など，さまざまな懸念を引き起こす可能性がある。この設定は，特に居住施設に住んでいる過渡的ホームレスと関係しており，「家族実践領域（DFP）モデル」で説明したように「協働作業」が用いられる別の事例である（Myers-Walls et al., 2011）。より具体的には，ホームレスを経験している家族は多様なニーズを持っているので，家族生活教育者，家族セラピスト，家族ケース・マネージャーは協働しなければならない。家族は教育から利益を得ることができる。例えば，ホームレス，通例的ストレス，コミュニケーション法，子育てスキル，葛藤解決などがある。子育ての実践や健全な関係に関する根拠に基づくカリキュラムは，さまざまな機能領域にわたって体系的な影響を持つので，多様なストレスを経験した家族にとって特に重要だろう。さらに，これらの家族は，家族生活教育が特に強調している家族資源管理スキルから非常に大きな恩恵を受けるだろう。

ホームレスのために働くことは独自の課題を提示する。すでに説明したストレス要因に加え，必要なサービスを受ける際にさまざまな障壁を経験する。特に，過渡的居住施設にいるホームレスのために働いているとき，その目標は持続可能な住宅への移行を支援する複数の支援サービスの提供である。その結果，住宅ケース計画の一部として，多面的なニーズを満たすために，多くのサービスが提供されるか，または命令されるかもしれない。家族生活教育者はこれらのサービスを調整したり連携させたりするのを支援して，ホームレス家族が実際にそれぞれのサービスに完全に参加できない場合，効果がなくなるような複数のサービスが重複するのを防ぐ。ホームレスにとって，追加の課題

は生活が過渡的だということである。居住コミュニティのなかでさえ，ある程度の期間，ひとつの場所に続けて居住はしない可能性がある。したがって，家族生活教育者などが提供する，緊急の，教育的および支援的なサービスは，たとえ短くても，この特定集団に必要なツールを提供できる。家族生活教育者はホームレスのために働き，その多様なニーズや追加的課題に合わせて必要なサービスを提供して，決定的に重要な影響を与えるということができる。

ヘザー・M・ファリノー（Heather M. Farineau），PhD
ホームレス家族の親教育者
フロリダ大西洋大学ソーシャルワーク学部，助教
フロリダ州ボカラトン

■信仰に基づく設定

　教会区設定，特にひとつの学校が存在する教会区設定では，CFLE の内容領域のすべてではないにしても，ほとんどをカバーする機会が数多くある。教会と家族生活教育を統合した多様なクラスやワークショップを提供できる。例えば，子育て，結婚エンリッチメント，子どもや若者への性教育，金銭管理，高齢者に影響を与える課題（喪失のなかの生活，退職後も活動的なこと，生活の整理，家族関係や友人関係）がある。また，あらゆる年齢層への健康教育と予防に取り組むために，「教会区看護師・保健ミニストリー〔担当牧師〕・プログラム」を実施する集まりもあるだろう。他の人が開発した優れたカリキュラムや教材は，自分でプログラムを作成するよりもむしろ，容易に利用できる。これは，牧師には時間が必要なので，非常に有益である。ひとつの例としては，『性について学ぶ（*Learning About Sex*）』シリーズ（Concordia Publishing House）を家庭で使う方法についての親クラスである。このシリーズの年齢に応じた本は，就学前の年齢から若者期まで，性について親が子どもに話すのを助ける。

　主要な課題は時間である。典型的な教会予算はフルタイムの家族生活教育者の費用を提供できない。牧師，若者ミニストリー，子どもミニストリーは家族研究の学位を持っているかもしれないが，彼らの主要な役割は職務を果たすことである。したがって，管理・礼拝準備・会員ケア訪問に時間とエネルギーを費やさなければならないために，教えることができるクラスの数は限られる。しかしながら，家族生活教育は毎日の牧師の職務と切り離せない。グループ設定と同じように，1 対 1 の対話で，家族に関する教育的指導を組み込むことは非常に簡単である。

　この課題に対する答えのひとつは，一般ボランティアを使って集会の課題を達成できるようにすることである。牧師を務めたり，管理的責任を支援したりできるように，人々を訓練することは，非常に役に立つだろう。その目標は，家族生活教育者が教育にもっと多くの時間を割くことができるように，スケジュールを柔軟にすることである。多くの有給スタッフを雇い，多くの集まりをもつことはできないだろうが，ボランティアが関わることで，牧師と教育の努力を増幅させ，個人と家族のニーズをよりよく満たすだろう。

マーク・ハイネ（Mark Heine），科学修士，CFLE
家族生活教育ミニストリー
聖ヨハネ・ルーテル教会
カリフォルニア州ナパ

民間部門：企業の設定と起業家（アントレプレナー）

　米国の労働力人口は変化している。人種的民族的多様化と，今後数年間のベビー・ブーム世代の高齢化の影響によって，平均年齢は41.7歳に上昇し，推定労働力人口は高齢化している。労働力人口のうち，男性はいまだに女性より多いとはいえ，女性の成長率が男性よりわずかに大きい（Toossi, 2012）。母親は，平日には父親よりも多くの時間を子どもの世話に費やしているのに対して，父親も「追いついてきている」（Galinsky, Auman, & Bond, 2009）。女性の「仕事と生活」の葛藤は，過去30年間，あまり変化していない。けれども，男性の「仕事と生活」の葛藤レベルは高まっている。家庭での大きなストレスと緊張は職務遂行能力に影響を及ぼすことがあるので，企業は家庭と仕事の両方で，男性と女性がともに成功するのを支援する必要がある。これは，企業が，多様な労働者に対して家族生活教育プログラムを提供することに多くの注意を払っていることを意味する。家族生活教育者のなかには，企業の家族生活教育プログラムにさらに多く関与することや，コミュニティや州における対象を絞ったサービスの必要性を認識している者もいる。また，家族とコミュニティにサービスを提供するために自分でコンサルティング会社や教育組織を始める者もいる。

■企業

　「ライフトラック・労働者と家族への教育サービス（Lifetrack's Employee and Family Education Services）」は企業の「ワーク＝ライフ（仕事と生活）」に関する新しい取り組みの一部として家族生活教育を提供している。「ワーク＝ライフ」には，仕事と家庭の両方で成功するために，働くすべての人の努力を積極的に支援することを推奨する組織的な実践，政策，プログラム，哲学の特別なセットが含まれている（AWLP, 2005）。「ライフトラック」が提供する資源には，対面型セミナー，ウェビナー（Webセミナー），電子ニュースレター，ポッドキャストなどがある。私たちは，生涯アプローチの視点から企業の「仕事と生活」の新しい取り組みを支援している。子育て，家族，自己啓発，金銭管理，高齢者介護，職場問題，健康とウェルネス（心身の健康）の領域の話題を提供している。労働者は，家族生活教育から，仕事の責任と競合する家族の要求に対処するために，フレックス・タイムや有給休暇を効率的に利用するのに必要なツールと情報を受け取る。

　「ライフトラック」は根拠に基づく情報を個人に提供するために認証家族生活教育者（Certified Family Life Educator, CFLE）の専門的知識を用いている。多くの企業が仕事と生活の新しい取り組みの一部として対面型セミナーを計画してきた。しかし，「ライフト

ラック」は多くの企業がオンライン配信に興味をもっている傾向に対応して，独自の資源を作った。企業は，ニーズに合わせて変更したポータル・ページを購入できる。それぞれのポータル・ページには，現在の事業戦略を反映するために，企業が選んだ内容や企業イメージと一致する共同ブランドが付けられる。多くの場合，これらの資源の焦点は健康とウェルネスにある。「ライフトラック」はミネソタ州教育省と戦略的に提携し，幼児をもつ働く親に多くの無料オンライン情報を提供している。これらの資源は付加価値をもつ資源として自動的に各企業のポータル・ページに移される。こうして，家族生活教育が企業の「ワーク＝ライフ」に関する関心の的になっていない場合でも，「ワーク＝ライフ」へのホリスティック（全体的）アプローチを意識的に行っている。

　「ワーク＝ライフ」の新しい取り組みというビジネス事例〔の成果〕は非常に明確である。すなわち，企業の76％は「仕事と生活のバランス」プログラムが労働者の生産性を高めると言っている。また，70％は新人社員の採用にプラスの影響を与えると言っている。「仕事と生活」プログラムが提供されている組織の労働者は，少なくともこの先5年間，雇用主のもとにとどまり，高い仕事満足や関与があることを報告する可能性が高い（Kacher, 2013）。

　自分たちの資源の一部としての家族生活教育の提供によって，広範な課題に直面する可能性がある。しかし，それらはなんらかの明確なコミュニケーションによって克服できる。プライバシー・ポリシー（個人情報保護方針）は，無料のFLE資源の普及に際して，「ライフトラック」の考えを模倣することを禁止できる。労働者がポータル・ページと資源にアクセスするには，企業のファイアウォールを突破する必要がある。さらに，多くの場合，企業は家族生活教育を「仕事と生活」戦略の一部とはみなさない。この障がいを克服するには，ビジネスでの投資に対する収益率を明確に示す忍耐力とテーマが必要である。

　家族生活教育プログラム作成はその職場における成長と発展の傾向に多くの影響を受ける。「ワーク＝ライフ」の進化（以前は「ワーク＝ファミリー」と呼ばれていた），柔軟な労働形態，グローバルな職場，在宅勤務，健康管理費の上昇，高齢者である。これらの傾向が継続し，新しい傾向が表面化し始めるとき，「ライフトラック」は変化し続ける労働者のニーズを満たすために，内容を適応させ，一方で「ワーク＝ライフ」の新しい取り組みに関するビジネス事例を創造する。効果的な「ワーク＝ライフ」への新しい取り組みの主要な要素は，家族生活教育であり，そうであり続けるだろう。

ベス・クウィスト（Beth Quist），科学修士，CFLE
ライフトラック・リソース，労働者・家族教育サービス，ディレクター
ミネソタ州セントポール

■起業家（アントレプレナー）

　教育コンサルタントとしての私の専門分野は家族関係である。これまで，5つの州，55以上の公立学校区で働き，16,000時間以上を専門能力の開発に費やしてきた。生徒の成果を向上させる取り組みにおいて，親の関与や家族の介入の増大という一般的な目標を

共有するさまざまな組織を，訓練し，相談し，指導した。私の役割は，組織が次のことを行うのを支援することから成っている。すなわち，学区でのニーズ・アセスメントの実施，家族のための「ヘッドスタート（Head Start，米国保健福祉省のプログラム）」管理者に対するワークショップのファシリテーション，養子縁組家族への在宅計画の提供，連邦プログラムのディレクターのための年間計画の作成，ダラス住宅局の代表者のための親教育クラスのモデル作成，大学新入生のためのワークショップ，公立学校と連携したコミュニティに基礎を置く組織のための連絡役である。

　組織の戦略的計画立案の最初の期間には，家族生活教育をさまざまな設定に組み込むことができる。組織は，ライフ・ステージ，社会経済的状態，教育に関して，家族の現実的な視点をとらえるよう促される。したがって，プログラム作成と計画立案を確実に関連させるためにはニーズ・アセスメントの実施が不可欠である。これが効果的に行われなければ，組織は資源をうまく使えないというリスクを負うだろう。

　起業家的設定での最も大きい課題のひとつは，家族ダイナミクスがどのように家族と子どもの成功に影響を与えるかを管理者に伝えることである。成功率，家族機能の基礎知識，家族の実際のニーズの特定を支援することに関連する組織を教育するにはかなりの時間を要するのが普通である。組織は，しばしば既に家族支援計画を持っているが，実際の家族には適切でない可能性がある。多くの管理者は，何が本当に家族に影響を与えるか，家族がどのように機能しているかについては触れない。したがって，管理者が，家族とその役割，価値観を認識するのは難しい。

　ニーズ・アセスメントで，時間をさかのぼったり，長い時間をかけたりするように，組織を説得するのは難しいだろう。コンサルタントにとって予算はいつも重要な要素である。多くの場合，組織には達成したいことや，変えたくないことに関する考えが既にある。このため，彼らはサービスに一定の資金を割り当てていて，コンサルティングのための追加の時間が予算にないかもしれないので，問題を引き起こす可能性がある。これは，組織に，成果を再構成しなければならないようにさせる。組織と協定を結ぶとき，ビジョンの再定義を助ける必要があるだろう。初めて組織にかかわる外部の人物として，これは障壁になる。確立された関係がないという事実から，クライアントは，あなたが目標達成を助けることができるとは感じないかもしれない。クライアントに連絡して重要な質問をすることは，この問題を回避する助けになるだろう。

　近年，卒業率の低下，失業，家族が地球規模の問題にさらされるなどの傾向がある。これらはプログラムの成果に重要な影響を与え，家族と子どもに直接的な影響をもたらす可能性がある。あなたがコンサルタントとして古くなることを決して望んでいないなら，常に最新の今日的課題に関わっていなければならない。そのための方法のひとつは，同じ問題関心を共有する多様な設定でボランティアをしたりサービスを提供したりしつづけることである。

　家族生活教育コンサルタントであるための提案は次のとおりである。

- 　地域の家族に合わせるのを忘れないこと。
- 　クライアント家族を選ぶとき，あなたがどんなふうにその家族を見ていても，偏

見をもたないこと。
- 人間関係のすべてを心に留めること。
- あなたの真の情熱を反映するので，より多くのボランティアの選択肢を選ぶこと。
- 組織，家族，子どもは，コンサルタントの透明性が高いことに価値を見出す。
- 持続可能なプログラムに協力する。
- すべての家族との経験は，まさに足場を組むように，あなたが別の家族とつながるのを助ける。

キンバリー・ハント（Kimberly Hunt），芸術修士，CFLE
教育コンサルタント
テキサス州ダラス

行政と軍隊

　法律によって義務づけられた家族生活教育には 3 つのタイプがあり，そのうちふたつは裁判所によって命令される。「『自発的』役割のための義務的教育」（里子を育てる，子どもを養子にする，外国人留学生を受け入れるなど），「危機的家族環境のための教育」（離婚する親のための義務的教育または医療処置後に子どもを家に連れて行く親への義務的教育など），「不適切と判断された親や家族に対する義務的教育」（虐待やネグレクトが明らかになった親など）である（Myers-Walls, 2012）。家族生活教育への参加を義務づけられた親や家族の強みを特定するのは難しいだろう。しかし，これは，家族にとって前向きな転換点で，違いを生む希望を提供できる。さらに，義務的プログラムは困っている家族を支援するために，裁判所，政府機関，教育者と連携している。

　軍人家族は，地理的分離，隔離，再配置など，複数の課題に直面している。これらの変化は家族の役割，配偶者の雇用，ストレス，精神衛生，社会的支援ネットワーク，子どもの教育と人間関係に影響を与える（Carroll, Smith, & Behnke, 2012）。さらに，傷害や死，外傷性脳障害(traumatic brain injuries, TBI)，外傷後ストレス障害(post-traumatic stress disorder, PTSD) のリスクがある。軍人家族は，個人と家族を評価し支援するシステムのなかで生活するという利点を持っている。家族政策と支援の改善は，軍人とその家族の両方に対する関与のレベルを高める（U.S. Department of Diffence, DOD, 2009）。結婚や恋愛関係教育，家族資源管理，子育て教育のためのさまざまなプログラムがある（Carroll, Smith, & Behnke, 2012）。

■裁判所によって義務づけられた設定

　「子育てパートナーシップ（*Parenting Partnerships*）」は，家族法訴訟，特に離婚または親権問題が進行している家族のために働くのに，教育的で構造化されたカリキュラム主導のアプローチを用いる。私たちは，家族へのサービスを必要とし実施しているビジネス，家族，学校などどんな組織に対しても，家族生活教育サービスを提供している。カリキュラムはすべて，研究に基づいており，子育て，共同子育て，コミュニケーション，

葛藤管理スキルの開発を重点的に取り扱っている。

　私たちは離婚後の家族の再安定化や再構築を直接重点的に取扱うプログラムを作成した。これらのプログラムには，裁判所によって義務づけられた 4 時間のコース「板挟みの子ども（*Children Caught in the Middle*）」や，グループまたは個人のために設計した「共同子育て（*Shared Parenting*）」と呼ばれる 12 時間のプログラムが含まれる。このプログラムは，個人に提供されるとき，家族の固有のニーズ（年齢に適した情報，そして／または，特別なニーズに関する情報・サポート）に取り組むための柔軟で構造化された教育プログラムである。私たちはまた，「子育てコーディネーション／ファシリテーション」サービスを提供するとき，自分たちのカリキュラムを利用する。さらに，プログラム作成のために，包括的資源，小冊子，配布資料を開発している。私たちのカリキュラムはすべて，家族のために個別に働くのに使うことができ，多くの場合裁判所の査定したニーズに応じて裁判所によって義務づけられる。来年中に，子育てや共同育児の課題に取り組むウェビナー（Web セミナー）とポッドキャストを提供する予定である。

　私たちの最大の課題は，変化を促進するには最低 8〜12 時間の家族生活教育のセッションが必要であることを，親やその法定代理人に理解させることである。彼らは，訴訟でバラバラになった家族が，1 回や 2 回の会議で傷を直せると考えている。別の課題は，人々がカウンセリングやセラピーと，私たちの教育的アプローチとの違いを理解できるようにすることである。私たちの競争相手は主に認可メンタルヘルス専門職である。残念ながら，〔メンタルヘルスの専門家の〕多くは家族法支援（仲裁，子育てコーディネーション／ファシリテーション），親教育，カリキュラム開発に関する追加的な訓練を受けていない。私たちの社員は CFLE であるだけではなく，仲裁，コーディネーション／ファシリテーション，学際協働法（interdisciplinary collaborative law）でも認定されており，最低 8 時間の家庭内暴力に関する訓練も受けている（多くの州の法律で明確に述べられているように）。

　家族法の専門家は，自分たちが家族のために働いていることを見せるのは何か，についてさらによく知りたいと考えている。今年，「危機にある結婚についての教育（*Crisis Marriage Education*）」（離婚訴訟を起こしているすべての親が訴訟後 60 日以内に終えなければならない義務的 12 時間コース）を入れるように法律が提案された。このコースには，葛藤管理，コミュニケーション・スキル，親と子に対する離婚の潜在的影響，許しに取り組むスキルと研究に基づくカリキュラムが含まれる。この法案は残念ながら 2013 年には成立しなかった。

　裁判官や弁護士などの献身的な家族法の専門家は，長年，私たちとともに働いており，この資格の価値を理解しているので，CFLE という用語が含まれるようにするための私たちの努力を支持している。しかし，非常に多くの法律の専門家やメンタルヘルスの専門家は財政的に苦しんでいるので，競争相手〔CFLE〕の資格を不適任と見なそうと努力している。したがって，私たちは「いつも注意を怠らない」ようにしている。幸いなことに，私たちが奉仕している家族が最も強力に支援してくれる。まだ CFLE 資格をはっきりと認識させるのに成功していないとはいえ，私たちは結婚教育者や家族研究の学位

を持つ提供者として認識されている。このことは，教育的アプローチの適切さと効果を
さらに認識させる良いステップである。現在，認可メンタルヘルス専門家が提供者とし
てより多く認識される一方，セラピーとは違って，家族生活教育者が提供する親教育の
肯定的成果が，家族生活教育の訓練を受けた専門家への需要の増加をもたらしている。
この持続的な成功は，うまくいけば，離婚する親への義務づけらた親教育の提供のため
に CFLE 資格が正式に承認されることにつながる。

　私たちは家庭内暴力があると特定された家族には対応しない。というのは，そのよう
な家族はこの問題に取り組むために特別に設計されたプログラムに委ねられているから
である。したがって，私たちは，非常に訴訟を好む親を対象とした極めて効果的なスク
リーニング法を用いる。

　クライアントの多くは，自分たちが「悪い」親だからプログラムに送り込まれたと思
って参加する。すべてのコースとサービスは「子育て教室」と呼ばれる。それは，否定
的な意味合いを持っているかもしれない。しかしながら，いったん私たちに出会うと，
私たちが提供する家族教育サービスに感謝する。自分たちが悪い親だから，私たちと一
緒にいるのではないことを理解するとき，私たちのスキルと研究に基づくプログラムを
はるかによく受け入れる。秘密を守らなければならないので，サービスを宣伝するのに
クライアントを用いることはないが，クライアントの存在が私たちの最も重要な宣伝で
あることがわかる。私たちはしばしばクライアントから照会をうける。なかには「子育
てパートナーシップ」がサービスを提供していることを確かめるように，弁護士を説得
する人さえいる。また，友人と経験を共有したことから，自発的に参加する人もいる。

デボラ・キャシェン（Deborah Cashen），科学修士，CFLE

子育てパートナーシップ（Parenting Partnerships Inc.），社長・創立者

テキサス州ヒューストン

■軍の設定

　家族生活教育者（FLE）に最もよく合っていて働きがいのある雇用機会は軍人家族サー
ビスセンターでの家族生活教育である。軍人家族は，軍人以外の家族と全く同じような
課題に直面している。しかし，軍役に関連する頻繁な再配置，展開，その他の要素があ
るので，これらの課題はより頻繁に悪化する可能性がある。また，いくつかの固有の課
題に直面しているので，それらに取り組むように家族サービスを届けるシステムを設計
することが最も重要である。これらの要因を軽減し，可能な限り高いレベルで任務への
準備を維持する取り組みが行われ，すべての均一なサービスが実施され，メンバーと家
族に幅広い支援プログラムが提供されている。

　各々のサービスのための家族サービスセンターには名称が幾分異なるものもある。し
かし，一般に同じ基本的プログラムを支援している。これらのセンターでは，すべての
領域の FLE が提供される。個々のプログラムの名称はいくぶん異なることがあるとはい
え，これらのセンターで提供される一般的プログラムは次のとおりである。

- 　「移行支援プログラム（*Transition Assistance Programs*）」は，軍を離れたり退職し

たりするすべてのメンバーに情報と支援を提供し，軍人生活から一般市民生活に効果的に移行するのを助ける。この目標の不可欠な側面は，サービスを離れるメンバーが，移行過程で多数の支援プログラムやサービスを確実に知り，アクセスできるようにすることである。

- 「再配置支援プログラム（*Relocation Assistance Programs*）」は，新しい勤務地に移るメンバーや家族が新しいコミュニティや利用可能な資源をよく知ることができるように支援する。
- 「金銭教育・カウンセリングプログラム（*Financial Education and Counseling Programs*）」は，軍人や家族が健全な金銭スキルを養うのを助ける。プログラムは，軍人と家族の健全な私的金銭管理や選択の自由を促進するために，金銭教育，訓練，カウンセリングに重点的に取り組む。
- 「新しい親支援プログラム（*New Parent Support Programs*）」は，親と乳幼児の愛着を促進し，子どもの発達に関する親の知識を高め，子どもを育て有能な保育者になることができるように支援サービスに接続する。スタッフは，家庭内の子育て教育，支援，資源を連携させる。
- 「例外的家族メンバー・プログラム／特別なニーズ・プログラム（*Exceptional Family Member Programs/Special Needs Program*）」は，任務についている間，例外的な家族メンバーの特別なニーズに取り組み，メンバーを支援する。特別なニーズには，特別な医学的，歯科的，精神衛生的，発達的，教育的な要件，車椅子でのアクセスしやすさ，補助的装具，支援技術装置やサービスが含まれる。
- 「家族擁護プログラム（*Family Advocacy Programs*）」は，配偶者からの暴力や子どもの虐待／ネグレクト（身体的または心理的），性暴力（性的虐待）を受けている人々を特定し，教育し，治療し，監視する。
- 「労働者支援プログラム（*Employee Assistance Programs*）」は，個人的，職業的，家族的問題を持つ労働者を助けるために，内密の専門的評価，短期カウンセリング，紹介サービスを提供する。
- 「性暴力予防・対応プログラム（*Sexual Assault Prevention and Response Programs*）」は，性暴力の犠牲者に対応するための標準化された手続きを確立し，確実に実施する。プログラムにはまた，報告要件と保護の開始・継続が含まれる。
- 「軍隊配属準備プログラム（*Deployment Readiness Programs*）」は，「動員」と「展開」のすべての段階における課題をうまく管理するのを支援するため，指導部，一般市民，軍人，家族に訓練と支援を提供する。
- 「ライフスキル・プログラム（*Life Skills Programs*）」は，家族の強みとウェルビーイングを促進するために設計された活動を提供する。ストレス管理，人間関係強化，コミュニケーション，子育て，キャリア開発などの課題に関して，授業とワークショップを提供する。
- 「健康とウェルネス促進プログラム（*Health and Wellness Promotion Programs*）」は，方策を提供し，積極的な健康習慣を促進することによって，任務の実績を強化し

　　高める。これらのプログラムは，メンバーとその家族が身体的健康とウェルネス
　　（心身の健康）を維持するために利用可能なさまざまなツールを確実に持つこと
　　ができるように支援する。

　軍人家族サービスセンターでの雇用を考えている家族生活教育者は，基地がある所，
軍の階級構造，組織階層，軍の習慣や礼儀，軍事用語などを研究する必要がある。どん
な立場でも，軍で働く利点のひとつは，米大陸，アラスカ，ハワイと同様に，英国，ド
イツ，イタリア，ギリシア，スペイン，日本，韓国，グアム，その他の国々の基地で生活
し働く機会があることである。

　軍人家族サービスセンターで働くことは，家族生活教育とその経験を適用し，軍隊の
任務の努力を支援し，軍人とその家族がいっそう満足のいく生活を送るのを助けるすば
らしい方法である。数多くの機会がある。また，行政に対してこれらのサービスを提供
している契約者と同様に，他の連邦機関で家族のために働く別の機会につながる可能性
がある。家族生活教育者にとって，そのキャリアのどの段階でも，良い機会は存在する。
キャリアパスを考えるときに考慮する価値があるのは間違いない。

ジョン＝エリック・ガルシア（Jon-Eric Garcia），芸術修士，CFLE
米国沿岸警備隊・従業員支援プログラムコーディネータ
マサチューセッツ州ボストン

ヘルスケア

　家族生活教育を受け入れやすい設定としてさまざまなヘルスケアの設定がある。家族発
達や家族機能は健康とウェルネスの不可欠な部分なので，これらのいくつかで，看護師や
健康教育者のような保健の専門家と協働する可能性がある。家族生活教育者は，公衆衛生
プログラムやサービス，病院を基礎とする家族支援，栄養教育プログラム，出生前・出産
後サービス，ホリスティック・ヘルス・センター，長期介護施設，ホスピス・プログラム
で働くかもしれない。ストレス管理，性と避妊の学習，家族の死の理解など，個人と家族
にふさわしい健康に関する広範な話題が存在する。さらに，新しい親や新しい祖父母のた
めにプログラムを提供する病院もある。

　「医療費負担適正化法（オバマケア，Affordable Care Act, ACA）」はヘルスケアの場にお
ける家族生活教育者の雇用機会を劇的に増加させるだろう。ACA は，予防活動において行
動保健学に取り組むことを義務づけている。多くの家族専門職や家族関連組織は ACA の
予防活動に，根拠に基づく家庭教育プログラムを入れるよう主張している。大多数の病院
（65%）は非営利組織で，利益の 85% をコミュニティに還元しなければならない。これら
の基金は，歴史的に，保険を持たない患者を保護する費用をまかなってきた。しかしなが
ら，ACA を通じた低所得者医療扶助制度の拡大に伴って，この基金を他の場所に自由に投
資することができるようになった。病院はこれらの基金を最大限に活用する方法を決定す
るために，コミュニティにおいてニーズ・アセスメントを行うだろう。ACA によれば，こ

れらの投資は「予防」に焦点を合わせなければならないので，家族生活教育プログラムとその提供者にとって，新しいチャンスになるだろう（Taner，2013b）。

■ヘルスケア設定に関する大学教育

　患者教育と家族教育は，あらゆるヘルスケア設定における患者ケアの不可欠の要素である。すべてのヘルスケア専門職は，非公式・公式の家族生活教育を教え，参加するよう期待されている。特に，看護師は，自分たちの主要な責任のひとつはコミュニティの個々のクライアント／患者，全体としての家族，人々の集団に対する健康教育者であることだと考えている。この教育は，医学的評価，診断，処理，評価に関連する幅広いテーマにわたっており，薬物セラピー，手順，検査結果，セルフケア，病気予防，兆候と症状，健康増進などが含まれる。この教育は，計画や教材など，患者からのより正式な教育への問い合わせに対する自発的応答として生まれる可能性がある。

　すべての専門看護師がなんらかの患者教育／家族教育を行うことを期待されている。看護師のなかには，この役割を果たすためにさらに準備する者もいる。看護実践者，臨床専門看護師，認証家族生活教育者は，この学習をより効果的にするための高度な教育的訓練を受けている。

　患者／家族グループのためのプログラムの例には次のものがある。「救急処置訓練」，「出生前教育」，「幼児保育」，「子育て／親であること」，「糖尿病治療」，「慢性疾患を抱えた生活」，「家族介護」，「精神疾患を抱えた生活」である。私は，看護師および家族生活教育者として，健康や不安という課題を多くの患者に教えた。また，長年，教室や臨床領域で何千人もの看護学生のために働いた。さらに，職場の同僚に継続教育のワークショップを行った。教育と学習の面で，医療現場で直面する多くの課題があり，それらは刺激的である。

　最近，患者や家族の学習に影響を与えるヘルスケア設定での傾向が現れている。ひとつの大きな変化は，電子革命・デジタル革命に関係する。患者は自由にオンラインにアクセスし，自分の診療を追跡し，自分自身のカルテを保持できる。さらに，インターネット上で利用できる大量の健康情報がある。しかしながら，すべての情報が有効だったり，信頼できたりするわけではない。CFLE も専門看護師も，辛抱強い教師は，一般の人々が理解できるレベルの利用可能な最良の情報の仲介をすることができる。

シャーリー・ハンソン（Shirley Hanson），PhD，名誉 CFLE
オレゴン健康科学大学・看護学部，名誉教授
ワシントン州立大学・看護学部，非常勤講師
ワシントン州スポーケン

■ヘルスケア：病院

　健康とウェルビーイングを促進するために，家族，子ども，医師，診療所，他の専門職，コミュニティとともに働くことは，価値があり，やりがいがある。私たちの目標は次のとおりである。

- コミュニティで，健康，安全，外傷予防に関する印刷物やウェブサイト資源を開発し普及を促進する
- 消防隊と協力して，コミュニティのすべての公立・私立幼稚園児に対して火傷教育の人形劇を見せる
- 「安全な子ども（Safe Kids）〔組織〕」や他の組織と協力して，コミュニティの安全教育プログラムを後援する
- 健康と安全に焦点をあてた子どもの病院ツアーを実施する
- ベビーシッターの仕事に関する授業をする
- 健康，安全，子育てに関するインタビューのためのメディア資源として役立つ

私たちは，次のようなサービスを提供し，コミュニティでの親教育を促進している。
- 親教育の授業の開発と教育
- 私たちの病院や周辺コミュニティにおける思春期教育の授業の開発と教育
- 電話，メール，個人的な相談による親支援
- 「ユナイテッド・ウェイ」からの助成金を通じた，出産時の子どもの気質に関する情報と子育て情報の提供
- 子育てに関する印刷物とウェブ資源の開発
- 子育て問題に関するブログの執筆（www.averastorycenter.org）

私たちは，次のように保健制度のなかの医師，診療所，他の専門職を支援している。
- 子どもの発育，健康，安全，栄養のトピックに関する印刷物の提供
- 医師に照会された親に対する子育て相談の提供

私たちは，次のようにコミュニティにおける質の高い保育を促進している。
- コミュニティにおける保育訓練授業の開発と教育

　私たちが開発したプログラムには「育てる（Growing Up）」授業が含まれる。「女の子のために話そう（*Let's Talk for Girls*）」は，10〜13 歳の少女，その親，他の成人のための思春期教育プログラムである。授業では，女性解剖学，思春期の変化，衛生，コミュニケーション，自尊心を扱う。「女の子のための話（*TALK for Girls*）」は中学校以上の年齢の少女のための上級クラスで，男性と女性の解剖学，妊娠がどのようにして起こるか，性とは何か，性感染症，リスク行動，禁欲についての率直な議論を含む。また，私たちは，思春期教育プログラム「神の計画のすべて（*All in God's Plan*）」に関して，地方のカトリック司教管区と相談する。退院後の子育て情報は，新しい母親に病院や地域社会の情報，安全な睡眠や揺さぶられっ子症候群など，安全に関する情報，出生から 6 週間の子どもの発達についてのニュースレターを提供する。
　私たちの最も大きい課題はヘルスケア制度の予算の縮小である。患者への払い戻しが減少し続けているので，かつてコミュニティ・プログラムのために利用できた基金はも

はや存在しない。もうひとつの課題は人々が情報を受け取る方法である。私たちが 15 年前に初めて親教育のクラスとして「幼児のトイレ・トレーニング」を提供したとき，70 人が参加した。今日，私たちの子育て教室には平均 5〜10 人しか参加しない。したがって，オンラインで提供するプログラムに移行している。また，子育て，健康，安全の話題を示すブログを用いている。テクノロジーに基づく情報に移行している新しい傾向には懸念がある。すなわち，親がどのようにして子どもがアクセスしている資源の正当性と信頼性を判断するか，信頼できる資源として，私たちがどのようにオンライン情報を売り込むべきかという問題がある。

ベティ・バート＝スミス（Betty Barto-Smith），科学士，CFLE
ドニーゼ・ウィルコックス（Doniese Wilcox），科学士，CFLE
アヴェラ・マッキナン（Avera McKennan）病院・大学・健康センター
サウスダコタ州スーフォールズ

■要約

　家族生活教育は，さまざまな設定で，多種多様な職業名で存在しているか，または存在する可能性がある。これは，これらの設定の範囲と可能性，家族生活教育者が専門職の領域と実践に適合しているかを理解できなければ，雇用を見つけるのは難しいかもしれないということを意味する。それぞれの設定は，創造的な問題解決のための多くの機会と，特定の特性と課題を持っている。多くの場合，あなたが既存の設定のなかでニッチを作り出そうとするとき，またはコミュニティのサービスの空白を埋める起業家になって仕事を探そうとするとき，「型にはまらない考えをする」必要があるだろう。しかし，多様なニーズを持つ家族のウェルビーイングは危機にさらされている。

■討論課題

1.　他のどんな設定に，家族生活教育が含まれるようにできますか。どんな内容が扱われていますか。この設定でどのように家族生活教育の包摂を促進しますか。
2.　どの団体／組織のリーダーが家族生活教育プログラムの提供に最もよく反応するでしょうか。信仰に基づく団体，ビジネス，学校，軍，コミュニティですか。理由は何ですか。
3.　家族生活教育が他の職業とますます協働するようになっているので，家族生活教育者がこの新しいパラダイムでその役割のためによりよく備えるには，どんな追加的準備が必要だと思いますか。
4.　家族生活教育者はさまざまな設定で雇われます。どんな種類の仕事検索法を用いますか。

第5章　家族生活教育のプログラム設計

　おめでとう！

　「あなたに是非コースを担当してほしい」という依頼がきた。コースの内容を教えるのにふさわしく，あなた自身も内容に興味があるので引き受けることにした。さて，何から手をつけることにしよう。教える内容がどうであれ，着手しなければならないことがふたつある。第一に，情報を集めて講座を組み立て，内容や項目，指導方法を決めるということである。生徒についての情報を分析するとともに，授業で取り組む問題について分析する必要もあるだろう。こういった分析をすることによって，生徒は関連する理論，研究，指導方法論についてのさまざまな概念の基礎を身に付けることができる。第二に，コースを実践しながら，教師生徒関係にその身をゆだねるということである。

　この章では，あなたが集めるべき情報と，授業設計の際に決めるべきことを主に述べる。この後の第6章では，設計したプログラムを実践する際に直面するさまざまな選択肢について検討していこう。

　日々の暮らしのなかでは，誰もが先生である。子どもに自転車の乗り方を教えたり，近所の人にコンピュータの使い方を教えたり，庭に草花を植えたい友人にその方法を教えたりすることがある。しかし，職業として人に教える場合は，「計画した」方法で，さまざまな内容を教えることが求められる。従来の教室で教えるか，オンラインで教えるかということから，地域対象のセミナーにするか個人向けの学習にするかということまで，さまざまな計画をする必要がある。

教育の場の設定と指導形態

教育の場の設定

　教育を提供する場が「フォーマル」か，「ノンフォーマル」か，「インフォーマル」か。コースの計画を立てる前にこういったことを考える必要がある。

　「フォーマル教育」とは学校，大学，指導センター，幼児教育プログラムなど，教育施設で指導したり学習したりすることである。しかるべき法律，政策，規範にのっとって，体系的，組織的，管理的に行われるのがフォーマル教育の特徴である（Dib, 1988）。連続した授業が計画通りの順序で実施され，授業の成果によって評価がなされ，昔ながらの時間割がある。プログラム修了時には，資格，卒業証書，免許状，学位が授与される（Chamberlain & Cummings, 2003）。オンライン・コースの生徒は1日のうちいつでもコースを受講することができるはずなのだが，学期や宿題や試験の締め切りは従来通りあるのが一般的である。

　「ノンフォーマル教育」は，その道の専門家がセッションを進めるものであるが，全てのセッションに出席するかどうかは強制されておらず任意であるため，いつも同じ顔ぶれ

が揃うわけではない。ノンフォーマル教育は柔軟であり，自主的に学びたいという意欲を
もった学習者のニーズに合いやすい。ノンフォーマル教育のセッションの初回と最終回に
は全員が揃うような規定の時間帯があるものの，ノンフォーマル教育は，宗教施設，ヘル
スケア・センター，地域の施設，放課後の学校などで行われる。新しいコミュニケーショ
ン・スキルを家庭で試してみるといったような私的な課題が出されることはあるが，試験
や成績をつけるための宿題が出されるようなことはない。ノンフォーマル教育の例として
は，「協同エクステンション・サービス（Cooperative Extension Service）」によって行われる
クラスなどと並んで，自助セミナーや現職者向け訓練がある（Chamberlain & Cummings,
2003）。

　「インフォーマル教育」には，昔からのカリキュラムにあるような主題や「承認をうけ
た」目的は必ずしもない。フォーマル教育とノンフォーマル教育，双方を補うのがインフ
ォーマル教育である。大学のような場での単位とは関係のない自発的なプロジェクトもイ
ンフォーマル教育に含まれる。美術館や科学館を訪れたり，講義に参加したり，雑誌，ジ
ャーナル，本を読んだりすることも含まれる。インフォーマル教育は生涯にわたって続く
ものである。ミーティングや偶然の出会った人と話すことも，インフォーマル教育に含ま
れる。

指導形態

　家族生活教育プログラムを，学習者への伝達方法という点から見てみよう。伝達方法に
はいわゆる「マス（大集団）形式」と，「グループ（集団）形式」と，「個人形式」がある。
　「マス形式」には集団向けの教育内容が含まれるが，マスメディア経由で届けられるば
かりではない。教育者と参加者の間には直接的な接触がないため，参加者は匿名であり，
それが誰であるかはわからない。関心をもち，アクセス権があり，手段（例えば，テレビ，
コンピュータ，読解力）をもっていれば参加できる。地域にいる知識人，ラジオやテレビ
といったメディア発表（販売促進のためのスポット放送，教育プログラム，放課後に子ど
もが見る特別番組），インターネットメディア（ニュース番組，政府のエクステンション・
サイト，YouTube），印刷メディア（本，雑誌，新聞，会報，広報，パンフレット）がこう
いった形式で講義を提供している（Harman & Brim, 1980）。

　しかしながら，家族や親業についての情報はそれを必要とする数百万の人々には届けら
れていない。なぜなら，識字の問題があるからだ。最近の統計では，高校最上級生の 20％
は機能的に読み書きできず，4,200 万人の大人は読みがまったくできず，5,000 万人の大人
は 5 年生以上のレベルの読みができないという。さらには，読み書きが機能的にできない
大人の数は毎年 225 万人ずつ増加しているという（Blumenfeld, 2012; Boog, 2012）。このよ
うな識字問題をみると，さまざまな情報手段を用いることが重要だということが分かる。
　「グループ形式」は特定のトピックを学ぶグループ向けのものである。グループ形式は，
セラピーではなく，教育目的に重点的に取り組む。グループの形はフォーマルまたはノン
フォーマル形式であり，サイズや構成，頻度や期間によってさまざまである（Harman & Brim,

1980)。小グループ形式は，同じような関心と目的をもった人々のための形式であり，親教育や結婚教育のプログラムでよく用いられる。

　「個人形式」は 1 対 1 の関係にもとづくものであり，家族生活教育者の仕事の範囲を超えたカウンセリングやガイダンスで用いられている。ところで家族生活教育者もカウンセラーなどのように，相手のニーズについて話したり，幼児クラスで子どもができるようになったことを個人的に親と話したりすることがある。その子について知ろうとしたり，子どもへの教育的な働きかけを親に教えたりするために家庭を訪問することもある。家族生活教育者も，折に触れて，親や家族に向けて個人的に援助したり，助言したり，説明したりするのである。例えば，幼児のクラスを受け持っている家族生活教育者は，次の週の予定を踏まえて，週の活動や親子のコミュニケーション方法についての情報が掲載された家庭向けのおたよりを発行することがある。ある家族にカウンセリングやセラピーが必要な場合，家族生活教育者はカウンセラーやセラピストといった専門家とその連絡先が掲載されたリストを親に手渡すこともあるだろう。

図 5.1　プログラム設計の要素

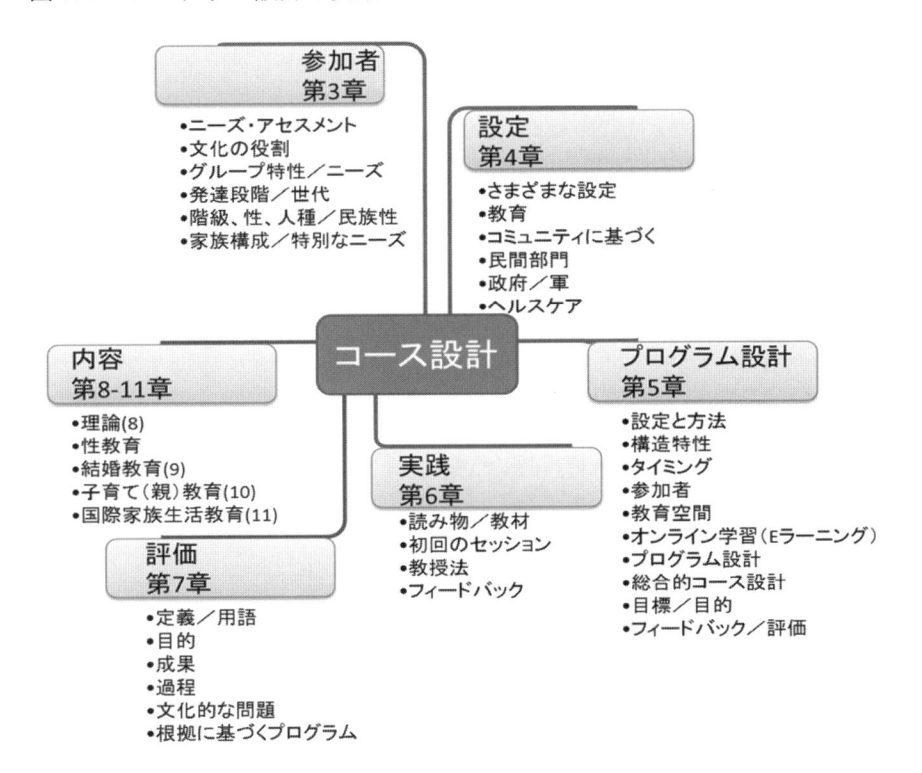

指導計画：構造特性と状況因子

　これまでの章で述べたように，家族生活教育プログラムでは参加者や設定がさまざまである。

　参加者や設定によって，コースやプログラムの計画が変わってくる。ここからは，コースやプログラムの実践や評価，内容などについて考えてみよう（図 5.1 参照）。家族生活教育のコースやプログラムの内容や活動を検討する前に，「構造特性」や「状況因子」について考える必要がある。家族生活教育のなかでも，フォーマル教育やノンフォーマル教育でよく利用されるのはグループ形式である。そこで，フォーマル教育とノンフォーマル教育という 2 種類のプログラムにおける構造特性とそれに対する配慮についてみていこう。具体的には，タイミング，受講者，教えるための空間，オンライン学習（E ラーニング）についてである。

タイミング

　フォーマル教育のクラスを教えることになったら，そのコースが行われるタイミングを見極める必要がある。タイミングとは，週の何曜日に行うのか，休憩をどう入れるか，どれくらいの期間続くものかといったことで，多岐にわたる。コースの内容や試験や宿題の計画は，タイミングをどうするかということが根幹にある。教師と生徒の予定とコースのタイミングの双方に配慮することになる。例えば，感謝祭の前日に試験の予定をいれたいか。レポートの提出期限を他の授業と同じにしても良いか。一年のうち特定の期間だけ開催される州議会を見据え，公共政策コースのクラス活動をいつ頃にするか。通常の学期でコースを開講し，同じものの短縮版を夏学期に開講する場合，宿題の数と種類をどのように変更するか。教師が成績をつけるための日数を減らすか。生徒がプロジェクトを仕上げたり，レポートを書いたりするための日数を少なくするか。夏学期のスケジュールにあわせて，クラスの授業時間が長くなる可能性がある。セッションが長々と続くなかで生徒が関心を失わぬよう，学習活動を通常の学期のものから変更する必要があるだろう。フォーマル教育であれノンフォーマル教育であれ，心掛けておかねばならないのは，「時計を見る」ことである。与えられた時間に注意を払いながら，始まりと終わりをきちんと時間通りに行うということである。もし時間通りに授業を終えることができなければ，「まだ話したいことはありますが，このあたりで授業をまとめます」と生徒に伝えるようにする。大切なのは，生徒の時間を尊重することである。

　ノンフォーマル教育では，必要とするセッションの数，時間，回数，頻度，時間帯，時期について決めるのはあなたである。昼間働いている大人がクラスにいれば，セッションを行うのに一番良いのはいつだろう。この場合は，長期コースで複数のセッションに参加するよりも，一度限りのセッションに参加することを好む人の方が多いだろう。一回限りのセッションを受けてから，のちに長期間のコースの受講生として戻ってくることもある。大人は「時間さえあれば」とよく口にする。限られた時間のなかで，家族，子ども，仕事，

教育の義務を果たそうとする非常に忙しい成人のニーズを満たすため，セッションやプログラムのタイミングは最優先して考えなければならない。

　もし，複数のセッションを担当するならば，「さかのぼった」計画も立てることがあるかもしれない。コース終了時点で生徒が達成可能なことは何かを決め，そのためにはいくつのセッションが必要か，時間をさかのぼって計画するのである。コースに出席したいと思わせるために，食べ物で気を引くという手もある。食事をしながら学べるディナーセッションを計画しても良いし，軽食を取り入れても良いだろう。フォーマル教育の教室では食べ物が出されることはないが，ノンフォーマル教育の場では，居心地の良さや人とのつながりを感じやすくするために，食べ物の力を借りることができる。

受講者

　フォーマル教育の場として挙げられるのは，高校や大学，その他の施設である。そのような教育施設には生徒に何が必要か，学ぶ側のニーズに合った学び，専攻，カリキュラムはどのようなものかといった構想が既にある。つまり，ニーズは「既にあるもの」である。「認定された」目標や目的を変更せずに，トピックや生徒の特別なニーズに配慮してコースに変更を加えることができる。それはあなた次第である。例えば，コースの内容に関連したニュースからある問題が浮かび上がるかもしれないし，目のみえない生徒のために授業で示した図の形を説明する必要が出てくるだろう。

　ノンフォーマル教育の生徒は大体が成人である。成人とは，誰のことをいうのだろう。人はある資質をもって成人とみなされる。それは，「年齢」（例えば，投票年齢，飲酒年齢，入隊年齢），「状況」（例えば，10 代で親となる），社会的役割（例えば，一家の大黒柱，父親がいない場合は長男），「社会的・心理的成熟」（例えば，同年齢集団の社会的規範に応じること）であったりする。「成人教育」は成人が環境と関わって，知識，スキル，態度を変えようとする「自発的」なプロセスである。彼らは学ぶ意欲が高いだけでなく，生活の複雑さも抱えている。平均寿命の伸びによって増えたものは，健康への悩みだけでない。引退後の余暇時間とクラスやセミナーを受講する機会も増えた。成人は，生活のあらゆる分野において，議論に加わることができるような広い知識と豊かな経験をもつようになった（Tippett, 2003）。そうはいっても彼らからの授業へのインプットをコントロールする必要はある。知識と経験をもつ成人が生徒として授業に貢献することには価値はあるが，その貢献はあくまでも授業の主題に関連したものでなければならない。成人の熱心さと発言を，教師は柔軟にコントロールしなければならない。さもなければ，授業中の議論が互いに高めあうようなものにならない。

　成人教育のコースを計画するにあたっては，身体的，社会的，心理的な点を考慮する必要がある。「身体的」には，大人は子どもよりも体が大きいため，通常の生徒用机や椅子より大きい方が望ましい。成人には視力，聴力，動作に身体的な制約がある場合がある。会場については，公共交通機関によるアクセスや身体障害者用駐車スペースを確保する必要があるかもしれない。「社会的」には，成人には時間や経済的な制約があるので，クラスに

かかる費用を決める際にはこの制約を考えておかねばならない。文化的なことも関連するかもしれない。文化によっては，コースに出席することがステータスであったり，きまり悪いことであったり，社交の手段であったりする。これまでの苦い経験や善き経験もまた，参加したいかどうかに影響する。「心理的」には，成人の学習者は学習に対して個人的または専門的に高い期待をもっているが，堅苦しくない学習環境を好むことがある。内容は実践的で，すぐに応用できるもので，仕事や生活に関連のあるものを好むだろう。成人の生徒は，他の生徒と関わるだけでなく，指導者とも関わり学習や指導に対する責務を分かち合うことに関心をもっている。彼らが混乱したり，興味を失ったりした時にみられる言葉にならないサインを見逃さないようにしたい。そういったサインが見られたら，緩急をつけたり，活動を変えたり，質問や意見を言い換えてみたり，注意を再びこちらに向けさせたりする。

　成人に教える時は，プライバシーに踏み込みすぎないようにする。上から物を言うような話し方をしたり，見下すような態度をとったりして，参加者を子どものように扱ってはならない。成人した学習者はありのままの自分を敬って欲しい，自分が教室という場に持ち込む意見に敬意を払って欲しいと考えている。授業の始めにクラスメイトの紹介をすることがよくあるが，成人には職業や仕事の経歴を聞くことのないようにしたい。これをすると，教室にいる人たちの中で上下関係を作ってしまう危険性がある。その代わり，話したくなければパスしても良いという選択を与えながら，親としての自分や自分の子どもについて，リラックスして話してもらい，助言を共有し合うようにする。何かを試したり，新しいスキルをやってみたりしても良い。「私はしょせん初心者だ」という気持ちをもたないことが大切である。あなたには，自主自律的な学習の場をつくること，生徒が自分自身を見つめること，生徒のパターン化した毎日に新しい何かをもたらす時間をつくることが求められている。

教えるための空間

　フォーマル教育の場はほとんどの場合，教室である。学期が始まる前に教室を下見して，机と椅子のベストな配置，照明の状態，メディア機器の操作方法，お手洗いの場所を確認しておくと良い。できる限り参加者が互いに見たり聞いたりできるように，テーブル，椅子，机の一番良い配置を決めておこう。教室が改築されると，設備も新しいものに切り替わる。そのため，同じ施設内ではどの教室も同じ設備というわけではなくなる。生徒の数と机の配置は，授業の設定に大きく影響する。座席部分が高い位置にあるホールか，それとも縦と横にかなり広い教室か。マイクは必要か，もし必要なら固定式マイクか，可動式マイクか。教室は人が行き交う廊下側にあって，騒音は大きいか。ドアはどこにあるか，開けたままにできるか，外の騒音は生徒の学びに影響しそうか。全ての照明が点灯するか。定員いっぱいの生徒が入室しても大丈夫なように全ての机は使える状態にあるか。何か問題があるようならば，その教室の状況を施設の管理者に報告しておくと良い。問題を見つけても，教室を使う誰か他の人が報告してくれるだろうと思いがちだが，必ずしもそうで

はない。同じような問題がノンフォーマル教育の場でも起こりうる。繰り返すが，授業が開講される前に教室を下見しておくことが大切である。夜間や週末に開講される場合は，教室の問題をサポートしてくれる人がいないかもしれないので，事前に連絡先のリストを作るとともに，教室と設備を確認しておくことが大切である。

オンライン学習（E ラーニング）

　パソコンやインターネットへのアクセスがいっそう高まり，フォーマル教育とノンフォーマル教育におけるオンライン学習の機会が増加した。フォーマル教育で用いられているオンラインの授業設計としては次のような要素がある（NEA, 2003）。これらの多くはインフォーマル教育にも該当する。

(1) オンライン・コースはインストラクター主導で，学習を促す教師が生徒から分かりやすいところに常にいるべき。

(2) 学習は，効果的な助言や質の高いフィードバックを与えると同時に，生徒中心のやりがいを感じさせる活動であるべき。

(3) 学習は，小グループで共同して取り組み，学習者のオンラインコミュニティを醸成するようなチームプロジェクトであるべき。

(4) コースワークへの参加は一定の枠組みの中で柔軟性を最大限に高めるべき。

(5) 現代で成功するための情報，コミュニケーション，技術のスキルを向上させるものであるべき。

(6) コースの形式，生徒への期待，指示は明瞭かつ簡潔であるべき。

(7) 活動と評価はさまざまな学習スタイルを取り入れるべき。

(8) コースは最新かつ最善の実践であるべき。

　生徒に直接講義したり，講義やノート，パワーポイント用スライドを全てオンラインにしたりしたところで上手くはいかない。たいていの場合は，電子機器の設備がある教室で，生徒のニーズに合ったコースを改めて計画する必要があるだろう。その場合，施設やサービス提供者からの指導上のサポートや技術的なサポートが必要となるかもしれない。

　オンライン指導やオンライン学習には利点と欠点がある。コースの文献や資料が 24 時間いつでも入手でき，生徒は何度でも講義に参加することができる。生徒の多くは通常の学期中や夏休み中も働いている。そのため，オンライン・コースがあれば，学習することとお金を稼ぐことのニーズを満たすことができる。また，時間の節約もできる。なぜなら，生徒はキャンパスに行く必要がないし，夜間クラスのためにラッシュアワーの渋滞を運転する必要がないし，駐車スペースを見付ける必要もないからである。匿名性が高いため，間違って理解しているところを明らかにしやすい。匿名であれば，正直に話をしやすいし，クラスへの参加度も高まる。集団の前で発言したくなかったり，何を発言しようかと準備する時間が必要だったりする生徒にとっては，通常クラスでの議論は居心地の悪いものかもしれない。しかし，オンライン授業での議論の場合はじっくり考えるための時間がある。

　オンライン・コースの費用は，利点になる場合もあるし，ならない場合もある。追加の部屋を建築したり，メンテナンスしたりする必要がないため，施設と生徒にとってはお金の節約につながる。しかし，個別のコミュニケーションが進行しながらの大規模なオンライン・コースでは，技術的なサポートやティーチングアシスタントの費用をまかなう必要があるため，授業料が比較的高くなっている。その他にもオンライン・コースの問題となっているのは，「課題の提出期限は〇日です」と直接知らせてもらえないため，自分で自分を律し，時間管理のスキルを磨く必要が出てくるということである。〔通常，〕教師は生徒を見ながら，その生徒が授業を理解できないでいるということを察知し，生徒を助けるべく授業のアプローチの仕方を変更することができる（Hill, 2008; Serlin, 2005）。オンラインの授業にはこのような顔を見ながらの人間関係が欠けてはいる。

　生徒にとっての柔軟性や利便性の向上，そして通勤時間の短縮は，教師にとってもそうである。生徒や教師がグローバルにつながることもある。オンラインでは何百マイルも離れたところからでもクラスに参加できる。学問的不正も問題となる。現代では，認定された試験場であれば世界各地にある試験会場で試験を受けることができる。大きな教室で行われる通常の授業では生徒の出席を確認しにくい。その一方で，オンライン・コースでは容易に確認することができ，評価しやすい。電子的に監視することで，現在履修している生徒と以前履修した生徒の提出物だけでなく，他のオンライン出典から剽窃をしていないかなどをチェックすることができる。教師にはバーチャルな教室を管理するための知識や経験をもっておくことが望まれる。教師が，オンラインの授業の欠点として指摘するのは生徒とつながることができないという点である。推薦状の執筆を依頼された時に，これが問題となる。なぜなら，教師はその生徒が個人的にどのような知識をもっているか，どのような生徒なのか，どのような専門的な目標をもっているかを知らないからである（Hill, 2008; Serlin, 2005）。

　ノンフォーマル教育という場におけるインターネットは，家族を教える時の大切な道具となった。人々はもはやコンテンツを受動的に閲覧するだけではない。ソーシャルメディアを通して，家族問題についての考えを共有したり，質問に答えたりしている。そのため，家族生活教育者は幅広い戦略を利用できるように，研究成果をふまえたプログラムを開発する必要がある。「家族生活教育オンライン」は，次のように定義されている。すなわち，「プログラム上の教育戦略または構造を含むオンライン技術を使うことによって，個人や家族のウェルビーイングを促進させることをインターネット経由で配信する教育的なアウトリーチ」である（Hughes, Bowers, Mitchell, Curtiss, & Ebata, 2012, p. 712）。オンラインプログラムは従来のプログラムよりも受講者層が広いため，プログラムの成功は内容がカギとなる。内容には理論，研究，実践，背景をまとめて組み込んでおく必要がある。もし内容がオンライン形式で放送されるならば，家族問題について学ぶためにインターネットを使う方法だけでなく，受講予定者のオンライン上の能力や活動を知っておく必要がある。コースをナビゲートするための技術サポートだけでなく，必要があればコースにふさわしい読解レベルを用いて，短くて明確な指示を生徒に与えておく。絵やビデオ，アニメーションや音楽，または音声を使うと教育的な効果が見込まれるため，さまざまな形式のメディ

アを組み込んでおくとよい。

　「1 枚の写真は 1,000 語に匹敵する」と，たびたび言われる。オンライン学習者の全てが文字を読めるわけではないし，読みたいわけでもない。そのため，メディアを組み込んでおくと，わずかな言葉で学習を促すことができる。さらに，情報を処理したり，フィードバックを得たり，さまざまな考えを試してみたりするにつれて，学習者同士の交流と関係が深まる。結婚，離婚，子育てといったさまざまなトピックについて，生涯を見通しながら個人と家族を教育するようなインターネットプログラムがある。これらのプログラムは主に自発的なものであるが，家族問題や州法をうけて裁判所主導で行われるものもある（例えば，子育てパートナーシップ Parenting Partnerships, www.parentingpartnerships.com）。オンラインプログラムにおける正規の評価は方法論的に難しいといわれるように，限界がある。しかし，個人的な感想や他人への推薦だけでなく，授業自体の評価をさせるものが増えてきている。オンラインプログラムをより良いものにしていくためには，プログラムの設計，内容，指導方法，オンライン配信方法の効率性の評価を継続して行っていかねばならない（Hughes et al., 2012）。

　他にも，オンラインを用いたインフォーマル教育で人気があるのは，ウェビナー（Web セミナー）という「ウェブベースのセミナー」である。ウェビナーはウェブを通して，プレゼンテーション，講義，ワークショップ，トレーニングのセッションを送信する。ウェビナーの特徴は互いに発信したり，受信したり，議論したりと双方向的なやりとりができるということである。データの受け渡しが一方的であり，発信者と受信者に双方向性がない「ウェブ放送」とは対照的である。通常，ウェビナーは団体や会社が運営しており，インターネット接続されたコンピュータを通じて配信される。ウェビナーの間，発表者はパワーポイントのプレゼンテーション，ビデオ，その他マルチメディアのコンテンツを共有することになる。参加者は音声や映像，またはチャットを通じて質問をする。ウェビナーには投票，調査，Q&A セッションだけでなく，参加者同士の協働作業もあり，授業への参加を促している。ウェビナー団体は，ウェブ会議の接続業者に通信ネットワークの接続性を向上させるよう求めている。

　ウェビナーは，別のグループが後で利用するために，記録と保管をすることもできる。ウェビナーを利用する際には供給業者と組織に費用を払わなければならない。ウェビナーで教えることにしたならば，すべての技術的な問題を解消しておくために実際にセッションを行う前に練習をしておくことが大切である。ウェビナーの利点は，コンピュータがあってインターネット接続ができる場所ならば，どこにいようと多様な関心をもつ人々をつなげられるということ，話合いの中で他の参加者との双方向性が担保されるということ，通学のためのお金がかからないので学習コストを軽減できるということである。

指導計画：プログラム設計

コース設計

　フィンク(Fink, 2005)は，重要な学びのための「総合的コース設計(*integrated course design*)」モデルにおいて，まず着目すべきは「状況因子」や「構造特性」であるとし，それらがどのようにプログラム設計に影響するか述べた。「状況因子」としては，生徒，担当部局，施設，職員，そのコースに対する社会の期待などが含まれる。クラスの大きさやコースのレベル（下のほうのレベルか上のほうのレベルか，大学院レベルか）なども考慮することになる。

　〔「構造特性」としては次のようなものが含まれる。〕授業の長さや頻度はどの程度か。指導は対面式かオンラインか。場所は教室か現地か。学習者にはどのような特徴があるか（例えば，親となってからの期間，仕事への期待，個人的または専門的目標の達成度），これまでにどのような経験をしてきたか。加えて，教師は教えることについてどのような価値観や信念をもっているか。教える内容についてどのような知識をもっているか。これらについては構造特性のところ〔前節〕で議論したことと似ている。

　これらの要素は，「教育と学習活動」と「学習目標」のあり方，そして「フィードバックと評価」に影響する。言い換えれば，コースを計画する際には4つの要素が全て関連しあっている。矛盾しないように，そして補完するように互いに関係しあっている（図5.2, Fink, 2005参照）。

図5.2　総合的コース設計

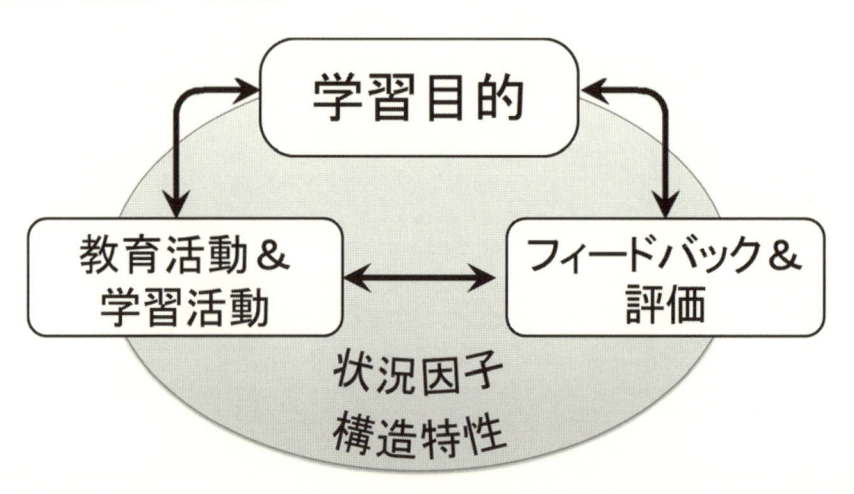

目標

　コースを計画する前に，どのような実生活上の問題を取り上げるか，それはなぜかといったことを特定しなければならない。内容に関連する現代理論はどれか。コースの受講者，設定，中心的内容に関連した研究文献のうち，入手可能なものはどれか。このコースがめざすアウトプットについて明確な視点をもっているならば，結果からさかのぼって設計する方法を用いることになるだろう。そして自らに，次のようなことを問うことになるだろう—「このコースが終わるまでに，何を生徒に身に付けてほしいか。2，3 年後まで残るような何かとはなんだろう」（Fink, 2005, p. 5）。あなたの回答はコースの学習目標を形作るものである。「目標」とは，取り組みによって達成したいと考えているプログラムのねらいや方向性について記した広範で全体的な文章である。いささか抽象的で，測定しにくく，達成にはそれなりの時間を要する。例えば，家族が担っている多様な役割に生徒がいっそう感謝をするようになるというのは目標に分類される。

　コースでの学びを促すには，「6 つの学習型」の「双方向的な特質」を考える必要がある。異なる学習型は互いに刺激しあい，コースの学習目標の設定に関わってくることになる。6 つの学習型全てを取り入れるのは大変なことのように思われるが，できるだけ多くの要素を取り入れると，生徒の学習経験がそれだけ価値あるものとなることに気づくだろう。学習型とそのサブカテゴリーについては以下の通りである（Fink, 2005）。

- 基礎知識—情報や考えを理解したり記憶したりする。
- 応用—スキルを身に付ける，思考（批判的思考，創造的思考，実践的思考）する，プロジェクトを実践する。
- 統合—考えと人々と生活をつなげる。
- 人間的側面—自己や他者について学ぶ。
- 思いやり—新たな感情，関心，価値が生じる。
- 学び方の学び—善き生徒となる，課題を探究する，自主学習をする。

　コース目標を設定する時は，ベストな指導のために知っておくべきことは何か，自らに問いかけなさい。学習者についての情報（学習者の層，背景，ニーズ，興味関心，目標），科目についての最新動向（研究やプログラム），入手可能な資源（物質的資源，経済的資源，人的資源），社会動向（州法や政策だけでなく，地方，国家，国際的にみられる動向），地域の状況（地域にみられる考え方，価値，資源），学習理論についての情報を得ることが大切である（Chamberlain & Cummings, 2003）。

目的

　計画の次のステップは，コースやプログラムの目的を設定することである。

　「目的」とは，目標と比べて具体的で，短い表現で，測定できるものである。これまで，「ブルーム（Bloom）のタキソノミー（教育目的の分類学）」が用いられてきた。「ブルームのタキソノミー」はおそらくこの分野で最も広く知られているものである。

表 5.1　測定可能な目的の設定（シラバスの目的指針）

	学習者は次のようなことを期待されている	生徒は次のようなことができるようになる（例）	目的に使うべき動詞
知識 学習者は知識を記憶から呼び出せるか	学習したとおりに，事実や意見，現象を思い出す	家族の 4 つの機能を**リストに挙げる** 食事指針ピラミッドの食品群の**名前を挙げる** 「リデュース」「リユース」「リサイクル」について**定義する**	引用する，数を数える，定義する，発見する，特定する，分類する，リストに挙げる，一致させる，記憶する，名前を挙げる，書き留める，削除する，提示する，引用する，思い出す，暗唱する，繰り返す，言う，綴る，言葉にする
理解 学習者は知識を説明できるか	自分の言葉で知識を伝える（言い換える）；知識を把握しそれを説明する（解釈する）；知識によってもたらされる効果を予測する（推定する）	離婚に至るプロセスを**説明する** 他の言語的・非言語的メッセージに**言い換える** 妊婦が 1 日に 1 箱たばこを吸った時の胎児への影響を**推測する** 「あなたとは理解しあえないことはない」という文章を**解釈する**	注釈を付ける，明確にする，叙述する，詳細に述べる，説明する，一般化する，言い換える，推測する，解釈する，言い直す，批評する，言い直す，要約する
応用 学習者は知識を活用できるか	特定かつ具体的な状況で概念，原理，規則，一般化といった抽象的なものを扱う	積極的に聴くスキルを**使う** ある家に必要なカーペットの量を**算出する** 幼児に対する効果的なしつけについて**例を挙げる** 糖尿病患者に適切な食べ物を**示す**	適用する，算出する，用いる，例を挙げる，例示する，対談する，操作する，示す，解決する，調査する，使う，活用する
分析 学習者は知識を分類できるか	物事を要素に分解する；要素と要素の間にある関係性を見出す；要因を識別する；知識を分類する	人間の発達に対する生物学的要因と環境的要因を**対比する** ファストフードを食事指針ピラミッドの食品群に基づいて**分類する** 意思決定過程の**あらましを述べる**	分析する，大別する，分類する，比較する，対比する，図形にする，識別する，区別する，分割する，研究する，あらましを述べる，関連付ける，分ける，分解する
統合 学習者は知識を結合できるか	独創的な計画を立てる；これまでにない類型や構造を創り出す；既存のものと新しい視点を融合する	消費者行動についての調査結果について専門的知見を**まとめる** 特定のクライアント向け仕様の家を**計画する** 「ブーメラン」（戻ってきた）チャイルドをもつ親向けの家族生活教育プログラムを**提案する**	融合する，組み立てる，結びつける，構成する，構築する，創造する，設計する，形成する，編成する，生成する，仮説を立てる，統合する，発明する，修正する，計画する，予測する，生産する，提案する，再整理する，再構築する，

			再配置する，再組織化する，改訂する，構造化する，書く
評価 学習者は判断できるか	明白な基準をもとに価値を判断する；意見，状況，意見に対する賛否などについて評価する	最もエネルギー効率の良い電化製品を**選ぶ** 青年期の子に対する親としてのしつけのあり方について**正当な根拠（エビデンス）を示す** 既製服の被服構成について**評価する** 能力のある家庭科教師の特徴を**ランクづけする**	査定する，評価する，選ぶ，批判する，批評する，公開討論する，決定する，弁護する，判断する，等級分けする，格づけする，推薦する，審査する，却下する，選択する，支持する，審判する，重みづけをする，正当化する

注：「評価」よりも「統合」の方が複雑な知的活動であると位置付ける研究者もいる。そのため，これらふたつの順序は入れ替わることがある。言い換えれば，順序についてはあなたが決定できるということである！　（Clauss, 2005）

　教育目的は「認知領域」（知識），「情緒領域」（態度や自我），「精神運動領域」（スキル）から成っている（Bloom, 1956; Krathwohl, Bloom, & Masia, 1973; Simpson, 1972）。最も注目されてきたのは「認知領域」である。「認知領域」は，学習する上で目標とされている知的探求，思考，知性の活用，関連づけと関連した行動である。行動は，簡単なレベルから複雑なレベルまであり，「知識」（知ったことを思い出す），「理解」（知識を説明する），「応用」（知識を活用する），「分析」（知識を分ける），「統合」（知識を結びつける），「評価」（判断する）というレベルに分類されている。ブルームの弟子たちは，これらの分類の名称を新しく見直すことを提案し，その結果，名詞から動詞に改訂された経緯がある（Anderson, Krathwohl, Airasian, & Cruikshank, 2001）。弟子たちによって提案されたのは，「思い出す」，「理解する」，「応用する」，「分析する」，「評価する」，「創造する」というものであった（オリジナル版と改訂版では，1 番上と 2 番目の分類が入れ替わっていることに注意）。

　「ブルームのタキソノミー」の歴史と人気は終わりを告げることもなく，カリキュラムの目的設定の場において，いまなお広く使われている。オリジナル版であれ，改訂版であれ，認知領域のレベルはあらゆるコースにおいて，計測可能な目的を設定する際に参照すべきである。表 5.1 は，認知領域の 6 つのレベルについてのガイドラインである。各レベルにおいて，目的の例と学びの程度を反映した動詞が示されている（Clauss, 2005）。コースの目標を設定する上で，この表はとても役立つだろう。

　目的を書くにあたって慣習的に行われているのは，学習者の最終的な行動や態度を明確にすることである。目的を表現するにあたって何をもって達成したとみなすか，具体化している。その目的に照らして，学習者の行動を客観的に測定できるというわけだ。行動目標は公的な教育であってもそうでなくても，さまざまな文脈において採用可能である。教室にいる生徒，スポーツ選手，研修を受ける現職の者であるかは問わない。ポイントは S, M, A, R, T, すなわち「SMART（賢明）な」学習目標を組み立てるということだ（Drucker, 1954; Schmitt, Hu, & Bachrach, 2008）。あなたの目的は SMART かどうか考えてみよう。

S　Specific（特定した）その目的は，学習者ができることを厳密に表現しているか

M　Measurable（測定できる）その目的は，定量化でき，計測できるか

A　Attainable（達成できる）その目的は，提案された枠組みと入手可能な資源で達成できるか。

R　Relevant（関連した）その目的は，参加者や組織のニーズを満たすか。

T　Time Frame（期間）その目標は期間内に達成できるか。

表 5.1 は「ブルームのタキソノミー」における各レベルでの目的例を示している。以下に示した述語は，それが目的として達成されたかを観察したり計測したりすることが難しいので避けるべきである。

- 優れたペアレンティング（子育て）が重要であることについて「理解する」。
- 家族理論に「精通する」。
- 青年期の発達特性について「学ぶ」。
- 人間関係の大切さと結婚前教育の重要性が「分かる」。

フィードバックと評価

　コースでの学びを通して，生徒に対してその学びについての情報を与えて，形成的評価につながるフィードバックをするのは重要なことである。フィードバックは補正するために必要であり，単に生徒の強みや弱点を指摘することではない。生徒には自己評価や自らの学習経験について振り返る機会も与えられるべきである。レポートであれ，課題であれ，思考過程であれ，クラスメイトに求められるのは建設的なフィードバックである。効果的なフィードバックを通して，生徒はどこに問題があるのか，今後の学習で改善の余地はどこにあるのかを明確にすることができる。もちろん，フィードバックの程度や頻度は，クラスの人数，指導者が教えてきたコースの数，クラスのもつ特性など，さまざまな状況因子によって異なる。

　あなたのコースが生徒のこれからの生活に本当に影響を与えたかどうかは，生徒がそれについて記述してよこしたり，あなたに会ったりしない限り，まったく分からない。そのため，コースの間に，現在や「未来についての評価測定」（Fink, 2005）を取り入れるかもしれない。いずれ取り組むことになるであろう問題や意思決定などに備えて，現実の暮らしのなかでの訓練，質問，問題を生徒に投げかけるようにしなさい。生徒が将来「実践できる」ような未来志向の訓練をすれば，生徒はコースで学んだことと将来の暮らしを融合させる方法を身につけるようになる。例えば，家族生活教育の計画を立てて教える実践をさせたり，「性教育」で述べたように性的圧力の境界線に対応する機会を生徒に与えたりできるだろう。こういったことをしていると，現実生活で同じような状況に遭遇した際によりうまく対処するようになることになる。

　フォーマルな教育の場では，生徒のレポートに成績をつけたり，テストをしたりといったことが必要となる。チェックリスト，点数カード，ルーブリックは学習者が自分自身や

仲間を評価したり，教師が学習者を評価したりするのに使うことができる。学習者がレポートを書きやすくなるように，ルーブリック評価を取り入れてみることは大切である。「ルーブリック」とは，課題に求められる期待を明確に表現した採点ツールである。ルーブリックでは，課題を構成要素に分割し，習熟度ごとに特徴についての明確な記述が示されている。ルーブリックは，レポート，プロジェクト，口頭発表，ポートフォリオ，グループ・プロジェクトなど多様な課題に使うことができる。加えて，ルーブリックは点数をつけたり成績をつけたりするのに使うことができ，学習途上でのフィードバックの役割を果たしたり，効果的な学習へと導いたりする（Eberly Center, n.d.; Nilson, 2003）。

　良問といわれるような試験問題を作成するには相当な時間と労力がかかる。コースのセクションごとに書く項目は，設定されたコース目的と質問との関係を反映したものとなる。出版社が開発した「テスト銀行」のようなものからテストを借りてくることは可能だが，そういったテストが必ずしもそのコースや目的に照らして正しいとも，ふさわしいともいえない。クラスで強調したことに応じてテスト問題を設定すると良い。いろいろなタイプの問題があるが，一般的に国家レベルでの試験では選択問題が好まれる。いくつかの選択肢から答えを選ぶ問題は構築するのは簡単ではないが，知識を客観的に測定することができるし，概念や原理を応用する能力を見ることができる。また，問題解決の要素を評価しやすく，成績をつけやすい（McKeachie & Svinicki, 2006）。選択問題を作成するためのガイドラインとして次のようなものがある。

　「選択問題の全体」については，
- コース目的と達成レベルに合ったものであること（例：知識か，応用か，評価レベルか）。
- 重要な内容に焦点をあて，知られていないことをあえて取り上げていないこと。
- 「〔文章を完成させるための〕書きかけの文章」や「選択肢」はつじつまが合っていること。
- 否定的な言葉を避けること（例：〜ではない，〜は除く，など）。
- 絶対的な言葉を避けること（例：全て，いつでも，決してない，〜だけ，など）。
- ヒントになるような言葉を避けること。
- 他の試験問題から独立していること。

　「選択問題の導入文」については，
- 質問を投げかけるか，問題を提起すること（何をすべきか明確にする）。
- 明確に，はっきりと，あいまいさを残さずに書くこと。
- 本筋に関係ない情報を排除し，必要な情報を全て与えること。

　「選択問題の選択肢」については，
- 正しい回答がひとつであること。
- 不正解の選択肢はもっともらしく，そうかもしれないと思わせるものであること。
- 「上記全て」や「上記のどれでもない」など混乱させる選択肢は避けること。

- 論理的な順序を保つこと。
- 少なくとも 4 つ示すこと。
- 文法的かつ概念的に似たようなものにすること。
- だいたい同じくらいの長さにすること。

　クラスの大きさにもよるが，論文式の試験問題を取り入れても良いだろう。生徒が授業内容を用いたり，「ブルームのタキソノミー」の上位レベルを利用したりする場合は，難しい課題が生じるかもしれない。どのような形の試験であっても，配布する前に注意深く試験を見直したり，同僚に目を通してもらったりするのが賢明だろう。

　試験を実施して採点したら，項目ごとの分析を行うことになる。客観的な質問に対する回答であれば，「難易度指標」と「弁別力指標」を算出しなさい。難易度指標とは，その項目に対して正しく回答した者の数を受験者全体の数で割ったものである。難易度指標は 0から 1 の間の数値で示され，難しい質問項目では 0.5，簡単な質問項目では 0.8 以上となる。弁別力指標とは，テストの点数が上位 3 割のグループと下位 3 割のグループについて，各項目をどのくらい正しく回答したかを示したものである。上位グループの割合から，下位グループの割合を引き算することで得られるものである。弁別力指標は −1 から ＋1 の間の数値で示され，マイナスの場合はおそらく問題に欠陥があり，理想としては 0.3 以上であるという。試験が適切に設計されていれば，生徒は教わったことについて考えを深められるし，あなたは生徒の学習を評価するための重要なデータを得られる。

　家族生活教育の方法についての授業では，生徒に選択問題のような尺度だけを作成させるのではなく，ユニット全体の評価を行う機会を与えると良い。生徒が，自分のユニットやコースの目的に合った試験問題を作成するということである。できれば，「このユニットはどういった質問が良いか」などをクラスで話し合って発表させる。教師は各ユニットから質問をひとつ取り上げ，後の学習のために「抜き打ちテスト」を用意しておいてもよい。ユニットを終えたら，教師がテストをもってきて，「みなさん，これから驚きの抜き打ちテストをします」と伝える。それから，今どのように感じたか生徒に話し合ってもらう。テストは配るが，結果を知るだけでいいので，生徒には偽名を書かせる（例えば，スーパーマン，エリザベス女王，ミッキーマウス，ビヨンセなど）。テスト終了後に採点をして，できるだけ電子媒体で分析する。テスト結果をクラスに持ち帰り，生徒に自分の成績や，自分の質問に対するほかの人の反応について匿名で検討させる。これは，生徒の評価には使わないが，良い試験問題を作成することがいかに難しいか，どのようにして欠陥のない問題にするかということを教えたり学んだりする経験となる。

　ノンフォーマル教育の場では，さまざまな形で生徒からのフィードバックを得ることになる。例えば，何気ない言葉，直接的な褒め言葉や不満，その他に表情，態度，アイ・コンタクトなどの非言語的なリアクションである。あいにく，そういったメッセージは教える側のところへ的確に伝わってこない。注視すべき大切なフィードバックは，初回の授業が終わって次の授業に生徒が戻ってくるかどうかである。初回の授業の一番大切な目標は，「次の授業も出席したい」と生徒に思わせることである。

■要約

　プログラムやコースの設計には多くの要素が関わってくる。具体的には，教室の設定や指導形態，構造的な特徴，プログラムやコースの目標，目的，評価といったことである。図 5.1 に示したように，参加者，設定，内容，実践は，コース計画を立てる際に，同時に組み入れる必要がある。コース設計に関連したトピックや状況因子，目的，評価の計画を進めていくことによって，指導や学習計画を形にすることができる。また，次章で展開されるさまざまな指導方法についての提案にも，「チャンネルを合わせて」おく必要がある。コースを設計したらそれで終わり，というわけではなく，新しい目的，指導，資源，評価尺度とともに，磨きをかけ続けることになる。できる限り最高のクラス，コース，プログラムにすることを目指すのである。そうはいっても，コースの途中やコース後に手直しをすることはままある。プログラム設計とは創りあげる喜びと変化への挑戦なのである。

■討論課題

1. 家族生活教育のフォーマル，ノンフォーマル，インフォーマルな場としてどのようなものがありますか。
2. 家族生活教育で用いることができる集団向け指導，グループ向け指導，個人向け指導の例としてどのようなものがありますか。
3. あなたがこれまで指導をうけた場所として良かったと思うのはどのような場所ですか。反対に，良くなかったのはどこか。どのようなことが場所に対する評価に寄与するか。
4. どのようなオンライン・コースを受講したことがありますか。どのようなことがオンライン・コースに対する評価に寄与しますか。
5. どのような試験問題が好きですか。反対に，苦手な試験問題はどのようなものですか。その理由は何ですか。

■活動

1. 家族生活教育の方法論の授業に年齢を重ねたしっかりした大人がいるならば，そういった生徒が仕事や家庭，人生の問題に取り組みながらコースを履修するとはどういうことかということを共有してくれそうか，見極めておきなさい。
2. オンライン・コースの技術的もしくは教育的なサポートに携わっている人をスピーカーとしてクラスに招き，オンライン・コース設計ができることについて思いを共有しなさい。
3. オンライン学習用の技術ツールのなかで詳しくないものについて，生徒やグループ

　　　に調査させなさい。そのツールの特徴，利点，欠点をクラスで発表させなさい。

4. 生徒を小グループにして，授業内でコースを設計する経験をさせなさい。トピック
は，かご編みや巣箱作り，外国語学習といった普段学校で教えられていないような
あたりさわりのないものにしなさい。「逆から考えた」目標はどのようなものか。コ
ースの目的，内容，学習経験，課題はどのようなものになるか。

5. 認証家族生活教育プログラムのひとつの内容をとりあげ，生徒一人ひとりもしくは
グループに対して，実践に移せるようなユニットを計画して教えなさいと課題を出
しなさい。試験問題やプログラム評価も実際に作成するようにし，ユニットの効果
を分析するようにしなさい。

第6章　家族生活教育の実践

効果的な教育活動と効果的な学習活動

　第5章ではプログラムの設計について学んだ。この第6章では，いよいよ計画を「実践する」。あなたは状況因子や構造特性を考慮に入れ，フィードバックや評価の尺度も作成した（Fink, 2005）。指導や学習のあり方についても検討を重ねてきた。ここからは，家族生活教育の授業の学習効果を高めるような教育方法について検証しよう。あなた方のなかには，高校や大学のようなフォーマル教育の場に教えに行く人もいれば，地域のようなノンフォーマルな場でのワークショップや学習活動に出向く人もいるだろう。

　この章を読めば，家族生活教育が行われるさまざまな設定について情報を得ることができる。授業計画がどのような要素から構成されているのかを考え，それを実行にうつすためには，次の4つの項目についてのワークシートを埋めておくと役立つだろう（Fink, 2005）。

コース／セッションの学習目的	教育活動学習活動	学習の評価	必要な資源（例：人，材料）

読み物

　教科書や読み物はじっくり検討して選ぶ必要がある。良い教科書を選ぶだけでなく，何冊かの教科書の章を組み合わせたり，研究論文を利用したりしたいと思うかもしれない。ノンフォーマル教育の場で教えているならば，あなたのニーズを満たす研究に基づく資料を探すことになるだろう。例えば，以下のサイトや組織からは，ヒントシート，ファクトシート，パンフレット，プログラムモジュールのサンプル，教材といった信頼できる情報を得ることができる。

- **全米家族関係学会**，*National Council on Family Relations*（NCFR, http://ncfr.org）
- **全米ヘルシー・マリッジ・リソース・センター**
  National Healthy Marriage Resource Center（NHMRC,
  http://www.healthymarriageinfo.org）
- **全米子育て教育ネットワーク**
  National Parenting Education Network（NPEN, http://npen.org/）
- **米国性教育情報教育協会**
  Sexuality Information and Education Council of the United States（SIECUS,

http://www.siecus.org/）

- 　**協同エクステンション・サービス**
　Cooperative Extension Service（CES, http://www.csrees.usda.gov/Extension/）

　授業で用いる文献は，コース目的に合ったもの，学生の読解レベルに適したもの，そして手頃な価格のものでなければならない。ちょうど良い教材がない時は，NCFR や NPEN などの専門機関の電子メール用ディスカッションリストが役立つ。そこでは，活用できそうな資源，方法，ベストな実践について質問を投稿できるようになっている。専門機関に所属すれば，同じような仕事をする仲間とネットワークを形成できる。全米・地方・州レベルの会議に出られるし，新刊図書のレビューを入手したり，ワークショップやウェビナー（Web セミナー）に参加したりすることができる。専門家に必要な教材や資源にアクセスできることは，専門職組織のメンバーとなる利点のひとつといえよう。

教材と設備

　設備と教材には，教室で使えるものもあれば，学生がアクセスできるオンライン上にあるものもある。教室ではないところで授業する場合は，設備や教材を持ち込む必要があるかもしれない。教室に向かう時は筆記用具を常に持参するのが望ましい。教室にホワイトボードがあるか，黒板があるか，使えるマーカーがあるかについても，事前にチェックしておこう。何らかの機器を必要とする場合は，前もって要求しておこう。たいていの教室にはコンピュータがあり，別の場所からパワーポイントのスライドをアップロードすることが可能である。念のため，バックアップをとったフラッシュドライブをもっておくと，いざという時に役立つだろう。小グループ活動をする場合は，紙や鉛筆，教材のようなものが必要となるだろう。子どもの発達に関する授業のためのおもちゃ，学生の興味関心をいっそう惹起させるようなテーマの本，配布資料，物，小道具を授業に加えてもよい。「必要なものリスト」は，どんな授業にも対応できる資料が詰め込まれたあなたにとっての資産である。

　実践しようと思っている授業とは別に，代替となる授業を準備しておくことは不可欠である。なぜなら，使おうと思っていた DVD やコンピュータが作動しないといった場合があるからである。あなたが実践しようと思っていたプレゼンテーションの要点を黒板やホワイトボードにハイライトとして示すようなものと考えてほしい。教室に色々持ち込んだもの，それが実は間違った書類の束であり，今日の授業のためのノートや概要を記した資料がないということがあるかもしれない。「やってしまった…」と落ち込みながらも，「私は授業の前にその資料を入念に確認したではないか！」ということに気づくだろう。そこで腰をおろし，確認したことを思い出しながら授業のポイントを再構成すればうまくいくはずだ。計画していたものから自由になったことで，再構成したプレゼンテーションがいっそう良いものになり，事前準備が完璧だったのだなという印象を聞き手に与えることす

らある。

初回のセッション

　セッションやプログラムの所要時間にもよるが，教える側としてはできるだけ早く学習者に「アイスブレイク」，すなわち緊張をほぐしてほしいと思うものである。そのためにはまず，あなたが自己紹介をしよう。自己紹介といっても，履歴書や経歴書を復唱するわけではない。ちょっとした個人的な経歴と，このコースを教える資格が私にはあるのだということを示すのである。学生に質問をしてみてもよい（その質問に最初に答えるのはあなた自身だ）。例えば，「誰があなたの人生に最も影響を与えましたか」，「親にとって一番難しいことは何ですか」，「子どもの頃から振り返って，特別な思い出は何ですか」などである。

　参加者に話をさせることは大切である。それだけではなくあなた自身も，控えめに，相手が一歩ひかない程度に，自己開示をする必要がある。あたりさわりのない質問や，コースの内容に特に関連する質問をすることもできる。例えば，「家族エコシステム」のコースでは，「環境の一部がどのように今のあなたに影響していると思いますか」，「ヒューマン・セクシュアリティ」のワークショップでは，「学校のカリキュラムではセクシュアリティについてどのようなことを学んできましたか」，「あなたの親や友人はセクシュアリティについてどのような話をしていましたか」と質問すると良い。目新しいことではないが，自分が答えられる質問を学生自身に選ばせるのは良いことである。

　複数のセッションからなるコースでは，授業の導入部分で学生同士が交流するする機会を提供することができる。履修登録を取り下げたり，追加したり，完了させたりと履修者が一定しない，学期が始まったばかりの大学の数日間は特にそうである。それとは対照的に，一度きりのセッションの場合は，授業の導入に時間をかけすぎてはならない。そうはいっても，学生を知ること，お互いを知ることは大切である。短期のセミナーでは，特定のグループの人，特定の資質をもっている人に挙手をさせても良いだろう。例えば，「きょうだいがいる人は右手を挙げてください」，「6 ヵ月未満の赤ちゃんがいる人は，腕をゆりかごのようにゆらゆらさせてください」，「毎日運動している人は両腕をぶるぶるさせてください」，「毎日テレビを見る人は目をくるくる回してみてください」，「夜にもっと眠りたい人は頭を机にのせてみましょう」などである（Tippett, 2003）。もし，クラスの人数が多い場合は，小グループになって自己紹介のようなことをさせたり，「誰か自己紹介をしてくれる人」とか「何人かあててみましょう」と言いながら無作為に指名して自己紹介させたりしてもよい。

　初回のセッションでは，授業内容に関心をもたせたり，学生との信頼関係を形成したりして学習の舞台を整えることになるだろう。特に，それがもし複数のセッションの初回であるならば，コミュニケーション・スタイルを第一に考え，情報の量は少なく，消化しやすくしなさい。新しい考えを発表する時は，フィードバックをもらったり，例を求めたりしなさい。同時に，学生のインプットへの対応には時間もかけなさい。

　くつろいだ雰囲気で，ユーモアのセンスも忘れずに，互いの関わりを尊重しながら，「あなたは心地よくて信頼できる人物だ」というメッセージを送るようにしなさい。つまり，学生との信頼関係を高めるということである。ただし，それは状況による。単発のセッションでは，教室に入ってくる学生に入口で挨拶をし，あなたの経歴や個人的な情報を参加者に伝えるのは後にしても良い（Chamberlain & Cummings, 2003）。きちんとした組織の中で教える時は，一人ひとりとの接触を継続して行うことで信頼関係を築くようにする。教室に学生が入ってきた時には，何かをたずねたり，その人自身や行いに関心を示したりして，前向きで熱意のある態度を見せるようにしなさい。

教授法を選んで取り入れる

　グループの大きさを考えながら，フォーマル，ノンフォーマルのいずれの設定でも機能するプレゼンテーションの方法を選びなさい。講義という形態は選択肢に入れない方がよいかもしれない。講義だと議論をする可能性が限られてくるからである。とはいっても，ポータブルマイクを使って教室を動き回るのであれば，グループの大きさを問わず議論は可能である。より楽しく，より魅力的なプレゼンテーションにするために，写真や物語，ビデオなどを追加する場合もある。

さまざまなプレゼンテーション

講義

　フォーマルであれ，ノンフォーマルであれ，わりと用いられるのは講義である。優れた知識をもつ専門家が，あるテーマについて念入り準備をしたものであり，場合によってはいくらか堅苦しく感じられるものである。講義は，直接的かつ論理的に事実に基づく資料を示したり，楽しませたり，頭の中を刺激したり，問題についてさらに学ぶために使われる。

　「シンプルな講義」は，「静かな（still）」学習方法として知られている。つまり，「私が教え込む（instill）間は，あなたは静かに（still）座っておく」ということである。講義は扱うテーマに固有のものを伝えたり，未発表の研究のような講義以外の形式では扱いにくいものを伝えたりすることができる。しかも，講義は一度に多くの聞き手に届けることができる。講義という形式は，この形式でしっかり学ぶことができる人にとっては利点であるが，他の方法が合っている人にとっては問題となるかもしれない。講義はやはり，フィードバックを最小限に抑えた一方向のコミュニケーションであるため，学生は能動的ではなく受動的な役割に落ち着いてしまう。講義は，複雑な題材や抽象的な題材にはうまく適合しておらず，また，内容を整理してまとめるのは主として講義者である。学習効果のある講義にするためには，教師は「学生の学びに貢献すべく，学者，作家，プロデューサー，コメディアン，芸人，そして，教師の才能を兼ね備える」必要がある（McKeachie & Svinicki,

2006, p. 57)。

　明確な目的をもたない講義や適切に提供されない講義については，知識の一方的な伝達ではなく，会談や対話などを促すものだと考えてみると良い。一般に，講義は注意力が持続せず，それは 15 分から 25 分で消え，内容を忘れてしまいがちだと言われている。情報のほとんどは吸収されることも記憶が保たれることもないので，刺激を加えられるような方法をいろいろ組み込んで計画するとよい。例えば，7 分から 10 分に一度講義を中断して，質問，逸話，個人的な経験，問題，関連する最近のできごと，簡単なクイズ，イラスト，議論，ユーモアなど，何らかの方法で学生を巻き込むのである。ユーモアにはいくつか種類があるが，無難かつ攻撃的ではないという点で，控えめなものが望ましい。資格をもっているとか高学歴かということには関係なく，教師だって間違うことがあるし，人の子であるということをユーモアによって示すことができる（Royse, 2003）。

　学生からの回答を集めるために，マウスのクリックを使うことができる。頭と感覚を使えば使うほど，知識は記憶として残るようになっている。あなたは成功した学習経験を備えているということを念頭に置いておきなさい。教師が熱心で，授業内容に全力を傾け，授業参加の大切さを分かっていれば，その授業はうまくいく。

　授業では，「パワーポイント・スライド」がますます使われるようになっている。従前の教師は黒板やホワイトボードに書くことで要点を強調していた。翻って現在の教師は色鮮やかなスライドで内容を強調することを好むようになった。教師が黒板やホワイトボードに文章を書く時は，学生が情報を要約し，ノートをとり，質問をする機会を得る。これらが「リアルタイム」で行われた。皆が書く時間が，考える時間となっていた。黒板やホワイトボードに文字を書くという時代はほぼ過去のものとなった。そこで，パワーポイントのスライドを授業に取り入れる際のヒントをいくつか以下に示しておく（Chamberlain & Cummings, 2003）。

- プレゼンテーションの概要を示しなさい。要点を箇条書きにしなさい。そうすれば，学習者はあなたの方向性が分かる。
- 単語，語句，要点を簡潔に示し，くどい言い回しを避けなさい。綴りのミス，繰り返し，文法的な誤りがないようにしっかり見直しなさい。
- 読みやすいフォントを使いなさい。印刷文書で読みやすいフォント（Times New Roman や Verdana）もあれば，教室で映し出されると読みやすいフォント（Arial や Helvetica）もある。教室の大きさにもよるが，字体のサイズは 24 ポイント以上にし，大文字にするのは必要な時だけにしなさい。「CAPITALS ARE MORE DIFFICULT TO READ.」と「Capitals are more difficult to read.」を比べて分かるように，大文字は読みにくいからである（McKeachie & Svinicki, 2006）。
- シンプルかつ人をひきつけるような背景を使いなさい。明るい部屋では，白っぽい背景と黒っぽい文字を用いなさい。薄暗い部屋ではその逆で，黒っぽい背景と白っぽい文字を用いなさい。フォントの色は読みやすいもの，はっきりとコントラストのあるものを選びなさい。フォントの色をうまく活用したいならば，関心をもってほしいところや強調したいところに色を使いなさい。できれば，教室は明るくして

おき，暗くしてスライドを見せるのは15分以内にしなさい（McKeachie & Svinicki, 2006）。

- アニメーションやスライドの切り替えは最低限にしなさい。これは，視覚をかき乱すことを避けるためである。アニメーションを多用すると気が散ってしまう。
- データを理解させ，すぐに忘れないようにするために，表よりもグラフや図を使いなさい。
- カット編集した動画を組み込んで，あなたのメッセージをより効果的に伝えるようにしなさい。短い動画など，内容に動きを取り入れるのは聞き手をひきつける良い方法である。但し，多用は禁物である。
- スライドを一言ずつ読むのではなく，スライドについて話すようにしなさい。スライドはプレゼンテーションのために使うのであって，「プレゼンテーションそのもの」ではない。
- スライドを進める速さは，1分間に1〜2枚である。急いで進めると，学習者が内容を読んだりかみくだいたりするのが難しくなる。その一方で，あまりにゆっくり進めると，のろのろしたプレゼンテーションになり，それはそれで学習者にとってよろしくない。
- フォーマルなクラスならば，コースのウェブサイトを通じて，ノンフォーマルなクラスならば紙媒体で，スライドを提供しなさい。興味をもたせたり，刺激を与えるためにさまざまなスライドがあると思うが，全てのスライドを提供するのではなく，学習者の復習に役立つスライドだけをウェブサイトに掲載したり，印刷したりするとよい。授業の最初にパワーポイントのスライドを資料として配布しておくと，学生はその資料に書き込みをして，授業に参加しやすくなる。いずれの場合においても，紙とインクのコストや，何枚もの紙を使うことによる環境への影響を考える必要がある。
- 最後のスライドは，結論として効果的で説得力のあるものにしなさい。最後のスライドは，要点をまとめたり，研究や実践のための今後のあり方について提案したりする。「質問があれば何でもどうぞ」と簡単な言葉を添えてプレゼンテーションを終わりにし，質問の間も視聴覚機器を活用するようにする。
- プレゼンテーションを円滑に行うために，スライドの下にある記入欄を活用しなさい。コンピュータの故障や停電など技術的な問題に備えておきなさい。いざという時のバックアップとして，紙媒体のノートと，パワーポイントのスライドを印刷したものを持っておくと良い。

パワーポイントに代わるものとして「プレジ（Prezi）」（www.prezi.com）がある。「プレジ」は文脈を示すためにプレゼンテーションにズームインしたりズームアウトしたりすることによって，考えをよりうまく示すことのできるウェブベースのツールである。プレゼンテーションを進める際の道筋をつけるために使う「キャンバス」と連携して動く。各「エリア」は独立したプレゼンテーションとなる。というのは，次の「エリア」に移る前に，そ

の枠の中でより深く掘り下げることができるからである。

パネル

　パネルとは，テーマについて専門知識をもつ 4 名ないし 6 名が参加して行うものである。テーマを特定したり，掘り下げたり，多面的に理解するのを手助けしたり，特定の行動を実践した時の利点と欠点を検討するために活用できる。講義の場合と同じく，この手のプレゼンテーションの目的は，受講者に質問をさせたり，コメントをさせたりして授業に参加させることである。パネリストには 5 分間与えられ，現在の状況や地位について導入にあたる発言をすることができる。その際，彼らはお互いを見ることができるように，そして聴衆から見えるように半円形に座る。司会者は聴衆を見渡せる場所に立ち，トピックについてぶっつけ本番で，形式にとらわれず，秩序正しい会話が交わされるようにする。パネルには司会者がおり，指導者がその役割を兼ねることがある。司会者には，パネリストを紹介し，トピックを発表し，やりとりの糸口となる質問を提起し，コミュニケーションの流れが滞らないようにし，聴衆からの質問を処理し，意見の不一致を調整し，セッションを無事終わらせる役割がある。長々と話しこんで脱線するパネリスト，発言の少ないパネリスト，明らかに間違っているパネリストにも適宜対応しなければならない。内容を不快に感じている参加者ややりとりに入ることが難しい参加者が見られる場合は，その人たちに特定の質問をしてもよい。聴衆にとって有意義なパネルの例としては挙げられるのは，さまざまな段階にある交際中のカップルか，さまざまな結婚期間をもつ夫婦などである。

シンポジウム

　シンポジウムは，3 名から 5 名の専門家が発表者となり，事前の準備に基づき，ある問題のさまざまな要素について語るというものである。シンポジウムは，そのテーマについて多様な観点から全体像を把握することを目標としている。発表者のコメントは，テーマに直接結びつくもので，時間にしておよそ 10 分から 20 分と短い。シンポジウムでは新しい内容について，簡潔かつ論理的な方法で示される。具体的には次の通りである。テーマをとりあげる際には，いくつかの客観的な視点を提供して公平に扱う。論争となる問題についてはいくつかの側面の公平な分析結果を示す。複雑な問題については単純化せずにその様相を明らかにする。

　シンポジウムにも司会者がいるし，指導者がその役目を担うことがある。司会者は発表者を紹介し，発表時間を調整し，発表者と聴衆との議論だけでなく発表者間の議論を促し，シンポジウムを終わりへと導くのである。さまざまな設定で活躍する家族生活教育者について学ぶ際には，シンポジウムはひとつの選択肢になる。それぞれの職場で働く人たちに喜びや困難や，役割について発表してもらうことができる。他のプレゼンテーションと同様に，終わった時には質問や議論の時間をとることが重要である。

インタビュー

　インタビューもプレゼンテーションであり，リソースをもつ人が聞き手の質問に答える

というものである。インタビューの目的は情報を共有することである。聞き手は司会者の役割を務め，質問を始める前に，インタビュー対象者とテーマ全体について議論しておく。これは，質問内容について同意を得ておくためである。インタビューを始めたら，聞き手はトピックについてあらゆる面から掘り下げるような質問をする。10代の妊娠問題を扱う時もインタビューは使えるだろう。実際に妊娠した娘と母親を，リソースをもつインタビュー対象者として招くこともできる。ただし，この場合は，プレゼンテーションの準備をする必要がないインフォーマルな対話をとった方が，対象者が怖気づくようなことがない。

ディベート

ディベートの参加者は，自分の視点から問題を見て他者を説得しようとする。したがって，特定の問題について「賛成」か「反対」，どちらかの明確な立場に立たなければならない（Chamberlain & Cummings, 2003）。各チームは強力かつ有力な根拠をもとに自分たちの立場を示す必要がある。参加者は相手側が述べたことに反論することができる。通常，チームは2チームであるが，それ以上になることもありうる。原著第9章では，4チームが仮想の教育委員会となってディベートをする例がある。4つのグループが学区によって異なる性教育についてそれぞれの立場から主張するものである〔本書では訳出していない〕。

ワークショップ

ワークショップは，共通の関心や問題をもつ人々のグループが，テーマに対する能力や理解を向上させるべく行うものである。「能動的な参加」がワークショップの主たる要素であるため，手順の説明，学習過程の説明，「なすこと」によって学ぶのに効果的であるかもしれない。全員参加が望ましいものの，その場にいる全員がワークショップの全ての活動に参加する必要はない。参加する人を観察する人がいても良い。

ワークショップでは，問題を特定し，探究し，解決方法を探し求める。ワークショップをすると，問題のある状況について幅広く探究することができる。ワークショップは「実践的な」学習経験をもたらしてくれる。ワークショップには1時間のものから数時間のものまで，場合によっては数週間にわたる複数のセッションもある。規模が大きい場合は小グループにわけて，色々な場所をめぐる場合もある。例えば，子どもにとっての創造的な学習体験について考える親のためのワークショップである。それは，芸術，音楽，科学，読書，数学，ゲーム，野外活動などのさまざまな活動に，親が自ら参加するというものである。

マルチメディア

マルチメディアは，さまざまな形式の文章，音，動画，静止画像（例えば，漫画，写真，新聞の見出し），ビデオ（例えば，YouTube や短く編集したニュース動画），双方向性のものをひっくるめたものを指す。コンピュータ制御された電子機器によって，マルチメディアにアクセスできる。マルチメディアは，あらゆる形式のメディアを活用する教育方法をひっくるめた言い方である。例示したり，特定の概念を強調したりするために何か良い動

画や印刷物はないか，教師はいつも探している。

　教師にとっては，「学生の注意力は長く続かない」，「学習時に視覚を優先する」というふたつの課題がある。最近の学生の多くは，読書するよりもテレビを見たり，テレビゲームをしたり，ネットサーフィンをしたりする時間の方が長いという（Downing, 2008, p. 51）。こういった「視覚文化」にどっぷり浸かっていると，素早い動きや鮮やかな色彩，目まぐるしく変化するコマに慣れてしまい，注意力が継続しなくなる。結果として，大学における典型的な講義は退屈で，色あせ，つまらないものに見えるかもしれない（Downing, 2008）。したがって，この指導方法のよさを最大に生かすためには，教師は賢く，そして巧みにメディア資料や技術を活用するだけでなく，系統立てて計画しなければならない。この指導形態は大小のグループや，自主学習のような状況でも用いることができる。マルチメディアを単体で使うのではなく，使う際はあくまでも授業の一部として，である。マルチメディアは見たり聞いたりという感覚を刺激し，抽象的な概念について考える際に具体的な例となるし，他では容易に得られない経験をもたらしてくれる。

　テレビから，オンラインビデオ，ソーシャルメディアに至るまで，学生は常に画像のシャワーを浴びている。そのため，あなたが何かを明確に伝えたい時に視覚教材を使ったり，議論の後に視覚教材を使ったり，授業のなかに適度に視覚教材を取り入れたりすることは重要である。ノーカット映画やドキュメンタリーを活用することもできるが，コースの目的を達成するには時間が足りない。しかし，一部を切り取ったビデオ・クリップならば，必要な例を提供することができる。ビデオ・クリップを探すには，インターネット検索をしたり，学生に何か良いものはないかとたずねたり，地域や組織の同僚にたずねたり，専門家の集まるメーリングリストで質問を投げかけたりすることができる。あなたが自分で，ゲストスピーカー，子どもの発達についてのできごと，コミュニケーション・スタイルの例などについてビデオを作ることも可能である。

　長くて退屈な録音スピーチを聞かされるのは学生にとって必ずしも楽しいことではないが，時にはさまざまな聴覚資料を使うことができる。例えば，デート，子育て，結婚など，人と人との関係性にまつわるさまざまな問題について，音楽を用いて解説することができる。関係性に込められたメッセージが時代とともにどのように変わるか，そのことを示すために過去の音楽を使うこともできる。この学習ツールを学生の関心に合わせていつでも使えるように，1枚のサウンドトラックに編集したクリップを使うと良いかもしれない。

展示と掲示

　展示や掲示では，ひとつの部屋をさまざまなエリアにわけて，人が同時に集めることができる。各エリアで，実演を眺めたり，問題についての説明を聞いたり，メディアを使ったプレゼンテーションを見る。展示や掲示は，知識や資源をもたらしてくれるだけでなく，関心が高まるような教育的な知識ももたらしてくれる。視覚メディアは注目を集めるのに一役買い，内容を伝え，行動や考え方を刺激し，肯定的な関係と情緒的な変化をもたらす（Chamberlain & Cummings, 2003）。展示や掲示はバラエティに富んでいないので，想像力と生産性についての効果はあまり期待できない。展示は人々の注目を集めるために使用で

きる。読み物を読まない人や定期的な会合に参加しない人にも，展示なら見せることができるし，大きなインパクトを与えることもできる。ざっくばらんな，くつろいだ，さらには親密さを感じるような環境を創り出す。そういった環境で，学び，他者と関わるのである。

　展示の中での視覚メディアの利用について教える時は，その効果的な特性についてのガイドインや資料を提供することができる。例えば，色，風合い，形や構造，空間，割合，バランス，強調，文字のデザインなどである。例えば，家庭や学校，近隣といったさまざまな場所での子どもの安全というテーマで展示や掲示を用いることができるだろう。

相互作用を促す

質問

　巧みな質問は，目的を持った学習に刺激を与えるのに欠かせない。教室に入る前に，たずねようとする質問を思い出し，これから始めることについて頭の中で段取りする。そうすることで，学生をより巧みに導き，彼らが目標を志し，「認知領域」の中でも高レベルな概念化ができるようになる。例えば，「統合」（「この責任が課せられた場合，あなたはどんな行動をとるだろうか」など）や，「評価」（「どのような決定があなたにとってベストか，それはなぜか」など）と質問をすることができる。その他にも，以下のような点に焦点をあてた質問をすることができる。

- 明確化（回答の意味について，詳しい情報を求める）
- 正当化（回答を擁護するよう求める）
- 再焦点化（関連する問題に再注目する）
- 促す（学習者にヒントを与える）
- 再度課題に向き合わせる（反応を求めることによって，他の学生も議論に参加させる）
- 接続する（関係していないように見える材料や概念をリンクする）
- 比較する（さまざまな概念，理論，コミュニケーション・タイプ，指導法についての類似点や相違点をたずねる）
- 批判的質問をする（著者や研究者が主張するところの根拠を再検討する）

（Chamberlain & Cummings, 2003; McKeachie & Svinicki, 2006）

　質問をする場合は，相手が回答をするのに十分な経歴や知識があることを確かめておく必要がある。質問の言葉は明確かつ簡潔にしなさい。質問を投げかける際は，個人ではなく全体に向けるようにしなさい。回答は，急かさず，口を開くまで少なくとも10〜15秒は待ちなさい（Nilson, 2003）。教師になったばかりの時は，授業中に質問をしても，緊張のせいか，学生が答える前に自分で答えてしまう。質問をしても答えが返ってこない時は，ヒントを与えたり，質問を言い換えたりしよう。そうすれば，学生が質問の趣旨を理解しやすくなり，基礎的な学習につながるようになる。自発的に答える学生がいなければ，名前を呼んであてても良い。その時は，無作為にあてるのが良い。着席順に列や円であてると

いった決まった方法はやめておこう。

　答えが分からず「恥をかく」と思っている学生は，答えるのをためらう可能性がある。教師としては，学生が気兼ねなく参加できるような好意的な環境を作りたいと思うだろう。そのためには，「私の質問が分かりにくかったみたいだね」や「あなたの答えには面白いポイントがある」や「その他に何かありませんか」と言ったりする。教師が思いつかないようなすばらしい発想が学生からもたらされることがよくある（Chamberlain & Cummings, 2003）。

　学生から質問された場合に，どのように答えるか。まず，質問に「耳を傾ける」こと，必要に応じて詳しく聞くことが大切である。次に，クラスの他の学生が質問を聞けるように，質問を「繰り返す」か，「言い換える」ようにしなさい。それから，学生の「ボディー・ランゲージ」を見て，「答える」ようにしなさい。身振りや手振りが何かを伝えているかもしれないからである。答えが分からなくても，「はったりをかける」ことはしないようにしなさい（Chamberlain & Cummings, 2003）。考えをたずね，答えを決める時はブレインストーミングをしなさい。もし答えをひとつにしぼれそうならば，次回セッションの開始時に教師と学生で答えを決めようと提案しなさい。その場合はとにかく，次回のセッションではこの提案に従うことが大事である。学習者の質問やあなたの答えが長すぎたり，クラスの興味の範囲を超えたりすることがないように注意しなさい。

討論（ディスカッション）

　討論は，全ての教育の場（フォーマル教育・ノンフォーマル教育・インフォーマル教育）の中で，最も教育的な経験をもたらしてくれる。議論は講義と組み合わせて用いられることが多いが，討論を主体とするものもある。討論の良し悪しはリーダーの質問スキルによって決まる。主要な点については前もって質問を決めておくのが一番良いが，教えていて「ここぞという時」に，ふと質問がひらめくこともある。討論のためのガイドラインをある程度設定しておくと役立つ。例えば，礼儀正しいこと，他の人の視点を尊重すること，一人ひとり話すこと，話す時間を制限すること，他の人の話をさえぎらずに最後まで聞くこと，などである。討論のリーダーはトピックを選び，討論を始めるにあたって学生を奮起させるような言葉，質問，記事，ビデオ，データを示す。そして最後には要点のまとめをして討論を終わらせるのである（Chamberlain & Cummings, 2003）。

　それから，支えや励ましとなるようなコメントや関連した質問をできるようにもしておく。討論が始まってからずっと沈黙している人や，話に入るのに苦労している人にきちんと目配りをし，できれば全員を参加させることが重要である。あまり討論に参加していない学習者に対して質問を投げかけ，コメントをする機会を与えることもある。全員が顔を見ることができるように座らせると良いが，座席が動かせない場合がある。リーダーは中心でなく端の方に腰かけるようにし，注目を集めることのないようにもしたい。リーダーが中心的な位置にいると，権威があると受け止められ，コミュニケーションが滞ってしまうことがある。討論のトピックによってはあなたの個人的な見解があるかもしれない。しかし，討論が終わるまでは，そういった見解は自制するのが良い。

　相互作用を促すためには，小グループで討論するのが現実的な選択肢となる。大グループの討論ではなかなか期待するような結果は得られない。学生に「自分たちでグループを作って」と頼んでも良いし，番号順，出生月，アルファベット順の名前，名札に付けたマークや色でグループを作ることもできる。小グループで話した内容を全員に報告する時のために，ファシリテーターや記録者を選ぶこともある。

　討論を開始するにあたっては，討論するに値するトピックと明確な指示が必要である。様子を見るために，教師がグループの間を歩き回ることも必要である。これによって，学生はよく分からないことを明確にし，課題から脱線することなく，課題を進めることができるようになる。

　「構造化された討論方法」があり，状況に応じて使うことができる。グループの大きさや討論を行う場所は，考慮すべき事項に含まれている。

　「ラウンドテーブル」は，会議やセッションに集まる人々によって行われる。参加者はいずれも同等の地位にある。参加者は特定の問題について検討し，対話をする。リーダーは議論をとりまとめたり，調整したりする人である。リーダーはトピックに関する知識がなければならず，情報や資料や配布物を付け加えることがある。設定した教育目標の一環としてラウンドテーブルを行う場合は，グループの話合いを追跡したり，進捗状況を報告したりする必要がある。そのためには記録係が必要かもしれない。

　議論されるトピックはさまざまである。そのため，誰もが自分が選んだトピックに参加する。時にはふたつ以上のトピックに参加する人もいる。そのため，ベルを鳴らしたり，ライトを点滅させたりして，「次のグループへの移動タイムです」と知らせる。一連のトピックには，例えば，幼児の栄養，読書活動，家庭・娯楽活動における安全などがある。

　「ブレインストーミング」は，中規模から大規模のグループで，全てのメンバーが関与することによって，ある問題に対する実行可能な大量の解決策を出すよう促す技術である。メンバーは，自分たちの考えが相互作用を促進し相乗効果をもたらすのに貢献している時，快適で支援されていると感じることができる。ブレインストーミングは，参加者が批判を受けずに提案を出して，大量の創造的なアイデアを生み出す環境を作り出すために用いられるプロセスである。特定の問題に対する協働的思考もそのプロセスに含まれる。ブレインストーミングには次のようなガイドラインがある。

　（1）　アイデアを率直かつ迅速に出し，黒板やホワイトボードに記録する。
　（2）　アイデアの全てを歓迎する。
　（3）　既存の規範にとらわれない「自由な動き」を推奨する。
　（4）　既存の考えに新たなものを加えて発展させる「ヒッチハイク」を推奨する。
　（5）　アイデアが全て出るまで，評価はしない。

　アイデアが出なくなったら，ずらりと並んだアイデアを皆で眺めて，共通するもの，さらに追求すべきテーマ，優れたアイデアがどれか検討する。このような精査はアイデアを出し切った後すぐに行うこともあるし，小グループで行った場合は後ほど改めて集合して行うこともある。ブレインストーミングは，コミュニティの家族生活教育のセミナーで扱

う話題についてアイデアを募る時に使ってもよい。

　「リアクション・パネル」は、聴衆から選ばれた 3〜5 名のチーム，もしくはひとつのグループから構成される。彼らは講演者やリソース提供者に対して何らかのリアクションをする役割がある。具体的には，講演者に対して質問をしたり，聴衆のニーズを講演者に伝えたりする。リアクション・パネルが用いられるのは，テーマを理解することが難しそうな時や，大規模な聴衆のもつ主な視点を講演者にフィードバックする時である。これによって講演者と聴衆のコミュニケーションを促すのである。例えば，ある地域で，そこの出身者でない人が子育てや親になることについて講演するよう依頼されたとする。パネルのメンバーは子育てや親になることそのものや，聴衆が何を求めているのかということを知っている。そのため，講演後の質問時間には，会場を埋める大人数から質問を募るのではなく，パネルのメンバーが講演者に対して直接質問をすることができる。

　「バズセッション」は，大人数であっても全ての人を直接巻き込むような形をとる。集まった人たちは 3〜7 人の小グループになることで，グループ内の全ての人がアイデアを出せるようになっている。この方法に向いているのは，講演者に対する質問を作成する時，アイデアのために聴取がもっと知りたいと思っていることを明確にしたい時，今後のプログラムにつながるような特別な関心を見つけたい時，参加者にとってミーティングが価値のあるものか評価したい時などである。講演者やパネリストが半日または一日のセッションに参加する時は，講演後の休憩前にバズセッションが行われることがある。バズセッションで出された要点はまとめられて，セッションの司会者に届けられ，参加者が後で講演者と議論をしたり関わったりする時間にコメントとして活用される。リーダーはグループの規模や必要に応じて歩き回り，課題に取り組むよう励まし，サポートすることができる。作業の終わりを見てとれたら，「残り 1，2 分で終わらせましょう」と予告することができる。

　討論が終わったら，今後の改善と計画を見据えて，達成具合を評価する必要がある。その際に用いる質問としては次のようなものがある。

- コース目的に見合った進展がみられたか。
- 討論のテンポについて，興味関心を惹起させる場合は速やかだったか，分析的思考を促す場合はゆっくりとしていたか。
- トピックはグループにとって刺激的で，やりがいがあり，現実的で，関連性があり，有意義なものだったか。
- 参加者は討論に参加するために必要な経歴があったか。
- 参加者とそのコメントは前向きに受け止められ，真剣に扱われたか。
- 少なくともグループの 4 分の 3 は参加したか。
- 討論の内容は明確かつ簡潔にまとめられたか。

　「あなた方のアイデアを使ってコメントを評価します」と学生に確実に伝えなさい（Chamberlain & Cummings, 2003）。討論を活用したり，フィードバックを引き出したりすることで，あなた自身の教え方をさらに見直したり改善したりすることができる。

　「金魚鉢」討論法は，金魚鉢のようにガラス張りで丸見えという意味の討論のひとつの

方法で，6～8 名からなる小グループが円になって会話をするものである。「魚たち」と同じか，それより多い数の観察者がグループになり，まるで「鉢」のように外側を取り囲む。ファシリテーターは，内側の円にいる人たちが討論を始める前に，この方法について簡単に紹介する。外側の円にいる観察者は耳を傾けて観察するが，内側の人たちの討論をさえぎることはしない。外側の人が内側に参加すべく内側へと移動した時は，内側の誰かが代わりに退いて椅子を譲らなければならない。この討論の目的は，観察すること，分析すること，そして他者の思考過程から学ぶことである。

　全ての椅子が埋まっている状態，いわゆる閉じた金魚鉢というやり方もある。これは，内側の円と外側の円のふたつのグループがあるということだ。10～15 分経過したところで，ファシリテーターは，外側の観察者に「内円の人たちの見方について，聞いたことや理解したことについて議論してみよう」と提案することができる。ふたつの円は場所を交替して，さらに追加された内容について議論をするか，似たような問題について議論を続ける（McKeachie & Svinicki, 2006）。この方法は，デート，恋愛，結婚問題における男女の性役割と期待について議論する際に向いている。

シミュレーション学習

　シミュレーション学習を教室に取り入れると，「実生活」体験を追究できる機会が得られる。学習環境における能動的な学習や関心の高まりをもたらし，学習者のモチベーションを上げる。シミュレーション学習は学習者共通の楽しい経験となり，後に有意義な議論につながる。シミュレーション学習の良いところは，別の観点から物事を見るようになること，感情を共有すること，人間関係への洞察を深めること，コミュニケーション・スキルを向上させること，高次の思考スキルを使用することである（Chamberlain & Cummings, 2003）。さまざまなシミュレーション学習があるが，ここでは異なるタイプのロールプレイ（2 人 1 組のロールプレイ，円環ロールプレイ，ソシオドラマ），ケース・スタディ，モデリングなど，ほんのいくつかの例に触れておこう。

ロールプレイ

　ロールプレイは，参加者がクラスのメンバーの前で現実にありそうな状況を演じるものである。演じる前にリハーサルはしないし，台本や前もって決められた会話文もない。ファシリテーターから刺激となるセリフをもらってロールプレイを開始したら，ロールプレイ参加者は演じながら自分の役を創り上げるのである。そのロールプレイを観察した後に，グループになって相互作用がどんなことをもたらすかについて話し合う。人間関係の葛藤などを考える際に，ロールプレイは特に効果的である。人と人との間に生じるデリケートな問題について検討し，感情がらみの問題について解決策を探るために用いることができる。ロールプレイは，教育的でも娯楽的でもありうる。参加するのは大人でも青年でも良いし，行われる場はフォーマルでもノンフォーマルでも良い。

　ロールプレイのある時点で，ファシリテーターはロールプレイを中断し，話合いを始めさせる。ロールプレイの演者に，役割を演じながらどのようなことを感じたか，質問して

もよい。青年が親の役を演じたり，親が青年の役を演じたりした場合には，こういった質問は特に重要である。いつもの自分にはない別の観点を得ることは，直面する問題のいくつかについて洞察力を高めることになる。例えば，青年期の息子や娘と，彼らの部屋でドラッグを見つけた親とのロールプレイがある。ロールプレイでは，若者のドラッグ問題について議論することに加えて，親子のコミュニケーションのあり方について気づくことができる。

　ロールプレイをめぐる問題のひとつは，演者が注目されたりクラスの前で話をしたりすることに居心地の悪さを感じるかもしれないということである。「誰か演じてくれる人はいますか」と言っても返事がないというリスクを冒すよりも，社交的で色んな役を快く演じてくれそうな人に何人かに予め声をかけておくと良い。演者は時に，正しいことを言ったり行ったりすることで特定の役割を適切に演じねばならないと信じていることがある。これはプレッシャーとなるので，「選んだ役はどんな風に演じてもらってもいいです」と伝えるようにしなさい。演者のペアにはそれぞれ，「他のペアとは異なるシナリオで演じてください」と頼むようにすると，ロールプレイに多様性がみられるようになり，演者として参加する人が増え，ひとりだけが注目されるようなことがなくなり，演者のストレスを減少させることにつながる。

2人1組のロールプレイ

　学生や参加者を全て2人1組にして，互いにロールプレイをさせる。ファシリテーターは，ロールプレイ終了後にロールプレイがどのように行われたか，何を学んだか，将来に向けての提案について議論につなげることができる。例えば，教師がパワーポイントのスライドにうつした質問を用いて，ペアになった学生が仕事の面接のロールプレイをするとしよう。学生は最初の質問を変更することができる。これによって，「あなたの良いところは何か，あまり良くないところは何か」，「なぜ私があなたを雇うべきなのか」などの質問に答える実践となる。その他にも，ふたりの若者についてのシナリオを作成するというものがある。若者は数回デートを重ね，性的な関係を結ぶことを考えるところまできている。しかし，安全な性的関係が結べるか不安だし，性的なパートナーとなる相手について本当のことをもっと知りたいと思っている。

　数分経過しても，学生がロールプレイを始めにくそうにしている場合は，ロールプレイをいったん中断して，「どうしたらこの会話を始められるか」とたずねてもよい。仕切り直しをした後に，ロールプレイの会話をしばらくやってから，ロールプレイをやめさせて，今度は「この練習についてどう思ったか」や「会話を促した要因は何か」について学生に発表させると良い。これらの2人1組のロールプレイは，配慮の必要な問題についてコミュニケーションをとる「練習」となる。そして，同じような状況がこれからの自分の人生で起こった時，ある程度は経験済みで，大切な会話も実行済みということになる。

円環ロールプレイ

　このロールプレイでは，同時にふたつの役割を演じる。参加者は輪になって座り，親と

子の間で起こりうるシナリオについて書面で応答する。左側にいる人に対して親の役を演じるように，右側にいる人に対して子どもの役を演じるように求める。同じシナリオで同時に親になったり子どもになったりするが，そこにはふたつの異なる家族がいるというわけである。親子で4〜6回以上のやりとりを交わしたらそこでやめて，この状況で何が効果的であったか，何が効果的でなかったかについての話合いを始める。また，同時に親と子を演じることで親と子の見方についてどのような深まりがあったかについても話し合う。この学習活動は活発な議論につながる。

ソシオドラマ

　ソシオドラマは，同時に同じ役割を果たす複数の参加者を関与させるために使うことができる。ふたり以上の家族の役割をあてがうこともできるし，クラスのサイズが小さければ全員を参加させることもできる。ここでもまた，親子の葛藤をめぐるシナリオを使うことができる。例えば，子ども役が母親役と父親役の両方とやりとりをする。一辺に椅子を5つ並べた三角形を作り，参加者に「好きな椅子におかけください」と指示する。次に，三角形のうちの一辺に座った5名に母親役を割り当て，もう一辺に座った5名に父親役，残った辺に座った5名に青年期の娘の役を割り当てる。各辺の参加者に1から5までの番号をふる。各役割が座る目の前の床に印を付けて，母親役か父親役か娘役かを示しておくと良い。1番の番号をもつ母親①，父親①，娘①に手を挙げさせて「家族①」とする。同じことを5組全ての家族にさせて，家族①〜⑤を作る。ソシオドラマは家族①，②，③，④，⑤で進めるが，一般的には，数字順ではなく，ランダムにあてるのが一番良い。シナリオとして，「妊娠していることに気付いた娘が帰宅して，両親に打ち明けました」などと知らせる。与えられたシナリオをもとに最初の家族がしばらくやりとりをし，それから別のグループが引き継ぐ。引き継ぐ際には，前の家族のやりとりをある程度繰り返してから，自分たちのやりとりと合体させるのである。新しい家族になった時，その家族は別の家族が終わらせた会話から何か話題をピックアップする。扱う話題に関連して多くの問題が描かれるまでソシオドラマを続けなさい。

　クラスのサイズが問題で，ソシオドラマを積極的に演じない学生がいる時は，多様な家族のコミュニケーション・タイプを見る機会としよう。彼らは「コミュニケーションの壁」というものを知ることとなるだろう。人の話を聞かない，割り込む，叫ぶ，批判する，中傷する，嫌みったらしい，問い詰める，罪の意識を感じさせるもの，「心理学者気取り」や「お見通し」という負の非言語メッセージなどである。また，「コミュニケーションの橋渡し」も知ることになる。例えば，ちょうど良いタイミングで話す，相手の話をよく聞くこととよく聞いていることを相手に知らせること，相手の顔や目を見ること，自分のことで笑うこと，適切な状況で笑うこと，第9章で触れる「I（アイ，私）メッセージ」を用いること，他者がどのように感じているのか理解しようとすること，問題を解決する有力な方法を検討すること，触れること（例：ハグしたり，愛情を表現したりすること）である。

　コミュニケーションの障壁や橋渡しがどのように用いられているか，コミュニケーションの型によって受け答えがどう変わるのかについて，ソシオドラマを演じる母親役，父親

役，娘役をそれぞれ観察させなさい。ソシオドラマが終わったら，観察していた人たちに「どのような洞察が得られましたか」と問い，議論を始めよう。次に家族の役を演じた人たちに，「役割を演じている時，どのようなことを感じましたか」と問い，その答えをもらおう。ところで，役割を決める前に椅子に座ってもらったことに配慮しよう。この決め方によって，父親の役割を演じる女性もいれば，妊娠した 10 代や母親の役を演じる男性もいることになる。そのため，議論においては，自分の性とは異なる役割を演じることに対する質問も必然的に出てくる。

ケース・スタディ

　ケース・スタディはさまざまな場合に用いることができる。グループでの議論を促すためにケース・スタディを読んだり，個人用の宿題にケース・スタディを用いたり，ある家族の状況を分析するという小グループ向けの課題に用いたりすることができる。グループ活動の際は，皆が同じシナリオでもいいし，異なるものでもよい。いずれの場合でも，グループで導き出された結論をクラス全体で共有し，さらなる議論を引き出すことができる。学生は問題がどこにあるのか特定し，代わりの解決策を提案し，解決策の結果を検討・分析し，とるべき行動を決定することができる。Box 8.1（pp. 185-186）に，家族理論への理解を深めるために用いることのできるケース・スタディの例を示した。

モデリング

　モデリングは，学ぶべきスキルを実践して見せるために使う。教師はモデリングを用いて，寛容さ，相手の話を聞くこと，ポジティブな行動が大事だということを伝えることができる。中立的な「OK」という応答に代わって用いることができる肯定的な応答が多くある。例えば以下の通りである（Chamberlain & Cummings, 2003）。

- 「その通り」
- 「すばらしい」，「非常に優れている」，「すごく良い」，「スゴイ」，「良いね」，「とてつもなく，すばらしい」，「驚くほど優秀だ」，「ずば抜けて，すばらしい」，「とても印象的」，「うわあ！」
- 「あなたは本当にそれをうまくやった」
- 「その調子」
- 「良い考えだ」
- 「君を誇りに思う」

　教師は自分たちがやっていることについてコメントをすることはないかもしれないが，学生は教師の専門的な技術と対人術を学ぶことができる。その一方で教師は，学生がそういったスキルを特定できるかどうかは，その後の学生の討論を通じてフォローアップすることができる。

ゲーム

　教育的なゲームは，特定の科目について多様な年齢の学習者に教え，概念を広げ，文化を理解し，スキルを身に付けられるよう設計されている。概念的な遊びは，コース目的と関連づけた勝負や成果に学生たちを積極的に巻き込むことで，学生が授業に参加したいと思ったり，楽しいと思ったりするようになる。ゲームの目的とルールは明確にしておかねばならない。それによって，学生は自らに期待されていることを理解するし，カリキュラムに合ったゲームや必要な情報を学習者がもっているゲームのみ採用できるようになるからである。また，ゲームに必要な全てのものを提供し，必要に応じて参照できるものを準備しなければならないし，ゲーム進行中は見回りをし，少々うるさくなるということを覚悟しておかねばならない。ゲームには種類がいくつかある。カードゲーム（例：第 3 章の「BARNGA」），授業内容についてのボードゲーム（例：ビンゴや市販のボードゲーム），言葉や鉛筆を使うゲーム（クロスワードパズルや言葉探し），アクションゲーム（例：ジェスチャーゲームなど動作を含むもの），テレビのゲーム番組などがある（Chamberlain & Cummings, 2003）。授業で培った知識を深めたり，テストのための復習をしたりするために，「ジェパディ！（*Jeopardy*）」や「クイズ 100 人に聞きました（*Family Feud*）」などのゲーム番組を教室で再現してもよい。

　教師は，例えば避妊具に関する情報を得るために，協働的学習ゲームを作成することができる。避妊についての講義を始めると，多くの学生はまるで「知るべきことは全てもう知っている」かのように受動的な態度をとる。そこで，学生をアクティブ・ラーニングに取り入れるために，避妊のゲームを作成するのである。5～6 人の少人数で使うためのゲームボードを作成してもよい。

　例えば，ボードを碁盤目状にして，一番上の横列に学生が学ぶべき避妊方法を挙げておく（例：「ピル」，「コンドーム」，「IUD」，「ペッサリー」，「周期避妊法」など）。左側の縦列にそれぞれの特徴を挙げておく（例：「何か」，「作用」，「使用法」，禁忌，副作用，有効性，誤った通念など）。

　グループになった学生には小さなカードの束も渡される。カードには避妊方法の特徴についての答えが書かれており，碁盤目状の枠に置かれた四角い升におさまるようになっている。学生がやることは，空っぽの四角い升の中に正しいと思う答えのカードを入れることである。作業にとりかかった学生はしばらくして，自分が全てを知っているわけではないということに気づく。そして，枠を適切に埋めるべく仲間とともに作業し始める。全てのカードを枠の中の升に収めたら，正しい答えの書かれたシートをグループに配布し，学生が自分たちの出来を評価することができるようにする。ほとんどのグループが作業を終えたら，避妊方法についての学生が知っておくべき追加情報を提供する。そのあと，議論の時間を持ち，学生らの質問があれば答えるようにする。

グループ・プロセス

　グループは教える側にとっては「生活の一部」である。クラス全体がグループであることに加えて，あらゆるタイプのグループに話をしたり，課題の達成をめざして色々なグル

ープや委員会に参加したり，教室の中で小グループ学習をしたりすることがある。グループが作られる理由はさまざまである。治療のためのグループ，支援グループ，課題達成のためのグループや委員会，グループの下位に属するグループ，インターネットを介したグループなどがある。ここでは，「教育的グループ」，すなわち，知識を増やしたり，スキルを伝えたり，意思決定を行ったり，これら 3 つ全てを扱ったりするグループに焦点をあてる。

　グループ・プロセスは特に教室で顕著にみられる。グループのプロジェクトやチームワーク教室で効果的に教えるための土台だからである。グループのプロジェクトは学生が複数のスキルを向上させるのに役立つ。複数のスキルとは，個人の時よりも複雑な問題に取り組めること，多様な視点を共有すること，知識やスキルを出し合うこと，違いを解消するための新しいアプローチを開拓することといった，将来の職業生活で重要なスキルである。グループ活動がもたらす潜在的な利点は注目に値する。その一方で，グループがうまくデザイン・監督・評価されなければ，グループ活動は成功しない（CMU, n.d.）。有益なグループ活動経験は，学生の学び，知識の持続，全体的な成功に寄与すると言われている（NSSE, 2006）。安全で安心して過ごせる世界を築くために人々が協力することが求められる現代のグローバル社会においても，グループ活動は重視されている（Schmuck & Schmuck, 2013）。したがって，教師は予め決められたカリキュラムを教えるだけでなく，学生が民主的な社会で生きるために必要な態度・スキル・手続きを向上させることを，グループ活動を通して手助けすることができる。

　グループのメンバーが集まるのは，話をするため，互いに話を聞くため，価値観と期待と資源を共有するため，そして互いに依存するためである。グループの結束の強さは，対象とするトピックや課題達成に要する時間に応じて，グループの強度は低いものから中程度のものまである。数時間だけのグループから，数日，または数か月も続くグループもある。グループは協働学習（collaborative learning）から共同学習（cooperative learning）の連続体のどこかにある（Royse, 2001）。協働学習と共同学習は，どちらも社会的経験に教育的な利点があるという考えが土台になっているところで似ている。しかし，両者には相違点もある。「協働学習」はコミュニケーションの知識に重点を置き，学生が課題（例：プロジェクトや議論）に取り組むにあたって，緩やかなつながりの小グループ形式をとる。その一方で，「共同学習」はかっちりと結びついたグループ形式で，学生はグループ全体と個人の立場双方から目標を達成すべく努力する。なぜなら，共同学習では成績が個人別に付けられるからである（Chamberlain & Cummings, 2003; Nilson, 2003; Royce, 2001）。

　グループは，誰かに割り当てられたり自分で決めたりして作られ，集団としてまとまるプロセスをたどる。第 1 段階は「手探り」の段階であり，メンバーは達成すべきものは何かを決める。第 2 段階は「把握」の段階であり，「なぜこれをしなければならないのか」，「この課題を達成するためには時間が足りない」ということを考える。第 3 段階は「集合」の段階であり，メンバーが集まり，互いに団結して取り組む。第 4 段階は「せっせと作り出す」段階である。グループの中には第 5 段階の「嘆き」の段階に進む場合がある。グループ活動を通してメンバー同士のつながりを非常に好ましいと思うようになり，プロジェ

クトのために会う必要がなくなることを嘆くというわけである。全てのグループが第5段階に進むわけではないが，いくつかのグループはこの第5段階を経験する。そして，「このグループのメンバーでいられること，共に活動できたことを心から楽しみました」と伝えてくれる場合がある。

　良き家族生活教育者に必要なことのひとつは，グループを導くことができるということである。家族生活教育者に期待されるのは次のようなことである。

(1) 参加者が自らの知識を広げスキルを向上させられるような学習経験を提供すること。

(2) 情報を発表することと，情報を吸収するために活動することとのバランスを保つこと。

(3) グループ内で起こりうる対人関係の問題に処すること。

　教師にとって大切なのは，グループ活動をする中でうまく機能したこととしなかったことを常にじっくり考えるということである。優れた教育者は，優れた管理者（グループを管理し，課題に集中させる）である必要がある。その際，感情面でのスキル（人を大切にし，感情に目を向け，感情の「お天気コントロール装置」である）も備えておかねばならない。こういったことの大切さが分かっている教師は，複雑なコミュニケーションのやりとりがなされていても，メンバーの緊張を和らげ，意見の相違が最小限となるよう手助けすることができる。

　「小グループ」を作ることには多くのさまざまな目的がある。例えば，学生をグループにしてひとつの仮の家族にする。そして，メンバーにそれぞれ家族員の役割を割り当てることで，家族についての講義の内容を補うというものである。これらのグループに，コースの時間内では扱えないけれど，現実に起こりそうなことを提示する（例：失業や昇進，疾病，出産や結婚による家族員の増加，家族員の長期不在）。学生は，新しい状況が自らの家族や家族員にもたらす影響について分析したり文章を記述したりする。そして，見方や考え方をグループに持ち寄り，議論をする。この活動をした学生は，家族が直面する問題だけでなく，多様な家族構成，家族経験，家族資源について知ることになる（Koropeckyj-Cox, Cain, & Coran, 2005）。

学習経験についてのフィードバック

　学習活動を組み込みながらコースをデザインして実践する時はいつでも，学生がどのような反応をするか，ある程度考えているものである。学習経験をうけて，その活動や学習がどのように展開したか議論する際，教師であるあなたはいくらかのフィードバックを得るだろう。

　フィードバックのひとつの方法として「1分間ペーパー（ミニット・ペーパー）」というものがある。1分間といっているが，実際には2分から3分はかかる。残った質問を消化しながら，学生に「今日のプレゼンテーション，読み物，議論から学んだことがあると思

うのですが，その中で一番大切だと思うこと，一番役に立つと思うことは何ですか」と問いかけなさい (Nilson, 2003)。回答は匿名で集めても良いし，必要ならば出席確認も兼ねて名前ありで集めても良い。「ソートバブル（思ったこと吹き出しに書いたもの）」も似たような方法である。ソートバブルは，教室で質問について考えさせ，トピックについての議論を促すものである。教師は質問を投げかけ，考える時間として学生に 3 分ないし 5 分与える。時間が経ったら，学生たちに回答を共有させる。授業のはじめにこれを行っておくと，学生は自分の考えをまとめる機会となるので，クラスでの議論に進んで参加するようになる。この場合も，回答は匿名で行い，評価の対象とはしない。必要に応じて出席確認に用いることはできる。

　コースが終わる頃には，教えたことや学んだことが，学生とっての「重要な学び」に結びついたかどうかということを知りたくなるだろう（重要な学びの例については，第 5 章参照）。教師，プログラム，コース評価や通常の議論から得られるフィードバック以上のものがあると役に立つ。具体的には，学生に「心に残る授業として第 1 位から第 5 位まで選んでください。なぜそれを選んだのか理由もあわせて説明してください」と求めるのである。さらに，「自分自身について，自分の家族について，自分の仕事について，授業を通して得られた新たな知見は何ですか。ふたつ挙げてください。それは，あなた自身や，これからの人との関わりにどのように影響しますか」と問いかけなさい。学生から寄せられる回答は実に変化に富んだものであるが，授業が学生の暮らしにどのような効果をもたらしたかについての意味あるフィードバックである。授業のさまざまな方法，授業のさまざまな内容は，さまざまな学習者とつながっているということでもある。

■要約

　コースの実践に向けて準備する際には，多くのことを考慮に入れる。そのため，学習目的，教育活動と学習活動，学習評価，役に立つ資源についての計画を立てておくと役に立つ。授業で読む文献についても，量，学生の読解レベル，コストを考慮して準備をしておく必要がある。講義，パネル，シンポジウム，インタビュー，ディベート，ワークショップ，マルチメディア，展示と掲示といったさまざまな指導方法を取り入れることは，多様性をもたらし，学生に興味関心をもたせることになる。質問，議論，シミュレーション学習，ゲーム，グループ・プロセスなどが相互作用を促すことについても注目したい。あなたは教え方が上達しただろうか，学習者を巻き込むことができたのだろうか。それを知る手がかりとして，授業中や授業後に，フィードバックを得ることが大切である。

■討論課題

1. 「静かな」学習方法はそれほど効果的ではないというならば，なぜ多くの教室で採用され続けているのですか。ファシリテーターや教師は，集団相手に講義をするべきではないということですか。
2. 何かの発表をする時はメモを使うべきですか。もしそうならば，メモはどのように組み立てて，どのように使われるべきですか。
3. あなたは司会者だとしましょう。取り留めなく話し続けたり，ほとんど黙っていたり，明らかに誤っているパネリストや発表者にどのように対処しますか。攻撃的だったり，防御の構えを見せたり，個人的な問題を抱えていてプレゼンテーションや質疑応答の流れを乱すような学習者にどのように対処しますか。
4. グループで取り組んでいる時，議論を独占する人，頻繁に割り込んでくる人，分裂させる人，心の深いところの問題を扱うことができない人にどのように対処しますか。
5. ロールプレイに進んで参加したいですか。どのようなロールプレイが一番好きですか。一番苦手なのはどのようなロールプレイですか。それはなぜですか。
6. グループ活動が終わった後に，メンバーが「嘆き」の段階に進んだことはありますか。そのグループではどのような課題に取り組みましたか。なぜそのグループは最後を悲しんだと思いますか。

■活動

1. 認証家族生活教育者プログラムの内容に関連するビデオ・クリップをオンラインで見つけるよう，学生に指示しなさい。そのビデオ・クリップをどのように授業に組み入れることができるか議論させなさい。
2. この章で述べた教育活動や学習活動を認証家族生活教育者プログラムの内容を，学生や学生のグループに実践させなさい。

第7章　家族プログラムの評価

　あなたがサウスウエスト・ファミリー・ルーム（大都市の地域情報センター）の室長だと想像しなさい。サウスウエスト・ファミリー・センターは，ユナイテッド・ウェイから資金を提供されており，市の南西の 9 地区の出生前から 6 歳までの子どもを持つ住民にサービスを提供している。

　サウスウエスト・ファミリー・ルームの全体的目的は，幼稚園に入る子どもに準備をさせることである。センターは，指導的機関の専門家の努力とコミュニティの住民・会社・サービス提供者の貢献を通じて発展してきた。プログラム開発者は，学校への準備を向上させるひとつの方法は，家族に公式・非公式の支援システムを提供することだと判断した。

　サウスウエスト・ファミリー・ルームは，多くの活動，イベント，資源，サービスを通じてこの支援を提供している。活動やイベントには，室内遊技場，楽しい家族の夕べ，多数の新生児・幼児教室，親教育，サポート・グループが含まれる。また，資源・おもちゃ図書館を提供し，家庭訪問をし，小さい子どもを持つ家族のために毎月のニュースレターやイベント・カレンダーを作っている。

　サウスウエスト・ファミリー・ルームは 5 年にわたって運営されている。全体的に見て，仕事はうまく行っているように見える。しかし，そのことをどのようにして確かめるのか。あなたとスタッフが目標を達成しているかどうかを，どのようにして知るのか。限られたスタッフや資源を有効に利用しているかどうかを，どのようにして知るのか。プログラムに資金を提供する人々は，プログラムが有効かどうか，違いを生み出しているかどうかをどのようにして知るのか。

評価を理解する

　家族に関する機関や組織が，家族のさまざまなニーズを満たすように設計されたプログラムの普及を促進し実行するために，実に多くの時間とお金を使っている。しかし，意識的，系統的に評価する努力をしなければ，時間とお金が無駄になる恐れがある。本章では家族プログラム評価の概論を提供する。その目的は，あなたを評価者にすることではなく，むしろこの，時として複雑な，しかし，常に重要な家族生活教育の局面を形づくる概念やステップに慣れ親しませることである。議論される概念の理解と適用を助けるために，本章全体をとおして，サウスウエスト・ファミリー・ルームを例として用いる。

　評価の重要性はどれだけ強調してもしすぎることはない。連邦，州，地方の政府と他の基金組織は，支援しているプログラムの有効性と説明責任への関心を高めている（Cooney, Huser, Small, & O'Connor, 2007）。この圧力の高まりは，根拠（エビデンス）に基づくプログラムへの需要を高めた。これについては，本章で後に詳細に論じる。

　近年，アメリカ合衆国の政治状況は，サービスや介入という過去の方法ではなく，予防的努力をより多く受け入れ支持するようになっている。事実，2010年の「医療費負担適正化低価格ケア法（オバマケア，Affordable Care Act, ACA）」は行動保健学に予防的アプローチを含めることを義務づけ，すべての米国人の健康に予防の効果が現われるように「全米予防戦略」の開発を求めた。「全米予防戦略」は「健康とウェルビーイングの最も強力な予測因子の多くは，ヘルスケア設定の分野に入らない。社会的，経済的，環境的要素すべてが，健康に影響を及ぼす」と認めている（National Prevention Council, 2011, p. 6）。「全米予防戦略」は7つの優先事項を含んでいる。すなわち，「タバコのない生活」，「薬物乱用予防・過度のアルコール摂取予防」，「健康的な食事」，「活動的な生活」，「傷害や暴力のない生活」，「性と生殖の健康」，「精神的ウェルビーイング・情緒的ウェルビーイング」である。これらの優先事項はすべて，家族生活教育に強く影響を受けるだろう。

　この見地から，プログラム評価が個々のプログラムの有効性を測定するために設計される必要がある。同時に私たちは，家族支援・教育プログラムが，誰のために，どのように，いつ，どこで，なぜ，機能しているかについて，政策立案者の考え方についての問題に共同で取り組む（Weiss & Jacobs, 1988）。特に，親教育プログラムや家庭教育プログラムが税金に支えられているところでは，納税者や立法者はコミュニティに対する説明責任と測定可能な利益が得られたという証拠を期待する。効果的な予防プログラムの開発と認識は，米国における福祉サービスの供給を再構築するのに役に立つだろう。家族プログラム評価の完全性と有効性は近年大きく前進したけれども，学ぶべきことは今なお多い。

　評価はまた，資金提供者の要求条件を満たすこと以上に，家族プログラムの実施者にも重要であり，プログラムの計画と実施の過程の不可欠の部分である。適切な評価がなければ，実施しているプログラムが機能しているかどうかを知るのは難しい。家族生活教育者は，家族プログラムが最も効果的な方法で目的に達するのを保証するために，思慮深く慎重な評価をし続けなければならない。

定義

　私たちは，プログラム評価に関する文献について，いく人かの貢献者によって明確に述べられた評価の定義を検討することから議論を始めた。最も一般的に言及される定義はマイケル・パッテン（Michael Patten）（1997）のものである。彼は，評価を「プログラムを評価し，有効性を向上させ，将来のプログラムの決定に情報を提供するための，プログラムの活動，特性，成果に関する情報の系統的な収集（p.23）」と定義している。リテル（Littell）（1986）は，プログラム評価を次のように考えている。「プログラムの計画と決定に用いるために設計された，系統的な情報収集，分析，解釈である。それは介入のタイプに関係している。それらが，誰によって，どのような目的のために，どのような条件のもとで，誰のために，どれだけの費用で，どのような利点があって，用いられたか」（p.17）。最後に，ワイス（Weiss）とジェイコブズ（Jacobs）（1988）は，評価を次のように定義している。「プ

ログラムがどのようにサービスを展開しているか，参加者にとってそのサービスの結果は何か，を理解するのに用いることができるプログラムに関するデータの系統的な収集と分析。・・・それは，プログラムに適した評価方法を設計することを強調するとともに，プログラムの長所について説明的でもあり『判定的』でもある」（p.49）。定義は多様だが，同じような考え方を含んでいる。すなわち，評価とは，さまざまなタイプの情報の系統的な収集であり，収集の結果と情報の分析は，プログラムの変更，有効性の向上，意思決定の支援に用いられる。

　評価は，研究とは違い，プログラムの価値，質，有効性を測定するのに用いられる。それは判定的であり，その結果は，通常，プログラム固有であり，しばしばプログラムのニーズによって動機づけられる。収集された情報は主観的である可能性がある。評価を行う主な理由は，計画，改善，弁明のためである。評価の目標は，ある種の提言に達することである。

　他方，研究では，変数の関係に，より多くの注意を向け，判定的ではなく，結論を重視する。研究のひとつの目的は，調査結果の普及を通して構築される知識に貢献することである。その意図は，ある特定のプログラムに特有の情報よりもむしろ，一般化できる情報を得ることである。研究では「なぜ」という質問に答えるのに対して，評価では「どうか」という質問に答える。Box 7.1 ではふたつのシナリオについて説明する。ひとつは研究にかかわり，もうひとつは評価にかかわっている。

Box 7.1　評価か，研究か

　サウスウエスト・ファミリー・ルームのスタッフは，定期的に（遊技場の設備に登ったり運動したりする機会を含む）室内遊技場のようなプログラムに出席している赤ちゃんが，そうでない赤ちゃんよりもより高い運動神経能力を示すかどうかを知りたいと考えている。この種の調査は研究であると考えられる。サウスウエスト・ファミリー・ルームのスタッフは，室内遊技場に出席している親がプログラムについてどのように感じているか，また，それをコミュニティの他の親と関係を作る良い機会だと理解しているかどうかを知りたいと考えている。この種の調査は評価と考えられる。

評価の理由

　評価は，多くの家族生活教育者に，本当にすばらしい課題を提供する。完全な評価は，しばしば，普通の家族生活教育プログラムの可能性や資源・スタッフの技術的専門知識よりも，計画・時間・お金を必要とする。さらに，評価されることに対する抵抗が存在するだろう。プログラム管理者とスタッフは，評価が，プログラムの活動から資源を奪うこと，プログラム・スタッフの負担を増やすこと，あるいは複雑過ぎることを心配するかもしれない。それがプログラムの資金を危険にさらす否定的結果を生むかもしれないと恐れる人もいる。

　それでは，なぜ評価に悩まされるのか。実際，評価はプログラムの成功に不可欠だという
ことである。「根拠（エビデンス）に基づくプログラムと実践・全米レジストリ（National
Registry of Evidence-based Programs and Practices, NREPP）」によれば，評価は次の3つの目
的に役に立つ。(1) 検証方法や，文書を提供してプログラムを評価し，プログラム作成と
その効果を確かめるのに用いることができる。(2) 何が機能していて，何が機能していな
いかを特定して，プログラム改良を支援できる。(3) プログラムの目標や組織の使命を果
たすために資源を最善の形で利用することに関して，より良い決定を支援できる情報を提
供する，戦略的経営計画の一部であるだろう（SAMHSA, 2012）。

　評価は，長所と短所を特定することによって，スタッフの努力の効率と有効性を向上さ
せる方法を提供できる。資源を効果的に用いて目標を達成する可能性を高めることができ
る。評価は，プログラムへの資金提供者とコミュニティのメンバーに，プログラムがどの
ように対象となる受講者の役に立っているかを示すことができる。また，似たようなプロ
グラムを実施している他の人々と結果を分かち合うとき，評価は分野の知識の発展に寄与
する可能性がある。「それは，サービスを受けている子どもに影響するだけではなく，直接
サービスを受けていない人々の生活を改善するためにも，どんな社会的サービス組織にと
っても義務であるべきである。この目標はしばしば擁護（アドボカシー）を通して行われ
る」（Pizzigati, Stuck, & Ness, 2002）。評価を，意識的にプログラム設計や継続的活動に組み
入れる場合，あまり複雑だったり時間がかかるものであったりする必要はない。

評価のタイプ

ニーズと資産のアセスメント

　評価についての最も重要な考え方のひとつは，おそらく，評価計画を「プログラム開発
と初期の計画段階に」組み入れる必要性があるということである。適切に開発されたプロ
グラムはミニ研究から始まる（時には，ニーズ・アセスメント，実行可能性調査，あるい
は資産目録調査と呼ばれる。より詳細なニーズ・アセスメントについての議論については
第3章参照）。これらのミニ研究（研究と評価の連続の一部）は，しばしば，提案されたプ
ログラムが妥当であるかどうかを決定するための現況調査を含む。だれがこのプログラム
の対象となる受講者か。どんな資源が利用可能か。このコミュニティの長所や利点は何か。
このコミュニティには同じようなプログラムがあるか。コミュニティはそのプログラムを
支持するだろうか。プログラムを通じてどんな恩恵が生まれそうか。プログラムへのニー
ズと目標が明確であることが重要である。もしプログラムが達成しようとすることについ
ての明確な考えを持っていなければ，成功しているかどうかを見分ける方法はわからない
だろう。評価から，何を学びたいかについて真剣に考えなさい。現在実施中のプログラム
の遂行における評価の位置づけを考えなさい。評価を現在実施中のプログラムの活動に取
り入れなさい。評価はイベントではなく，プロセス（過程）であることを常に考えておき
なさい。

形成的評価

　評価するという努力は，さまざまな目標につながる可能性があり，プログラムの開発と実行まで，さまざまな時点で実施することができる。評価は実際には形成的あるいは総括的であるかもしれない。「形成的評価」は，プログラムの計画，モニター，改良という目的のために情報を生み出し，また，時々，「過程の評価」と呼ばれる。形成的評価はプログラムについて説明し，「プログラムを実施している最中に」，それがどのように行われているかについてフィードバックを提供し，しばしばタイミング，アプローチなどの変化を促す。形成的評価はまた，目的に向かった進歩を評価することができる（本章の後半で論じられるジェイコブズの「5 段階プログラム評価法」レベル 4）。したがって，形成的評価には，プログラムが期待を満足させているかどうかを見るために，予定されたプログラムの途中で参加者に調査することが含まれるだろう。参加者が学ぶべきことを学んでいない場合，結果には到達しない可能性がある。形成的評価は情報を教え直すか，または補強する機会を提供することができる。

　形成的評価の例として，あなたの機関が新生児を持つ母親に対して乳幼児発達に関する教育のために月例会を開くと想像しなさい。参加者は会合に非常に熱心に参加しているように見えるが，出席は散発的だったことに気がついた。参加者に調査したところ，乗物を利用できるかどうかが，出席を決定する要素であることがわかった。したがって，会合に出席したいと思っている全ての人に，乗物を提供する「相乗り」を手配した結果，出席は劇的に増えた。もしプログラムの終わりまで参加者への調査を遅らせていたら，「相乗り」を実施するには遅過ぎただろうし，プログラムに参加する可能性のある多くの人がチャンスを逃しただろう。プログラム全体を通じた形成的評価の使用は，効果的にプログラムを実施し，意図した目標に到達する可能性を高めるような変更をするのを助ける。

　Box 7.2 は室内遊技場プログラムの形成的評価の例を示している。この情報があれば，スタッフが，プログラムが参加者のニーズを満たしているかどうかを測定することができ，スケジュール作成や形式の必要な変更をすることができる。また，どの売り込みの努力が最もよく機能しているかを測定することができる。この形成的評価は，プログラムが進行している間に，プログラムを変更するのに使うことができる情報を提供するだろう。

Box 7.2　形成的評価

　室内遊技場はサウスウエスト・ファミリー・ルームで毎週金曜日に開催される。スタッフは，1 カ月に 1 回，出席者に調査用紙を配布する。調査には以下のような質問が含まれている。
- 何回，室内遊技場に出席しましたか。
- 出席する主な理由は何ですか。
- この日は出席するのに都合のよい日ですか。
- この時間は出席するのに都合のよい時間ですか。
- もしそうでなければ，いつが良いですか。室内遊技場でどんな変化を見たいですか。
- 室内遊技場についてどんな風に聞いていましたか。
- サウスウエスト・ファミリー・ルームの他のイベントに参加していますか。

総括的評価

　「総括的評価」は，「結果評価」とも呼ばれ，プログラムの最終結果に関係する。相手にした人々にどのような影響を与えたか。プログラムの目標は達成されたか。総括的評価は，プログラムが繰り返されるべきか，広められるべきか，あるいは中止されるべきかを決定するために用いられる。Box 7.3 の例では，プログラムのサイクルの最後に行われた総括的評価によって，「新米の親」プログラムの参加者が幼児発達に関する知識を増やしたかどうかを測定することができる。

Box 7.3　総括的評価

　サウスウェスト・ファミリー・ルームは，新生児を持つ親のための「新米の親」支援グループに資金を提供している。会合は，16 時間の小グループのファシリテーション訓練プログラムを終了した，コミュニティの親によって進められ，資源となる材料を提供する。親たちは，赤ちゃんが生まれるか，ちょうど生まれたばかりのときに，プログラムに入る。プログラムでは，2 年の間，1 カ月に 2 回，2 時間，会合を行う。2 年間の最後に，実施された「新米の親」プログラムの総括的評価が行われる。プログラムからどのように恩恵を受けたかを確かめるために，参加者（親）はインタビューを受けるか，アンケートを完成させるよう頼まれるだろう。調査やアンケートの意図は親たちがそのプログラムからどんな恩恵を受けたかを測定することである。彼らは子どもの発達に関する新しい知識や，親になることに関する新しいスキルを学んだか。彼らは孤独感や孤立感をあまり感じなかったか。同じような状況にある他の家族と出会い，自分のコミュニティとさらに強く結びついたと感じるか。この総括的評価の結果は，サウスウエスト・ファミリー・ルームのスタッフが，目標が達成されたかどうかを知るのを助けるだろう。結果は，プログラムを繰り返すことを決定するかもしれない。また，どのようにして将来のプログラムが実行されるかに影響を与えるだろう。

評価で一般的に用いられる用語

　特殊な専門用語はさまざまだが，評価についての文書ではいくつかの共通した用語と概念が用いられる。「W.K. ケロッグ財団（W.K. Kellogg Foundation）」（2004）と「ユナイテッド・ウェイ・オブ・アメリカ（United Way of America）」（Harry, van Houten, Plantz, & Greenway, 1996）は，評価とはなにかを理解するための概念枠組みを規定する出版をおこなった。そこには，次のような評価に関する用語の議論が含まれている。

論理モデル

　プログラムが開発されると，「論理モデル」あるいは状況を考える「もし…ならば，次に」法で結果を確認することができる。論理モデルは，あなたがプログラム参加者によって行われたステップの進行を通じて考えるのを助け，あなたのプログラムへの期待にさらに現実的な視点を付け加えることができる。論理モデルはまた，プログラムが効果的かどうかを明らかにするために，記録すべき鍵となる要素を特定するのに役に立つ。論理モデルには，インプット，活動，アウトプット，成果が含まれる。論理モデルの例は以下のとおりである。すなわち，「もし」資金（インプット）が提供されると，「次に」親教育の教室を提

供することができる。「もし」授業（活動）で子どもの発達やペアレンティング（子育て）・スキルに関して教えることができれば（アウトプット），「次に」親は子どもをケアする（世話する）方法について知識やスキルを獲得して態度を変容させる可能性がある（初期の成果）。「もし」親たちが自分の子どもに対処する新しい方法を学べば，「次に」これらの新しい方法に応じて行動を変容させるだろう（中間成果）。「もし」彼らが行動を変容させれば，「次に」有益な成果になる可能性が高まるだろう。この方法を適用することは，目標に到達し，活動をプログラムの成果に結びつけるのに必要なステップを特定するのに役立つだろう。

インプット

　「インプット」には，プログラムに提供されるか，用いられる資源が含まれる。例えば，金銭，スタッフとスタッフの時間，ボランティアとボランティアの時間，施設，設備，消耗品がある（Box 7.4 参照）。

Box 7.4　インプット

　サウスウエスト・ファミリー・ルームにおけるインプットは，スポンサー機関からの資金，スタッフ・メンバーとその時間，サウスウエスト・ファミリー・ルームを通じて提供されるさまざまなプログラムやサービスに自分の時間を無償で提供するコミュニティのメンバーが含まれる。追加のインプットはサウスウエスト・ファミリー・ルームが位置する場所だろう。そこには，会議スペース，物資，消耗品，遊技場の設備，室内遊技場で利用できるおもちゃが含まれる。

活動

　プログラムでは，「活動」を通じて使命を遂行するためにインプットを用いる。活動には，プログラム・サービス方法論を構成している戦略・技術・処理のタイプが含まれる。サウスウエスト・ファミリー・ルームの例では，乳幼児を持つ家族に教育と支援を提供することが活動の中心であるだろう。これらの活動には，乳幼児の親に教育と支援を提供することを意図した「楽しい家族の夕べ」，「室内遊技場」，コミュニティ・カレンダー，その他の行事やサービスが含まれるだろう。

アウトプット

　「アウトプット」はプログラム活動の直接の産物である。通常は，達成した仕事量，例えば，実施したクラスの数，配布した小冊子の数，参加者の数で測定される（Box 7.5 参照）。

Box 7.5　アウトプット

　室内遊技場に何人が出席したか。「楽しい家族の夕べ」のセッションが何回行われたか。おもちゃ図書館を何人が利用したか。地域フェスティバルやコミュニティのイベントで，サウスウエスト・ファミリー・ルームについての小冊子やチラシがどれだけ配られたか。これらの質問は「アウトプット」についての情報を収集するために試みられる。動員数に加えて，もっと質的な情報によって興味深い結果が明らかになるだろう。プログラム観察者は特定の親と子の行動を記録しているかもしれない。

成果

　「成果」とは，プログラムの活動に参加している間か，あるいはその後に現れる個人やグループにとっての恩恵や変化である。成果はアウトプットに影響を受ける。成果は，行動の修正，スキルの向上，新しい知識，態度や価値の変容，状態の向上，その他の属性を通じて示される。それらは，プログラムの開始から終了までの参加者の変化を表している。例えば，Box 7.6 に述べられたプログラムの成果は，幼児の発達についてのより良い理解や，より適切なしつけ戦略の使用のような，ペアレンティング（子育て）行動の変化という結果を生むだろう。プログラム評価では，初期の成果，中間成果，長期的成果を考慮しなければならない。

Box 7.6　成果

　「しつけとあなたの子ども」と呼ばれる1カ月に1度の教室に出席する親が，幼児の行動を指導する新しい方法を学んでいる。スタッフは，子どもの発達やしつけの選択肢についての包括的な情報の提供によって，親がこれらのトピックについて理解を深めることを望んでいる。スタッフは，親が知識を増やすことによって，誤った行動を防ぐ方法を含む規律についてよりよい選択をするだろうと考えている。その目標は，親が子どもに対して，それほど懲罰的でない方法を用い，より適切な選択を行うことである。子どもの誤った行動を防ぐことによって，親はしつけにもっと積極的な態度をとり，誤った行動を防ぐことができることにもっと自信を持ち，親としてうまくやっていると感じ，子どもを持っていることをもっと楽しむことができる。親の行動の積極的な変化は，子どもとのより良い関係をもたらすだろう。さらに，子どもが最適な環境で育てられているので，身体的，社会的，情緒的な発達に関連して前向きな結果をより多く経験するだろう。これらはすべて「成果」の例である。

指標

　「指標」はプログラムの結果の成功を追跡するために測定される要素を特定する。指標は，観察可能であり測定可能である（Box 7.7 参照）。

Box 7.7　指標

　室内遊技場の目標のひとつは，コミュニティの親が互いに結びつきを持つ機会を提供することである。室内遊技場の行事スタッフは，親たちが互いに対話しているかどうか，また人間関係を作っているかどうかを確かめるために，系統的に親たちを観察するだろう。親たちのこの相互作用は，特に同じ親たちがその後の行事で一緒に座ったり互いに話しをしたりしているならば，お互いの親たちの結合の「指標」であると考えられる。スタッフは，他のサウスウエスト・ファミリー・ルームの行事を観察し，同じ親たちが何人出席しているか，他の家族と対話しているかを確かめるだろう。
　サウスウエスト・ファミリー・ルームの全体的目標は幼稚園に入る子どもの学習準備を向上させることである。学習準備のひとつの指標は，幼稚園に入る前にすべての推奨された予防接種を受けていることである。もうひとつの指標は，子どもが，聴覚，視覚，会話に関して問題がないか，検査を受け，必要ならば適切な治療を受けることかもしれない。もしこれらの問題が何らかの手だてをとることができるくらい早く特定されるならば，子どもは幼稚園に入るまでに学ぶ準備ができているだろう。

質的データ

　「質的データ」はできごとや感情を説明し解釈する。それらは，参加者の行動の観察や，参加者へのインタビューによって収集することができる言語的あるいは物語的コメントである。質的データの収集方法には，フォーカス・グループ，インタビュー，アンケート，ケース・スタディ，直接観察が含まれる。質的データは分析が難しいけれども，積極的な人間行動に影響を与え，家族プログラムが影響を与えたいと望んでいることに取り組む。質的データには次のことが含まれるかもしれない。親が子に新しいおもちゃの遊び方をどのように教えるかに関する説明，支援グループが危機的状況に関する親の認識をどのように変化させたかに関する物語，家庭訪問プログラムに参加した 1 年の間に学んだことを書いた親の日誌の一連の抜粋。質的データは，利害関係者と意思疎通をはかり，サクセスストーリーを共有する方法を提供するのに重要な場合がある（Box 7.8 参照）。

Box 7.8　質的データ／評価

　サウスウエスト・ファミリー・ルームのスタッフが「質的データ」を収集したり，質的評価をしたりしたいならば，プログラムについてどのように感じているか，どのように恩恵を得たと思うか，に関する情報を収集するために，プログラム参加者にインタビューしたり，調査したりすることができるだろう。別の選択肢は，さまざまな活動で親たちを観察し，子どもたちや他の親たちとの相互作用に関する情報を記録することだろう。別の選択肢は，現在のところ，どんな問題が子どもたちの生活で最も関心があるかを決定するために，4 歳児の親のフォーカス・グループ会合を開くことである。この情報は，将来のクラスの計画に役に立ったり，どんな資源が最も有用かを測定したりするのに用いられるだろう。

量的データ

　量的方法で集められた情報は，通常は数量的に報告され，質的データより分析には時間がかからない。年齢，教育レベル，さまざまな行事への出席回数は全て「量的データ」と考えられる。しかしながら，量的データはまた，参加者の認知を含むことができ，獲得した知識・心地よさのレベル・満足度を，リッカート尺度（例：「1 まったく同意できない」から「5 強く同意できる」までの選択範囲）で特定できる。これらのデータは，アンケート・テスト・調査，プログラムの参加者数，および観察によって，収集できる（Box 7.9 参照）。例えば，親子関係の定量化できる測定量は子どもとの適切なコミュニケーション方法や，指導戦略の正しい実施によって観察される子育てスキルの向上である。

　評価者は評価計画やデータ収集に最も良い方法（すなわち，量的対質的）について議論を続ける可能性があるけれども，多くの評価者は，評価研究に焦点を合わせた問題では，どのタイプの方法を使うかについて議論しなければならないと信じている。また，多くの研究が混合アプローチ（質的方法と量的方法を用いる設計）を採用していることに注意することも重要である。プログラムの利害関係者のニーズや関心が，評価設計や方法論にも影響を与えるかもしれない。利害関係者には評価結果に影響を受ける人が含まれ，スタッフ・コミュニティの人々・クライアント自身と同様に，政策決定者・政策立案者が含まれる（Rader & Cooke, 2005）。

Box 7.9 量的データ／評価

サウスウェスト・ファミリー・ルームが実施する各行事で、参加者の名前や住所を書く用紙が配られる。スタッフは、出席者数に加えて、各イベント（ジェイコブズの「5段階プログラム評価法」モデルのレベル2のアウトプット例）に何人が出席しているかを観察するために、この情報を用いる（付録D参照）。彼らはまた、プログラムに出席した幼稚園児が発達評価でどのような点数をとるかについてのデータを収集するかもしれない。これらは「量的データ」と考えられるだろう。

成果のレベル

時には、ひとつのプログラムにちょうどひとつの望ましい成果が存在する。しかしながら、多くの場合、成果はしばしばひと続きのもので、各々の成果はもうひとつの目標の達成に寄与し、最終的に、プログラムの最終的成果に寄与する。さまざまなプログラムが、これらの同じレベルに到達するために、さまざまな用語を用いている。考慮すべき重要なものは、さまざまなレベルの成果が存在するということである。

初期の成果

「初期の成果」は、参加者がプログラムの成果として経験する最初の変化や恩恵である。それは、態度、知識、スキル、あるいはこれらすべての変化であるかもしれない。ほとんどのプログラムでは、これら初期の成果はプログラムの終わりを意味するのではなく、望ましい成果に到達する重要なステップであるだろう。

中間成果

「中間成果」は、参加者を対象としたプログラムの初期の成果を長期的成果に結びつける。中間成果は、しばしば、新しい知識、スキル、態度の成果として、行動変容によって実証される。

長期的成果

「長期的成果」はプログラムの目的に明白で、条件や立場に関係する著しい変化である。これらは、通常、しばしば長期的に達成しようと考える長く続く成果である。長期的成果の例には、プログラムが始まってから、コミュニティにおける親・教師会議への親の出席が著しく増えているということが挙げられるかもしれない。サウスウェスト・ファミリー・ルームのクラスのさまざまな成果の例に関してはBox 7.10を参照してほしい。残念ながら、多くのプログラムは初期的成果や長期的成果を参照していない。中間成果や長期的成果を含む評価を実施する費用は、限られた予算で運営されている組織にとっては時として法外に高い。

Box 7.10　成果のレベル

　初期の成果　「すばらしい 3 歳児」や「すばらしい 4 歳児」の親教育教室に出席し，その後のクラスで，ほとんどの親が，親と子の 1 対 1 の時に子どもへの読み聞かせの時間をかなり増やしている。
　中間成果　プログラムが実施される数カ月の間，貸し出し文庫を監督するスタッフは，文庫が忙しくなっていることに気づく。司書が記録をチェックすると，ほとんどの親が文庫を2回以上利用していることに気づく。
　長期的成果　今後 2 年間，保育園の教師が園児の体験に関する情報を集めてみると，「すばらしい 3 歳児」や「すばらしい 4 歳児」に参加した子どもは，学校準備に関する全てのアセスメントで著しく高得点であることがわかる。

評価プロセス

5 段階プログラム評価法

　プログラム評価の実施に関する多くの方法や技術がある。「5 段階プログラム評価法」（付録 D 参照）は広く使われている評価法である（Jacobs, 2000）。それは家族生活教育者にプログラムの包括的評価を保証する有益な方法である。評価者が，評価の目的，受講者，データを収集し分析する手順について考えることを促す。ステップ・バイ・ステップの各段階は，評価の系統的戦略を開発する指針として役に立つ。レベル 1～3 は，ニーズを調査し，説明責任・質・明快さを確実にしていくことを通じて，利用者を指導する。レベル 4, 5 は，データを新しい成果に翻訳し，発見を今後の研究に適用し，プログラムを促進し，社会政策的措置の領域を決定するというプロセスを説明する。ジェイコブズの「5 段階プログラム評価法」のほか，家族プログラムの評価の際に利用可能な多くの資源がある。プログラム評価を準備し実施する際に指針となる組織や資源のリストに関しては Box 7.14 を参照してほしい。

評価可能性アセスメント

　評価プロセスより前に行われるもうひとつのステップに，「評価可能性アセスメント（*evaluability assessment*, EA）」がある。これは「プログラム評価が妥当か，可能か，役に立つ情報を提供しそうかを特定するのを助ける系統的プロセス」である（Juvenile Justice Evaluation Center, 2003）。評価可能性アセスメントには，プログラム設計とプログラム実施の両方に関する質問を入れることができる。プログラムに，明確で，現実的で，測定可能な目標や目的をもった設計やモデルがあるか。評価可能性アセスメントは，実際に実施されているプログラムと，プログラム設計を比較するだろう。また，プログラムが対象者に役立っているかを尋ねるだろう。資源がプログラム設計のなかで実際にあるべき場所で特定できるか。プログラムが最初に計画され記述されたように実施されているか。プログラム評価に必要なデータを提供できるように，資源があるべき場所にあるか。完全なプログラム評価を行う前の評価可能性アセスメントは，特定の必要な要素が欠けたり，得られなかったりということが測定過程で見つかるリスクを最小限にとどめることができる。

評価における文化的問題

　選択された評価方法に関係なく，文化的背景に注意することは重要である。ほとんどの標準化された道具は白人中産階級の人々のために設計されている。これらは，英語が第一言語でないときや，西洋文化的概念があまり理解されなかったり，同じ価値を持たなかったりするときには，しばしば適切ではない。言語の問題は複雑である。例えば，ある民族グループでは，全員がその母国語でさえ読み書きできるというわけではない。方言や地域の差が存在するだけでなく，コミュニケーション・スキルのレベルが世代間，社会経済的集団間，さまざまな学歴を持つ人々の間で異なっていたりもする。

　いくつかの西洋的概念は翻訳が難しいので，データ収集者は研究参加者に対して調査項目を明確に示す必要がある。例えば，「自尊心」は，米国の研究者にとって定義し測定するのは困難だがやりがいのある概念ではある。しかし，新しい，最近やってきた移民にとっては，なじみのない概念かもしれない。また，評価者は，参加者が「書類に書き込む」のをためらうことに配慮しなければならない。正式書類がない移民の場合，参加者は移民法の執行（強制送還）に利用される可能性がある情報が発覚し特定されるのを恐れる可能性がある。予備的インタビューや調査，助言グループの検討委員会は，不確かな単語や概念を検討する最も良い方法を見つけ出すことができる。この手順は「パイロット・テスト」と呼ばれることもある。

　「文化的反応の違い」に気づくことも重要である。ある文化では，専門職は尊敬を受けるに値する権威者と見られるかもしれない。この状況では，参加者は，フィードバックを促されても，何らかの否定的フィードバックは，居心地が悪く，気が進まないと感じるだろう。ある文化では，助けを求めることや貧乏に見えることは妥当でない。このような文化的背景を持つ参加者は弱点だと感じることを明らかにすることを快適だとは感じないかもしれない。また，過度な個人情報の開示に対する文化的タブーが存在するかもしれない。多様な文化のあいだで考慮されるべき別の事項は，ジェンダー，年齢，社会経済的な地位だろう。女性やさまざまな経済水準の人々は，男性とは異なるやり方で家族プログラムを経験しているだろうか。そのような要素についての認識や敏感さは，情報収集戦略の有効性を高めるだろう。

　家族生活教育者が成功するには，家族生活教育の話題に関連する知識とスキルに加えて，ともに働いている人々の特定の文化的な個人的哲学と実践について理解していなければならない（Taylor & Ballard, 2012; 第3章参照）。この認識が，導入されるどんな評価プロセスにも引き継がれることが重要である。

根拠（エビデンス）に基づくプログラム・根拠（エビデンス）を示したプログラム

　家族生活教育のプログラムと実践を考えるとき，「根拠（エビデンス）に基づくプログラム」の問題はますます一般的になっている。本章で先に論じたように，多くの資金提供者が資金援助するためには「根拠に基づく」プログラムとして特定されることが求められる。この注目と支援によって，根拠に基づくプログラムを特定し，設計し，評価することに関連する情報と資源が増加している。

　プログラムが根拠に基づくプログラムとして特定されるのは，次のような場合である。

　(a) 評価研究によって，プログラムが期待された肯定的な結果を生んでいることが示されている。(b) 他の背景因子やできごとに起因するよりもむしろ，プログラム自体に起因する結果と考えられる。(c) 評価がその分野の専門家によってピア・レビューされている。

　(d) プログラムが連邦機関や尊敬を集めている研究組織によって「承認されて」いる（ZERO TO THREE, 2011）。薬物乱用・精神衛生管理庁（Substance Abuse and Mental Health Services Administration, SAMHSA）は根拠に基づくプログラムを「一般に認められた実証的研究の評価基準に従って，当該分野の専門家によって評価されており，概念的に健全で，内部的に一貫しており，妥当な研究方法論を用い，外部のできごとではなく，明確にプログラム自体と結びついていると証明できる」と定義している。

評価設計

　根拠に基づくプログラムとして認識されるためには，評価研究を受けなければならない。他よりも厳格だと考えられる評価研究を設計する，多くの異なった方法がある。設計の差異としては，対照群の有無，参加者がグループに割り当てられる方法，成果が測定される

Box 7.11　実験計画法

　Box7.3 のシナリオを再考しよう。

　サウスウェスト・ファミリー・ルームは，新生児の親のために「新しい親」支援グループを後援する。会合はコミュニティの親たちによって進められる。彼らは 16 時間の小さいグループ・ファシリテーション訓練プログラムを終了している。親は，赤ん坊が生まれる前，あるいはその直後に，プログラムに参加する。プログラムは 2 年間，月 2 回，2 時間ずつ開催される。

　実験計画法では，この状況で特定の時間の間にコミュニティの病院で生まれた新生児の親をふたつのグループにランダムに割り当てる。親のグループのひとつは「新しい親」支援グループの「実験群」として，もう片方のグループは「対照群」として特定される。両方のグループは幼児の発達に関する親の知識を測定する予備テストを受ける。実験群は今後 2 年間にわたって「新しい親」プログラムに参加する。対照群は参加しない。2 年間のプログラムの最後に，両方の親グループに同じテストが行われる。「新しい親」支援グループの親が幼児の発達に関するより深い知識をもつことが示されれば，プログラムへの参加が知識を増加させたと結論づけることができる。同じ研究がその後の親グループで繰り返され，毎回同じ結果が示されたならば，特にそうである。

頻度がある（SAMHSA, 2012）。「実験計画法」（ジェイコブズの「5 段階プログラム評価法」モデルのレベル 5）は，「準実験計画法」と「事前実験計画法」に次いで厳しいと考えられている。

実験計画法

　「実験計画法」はランダム化比較試験とも呼ばれる。無作為に割り当てられた実験群と対照群の比較を含む。実験群と対照群のメンバーには類似した形質と特徴がなければならない。両方のグループは，プログラム実施前に測定または観測されて，プログラム終了後に結果が比較される。グループへの被験者のランダム割り当ては，結果の違いがプログラムの結果である可能性が高いことを保証するのに役立つ。いくつかの異なる実験群と対照群を用いて実験を複数回繰り返すことは，結果の信頼性を高めるのに役立つ。プログラムの有効性を正確に測定するには，たいてい最も良い方法であるとはいえ，通常，高価で手間がかかる。Box 7.11 に実験計画法の例を示している。

準実験計画法

　対照群を作ることがいつも実用的とは考えられない場合，「準実験計画法」を用いることができる（Box 7.12 参照）。準実験計画法は，いくつかの共通の変数を共有するふたつ以上の既存の，または自由に選ばれたグループを使う。準実験計画法の最も重要な問題は実験群または対照群へのランダム割り当てが行われていない点である。ランダム化の欠如のために，準実験計画法は実験計画法よりも内部妥当性が低い傾向がある。なぜなら，比較グループが，結果の違いを説明する重要な方法に関して，異なっているかどうかを確かめるのは難しいからである。

Box 7.12　準実験計画法

　準実験計画法では介入は遅延型である。クラスへの参加に関心をもつすべての親を収容できない場合，待機者リストを作成できる。待機者リストの親は，クラスに参加している親と同じ時に事前テストと事後テストを受けることができる。しかし，クラスを修了するという利点にはない。待機者リストの親は，最初，比較群の一部になるだろうが，最終的にクラスに参加することができる。有益なプログラムあるいはサービスはだれも拒否しないので，これは準実験計画法を行う，より倫理的な方法である。

事前実験計画法

　事前実験計画法には，対照群がなく，ランダム割り当てが行われないので，最も厳密さに欠けると考えられている。プログラムに参加する人々だけがどんな種類の測定にも参加する。事前テストと事後テスト，あるいは事後テストだけがあるかもしれない。事後テストだけのアプローチでは，評価のベースラインがないため，新しいスキルの習得など，参加者が特定の結果に達したかどうかを判断するだけである。事前テストと事後テストを組み込むことによって，プログラムに参加する前と後の参加者の知識や態度を比較することができ，どのように変化したかが簡単に測定できる。しかしながら，対照群が全くないので，プログラム自体のどのような変化の結果であるかを考えることは難しい。

> ### Box 7.13　事前実験計画法
>
> 　「新しい親」支援プログラムに参加している親が研究グループとして選定される。グループのすべての参加者が，プログラムに参加する際に，乳幼児の発達についての事前テストを受ける。2 年目の最後にも同じテストを受ける。事後テストのときに示された知識は，クラスに参加した結果だと判断されるかもしれない。しかしながら，比較のための対照群が全くないので，知識の増加が特にクラスへの参加に起因するかどうかを確かめるのは難しい。クラスに参加しなかった親が，過去 2 年間，親であったことで，まさに同様の知識の獲得を示したかどうかを知る方法はない。

根拠に基づくプログラムの利点

　根拠に基づくプログラムの実施には多数の利点がある。これはプログラムが確かな研究と実績ある理論に基づいていることを保障し，結果や成果がプログラムから受けたサービスに起因する可能性を高めるのに役立つ。さらに，試行されテストされたプログラムを用いることは成功する可能性を高める。新しいプログラムの設計より，むしろ立証されたプログラムに資金が使われるので，資源の最も効率的な使用を促進できる。根拠に基づくプログラムを使う別の利点は，費用便益分析を受ける可能性が高いということである。これはプログラムの利点が，費用より多く，資金と支援を，政策立案者，コミュニティのリーダー，参加者から，より容易に獲得できることを実証する。さらに，多くの根拠に基づくプログラムが，開発者が意図したように教えられるように，教材パッケージ，指導法，職員研修が提供される。最後に，適切に実施された根拠に基づくプログラムの使用は，家族が利用可能な最も良いサービスを受けるのを保障する。

根拠に基づくプログラムが見られる場所

　根拠に基づくとは何を意味するのかについての，普遍的に受け入れられている定義はないが，統合のためのガイドライン，基準，包摂基準を確立した多くの情報センターとレジストリ（登録簿）がある。これらのレジストリの多くは，肯定的な結果を売り込むよりも，対象集団と否定的結果の予防に焦点を合わせている（Cooney et al., 2007）。しかし，一次予防への関心の増大は，この分野の発展を期待させる。Box 7.14 には評価と根拠に基づく実践に関する資源と組織のリストの一部が含まれる。

根拠に基づくプログラムの課題

　根拠に基づくプログラムを実施する価値は広く認識されているが，それらを広範に一貫して使うには多くの課題がある。さらに，根拠に基づくプログラムを決定したり，定義したりするのに使われる評価基準に関する共通理解の欠如は，プログラム開発者や利用者がどんな規格を追求したらよいか，理解するのを難しくする可能性がある。

Box 7.14　根拠（エビデンス）に基づくプログラムと実践，および評価のための資源

米国評価協会（American Evaluation Association）www.eval.org

健全な若者発達計画（Blueprints for Healthy Youth Development, Annie E. Casey Foundation）
　www.blueprintsprograms.com

疾病対策センター・公衆衛生におけるプログラム評価枠組み（Centers for Disease Control
　Framework for Program Evaluation in Public Health）www.cdc.gov/eval/framework/index.htm

子ども福祉情報ゲートウェイ（Child Welfare Information Gateway）
　www.childwelfare.gov/preventing/evaluating/tools.cfm

子ども・若者・家族教育・研究ネットワーク（Children, Youth, and Families Education and
　Research Network, CYFERNET）www.cyfernet.org

根拠に基づく政策のための連合（Coalition for Evidence-Based Policy）
　www.coalition4evidence.org/

コミュニティ道具箱（カンザス大学地域保健と開発のための仕事グループ）（Community
　Toolbox, Work Group for Community Health and Development-University of Kansas）
　www.ctb.ku.edu/en

フレンズ：地域密着型子ども虐待予防全米資源センター（評価ツールキット）（FRIENDS
　National Resource Center for Community-Based Child Abuse Prevention- Evaluation Toolkit
　Resources）www.friendsnrc.org/evaluation-toolkit

ハーバード家族研究プロジェクト（Harvard Family Research Project）
　Evaluation Exchange www.hfrp.org/evaluation/the-evaluation-exchange

評価・刊行物・資源（Evaluation Publications and Resources）
　www.hfrp.org/evaluation/publications-resources

家庭訪問の効果に関する証拠（HomVEE）—米国保健福祉省（Home Visiting Evidence of
　Effectiveness (HomVEE)—U.S. Department of Health and Human Services）
　http://homvee.acf.hhs.gov/

教育科学研究所(IES)，何が情報センターを機能させるか—米国教育省(Institute of Education
　Sciences （IES）What Works Clearinghouse—U.S. Department of Education）
　www.ies.ed.gov/ncee/wwc/

全米子育て教育ネットワーク（NPEN）（National Parenting Education Network, NPEN）
　www.npen.org/resources-for-parenting-educators/evaluating-parent-education-programs/

根拠（エビデンス）に基づくプログラムと実践・全米レジストリ（NREPP），薬物乱用・精
　神衛生管理庁（SAMHSA）（National Registry of Evidence-Based Programs and Practices
　（NREPP）　from Substance Abuse and Mental Health Services Administration　（SAMHSA））
　www.nrepp.samhsa.gov/

ランド研究所〔米空軍の委託研究機関〕・有望な実践ネットワーク（RAND Corporation
　Promising Practices Network）www.promisingpractices.net/

ウィスコンシン大学エクステンション・プログラム開発・評価（U of Wisconsin Extension-
　Program Development and Evaluation）www.uwex.edu/ces/pdande/evaluation/evallinks.html

ウィスコンシン「何が機能しているか」根拠（エビデンス）に基づくプログラム（Wisconsin-
　What Works, Evidence-Based Programs）
　www.human.cornell.edu/outreach/upload/Evidence-based-Programs-Overview.pdf

費用

プログラムが根拠に基づくことを特定するのに必要な研究を実施するには費用がかかるだろう。さらに，多くの小機関や組織は，既存の根拠に基づくプログラムの実施に必要な材料を利用する権利の購入に必要な資金を持っていないかもしれない。また，開発者が意図したとおりにプログラムを正確に実施する能力がないかもしれない。それはプログラムの成果を危険にさらす可能性がある。

対象集団のためのプログラムの不足

機関によっては，特定の集団のニーズを満たすプログラムを見つけるのに苦労する可能性がある。設計されたとおりに正確に実施されなければならないプログラムは，プログラム・モデルの正確な実施を難しくする文化的価値や地方の状況に適応できないだろう。

提供者の専門的知識の重要性

プログラムの有効性は，それがなにを届けるかということと同じ程度に，どのように届けるかという機能によって決まる（Ballard & Taylor, 2012; Small, Cooney, & O'Connor, 2009）。さらに言えば，根拠に基づくプログラムや，問題のための家族プログラムを届ける人物が，機関によって資格を保証され，訓練され，支援されていることが重要である。プログラムリーダーは，スタッフの選択・支援・訓練，データ収集の監督，利害関係者との意思疎通に関する努力を通じてプログラムの成果に大きい役割を果たす。プログラムリーダーの努力はスタッフを維持することができるだけの好ましい労働環境に貢献する。それは，プログラムの成功にプラスの影響を与える。さらに，リーダーが参加して，プログラムの実施を監督することは，プログラムが意図したように実行される可能性を高める（ZERO TO THREE, 2011）。

効果的なプログラムの原則

証明された根拠に基づくプログラムを用いることが望ましいかもしれないが，資金やスタッフの問題から，それを常に選択できるというわけではない。証明されたプログラムの原理を既存のプログラムに組みこむことによって，予防プログラムの有効性を高める方法を提供できる。スモール，クーニー，オコナー（Small, Cooney, and O'Connor, 2009）は，根拠に基づく予防プログラムの一般的な特徴について学び，「根拠を示したプログラムの改良（evidence-informed program improvement, EIPI）」と呼ばれるアプローチを開発した。EIPI アプローチは効果的なプログラムの原則を考える枠組みを提供する。彼らは，効果的なプログラムの 11 の原則を特定し，(a) プログラム設計と内容，(b) プログラムの関連性，(c) プログラムの実施，(d) プログラム・アセスメントと質保証という 4 つのカテゴリに組織化した（Small et al., 2009）。

「プログラム設計と内容」の原則には，理論に基づき，十分な内容と強度をもち，包括的で，活発にかかわることが含まれる。これに比べて，「プログラムの関連性」の原則には，発達的に適切で，適切なタイミングで，社会文化的に適切であることが含まれる。「プログ

ラムの実施」に関しては，プログラムは十分な資格を持ち，訓練され，支援を受けたスタッフによって提供されるべきであり，良い人間関係を育むことに焦点が合わせられるべきである。最後に，「プログラム・アセスメントと質保証」では，プログラムは十分に文書で裏づけられ，評価と改良に責任を持つべきである。

　プログラム評価が測定できない場合や，根拠に基づくプログラムと定義できる方法で実施されていない場合でも，新しいプログラムの開発にこれらの原則を組み込むことができる。また，この原則は，既存のプログラムを評価し，再設計に影響を与える評価基準として使用できる。EIPI アプローチの適用は家族プログラムの実践者が提供するサービスの有効性を高めることができる。

家族生活教育におけるベスト・プラクティスの枠組み

　プログラムの開発や実施に，根拠に基づくアプローチや根拠が示されたアプローチを用いる価値は広く認識されている。しかし，考慮すべき重要な要素は他にもある。「家族生活教育におけるベスト・プラクティスの枠組み（*The Framework for Best Practices in Family Life Education*）」には，内容と方法に加えて，形式と特徴が含まれるようになった（Ballard & Taylor, 2012）。「枠組み」は，プログラムの内容，設計，教材を提示し開発する家族生活教育者を考慮している。すべての要素を，集団の強み，ニーズ，文化という文脈のなかで考慮している。

　ベスト・プラクティスには，参加者について知っていること，内容や方法の面で参加者に役立つことを組み込むことができる。さらに，家族生活教育者のスキルと経験はこのプロセスにおいて最も重要である。「ベスト・プラクティスに基づく優れた家族生活教育プログラムは，実証的に支持された内容とプログラム設計の組み合わせかもしれない。それらは，家族生活教育者の経験とスキルを伴っている。さまざまな参加者のニーズを満たす鍵は，これらの要素すべてに注意を払い，これらの要素の相互関連，相互依存を認識することである。…したがって，これら3つの要素（プログラム内容，プログラム設計，家族生活教育者）は集団の文化的コンテクスト（背景），ニーズや強みに組み込まれ，『家族生活教育におけるベスト・プラクティスの枠組み』を提供する」（Ballard & Taylor, 2012）。

■要約

　本章では，評価に関する多くの概念と問題の概要を示した。推測できるように，評価は複雑な問題であることがある。しかしながら，その価値と重要性を過小評価することはできない。家族に関するプログラム作成に何らかの方法でかかわっているならば，直接的または間接的に評価にかかわるだろう。効果的な評価計画にとって必要なステップを慎重に実施するために，時間をかけることが不可欠である。それには，参加者のニーズと強みの評価，既存の資源の特定，利害関係者とその期待の考慮，行動と結果の関係・プログラム活動・インプット・成果・指標について徹底的に考えた論理モデルの開発が含まれる。プ

ログラム設計に形成的評価を組み込むことは，プログラムやクラスの最後の総括的評価と同様に重要で，何が機能したか，何が改善できるかを判断するのに役立つ。これらの重要なステップに従って，評価の多様な側面を考慮することによって，プログラムが参加者の生活を改善し向上させる可能性が高まるだろう。

■討論課題

1. 「ワーク・ファミリー・バランス」についての 1 晩 3 時間のワークショップのために，ニーズ・アセスメント，形成的評価，総括的評価をどのように実施しますか。
2. 同じプログラムのためのインプット，活動，アウトプット，成果，指標は何ですか。
3. 上記の計画で質的データと量的データをどのように収集しますか。
4. 「ワーク・ファミリー・バランス」ワークショップに出席した結果，起こるかもしれない初期，中間，長期の成果は何ですか。ワークショップの最後に，すなわち，同じ日の最後に，全てを行うことができますか。

■活動

1. 介入よりむしろ予防に焦点を合わせた大きな連邦助成金を得る機会を特定しなさい。予防に焦点を合わせたプログラムの評価は介入に焦点を合わせたプログラムとどのように異なっていますか。
2. 付録 D ジェイコブズの「5 段階プログラム評価法」を読みなさい。各段階で行なわれる評価の例を示しなさい。
3. 6 週間のワークショップ「性と 10 代の若者」は，あなたが望んだほどうまくいっていません。参加者は減少し，集中していないように見え，グループ討論に参加させるのは簡単ではありません。何が問題か，彼らの不満の理由を解明するには，どうしたらよいでしょうか。

第3部　家族生活教育の内容

第8章　理論と実践

家族生活教育における理論の必要性

　理論は，人や家族の行動について合理的な説明をしてくれる。理論によって家族に対する理解を深めることができる。家族は非常に複雑であるため，ひとつの理論が家族の行為のすべてを説明できるわけではない。家族構造や家族機能を理解するためには，さまざまな学問領域で用いられている複数の理論が必要となる。さまざまな理論を取り入れたり，結びつけたりすることが大切である。私たちは，子ども時代の経験，家族や性別役割，社会化などの影響，文化の中で培われた考え方といった異なる要素の影響を受けているからである。

　認証家族生活教育者（CFLE）プログラムの内容と実践ガイドラインは，大学などのカリキュラムと，CFLE 試験（付録 B 参照）に含まれる知識・スキル・能力から構成されている。プログラムは 10 の領域からなっており，そこには家族生活教育の理論，研究，実践が含まれている。中心となる理論や枠組みとして，家族システム論，エコシステム理論，発達理論，家族発達理論，社会的交換理論，象徴的相互作用理論，葛藤理論，フェミニスト理論，ストレス理論がある。家族生活教育はシステムの視点に基づいている。システムの視点とは，家族システム論やエコシステム理論を含むものであり，それらは家族生活教育の枠組みに一貫して見られるものである。

　全米家族関係学会（National Council on Family Relations, NCFR）とシュローダー・メジャメント・テクノロジー（Schroeder Measurement Technologies）は，2007 年に CFLE 認証試験を開発した。開発に至る前には，CFLE に必要な能力を明確にするための調査と分析が行われた。CFLE や家族に関わる現場で働く専門家たちからデータを収集したところ，10 領域にまたがる 76 の能力が明らかになり，この知見が CFLE 認証試験の土台となっている。

　また，方法論に比べ，基礎的な理論が重視されていないという知見を受け，家族生活教育者はプログラムのあり方について再考せざるを得なくなった（Darling et al., 2009）。理論は家族生活教育コースの計画を導くものであるし，コースの成果を解釈する時の手立てになるものである。理論によって，家族が機能することについて理解できるようになる。プログラムを発展させるためには確固たる理論的根拠が必要であるということを，家族生活教育者は折に触れて力説するが，そういった説明が実践の場には浸透してこなかったといえよう。確かに，家族生活教育に初めて従事する者が，家族生活教育者に求められる知識やスキルを身につけることは必要である。よりよい実践を行うためにはそれだけでは十分ではない。確固たる理論的根拠も身につけておかねばならない。

　家族生活教育における理論に関して大きな貢献を果たしたのは，ブリーデホフト（Bredehoft）とウォルチェスキー（Walcheski）（2009）である。彼らは家族生活教育に用いられる理論を 10 の内容領域に分類した実践書を出版した。理論と実践を統合させたこと

は，家族生活教育者に教育者としての準備をさせるという私たちの目的とぴったり合った。家族に関する事実と知識を超えて，どうすれば家族が機能するのかということを批判的に検討するには，理論という抽象的なものを取り入れる必要があるのである。

家族研究における理論

　ここでは，家族生活教育に関わる理論のすべてではなく主な理論の概要に触れることとする。本書の読者の中には既に学んだ者もいるかもしれないが，そうでない読者は理論についてさらに詳しくなるだろう。理論を用いるための学習活動や課題，提案については後ほど触れることとする。

　理論的な概念を用いることを体験しておくと，実際に仕事をする際にその理論を取り入れやすくなる。家族について学んだり，家族とともに活動したりする家族生活教育者が理論を用いる方法を具体的に見てみよう。

家族システム論

　「家族システム論（Family Systems Theory）」は一般システム理論から発展したものである。家族システム論は，家族をシステムとみなし，人間と家族の行動を分析するために重要なパラダイムを提供してくれる（Chibucos, Leite, & Weiss, 2005; Ingoldsby, Smith, & Miller, 2004; White & Klein, 2008）。家族について考察する際は，単に部分の集まりとして見るよりも全体として見るほうが良い。家族の規範のみ，家族の役割のみ，家族のコミュニケーション・パターンのみ，家族の権力構造のみという部分で見るよりも全体として見るほうが良いということである。要素の集まりである「システム」では，その要素は相互に関連しあい，依存しあう。家族のひとりの影響力が家族の他のメンバーにも波及するのはそのためである。

　システムとしての家族は，境界によって維持されている。境界は「開いて」いたり（家族は家族の外側にある要素から影響を受ける），「閉じて」いたり（家族は家族の置かれた環境から切り離される）する。完全に開いていたり完全に閉じていたりする家族などない。家族システム論には，ふたつの重要な要素がある。それは，(1)「構造的な特徴」（「境界」，「浸透性」，「サブシステム」，「階層」）と，(2)「プロセス的な特徴」（境界を形成すること，接続と分離を形成すること，イメージ・テーマ・メッセージ・ルールを形成すること）である。その他にも「インプット・アウトプット・フィードバック」，「循環的な因果関係」，「家族規範・日課・決まって行う日常の儀式的行動（rituals）」，「均衡と動的均衡」など重要な概念がたくさんある。

　「家族円環モデル（*Couple and Family Map, Circumplex Model*）」（Olson, Russell & Sprenkle, 1989; Olson & DeFrain, 2006; Olson & Gorall, 2003）には次のふたつの次元がある。

　(1) 家族「凝集性」（情緒的つながり）という次元には，「収れん」から「拡散」がある。

(2) 家族「適応力」（家庭内のリーダーシップ，役割関係，関係上のルールに係るもの）
という次元には「放縦」から「硬直」がある。

　これらの特徴は，家族ライフサイクルや家族の置かれた文化の中で，変わりうるもので
ある。3 つ目の要素としてあげられるのは，「コミュニケーション」である。コミュニケー
ションは先にあげたふたつの次元を促進させるものである。家族凝集性と家族適応力のバ
ランスがとれている家族は，そのライフサイクルにおいて機能的となる傾向がある。家族
凝集性については「垂直のアタッチメント」（前後の世代とのつながり）や，「水平のアタ
ッチメント」（同世代とのつながり）を検証することによってさらに理解できるようになる。
家族員を外側に押し出す「遠心力」やその反対に内側に引き込む「求心力」を秤にかける
ことで，夫婦や家族は離れた状態を保ったり，親密さを保ったりしようとする（Goldenberg
& Goldenberg, 2003）。
　このモデルを使えば家族の凝集性や適応力についての議論が深まり，理論の精緻化につ
ながる。民族，年齢，ジェンダーといった面で異なる一人ひとりにどのような境界がある
かということや，さまざまな危機に対処する時にどのような境界があるのかということを，
考えることができる。
　家族の凝集性や適応力はこうあるべきという期待は，民族や宗教によって異なるのだろ
うか。凝集性は家族主義を大切にする文化か，個人主義を大切にする文化かということに
よって，その意味が異なることがありうる。家族をめぐる物語や家族が決まって行う日常
の儀式的行動（rituals），家族規範について話し合ってみると，異なる家族や集団について
の理解や意味づけが深まるだろう。

エコシステム（生態系）としての家族

　「ファミリー・エコロジー（家族生態論，Family ecology）」とは，個人や家族についての
問題をさまざまな環境と関連づけて広く検討する際に用いられる理論である。特定の家族
構成に限ったものではないため，多様な構造，背景，生活環境をもつ家族に適用できる。
生態学的な観点は，家族生活教育を理解したり，家族生活教育を文脈の中でとらえたりす
るのに極めて役に立つ（Andrews, Bubolz, & Paolucci, 1981; Bubolz, Eicher, & Sontag, 1979;
Bubolz & Sontag, 1993; Bronfenbrenner, 1979, 2005; Darling, 1987; Darling & Turkki, 2009）。
　人や家族をめぐる問題はますます複雑化しているため，総合的な観点から検討できる枠
組みが求められている。人は周りの環境と関わりながら，その生態系の中にいる。家族も
周りの環境と関わりながら，その生態系の中にいる。私たちは相互に依存しあう生き物で
あって独立した生き物ではないという気づきが今まさに高まっている。人と人が依存しあ
っているだけでなく，人と環境もまた依存しあっているのである。
　エコシステムの枠組みにはいくつかの前提がある。最も基本的な，第一の前提は個人や
家族は環境と関わっており，この関係が生態系を構成しているということである（Andrews
et al., 1981; Bubolz et al., 1979; Bubolz & Sontag, 1993; Darling, 1987; Darling & Turkki, 2009）。
このような生態系においては，部分と全体が互いに関わり合い，互いに依存しあっている。

第二の前提は，家族は家族員という個人のため，家族という集合体のため，さらには社会のために，心理的，生物的，経済的，社会心理的ならびにケア的な機能を果たしているということである。家族のもつ多層的機能とシステムが互いにどのように関わるのかといったことを検討する際に，生態学的な視点は独特の説得力を見せるということである。第三の前提は，全世界の人々が彼らの資源とともに，相互依存しているということである。エコシステムの枠組みが最も重視しているのは，地球に暮らす人間や生き物が生き続けること，さらには地球上の資源がなくならないことである。地球が良い状態にあるか，地球上の人々が幸せで健康であるかといったことは個別に評価することはできないし，生態系の外側から評価することもできない。協力と融合という生態系側の要求と自主性や自由という個人側の要求があり，エコロジカルな枠組みはこの二者のバランスをとろうとする。生態系の根本的な価値は個人のニーズと地球全体の生態系のニーズを中心にしている。個人と全体が互いに補い合うことによって，個人，家族，そして生態系が成熟すると考えられている。

　家族エコシステム・モデルは3つの主要な概念を土台としている。すなわち，「有機的組織体または人間の生活集団（*human environed unit, HEU*）」，社会の家族を包囲している「環

図 8.1 家族エコシステム・モデル

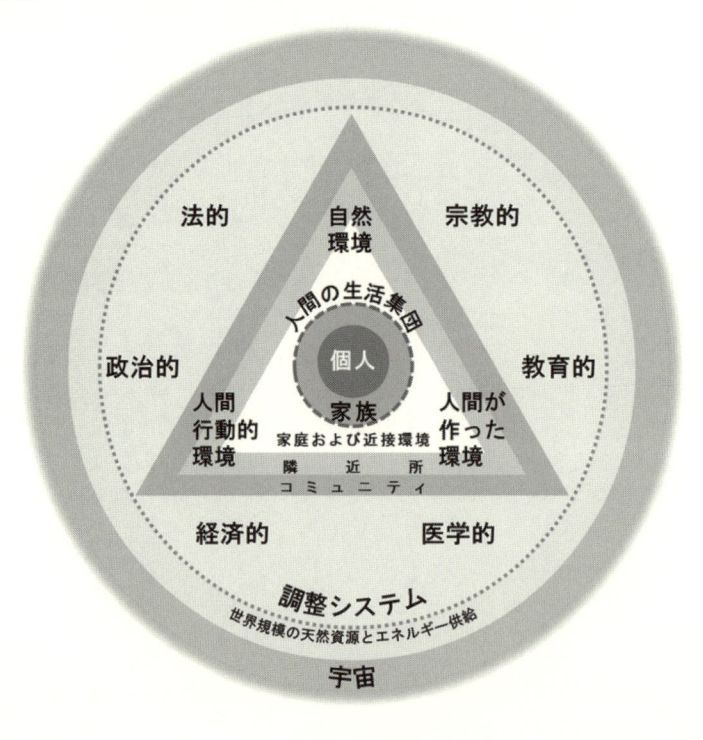

境」，家族システムとその周りの環境との「相互関係」，である(Darling, 1987; Darling & Turkki, 2009)（図 8.1)。「有機的組織体または人間の生活集団」は，個人または我々感情をもつ複数の個人からなる。彼らは，共通の資源，目標，価値観，興味関心，アイデンティティを持っている。多くの場合，私たちが関心を寄せるのは家族であるが，HEU が注目するのは個人か，つながりを持つ人々の集まりであると考えられる。

「環境」は次の 3 つのタイプに分類される。

(1) 自然によって形成される「自然環境（*natural environment*, NE）」であり，4 次元的な要素や物理学的，生物学的なもの。

(2) 人間によって手が加えられたり創られたりした「人間が作った環境（*human-constructed environment*, HCE）」であり，社会文化的，社会心理学的，社会生物学的なもの。

(3) 人間とその行動によって社会化される「人間行動的環境（*human-behavioral environment*, HBE）」であり，心理学的，生物物理学的，社会学的なもの。

「人間が作った環境」の一部である「調整，調節，規制システム」には法律的，政治的，経済的，宗教的，教育的，医学的システムが含まれている。ここで忘れてはならないのは，「宇宙」と「世界規模の天然資源とエネルギー供給」の役割である。天然資源とエネルギーの需要，ならびに気候システムの変化の影響とともに，自然環境の要素は家族エコシステムという文脈において検討されねばならない。「宇宙」については，生態系の議論の中で取り上げられることはめったにないが，世界規模の温暖化，太陽フレア，地球に落下する隕石が注目されている今では，宇宙も環境の一部だと考えられるようになっている。「相互作用」は「人間」と「環境」との間の作用である。「環境」の中の社会，経済，政治，生物的な要素は変化し続けており，家族もまたその変化に適応し続けている。

「自然環境」，「人間が作った環境」，「人間行動的環境」といった環境と，個人や家族は，多くのレベルで関わっている。そのレベルは身近な環境や家庭から，近隣，地域社会，州や国，世界，宇宙まで広がりを見せている。これについてブロンフェンブレンナー（Bronfenbrenner）(1979, 2005) はその生態学的アプローチの説明の中で，人は入れ子構造になった環境の中で影響を受けると述べた。彼は，「マイクロシステム」（人と大切な人との直接的かつ具体的な相互作用を伴う個人が置かれた環境設定)，「中間システム」（マイクロシステム内の環境設定間の相互作用)，「エクソシステム」（人間のマイクロシステムまたは中間システムに間接的な影響を与えるより大きい社会システム)，「マクロ・システム」（全体的な文化的背景や価値観）という生態学的パラダイムにおいて成長している個人を，環境システムの即時性に基づく環境システムに組み込んだ。その後，クロノシステム（時間が経つにつれて生じる組織的な変化）が，個人（できごとと経験）の成長の歴史やライフ・コースを通じた成長への影響により多くの注目が集まった。ブロンフェンブレンナー（2005）による生態学から生物生態学へという動きは，生物生態学が生物学と社会生物学を統合したものであることを示唆したものである。生態学的な取り組みは，個人や家族が自らを取り巻く状況や環境にどのような影響を受けるかということを検証するものではあったが，「自然環境」，「人間が作った環境」，「人間行動的環境」の相互依存関係を十分に促

すまでには至らなかった（Bubolz & Sontag, 1993）。生態学的な枠組みの歴史はまだ浅いが，家族の発達を理論化する際に重視されるようになっている（White & Klein, 2008）。

　「人間生活集団」が「自然環境」，「人間が作った環境」，「人間行動的環境」とどのように関わっているか。また，これらの環境が存在するレベルはどうであるか。こういったエコシステムの観点をもってすれば，あらゆる問題が検証可能となる。例えば，壊滅的な嵐（自然環境）は家庭やビジネス（人間が作った環境）に損害を与え，健全な家計（人間行動的環境と人間が作った環境）のみならず家族の安心・安全（人間行動的環境）にも影響する。この場合の嵐は，個別の家族に影響を与えるだけでない。近隣，州，そして国家レベルにおいて，保険会社，政府援助，政治情勢にも予期せぬ結果をもたらすこととなる。個人や家族を環境に関連づけ，それらを生態系として検証することは，網の目状に広がった複雑な生活を検証することである。こういった検証によって，家族生活教育者が家族に教えたり家族の役にたったり，学生が家族問題をしっかり理解できたりする。

家族発達理論

　発達の枠組みには，個人のものと家族のものがある。このふたつを組み合わせると，家族を理解するための縦断的な視点を得ることができる（Chibucos et al., 2005; Ingoldsby et al., 2004; White & Klein, 2008）。変化は常に起こっており，ゆるやかである。人が年齢を重ねることもまた変化である。家族や社会には急激な変化もある。メディアの影響，これまでにないライフスタイル，バイオテクノロジーの進展とともに，家族生活が変化した。「家族発達理論（Family Development Theory）」は初期に構築された家族理論のひとつであるが，現代の家族分析でもなおその価値が認められている。

　個人の発達理論と同様に，家族発達理論は発達の段階や，一生における段階に起こる変化や内的な発達に着目する。家族発達理論の視点からみると，「家族」は，人を「役割」（親族地位に伴う期待）と「地位」（夫，妻，父，母，息子，娘，兄，弟，姉，妹といった役割配置）と「規範」（行動を制限する文化的な期待）に当てはめる場所である。学生が担っている役割（例えば，弟や妹の世話をする，家事を分担する，家族のコミュニケーションに貢献する），地位（例えば，娘，息子，兄，姉），文化的な規範（例えば，現在の年齢に応じた息子または娘としての文化的な期待）を分析することで，これらの概念を関連づけて考えることができるようになる。学生にとって，家族員に割り当てられた役割の文化的規範とは何かと問われても，それを言葉にすることは難しいかもしれない。そのような時は，親としての文化的規範を破ったことでニュースの話題になった実在の親を取り上げてみてはどうだろう。

　「家族ライフサイクル」には 8 段階，すなわち，(a)「新婚の時期」（子どもがいない），(b)「乳幼児のいる時期」（第 1 子が出生〜30 か月），(c)「未就学児のいる時期」（第 1 子が 2.5 歳〜6 歳），(d)「就学児のいる時期」（第 1 子が 6 歳〜13 歳），(e)「10 代の若者のいる時期」（第 1 子が 13 歳〜20 歳），(f)「子どもの離家が始まる時期」（第 1 子が独立），(g)「親役割が終わる時期」（「空の巣」〜退職），(h)「老いに向かう時期」（退職〜配偶者の死）がある（表 8.1）（Duvall & Miller, 1984）。この 8 つの段階に拡大や縮小という 2 つの段階を

加える場合や，「妊娠期」という段階を加える場合もある。子どもの誕生（第 1 子の年齢），子どもの独立，死によって家族員が増えたり減ったりして，段階が発達していくのである。子どもの有無や子どもの年齢といった変数を投入して検証すると，家族ライフサイクルが今でも活用できる予測ツールであることを明らかにした研究もある（Kapinus & Johnson, 2003）。

　ライフサイクルの各段階のさまざまな「発達課題」は通例の期待に基づくものである。発達課題を達成できたら次の段階に移行する準備ができたということになる。なお，発達課題が達成されなかったからといって次の段階に進めないということではない。不幸にな

表 8.1 家族ライフサイクルの各段階における重要な発達課題

家族ライフサイクルの段階	家族の地位	重要な発達課題
新婚の時期	妻 夫	夫も妻も満たされた結婚を築くこと 妊娠と親になることに適応すること 親戚関係に順応すること
乳幼児のいる時期	妻－母 夫－父 娘－姉・妹 息子－兄・弟	乳幼児の発達に応じたり発達を促したりすること 親にとっても乳幼児にとっても満たされた家庭を築くこと
未就学児のいる時期	妻－母 夫－父 娘－姉・妹 息子－兄・弟	未就学児の成長を促すべくその重要なニーズや関心に応じること エネルギーを消耗したりプライバシーがなくなったりすることに適応すること
就学児のいる時期	妻－母 夫－父 娘－姉・妹 息子－兄・弟	就学児をもつ親のコミュニティに前向きになじむこと 子どもの学業成績が伸びるよう励ますこと
10 代の若者のいる時期	妻－母 夫－父 娘－姉・妹 息子－兄・弟	10 代の若者が成熟し親から独立する時の，自由と責任のバランス 子育て期が終わってからの関心やキャリアを築くこと
子の離家が始まる時期	妻－母－祖母 夫－父－祖父 娘－姉・妹－おば 息子－兄・弟－おじ	適切な決まって行う日常の儀式的行動（rituals）やサポートをしながら，子どもを仕事，兵役，大学，結婚などに送り出すこと 子どもをサポートする母体としての家庭を維持すること
親役割が終わる時期	妻－母－祖母 夫－父－祖父	結婚に伴う関係を再構築すること 上と下の世代の親戚との結びつきを保つこと
老いに向かう時期	寡婦または寡夫 妻－母－祖母 夫－父－祖父	死別を乗り越えて一人で暮らすこと 皆で暮らした家を閉じるか，加齢に応じた家にすること 退職に適応すること

資料出所：Duvall, E. & Miller, B. *Marriages and Family Development* 6/E © 1984. Printed and electronically reproduced by permission of Pearson Education, Inc., Upper Saddle River, NJ.

るとか，社会に受け入れられないとか，次の段階でうまく機能できないということでもない（段階ごとの重要な課題については表 8.1 に示した）。「発達課題」の概念を適用するために，人生の特定の時期に達成されるべき課題の例（例えば，「読み」という学習課題）を提供するかもしれない。「読み」という学習課題を期待された子どもがしかるべき時期に読めるようになれば，幸福感や達成感を得ることができる。もし，この課題を達成できずに他の子どもたちより「読み」に問題を抱えるようなことになれば，「読み」が基盤となる学校での他の学習が進むにつれて無力感にさいなまれたり，羞恥心を抱いたりする。個人や家族の発達上の節目となる課題にはどのようなものがあるか。表 8.1 はこういった議論のきっかけになる。

　家族発達理論に対しては，批判が寄せられている。そのひとつは，すべての家族は同じように発達するという前提に対するものである（Laszloffy, 2002）。「家族ライフサイクルの段階はあなたの家族にあてはまりますか」と学生に尋ねてみると，肯定する者も否定する者もいるだろう。しかし，自分の家族環境が唯一無二の存在であることを理解するためには，「箱の外から考える」ことが重要だ。例えば，「老いに向かう時期」の者と，「子どもの離家が始まる時期」の者同士が再婚をすれば，彼らは夫婦として「家族を築く時期」にいることになる。この新婚夫婦は 3 つの異なる段階の発達課題を同時に達成しようしているということが分かれば，夫婦が直面するさまざまな課題を理解できる上に，子連れ再婚家族として困難な課題に直面するのは当然だということも分かるようになる。さまざまな理由から，家族の多くは家族ライフサイクルの段階を順序よく進まないかもしれない。一般的に第 1 子に気を取られがちであるが，研究者の指摘によると，末子にこそ注視しなければならない。ひとり親や子連れ再婚家族では特にこれがあてはまるのだという。そういった家族は，家族発達理論から幼い子どものいる親が直面する役割や時間について情報を得ることができる（Kapinus & Johnson, 2003）。

　家族発達理論に対する批判はまだある。世代を一代限りとすることに対する批判である。家族は複雑でさまざまな世代の集まりである。一世代限りとすることへの批判は，家族発達理論に多世代アプローチを取り入れることによって克服できるだろう（応用について述べている本章の「家族スパイラル分析」参照）。

社会的交換理論

　幸せな家庭生活，愛に対する充足，受容してほしいと求められること。こういった喜びは，他者の行動からもたらされる。暮らしの中で人々が求める報酬は社会的な交換を通して得られる。「社会的交換理論（Social Exchange Theory）」は，交換理論，相互理論，公平理論などさまざまな名前で呼ばれるが，基本的な前提は，人間は報酬やコストやもたらされる利益という点から相互関係を形成するということである。「報酬」とは，個人・家族・地域のニーズに合致する何かである。社会的な需要，経済的な成功，結婚関係や子どもから，報酬を得ることもある。しかしながら，こういった関係にはもちろんコストもかかる。「コスト」は報酬の対極にあり，人はコストがあまり生じないような行動をとるものである。何かを選んだ結果，機会喪失という形のコストが生じる。家族についていえば，自主性や

自発性, 自由を喪失するだけでなく, 新たな義務が加わることによってもコストは生じる。交換をすると, 「報酬」や「コスト」の違いが, 結果として「利益」や「損失」となり, これが交換の成果となる。社会的交換の評価は, 「比較基準」を用いて行われる。「比較基準」とは, 結果 (報酬とコスト) が妥当であるかどうかを評価する一般的な基準である。人は, 他の選択肢との比較とあわせて, その選択をした場合に起こりうる結果や, 過去や現在との関係を比較する。交換理論における他の重要な概念は, 等しい交換とするために互いに与えたり受け取ったりする「相互関係」, そして交換における公平・公正という意味の「エクイティ」などがある (Chibucos et al., 2005; Ingoldsby et al., 2004; White & Klein, 2008)。

　社会的交換理論が成立するには前提がある。人々は目標志向的であり, 社会的交換において優位に立ちたいと考えている, というものである。そのため, 資源をもつ人が権力と利益を得るという「資源仮説」が採用されている。「最小関心の原理」では, 関心をもたない人が力をもつことになっている。家族間の交換は家族行動が公なものではないため滅多に見えてこない。家族間の交換は必ずしも現物を介すものではなく (現金やサービスといった資源は相互に交換されない), 時間をかけてエクイティを築くこともあるということを考えておかねばならない。例えば, 親から守られながら育った子ども達は, 時間が経った後に親の欲求を満たすことによってその恩返しをするのがそうだ。交換理論というと計算したり操作したりすることで, 質とは関係ないように聞こえる。しかし実際のところは, 社会的交換における質が友情の強さや, 人間関係の満足度や親密さに関わってくるのである (Chibucos et al., 2005)。

　交換理論は, 決定によって生じる報酬とコストを理解するために用いられる。例えば, 大学で専攻を選ぶこと, 住まいを選ぶこと, 大学院に進学すること, 結婚すること, 「ブーメラン」の若者として生活するために実家に戻ることなどによる報酬とコストを理解するために使われる。交換理論が前提とするのは, 人は生活における報酬とコストを決定するのに合理的であるが, いつもそうではないということである。「最小関心の原理」と「資源仮説」は, 人間関係, 男女の交際関係, 結婚, 親子関係について考える時にも役に立つ。人間関係がうまくいっていない時にこういった概念を用いて分析すると, 現在やこれからのことについて解決の糸口が見いだせるかもしれない。

家族ストレス理論

　「死と税金を除いて, この世に確実なものなどない。」

・・・ベンジャミン・フランクリン

　ベンジャミン・フランクリンはこう言い残したが, 実は, 死と税金の次に確実なものがある。それは家族のストレスである。「家族ストレス」とは, 家族の資源に負担がかかるような要求がある時に生じる緊張のことをいう。適応が容易にできなければ, 家族ストレスは「家族危機」につながる。家族危機とはこれまで用いてきた適応方法が効かず, 新しい戦略が必要となる状況である。家族危機には 3 つの相互に関連する概念がある。すなわち,

危機が変化を含むこと，危機が正か負か正負どちらにもなる可能性のある岐路となること，危機が相対的に不安定な時期であることである（Boss, 2002）。

「家族ストレスと家族危機の ABC-X モデル（*ABC-X Model of Family Stress and Crisis*）」は，家族ストレスと危機の ABC-X モデルに立脚している（Boss, 2002; Weber, 2010）。ABC-X モデルの（A）は「ストレス源」もしくは「危機を引き起こすできごと」である。これらのできごとは家族という文脈の中で影響を受ける。規範となったり（ライフサイクルで期待されること），規範とならなかったり（予見できないできごとや状況），家族の内外で起こったり，短かったり長引いたり，あいまいであったり明確であったり，家族の地位に影響を与えたりする。ストレス源にはいくつか種類がある。家族の誕生や，家族の喪失，家族の収入や地位の突発的な変化，家族役割をめぐる衝突，障がいをもつ家族や扶養家族を抱えること，あいまいな喪失感，ストレス源の蓄積などである。小さなできごとはストレスを引き起こすほどではないが，それらが同時にもしくは連続して起こると家族に大きな打撃を与える。

ストレス源が生じた時の家族の個々人の強さや集合的な強さ（適応力）は「ストレス源／危機対応資源」（B）といわれる（Boss, 2002; Weber, 2010）。資源は身体的なもの，経済的なもの，人間関係的なもの，社会的なもの，心理的なものに分けられる。資源を持っているから，家族はストレス源に対抗するのである。家族ができごとをどのように「受け止め」，「定義し」，「意味づける」か（C）は，家族がその「できごと」や「危機」をどの程度「管理するか（X）を理解する鍵となる。ストレス源（A），既存の資源（B），できごとの認知（C）の統合が，ストレスや危機のレベル（X）や，良い適応から悪い適応まで家族が経験する応答につながる。家族ストレスは必ずしも悪いものではないが，現状を維持できなくなったり，家族機能が停止して家族が弱まったりといった激しい変化が起こったりした時に問題となる。

家族ストレス理論のもうひとつの重要なモデルは「ジェットコースター・モデル（*Roller Coaster Model*）」である（Boss, 2002; Hill, 1949）。ジェットコースター・モデルでは，ストレスを経験した家族は問題を管理し解決したりする前の方法がうまく機能しなくなる，いわゆる解体期間に入るという。それから，時間をかけて再組織化され，転機を迎え，回復期間に入る。この転機は「ストレス源」によって異なるし，「資源の対処」能力，ストレス源や資源の「受容」の変化によっても異なる。家族は新たな「再組織化水準」に入り，その水準は従前より低かったり，同等であったり，高かったりする。

あいまいな喪失は見逃してはならない重要なストレス源である（Boss, 1999）。家族員の喪失があいまいである時，家族の境界の折り合いをつけることが難しい。あいまいな喪失にはふたつのタイプがある。ひとつは「心理的には存在」するが，「物理的には不在」であるタイプである。例えば，戦争，自然災害，収監，遺棄などの予期せぬできごと，より身近な例では移住，養子縁組，離婚，独立，施設入所などである。もうひとつは，「物理的には存在」し，「心理的には不在」するタイプである。予期せぬ脳の損傷，アルツハイマー病や認知症，脳卒中もあるし，浮気もそうだろう。より身近なものでいえば，仕事ばかりで家庭を省みなかったり，パソコンやテレビにかじりついてばかりいたり，ホームシックに

陥ったりということである。高齢社会やアルツハイマー病や認知症の広がりだけでなく，戦争，テロ，PTSD が蔓延することを考えると，このあいまいな喪失に注意を払うのは重要である。この議論は，このような喪失を経験する人がいるということを知ることに意味がある。ボス（Boss）によると（www.ambiguousloss.com），「あいまいな喪失には終わりがない。大変なのはそのあいまいさとどのように生きるか，学ぶことである」という。家族ストレス理論，ABC-X モデル，ジェットコースター・モデルは，ストレス源への適用やあいまいな喪失も含めて，家族の適応と回復への考え方への手がかりを与えてくれる（Boss, 2002）。

家族生活教育における理論の適用

理論は抽象的であるし，自分や自分の身の周りに関係するとは考えにくい。理論について学ぶのは骨の折れる作業である。しかし，学習経験や学習課題を学生にとって意義あるものにすれば，理論そのものや，理論を暮らしにどのように用いるかということを理解できるようになる。例えば，具体的な例やケース・スタディ，報道，感想，理論の実践，小研究プロジェクト，家族分析を用いるとよい。

例え話を用いて理論を理解する

発達の概念をチョコレートチップクッキー作りに例えると理解しやすい。クッキーを作る際には，人によって異なるショートニング，砂糖，塩，ナッツ，チョコレートチップ，卵を混ぜて焼く。そして，人によって異なる方法で保存する。一人ひとりが作ったチョコレートチップクッキーはどれも美味しく出来上がるが，その見かけや歯ごたえ，味は，似ていたり違っていたりする。このクッキー作りを例にとって，出産前発達，幼児期の経験，成員の変化，成人の発達，家族の社会化について文化的な相違を議論させることができる。これらはすべて個人や家族に影響を与えるものである（Darling & Howard, 2009）。

チョコレートチップクッキー作りの例では，文化的な文脈を組み込むことができる。チョコレートチップクッキーを作る際の材料（原料）が入手できるかということ，異なるオーブンを使うこと（温度，時間，オーブン使用場所の標高），栄養重視か嗜好重視かということが文脈にあたる。クッキー作りのように，人は自分の文化のさまざまな価値や状況の中でそれぞれ発達するのである。発達や文化の違いから人やクッキーは異なったり似たりする。しかしそれでも，すべてに価値がある。

ケース・スタディに理論を適用する

学生は，理論についての講義に耳を傾ける。しかし，理論を実際の家族に適用するには，講義を上回るような刺激や実践が必要である。学生を小グループにして，理論に基づく一般的な質問を課してケース・スタディをやらせると，ノートや資料を使いながら協力して取り組み，どのように家族が機能するのかということについて理解を深めることができる。いずれも短い事例だが，それぞれの家族にどのようなことが起こるかということをブレイ

ンストーミングし，それをもとに理論を家族に用いる方法についてクラス全体に報告することができる。このような学習活動は理論を現場に適用することを促すだけでなく，学術的には試験前に理論の復習ができるといわれている。

　Box 8.1 は，ライフサイクルの異なる段階にいる家族について示したものである（「ヒント」…ケース・スタディで登場する家族には色にちなんだ家族名をつけ，配布用紙はその家族名に応じた色の紙にする。配布用紙は色ごとに並べ，クラスに配布することでグループが作れるようにする。ケース・スタディの家族名と配布する紙の色を関連づけることで，教師はグループごとの切り替えが簡単になり，その家族の状況を知りやすくなる）。どのような理論や概念を扱うかにもよるが，次のような内容を含めたものとする。

- **家族発達理論**　この家族がいる発達段階を特定し，特定するために用いた情報を明確にしなさい。この家族が達成していない課題と達成した課題は何か説明しなさい。
- **家族システム論**　この家族の身体的かつ心理的境界を明確にした上で議論しなさい。家族のサブシステムについて述べ，サブシステムのルールと境界について，全システムのそれと比較しなさい。この家族は家族円環モデルのどこにいるだろうか（凝集性－拡散から収れん：適応力－放縦から硬直）。この家族のルーティン，慣習，関係的なルール，手続き的なルールのうちのひとつを具体的に取り上げてみよう。
- **ファミリー・エコロジー論（家族生態論）**　この家族に関係する「自然環境」，「人間行動的環境」，「人間が作った環境」の例としてはどのようなものがあるか。「人間」と「自然環境」，「人間行動的環境」，「人間が作った環境」のうちのひとつとの関係，もしくは「自然環境」と「人間行動的環境」と「人間が作った環境」の間にはどのような関係があるか。

Box 8.1　ライフサイクルの段階とケース・スタディ

　グループごとに事例と質問を与えて，理論を適用することについてクラスで話し合いなさい。

グリーン家

　トム・グリーンとジェニー・グリーン夫婦は結婚して 27 年になる共働き夫婦である。トムは車の営業マン，ジェニーは技術者である。この夫婦には 26 歳のケン，21 歳のキム，18 歳のジョーダンという 3 人の成人した子どもがいる。キムとジョーダンは大学生である。トムには 80 歳になる父親のヘンリーがいるが，ここのところヘンリーの心臓の具合が悪く，身体も弱って，自分で自分のことができなくなってきている。トムとジェニーはヘンリーが自分のことができなくなっているため，仕方なく同居することに決めた。この家族の機能に影響を与えるのはどのようなことか。

ティール・ブルー家

　ジェイク・ティールとクリス・ブルーは結婚して 2 年になる同性カップルである。子どもが欲しい彼らは，代わりに子どもを出産してくれる代理母に協力を求めた。妊娠した代理母の超音波検査をしたところ，驚くことにお腹の中の子は双子だった。ジェイクは機械工として，クリスはオフィスマネジャーとして働いていた。生まれてくる赤ん坊のために，クリスは 3 ヵ月の家族休暇をとった後，仕事に戻るつもりだった。しかし，双子であることが分かったので，ジェイクとクリスは，クリスがずっと家にいる必要があるのではないかと思っている。この家族の機能に影響を与えるのはどのようなことか。

レドモンド家

　シェリア・レドモンドは 4 人の子どもを育てるシングルマザーである。子どもは上から順に，18 歳のマーテイン，15 歳のジェニー，14 歳のクリスティン，10 歳のアレックスである。ジェニーは妊娠中であり，子どもを産み育てたいと考えている。シェリアはこの妊娠に複雑な心境でいる。ジェニーはしかるべき教育を修了すべきだと考えているからである。この家族の機能に影響を与えるのはどのようなことか。

オレンジ家

　ジル・オレンジとジャスティン・オレンジは大学卒業の 2 週間後に結婚した。何年か働いてから大学院へいこうと計画していたが，新婚旅行で妊娠をした。今，妊娠 7 か月で将来の計画を立てているところだ。この家族の機能に影響を与えるのはどのようなことか。

グレイ家

　ジョン・グレイとマリア・グレイは結婚して 10 年。8 歳のアドリアナ，6 歳のエレーナ，4 歳のカルロという 3 人の子どもがいる。ジョンは公立高校の理科教師である。マリアは看護助手だったが，末っ子が生まれてからは子育てに専念するため家庭にいる。子どもたちも大きくなってきたので，マリアは正看護師になるために学校に入学したいと考えている。この家族の機能に影響を与えるのはどのようなことか。

ガーネット・ゴールド家

　エリック・ガーネットとリサ・ゴールドは 3 ヵ月前の最初のデートで恋に落ちた。彼らは互いに愛し合って結婚した。2 週間後には，エリックが看護学，リサが化学で学位を取得して大学を卒業する予定だ。エリックとリサは実家のある州を離れ，別の州で仕事を探している。大変な思いをして学位を取得したこの夫婦は，それぞれの専門分野を生かした専門職に就きたいと考えている。この家族の機能に影響を与えるのはどのようなことか。

ラベンダー家

　ケン・ラベンダーとトーニャ・ラベンダーには，4 歳のヨランダ，3 歳のラシャンダ，2 歳のデクスターという 3 人の子どもがいる。ケンとトーニャはどちらも小学校の教師で，子どもたちのために家庭にいたいと考えている。子どもが生まれてから，彼らはひとつの教師のポジションをふたりで分かち合うことにした。ケンが午前中に，トーニャが午後に，3 年生を教えるといった具合である。収入のために家から近いところで働ける仕事を考えているが，子育てに時間がとられがちである。この家族の機能に影響を与えるのはどのようなことか。

バイオレット家

　ジェシー・バイオレットとトム・バイオレットは退職してからストレスを抱えるようになった。ジェシーは 1 週間に 2 回，60 マイル離れた高齢者施設に自分の母親を訪ねている。トムは軽い発作をおこして理学療法を受けている。子どもや孫たちはもっと頻繁にジェシーとトムを訪ねたいが，飛行機代がかかる。この家族の機能に影響を与えるのはどのようなことか。

ベージュ家

　デイブ・ベージュとジェニファー・ベージュには 3 人の子どもがいる。すべて成人したり，結婚したりしていて，別の都市で生活している。上のふたりには子どもがいるが，末っ子は未婚の大学院生である。デイブとジェニファーは来年，退職して旅行をすることを楽しみにしている。しかし，長女はデイブとジェニファーが孫の世話を引き受けてくれることを期待している。この家族の機能に影響を与えるのはどのようなことか。

- **社会的交換理論**　家族員を一人選んで，その人と他の家族員との関係が今どうなっているかを評価する。それぞれの関係における各家族員との報酬とコストは何か。例として家族内での相互関係にはどのようなものがあるか。
- **家族ストレス理論とABC-Xモデル**　家族でのストレッサー（A）は何か。それは標準的か，そうではないか。家族が適応するための資源（B）とは何か。家族はストレス源をどのように受け止めるか（C）。家族はストレス源にどう適応するか（D）。

　グループごとにそれぞれ理論を割り当てるか，時間に限りがある場合は質問から始めると良い。割り当てられた課題を十分に終わらせることができないグループがあるかもしれないが，ほとんどのグループが作業を終えたら，その成果をもとに理論についての議論を促すことができる。各グループは理論に関する問いのすべてに答える必要はないが，理論的概念をケース・スタディに用いたことについての考えを発表するようにする。

理論を提示するために最新のニュース記事を取り入れる

　家族エコシステムの枠組みは最新のできごとに適用しやすい。インターネット上で拾ったニュースを教室で見せることで，「人間」，「自然環境」，「人間行動的環境」，「人間が作った環境」や「人間」とその環境や，さまざまな環境要素同士の関係の例について学生の議論を促すことができる。国内外の天候，自然災害，経済，法律の問題，家族関係や人間関係についてのニュース動画は無数にある。それによって，学生は洞察に満ちた議論をしたり，実践したりすることができる。新聞，雑誌，テレビ，インターネットのニュース記事を取り上げることで，教育の場に具体例を取り入れることができ，理論的な内容を応用したり理解を深めたりできるようになる。

理論を理解するための個人的省察

　一見しただけでは理論は抽象的なものに過ぎず，生活に応用できるものではない。しかし，省察的な問いによって，個人的な洞察が深まる瞬間がもたらされる。交換理論について教えていると，報酬とコストなどの概念は頭で理解するものであり，自らに応用するようなものではないかもしれない。そこで「あなたはこれまで自らを『役立たず』だとか，『有利な立場にある』と感じたことがありますか」といった簡単な質問をすれば，「ああ，なるほど」と思える瞬間が訪れる。ほとんどの学生はそういう気持ちになったことがあると答え，公平な交換とは何かという問題が自分に関係があることになる。

理論を「する」，理論を「教える」

　教員は理論を「教える」ものであるが，生徒が理論を「する」という提案がある。学生がペアになって食料品店や市場などの公の場で，家族を観察して家族システムについての情報を集めることで，理論を「する」のである（Whitchurch, 2005）。観察の場から教室に戻った学生は，観察した家族が所属する生態系とは何か報告する。観察を通して聞こえてきたお金のこと，しつけのこと，人と人のコミュニケーションのことについても他の学生と

共有することもできる。観察で得られたデータをもとに，理論で学んできた境界，サブシステム，フィードバック，家族のルール，家族の凝集性や適応力などの概念についても明確にすることもできる。

ミニ研究プロジェクトで生活を変えるために理論を適用する

　人の生活は他人との関わりや周囲の環境から構成されている。そこで，3 日ないし 5 日間，生活の重要な要素を学生に変えさせ，その結果をエコシステム的に分析してみるとよい。研究課題や方法論について事前に簡単に学んでおくと，学生は生活を変えるためにさまざまなことができる。その際，健康に有害なことは禁止である旨注意喚起する必要がある。生活を変える例としては，テレビ，携帯，E メール，iPod，フェイスブック，ツイッターなしで生活する，電気製品なしで暮らす，美容や身だしなみを整えるものを使わない，8 時間の睡眠を確保する，食生活や着る服の決まったやり方を変える，運動を始める，異なる環境で勉強する，車の使用を開始したり中止したりする，他人を心から褒める，今までと異なる関わり方をするといったことである。学生は関連文献をレビューし，理論的な概念を適用し，発見したことを分析する必要がある。発見したことを何らかの方法で数値化するとよいかもしれない（例えば，受け取ったり見落としたりした E メールの数，睡眠時間，新たな食習慣に係るコストなど）。最後に，学生にこの課題から，家族と生態系について学んだことを質問する。小グループ（2～3 人）でこういったことに取り組み，教室に持ち寄って発表することで，家族エコシステムの枠組みを実際に用いることについて学生はさらなる気づきを得るだろう。

理論を統合するための家族生活スパイラル分析の活用

　家族について本質的に理解するために複数の理論を同時に用いることができる。このことを学生に知ってもらうために，教室での実践や議論の基礎として家族生活スパイラル分析を用いることができる。この分析はシステム理論と発達理論を統合するものである。

- 図 8.2 は 3 つの同心円の集まりである。「内側の円」は段階 1（誕生／幼児期）から時計回りに段階 4（配偶者選択期）までである。続いて，「真ん中の円」は段階 5（親の時期）から段階 8（成人期）までとなっている。「外側の円」は段階 9（祖父母期）から段階 12（高齢期）である。家族の中には長生きをして段階 12 を超えて「老年期」というべく段階 13 に達する者もいる。
- 図 8.2 は 4 つの象限から成っている。段階 1・5・9 からなる上の象限は，家族システムにおいて中心に向かう力を現した小さな形になっている。言い換えれば，段階 1 で赤ん坊が誕生し，家族の境界がより近接し，親は新たに生まれた子に焦点をあて，祖父母は祖父母として家族のあれこれにより時間を割いている。この象限では家族員同士の世代を超えた再結合がある。これと比較すると，段階 3・7・11 は家族システムの中では遠心力が働いていて，やや広がっている。青年は仲間とつるむようになり，独立することを心待ちにしている。親は自らの結婚生活のあり方について改めて話し合ったり，キャリアの問題に取り組んだりしている。それより上の世代は

退職してから旅行や趣味，中には2度目のハネムーンを楽しむ世代である。段階2・6・10からなる象限は遠心力が働いて外側に向かうところで，その反対に段階4・8・12からなる象限で求心力が働いていることを示している。

- 図8.2の下には，12の段階に移行するおおよその年齢が示されている。例えば，段階1の誕生／幼児期はこの世に生まれた時か0歳の時，児童／学童期は6歳，青年／思春期は12歳などといった具合である。

図8.2　家族生活スパイラル図

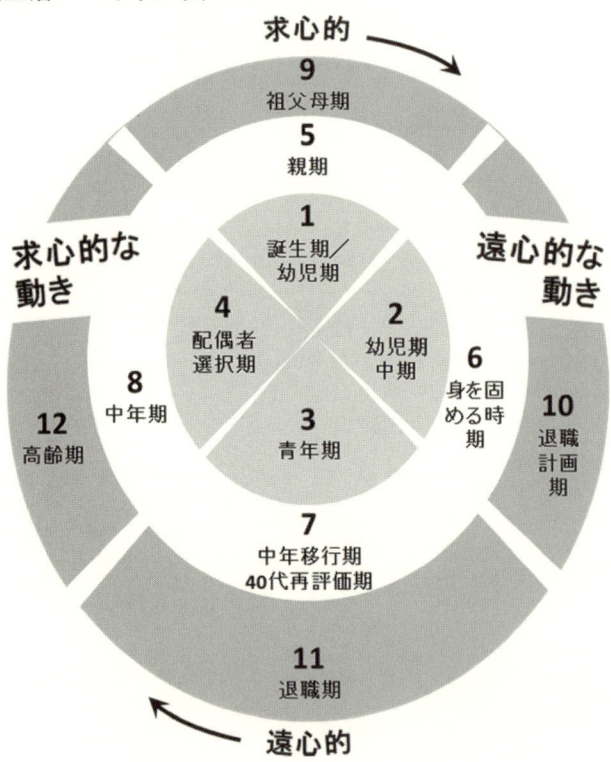

移行イベント（年齢）
1. 誕生期／幼児期（0）
2. 幼児期中期／学童期（6）
3. 青年期／思春期（12）
4. 配偶者選択期／独立期（18）
5. 親期（24）
6. 身を固める時期（30）

移行イベント（年齢）
7. 中年移行期／40代の再評価期（36）
8. 中年期／空の巣期（42）
9. 祖父母期／中年期が変化する時期（48）
10. 退職計画期（54）
11. 退職期（60）
12. 高齢期／たいまつを渡す時期（66）

表8.2 家族生活スパイラル分析

時期	家族円環モデル	世代	移行イベント (1)	他の特性 (2)	年齢の範囲 (3)
求心的	凝集性－高 柔軟性－低	1	誕生／幼児期	歩く；話す；トイレ・トレーニング；就学前教育	1-6(8)
		5	親期	キャリアのスタート；宗教の探索；大学院；初めての家の購入；恋愛関係のような母子関係；伝統の確立；親の助言を求める（再結合）	24(26)-30(32)
		9	祖父母期／中年期が変化する時期	思い出の追体験；更年期；伝統への着目；第2世代への実践的な助言（再結合）	48(50)-54(56)
求心的↓遠心的	凝集性－低 柔軟性－低	2	幼児期中期／学童期	読み書き計算；分離不安；親以外の権威ある大人の認識	6(8)-12(14)
		6	身を固める時期	キャリアの進展；2軒目の家の購入；宗教への傾倒；決まった仕事	30(32)- 36(38)
		10	退職計画期	ボランティア活動；部活動；慈善活動；旅行；退職日の設定；経済的状況の見直し	54(56)-60(62)
遠心的	凝集性－低 柔軟性－高	3	青年期／思春期	認知の成熟／身体の成熟；独立への計画；大学または仕事の探求；価値観の明確化	12(14)-18(20)
		7	中年移行期／40代の再評価期	結婚の再交渉；婚外恋愛；別居；離婚；2度目のハネムーン；キャリアの再評価；キャリア変更；学びなおし；趣味	36(38)-42(44)
		11	退職期	3度目のハネムーンまたは結婚生活からの孤立；レクリエーション・趣味・旅行；セカンドキャリア	60(62)-66(68)
遠心的↓求心的	凝集性－高 柔軟性－高	4	配偶者選択期／独立期	デート／結婚を前提とした交際；親子関係の再交渉；関心の高まり／仲間のような；婚約／結婚	18(20)-24(26)
		8	中年期／空の巣期	（安定した）夫婦関係の再評価；価値観の植え付け；親の死去	42(44)-48(50)
		12	高齢期／たいまつを渡す時期	病気；配偶者亡き後の期間；ストーリーテリング（記録としての機能）；価値観の伝授	66(68)-72(74)

(1) **移行期のイベント**：家族ライフサイクルにおける特定の期間の入り口となるイベント。
(2) **他の特性**：家族ライフサイクルの特定の期間に起こりがちなほかのイベントや家族の特性。
(3) **年齢の範囲**：その期間の典型的な年齢。カッコ内の数字には2年間の時間の遅れがある。

- 表8.2は，スパイラル図に付随する6つの列を含んでいる。左の2列は「時期」（求心性／遠心性）を示しており，「家族資源の円環モデル」の位置と対応している。例えば，段階1・5・9では求心力が働いているが，これは円環モデルでいうところの高い凝集性と低い適応力を意味している。
- 表8.2の左から3番目の列は，ライフサイクルの「世代」または「段階」を示している。
- 表8.2の左から4番目の列は，潜在的な「移行イベント」のことであり，家族ライフサイクルの所定の期間に入るところである。
- 表8.2の5番目の列は，「その他の特性」であり，家族ライフサイクルの期間に起こりやすいイベントや家族の特徴である。
- 表8.2の6番目の列は，ライフサイクルの段階におけるおおよその「年齢範囲」を示している。段階1の年齢範囲は1歳から6歳であり，8歳がカッコ書きとなっている。該当する期間における典型的な年齢や社会規範を含んでいる。カッコで括った数字には2年のタイムラグがある。そのため，親期は24歳から26歳に始まり，30歳から32歳に終わるということになる。

　個々人は自分の拡大家族をふたつのスパイラル図に当てはめる。ひとつは家族員の年齢に基づいた図，もうひとつは家族の特性に基づいた図である。それから発達理論とシステム理論を組み合わせて拡大家族を分析する。課題や自主学習の実践としてこの分析を行うことについては，Box 8.2に示した。家族生活スパイラル分析をやってみた学生は，以下に示す通り，家族機能についてすばらしい洞察を残している。

家族の変化について

- 自分の家族がものすごい勢いで変わっていることが分かりました。家族の生活では，まとまる時期もあれば，離れて広がっていく時期もあることを学びました。
- 生活の変化はある程度は予測することができます。図を見ると私はこうなるだろうなと将来の姿を思い描きますし，家族それぞれの年齢と移行が他の家族にどういった影響を与えるのか気づくようになります。
- スパイラル図を見ると，なぜ私の家族が常に変化し続けるのか，その理由が分かるようになりました。人は誰でも年をとるものですし，日々の暮らしの中で難しい問題や新しい挑戦に直面するものなのですね。

緊密性と個別性について

- 我が家の家族機能がどうなっているのか，さらにはなぜそのように機能するのか学ぶことができました。家族に対してとても親密な感情をもったり，もたなかったりするのはなぜか。そのことを以前は理解していませんでした。理論を学んだ今では，家

Box 8.2　家族生活スパイラル分析についての課題

　家族生活スパイラル分析の実践として，教室で自主的に行う課題もしくは宿題として課す課題として，学生の家族員をふたつの別々の家族生活スパイラル図で描かせなさい。ふたつのスパイラルとは，年齢スパイラルと移行期スパイラルである。

1. **年齢スパイラル**：あなた自身とあなたの家族（きょうだい，父親・母親，祖父・祖母）を家族生活スパイラル図に当てはめなさい。その場合，あなたの「現在の年齢」を基準とすること。家族員をそれぞれ年齢に近いひとつの象限に入れなさい。もし 7 歳の家族がいるならば，6 歳から 11 歳のカテゴリの 6 歳の境界に近いところに入れるようにする。家族員を示すところに X と書き，名前，地位，年齢も書いておきなさい。

2. **移行期スパイラル**：あなた自身とあなたの家族（きょうだい，父親・母親，祖父・祖母）を家族生活スパイラル図に当てはめなさい。その場合，「現在の移行イベントとその他の特性」（家族生活スパイラル分析チャートを参照）を基準とすること。家族員ひとりは移行期スパイラル図のひとつの象限に入れなさい。ひとつの象限におさまらないほど特性があるかもしれないが，その人がどのようであるか最も的確に表している段階にその家族員を入れること。

　学生から「同居していない家族はどうするのですか」とか，「親が再婚した場合はどうするのですか」という質問があった場合は，自らの状況を的確に表した図を改めて描かせなさい。祖父か祖母が亡くなったばかりで情緒的につながりがある学生は，図に亡くなった家族を含めてもよい。実のきょうだいや義理のきょうだいを学生がどう受け止めるかによって図はさまざまである。学生の置かれた生活環境によっても描かれる図は異なってくるだろう。

議論のための要点：

- 2 つの図を完成させたら，ある移行イベントに位置づけられた家族員について，その特性を議論して分析しなさい。特性を考えながら家族員をそこに位置付けることは難しかったですか。もし難しかったとしたら，どのような難しさでしたか。これらの難しさを克服するために，「家族生活スパイラル分析図」の特性欄の何を変更すべきですか。

- スパイラル分析図で個人と個人を比較しなさい（年齢と移行期は別々に）。通常の移行期よりも遅かったり早かったりする位置にいる家族について議論しなさい。残りの家族と同期する／しないのは誰ですか。このことは家族間の人間関係や親密性にどのような意味をもちますか。家族がみな同じ象限にいるかもしれないし，別々の象限にいるかもしれない。このことは家族の機能にどのような意味をもちますか。

- 「年齢スパイラル」は「移行期スパイラル」の結果とどの程度合致しますか（両方のスパイラルを一緒に比較しなさい）。例えば，早期退職した家族がいるとします。早期退職した彼は同年齢の集団に比べて，違ったことや違った特性をもっているということです。彼は年齢スパイラル図と移行期スパイラル図では異なる地位にいるかもしれません。求心力と遠心力という観点から図における彼の地位について議論しなさい。

- 現在の家族生活または将来の家族生活をよりいっそう理解するために，この家族生活スパイラル分析をどのように用いることができますか。家族についてどのようなことを学びましたか。

族メンバーのひとりが残りの家族の前の時期か後ろの時期にいるならば，家族から切り離されていると感じることがあるということを知りました。
- 誰かを外に押しやってしまうことは必ずしも正解でないことを学びました。人生のある段階ではそのようなことがあるかもしれないけれども。

他者に対する理解について

- 私の父がなぜ孤立してしまったのか，今ならよく理解することができます。父は年齢に伴う社会的規範よりも遅れてその期間に入り，遠心力によって私たちから離れたということなのです。
- 子どものいない家族について気づいたことがあります。姉と私はよく父と継母を訪ねていました。父と継母は子どもを育てていませんでした。私の母や継父やきょうだいが別の段階にいる一方で，父と継母はそういった義務のない段階にいたということです。子どもをもたないことは，結婚面や経済面のストレスが少ないそうです。これは，私の継父が定年退職をせずに働き続けていることや，私の父と継母が結婚してからあまり多くの問題を抱えていないことから分かります。
- なぜ祖父母が私たち家族にこれほど関わり，祖父母家族の他の家族員がそのことに関心をもっていないのか分かりました。このスパイラル図によって，今の祖父母の気持ちを考えました。私は祖父母ともっと会話を交わすべきですね。

家族についての全体的な考察

- 自分の家族のことをちょっと嫌だなと思ってしまうけれど，私のこういった気持ちはすごく当たり前なのだということが分かりました。
- 結局のところ，私の家族はよくある普通の家族だということですね。この課題はすごく役立つことを証明してくれました。将来についても考えさせてくれました。

この課題や議論をすることによって，学生は理論を使うことが意味のあること，洞察力を深めることと感じただけでなく，自分の家族を理解することを楽しいとすら感じていた。

学習理論と学習スタイル

「言われたことは忘れる。教えられたことは覚える。参画したことは学ぶ。」

・・・ベンジャミン・フランクリン

学習とは学習者によって異なる複雑なプロセスである。学習には「理論的／概念的枠組み」があり，そこでは情報をどのように吸収し，処理し，記憶するかといったことが述べ

られている（Newman & Newman, 2007）。学習理論には昔ながらの 3 つのカテゴリがある。「行動主義」といわれるものは，外的刺激への反応に焦点をあてており，行動は訓練され，変革され，計測することができるという考えに基づいている（Ertmer & Newby, 1993）。「認知主義」は新しい情報を取得・保存・構成するプロセスに焦点をあてようとする（Steele, 2005）。「構成主義」は，既存の経験に基づく知識が新しい情報に出会った時に新たな知識が創造される，そのプロセスを学習とみなす。構成主義の考え方は成人学習でうまく機能するという（Adams, 2006; Koohang, Riley, Smith, & Schreurs, 2009; Ruey, 2010; Spigner-Littles & Anderson, 1999）。その他の理論も登場してきている。「コネクティヴィズム（*connectivism*）」は専門的な情報源と解釈を関連づける学習理論で，デジタル世代で進化した（Tschofen & Mackness, 2012）。学習理論は，変容を理解するため，さらには新しい学習をどのように獲得して保持するのか理解するために，蓄積されてきた。しかしながら，学習理論にはまだ欠けていることがある。それは，学習者の発達レベル，身体的成熟や認知的な成熟，この先変わるかもしれない価値観や目標，能力や動機付けなどである（Newman & Newman, 2007）。

　同じ学習教材でも人によって異なる反応をする。そのため，学生と教師は学習スタイルを検証する取り組みが必要である。「学習スタイル」は個人の自然なあるいは習慣的な情報の獲得・処理様式のことである。大切なのは，学生が何を学ぶのかではなく，学生が学習方法をどう選ぶかということである。人は早い段階で獲得した学習スタイルを好み，生涯に渡ってその学習スタイルを維持するといわれている（Royse, 2001）。教える側は，自らの学習経験が偏った学習スタイルに結びついていることを意識し，特定の学生が常に不利な状況に置かれぬよう多様な学習スタイルを用いる必要がある。すべての学生一人ひとりが好きな学習スタイルで学ぶことは不可能であるが，教師が多様な方法を用いると，学生は他の学習スタイルで学ぶ能力を高めると同時に，その時々の成果がどうであるかを自覚することができる。学生は学ぶ上で，多様な刺激をうける必要がある。誰もが複数の学習スタイルを持ち合わせているが，特に気に入った学習スタイルがあったり，この状況にはこれといった学習スタイルがあったりする。

　複数の学習スタイルで学ぶため，学習経験に熱いまなざしが向けられている。この章では応用例とともに，ふたつの学習スタイルについて扱う。公教育であるかどうかに関わらず，教育の現場で用いることができるものである。年齢を重ねた人生経験豊かな学習者と，若い学習者は異なる。それゆえに学習スタイルと方法はそれ相応に適応させる必要がある。

　影響力の大きなもののひとつは，コルブ（Kolb）（1984）の「経験学習理論（Experiential Learning Theory）」と学習スタイルモデルである。これにより，教える側は人間の学習行動を理解することができ，学ぶ側は生涯学習が促された。コルブの理論やモデルは特に成人教育の分野で影響力をもった（Newman & Newman, 2007; Srokes-Eley, 2007）。コルブによれば，学習は 4 つのモードからなる循環の中で起こる。学習者はどの時点でもこの学習の循環の中に入ることができ，4 つのすべてのモードで学べば最善の学習が得られるという。ここでいう学習スタイルは 2 つの交差する座標軸と 4 つの領域からなっている。「処理」は能動的実験（active experimentation）（なすこと）から内省的観察（reflective observation）（観

図 8.3　経験学習スタイル

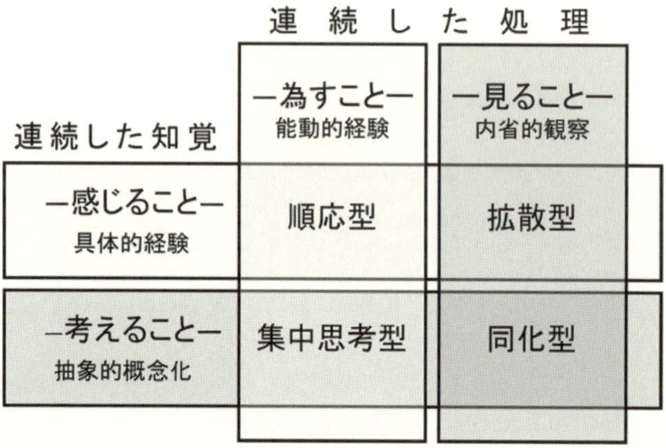

連　続　し　た　処　理

連続した知覚	―為すこと― 能動的経験	―見ること― 内省的観察
―感じること― 具体的経験	順応型	拡散型
―考えること― 抽象的概念化	集中思考型	同化型

資料出所 : Kolb, D. (1984). *Experiential learning: Experience as the source of learning and development.* Upper Saddle River, NJ: Prentice-Hall, Inc. 出版社の許可により転載。

ること）の連続したつながりである。「知覚」は具体的経験（concrete experience）（感じること）から抽象的概念化（abstract conceptualization）（考えること）までの連続したつながりである。これら4つの空間を含む図が図 8.3 である。

　コルブの学習理論には、「順応型」、「拡散型」、「集中思考型」、「同化型」という4つの学習スタイルが含まれる。なすことと感じることが交差した「順応型」は、具体的経験や能動的実験に重きを置いている。具体的には、校外学習やロールプレイングやシミュレーションといったグループワークや実験方法が向いている。続いて、感じることと観ることが交差した「拡散型」であり、ここに含まれる学習者は具体的な経験や内省的観察を利用し、議論に応じる準備ができている。「集中思考型」は、なすことと思索することが交わるところであり、抽象的概念化や活動的な実験スキルを得意とする。ここに含まれる学習者はデモンストレーション、コンピュータ支援教育、主観的ではなく客観的な内容の宿題や試験を楽しむ。観ることと思索することが交わる「同化型」では、抽象的な概念化と内省的観察を統合し、論理で事実に立脚した講義、教科書を読む宿題、自由研究、図書館での調べもの学習が好まれる（Nilson, 2003）。オンラインで提供されているコルブの学習スタイルの一覧はあなたの学習スタイルを決めるのに役立つだろう。学習スタイルといってもガイドラインのようなものに過ぎず、学び方を厳密に決めるものではない。とはいえ、多様な学習経験を授業に取り入れなければならない教育者にとっては役立つものである。

　経験学習を親教育の場に取り入れる際の例として、親子コミュニケーションに着目してみよう。コミュニケーションに関する一般的なガイドラインを紹介した後に、ふたりの親

が前に出てロールプレイをする。ひとりは親の役，もうひとりは青年期の子どもの役である。ロールプレイのトピックは，携帯電話の入手，車の運転，家事分担などの親子関係に関わる問題であり，問題解決をめざしたロールプレイである。ロールプレイの参加者は親や子の役割を建設的なコミュニケーション・スタイルや破壊的なコミュニケーション・スタイルを用いて演じる。ロールプレイ終了後には，何を感じ，何を思い，何を学んだかについて議論をし，同様の状況に陥った時のアドバイスについても話し合うことができる。親にとってはさまざまなシナリオが考えられる。青年期の若者の役を演じる親は自分が青年だった頃の会話や役割を振り返り，青年である子どもへの理解や共感を深めることができる。こういった実践によって，親子のよりよいコミュニケーションが促され，緊張状態を和らげることができる。この活動には，「具体的な学習経験（感じること）」（具体的な経験から学び，他者の感情と経験を関連づけること），「内省的観察（観ること）」（ロールプレイングを見て，相互作用の意味を模索すること），「抽象的概念化（思索すること）」（思考の論理的な分析を取り入れ，状況の知的理解に働きかけること），「能動的実験（なすこと）」（行動を通して人々や人々の振る舞いに影響を与えることで，やり終えること）がある。

　それ以外に関連する教育理論としては，ガードナー（Gardener）の「多重知能理論（Multiple Intelligences）（MI 理論）」である（2006, 2011）。ガードナーは知能を測る物差しは単数ではなく複数であると主張している。私たちはさまざまな面で知的であるということである。人々は問題解決のための知能を備えているものであるが，容量はそれぞれ異なっているという。当初，ガードナーは7つの知能を提唱したが，後に8つ目の知能と9つ目の知能を加えた。知能の種類については以下に示す通りである。指導に役立つ提案も付しておいた。

- **言語的知能**（言語に対する賢さ）：言葉がもつ微妙な意味合い，記述されたもしくは口頭のコミュニケーションに対する感受性を含めた言語スキル。手紙，詩，物語，表現を用いた指導に向いている。
- **論理的数学的知能**（数字に対する賢さ）：思考する上で数学や複雑な論理体系を使う能力。事実，データ，実験を用いた指導に向いている。
- **音楽リズム的知能**（音楽に対する賢さ）：ルール，言語，思考構造を絡めて芸術を表現する能力。歌，音楽ゲーム，曲名を用いた指導に向いている。
- **身体運動的知能**（身体に対する賢さ）：身体的なコントロール，物や道具をうまく扱うスキル。細かい動き，身体を大きく使う動きも含む。ダンス，ロールプレイング，運動訓練の指導に向いている。
- **視覚的／空間的機能**（図に対する賢さ）：視覚世界を正確に理解する能力。図，ポスター，ビデオ・ビデオクリップ，漫画を用いた指導に向いている。
- **内省的知能**（自分自身に対する賢さ）：自分自身の感情を理解し，それらに対する洞察を行動につなげる。日誌，日記，自己評価測定を用いた指導に向いている。
- **対人的知能**（人に対する賢さ）：集団とうまく働くとともに，他人の気持ちや意図を読む。協働学習，総合作用的学習経験，他者へのフィードバックを用いた指導に向いている。

- **博物学的知能**（自然に対する賢さ）：命あるもの（植物，動物，鉱物）を認識して分類する能力，自然界に存在するものに対する繊細さ。天気の観察や自然散策，植物，動物を用いた指導に向いている。
- **実存的知能**（「大局的見地」に対する賢さ）：他者を理解するために蓄積された価値観を用いる能力，世界を見渡す能力，死と生と究極の真実について思案する能力。異なる視点，教室での学びを外の世界につなげること，教えることを用いた指導に向いている。

　多重知能の本質を理解させるために，学生が実際に「多重知能調査（Multiple Intelligences Survey）」を受け，自らの卓越した知能のいくつかを見極めてみると良い（「多重知能調査」www.surfaquarium.com/MI/inventory.htm.参照）。家族生活教育のようなフォーマルな教育においては，学生は言語的知能，内省的知能，対人的知能を得意とするようだ。学生に，一層広い範囲の知能を経験させるために，小グループにデート，避妊，コミュニケーションなど家族生活教育の 10 領域からトピックを与えてみるのもよい。それから， 2 種類の知能を使えるような学習経験をさせなさい。この協働的な学習を通して，学生は多重知能について自ら感じたことを言語化し，教室の中で用いるためにはどうしたらよいか意見を述べることができるようになるだろう。小グループでの活動を教室で持ち寄れば，多様な学生のニーズを満たす学習経験を取り入れることとなり，一人ひとり理解が深まるようになる。

■要約

　家族生活教育のプログラムにおいて家族や学習に関わる理論を用いることによって，学生は家族の行動や機能について理解を深めることができる。ひとつの理論だけを用いるよりも，さまざまな理論を組み合わせるほうが検討すべきテーマに対して広い視点に立てる。家族研究の基礎的な理論や枠組みとしては，家族システム論，家族エコシステム理論，家族発達理論，社会的交換理論がある。象徴的相互作用理論，フェミニスト理論，葛藤理論なども取り入れることができる。理論の基礎的な概念を教えるだけでなく，教室での活動や家庭での宿題として理論を用いるようにすると，学生の理解はさらに深まる。

　学習スタイルは人によって異なるため，学習方法については数多くの理論がある。経験学習，読み書き，観察，ビデオ，講義を好む人もいればそうでない人もいる。学習スタイルに関する調査によると，特定の学習方法が効果的であるとは結論づけられていない。教える側と学ぶ側が異なる学習スタイルをもっているということを知ることによって，カリキュラム計画を促したり，教室での学びを深めたりすることができる。学生は特定の学習スタイルを好むかもしれないが，ひとつではなく複数の学習スタイルを取り入れることで，すべての学生によりよい学びがもたらされる。学習者のニーズに合わせた新しい取り組み

方を開発することで，学習者が自らの長所を理解し，学習のきっかけやうまくできたとい
う感情に結びつくような計画がどのようなものか明確になる。

■討論課題

1. 理論の学習のなかで，あなたの家族を理解するために，どの理論が最も役立ちます
   か，それはなぜですか。
2. あなたの家族は家族ライフサイクルのどの段階にあてはまりますか，それはなぜで
   すか。あなたの家族がいずれの段階にもあてはまらない場合，それはなぜですか。
3. あなたの家族が自然災害に遭遇して家や財産や生計手段を失ってしまったら，生活
   はどのように変わるでしょうか。この章で述べた理論や枠組み（家族システム論，家
   族エコシステム理論，家族発達理論，社会的交換理論，家族ストレス理論）のなかか
   らひとつを用いて，このできごとを分析しなさい。
4. これまで出会ったなかで一番すばらしい先生を思い出しなさい。その人はあなたに
   とってなぜ一番といえるのでしょうか。
5. あなたの学習スタイルにぴったりの多重知能は何でしょうか。あなたの学習スタイ
   ルに合わない多重知能は何でしょうか。それぞれ，2 つか 3 つ，あげなさい。

第9章　恋愛関係教育と結婚教育

結婚関係とウェルビーイング

　健康な結婚は男性，女性，子どもに明らかに良い影響を与えている。結婚しているカップルは，より幸せで，健康で，豊かで，良い教育を受けているだけではなく（Amato, 2000, 2010; Fincham & Beach, 2010; Proulx, Helms, & Buehler, 2007），結婚している親の元で育つ子どもは，貧困だったり，虐待を受けたり，うつを経験したり，非行に走ったりする傾向も少なく，学校に順応している傾向がある（Amato, 2000, 2010; Amato & Cheadle, 2005; Heatherington, 2005; Kelly & Emery, 2003）。結婚している人は，結婚していない人に比べ，老若男女を問わず，自分の人生に非常に満足している傾向がある。さらに，結婚していることで，精神的な豊かさを感じ，その上，うつになる割合も低く，人間的に成長していることを実感していると報告されている（Proulx et al., 2007; Taylor, Funk, & Craighill, 2006）。しかし，結婚が人生の楽観的なものの見方に影響をおよぼしているのか，ウェルビーイングが高い人々が結婚する傾向にあるのかどうかはわからない。結婚と健康との関係性を指摘する研究者もいるが，問題は複雑なので，この分野についての研究はまだ始まったばかりである（Staton & Ooms, 2012）。結婚している人々は，独身者よりも，経済的に恵まれ，より多くの資産を蓄積する。このことは他の人を支えたり，そして／または，資産を蓄えたり，健康保険に入ったり，経済的目途を立てたり，退職手当など，働く動機になる可能性がある（DeNavas-Walt, Proctor, & Smith, 2012; Fagan, 2009）。教育に関しては，高い教育を受けた人は結婚する確率が高くなる。さらに，4年制大学の学位をもっている人々は，高校以下の教育を受けた人より，より安定した結婚生活を維持する傾向がある（Bramlett & Mosher, 2002）。

　結婚は，年をとるにつれて，成人の健康に大きい影響を与えるようになる。結婚している高齢者の方が精神的にも肉体的にも健康で，日常生活の行動を行うための肉体的な衰えの始まりを遅らせることができる（Bookwala, 2005; Coyne et al., 2001; Rohrbaugh, Shoham, & Coyne, 2006; Umberson, Williams, Powers, Liu, & Needham, 2006）。結婚しているカップルは，より長生きで，主要な死因で死ぬ可能性は低い。一般的に，結婚している人は，よりしっかりとした社会的支援を得ており，孤立しにくく，より健康な手段で行動する健康面での強みを持っていると認識されている。しかし，よりよい健康に関連しているのは，単なる結婚ではなく，「満足のいく結婚」である。長く続いている結婚はさまざまな形態をとるが，主な特徴は以下のとおりである（Staton & Ooms, 2012）。

- 長期的なコミットメント〔責任ある言動〕
- 建設的なコミュニケーション
- 意見の不一致や葛藤の非暴力的な解決
- 情緒的安定と身体的安全
- 性的・心理的な信頼

- お互いの尊重
- 一緒に過ごす時間の楽しさ
- 情緒的なサポートや仲間と交流を深める機会
- 子どもに対する親の共同責任

　人は自分たちの関係に多くの個人的および家族的背景による要素を持ち込んでくるので，幸せな結婚のはっきりと決まった設計図はない。それにもかかわらず，米国人はその信頼関係，豊かな性的関係，家事労働の分担が，結婚生活をうまくいかせるためのトップ3の特徴だと考えている（Taylor, Funk, & Clark, 2007）。また，相性と同様に，コミュニケーションの取り方や一緒に過ごす方法が結婚満足度に影響を与えている。結婚後にカップルが順応したり妥協したりしながら，満足のいく夫婦関係を維持するうえで，人格はますます重要になっている（Luo & Klohnen, 2005）。柔軟性のあるパートナーは相手のニーズを受け入れることが多く，そうすることを楽しんでいる（Schwartz, 2006）。

　結婚は，家族を作り子どもを育てるための最適な手段と位置づけられてきた。健康な結婚生活に必要な知識と技能は，広く知られている。したがって，さまざまな設定で多くの人々に恋愛関係教育や結婚教育を提供することに重点が置かれている。健康な結婚の利点と，カップル・家族・子どもの満足は，結婚教育者や家族生活教育者が，時間の変化や夫婦の関係性の変化につれて，プログラムを発展させ続ける積極的な動機になる。

結婚：過去と現在

　長年の間に「結婚」に多くの変化が起こっている。例えば，「伝統的な結婚」という用語がしばしば使われているが，いつ，どこで，どのように使われているかが，問わなければならない。それは，時間の経過とともに多くの異なる意味を持ってきた。例えば，異性愛者間の結婚，あるいは女性は家庭に留まり子どもの世話をし，男性は外で働く結婚などである。現在では，結婚や恋愛関係には多様な形態がある。例えば「友だち婚（Peer Marriage）」（金銭，家事，育児の役割などの二人の関係性において対等な地位をもつパートナー），「独立型共同結婚（alone together marriages）」〔個人として独立した者同士が一緒になる結婚〕（共通の友人や一緒に行う活動は減少するが，関係は幸せなままであるカップル），さらに「別居関係（Living Apart Together, LAT）」（信頼しあった結婚や非婚の親密な関係にあるが，別々の家で生活している別居カップル）である（Amato, Booth, Johnson, & Rogers, 2007; Amato & Hayes, 2014; Levin, 2004; Schwartz, 1994; 2001）。また，社会や宗教的伝統によって，重婚または複数のパートナー（性別不特定）との結婚が許されてきたため，配偶者の数は時間の経過とともに変化してきた。複数の妻（一夫多妻制）はより一般的で，アフリカ・中東・南アジア・北米で見受けられるが，世界的には減少している（Adams, 2004; Darity, 2008）。「愛」は多くの人にとって結婚の基盤として進化してきたが，「感情」は結婚の基盤とするにはあまりに壊れやすいとして，もともと非難されていた。しかし，人々が運命と

性生活を自らコントロールし始めるにつれて，自分で自分のパートナーを選ぶ権利や，不幸な結婚に終止符を打つ権利を要求し始めた（Coontz, 2005）。

婚姻法は時間とともに変化し続けてきた。かつては 40 の州が自分と同じ人種以外の人と結婚することを禁止したが，カリフォルニア州は異人種間の婚姻への禁止令は違憲であると宣言した最初の州になり〔1948 年〕，続いて米国最高裁判所は 1967 年に異人種間婚姻禁止法を無効とする判決を下した〔映画「ラビング（Lovng）」参照，1958 年 10 月，ラビング夫妻がヴァージニア州の異人種間結婚を禁じた法令違反で起訴される。1967 年 6 月，最高裁がすべての異人種間結婚禁止法は違憲で，修正第 14 条の平等の保証に違反とする全員一致の判決。毎年 6 月 12 日は最高裁により異人種間の結婚が合法化された"Loving Day"記念日，http://gaga.ne.jp/loving/〕。何世紀もの間，女性には結婚の際に，法的権利が全くなかったが，州・連邦レベルで，夫婦間の平等を反映したものへと徐々に発展していった。離婚についても，多くの州で無過失離婚法が制定され，より容易になったが，離婚教育・親教育を受けることを義務付けている州もある（例：アリゾナ，フロリダ，アイオワ，ケンタッキー，ミネソタ，ニュージャージー，テネシー，ヴァージニア）（Gardiner, Fishman, Nikolov, Glossel & Laud, 2002）。同様に，法は同性カップルの結婚に関して流動的であり，米国最高裁判所は，連邦政府が同性婚を禁じた「結婚擁護法（Defense of Marriage Act, DOMA）」を無効にしたので，より多くの州が同性婚を合法化する法案を可決している。婚姻法は社会情勢や家族のニーズの変化に基づいて，時間とともに進化している（Gardiner et al., 2002; GLAD, n.d.）。

米国人は結婚という文化に呪縛されている。結婚に毎年 500 億ドル〔約 5.4 兆円〕を使っているか（1 結婚式あたり平均 2 万 8400 ドル〔約 290 万円〕），最もふさわしいパートナー・ドレス・結婚式場を見つけるテレビ番組を見ているか，セレブの結婚式に注目しているか，同性婚に政治的に関心を持っているかにかかわらず，結婚は米国人の生活の中心である（Fairchild Bridal Group, 2002; The Knot, 2012）。しかし，米国人は，だんだん結婚しなくなってきている。結婚に対する関心は強いものの，一般に経済的・技術的・文化的・社会的・法的要素の相互作用が，結婚を減少させる原因となっている（Ooms & Wilson, 2004）。1990 年から 2010 年の間に，結婚している夫婦の世帯数は 55.2％から 48.4％に減少した（Lofquist et al., 2012）。一般的な結婚年齢が，男性 29.0 歳，女性 26.6 歳と，上がり続けているので，この減少のいくらかは初婚の遅れによると考えられる（Vespa et al., 2013）。また，未婚者の同棲が増加し，離婚者が再婚する傾向がわずかに減少した。1990 年から 2010 年の間に，単身者の数が 24.6％から 26.7％にまで増加し，独身を通す人が多くなった。通常，45 歳までに結婚する人が多いため，35 歳から 44 歳までの結婚データでは，永続的なシングル傾向を示す（NMP&IAV, 2012）。しかし，多くの結婚していない米国人は，親だったり，パートナーがいたり，未亡人だったりすることから，自分を「シングル」だと考えていない（U.S. Census Bureau News, 2012）。

安定した幸せな結婚がほぼ普遍的に求められている一方で，時代とともに起こる社会的・法律的・経済的変化は結婚の不安定さに拍車をかけている（Halford, Markman, & Stanley, 2008）。米国の離婚率は世界一高く，生涯離婚確率は 40％から 50％と言われている（Amato,

2010; Cherlin, 2010; Kreider, 2005; Kreider & Ellis, 2011)。しかし，全体的な離婚は，実際には，1980年代のピーク時の約50％からやや減少した。それは，恐らく初婚年齢と教育水準の上昇によると思われる。女性は男性より離婚する可能性が高い。また，男性は女性より早く再婚する傾向にある（NMP & IAV, 2012）。結婚率は富裕層では比較的安定している。一方，貧困層では結婚は壊れやすく脆い（Marquardt, Blankenhorn, Lerman, Malone-Colon, & Wilcox, 2012）。中流階級の米国人，または高卒者（米国人の約60％）では，結婚の幸せ感が減少するに伴って，離婚率が高くなる。言い換えれば，米国では未だに結婚に価値が置かれているが，ある程度高い教育を受けたカップルが安定した男女の結びつきを形成する可能性は低くなっている（NMP & IAV 2012; Wilcox, 2010）。

　一般的に，離婚した親の子どものほとんどで，ウェルビーイングのレベルが下がる。貧困，トラブルの多い結婚，親との結びつきの弱さ，心理的悩みを抱える兆候など，成人になってからもずっと問題を抱えている（Amato, 2000, 2010; Amato & Cheadle, 2005）。また，若者のなかには，親の離婚に伴う痛ましい記憶を訴え，いなくなった親ともっと一緒に時間を過ごしたかったと報告している（Kelly & Emery, 2003）。離婚が子どもに与える影響は，その経緯によって異なる。ウェルビーイングが向上した子どももいるかもしれないが，ほとんど何の変化も示さないか，成人期までに改善する問題もあれば，成人期まで続いたりする問題もある（Amato, 2010）。さらに，離婚によって，世代を超えて続く家族問題の長期的な影響や，子どもや孫へのリスクに関連する問題が生じる可能性がある（Amato & Cheadle, 2005）。親と子のための離婚教育は，過去10年間に米国で多く知られるようになってきた。研究に基づき，スキルの発達に焦点を合わせた離婚教育プログラムは，教訓的なものや感情に基づくものよりも，親と子にとってより有望であった（Kelly, 2002）。

結婚教育

　全米的な結婚教育運動の拡大などによって，カップルの幸せで健康な結婚に役に立つ，利用可能な多くの資源やプログラムが存在する。より良い結婚前および結婚後教育によって，離婚を最小限に抑えることは，より安定した関係をもたらす可能性がある。恋愛関係教育や結婚教育は，カップルに，ふたりの関係についての知識，態度，行動，スキルを提供し，個人やカップルが健全で互いに満足のいく関係を維持し，カップル関係の悩みを減少させるのに役立つ。これには，賢明なパートナー選び，虐待的関係への対処，関係の遮断も含まれる（Halford, Markman, Stanley, & Kline, 2003; Hawkins & Ooms, 2010）。

　昔は，デヴィッド・メイス（David Mace）とヴェラ・メイス（Vera Mace）が開発した「カップルのための結婚エンリッチメント協会（*Association for Couples in Marriage Enrichment, ACME*）」〔現「ベター・マリッジ（Better Marriage）」〕（Mace, 1982）のように，結婚エンリッチメント教育に人気があった。それらの目標は，治療的アプローチよりむしろ教育的アプローチで，よい結婚をさらに良くすることであった。多くの場合，週末の修養会で精神を一新し，再活性化させることに焦点を当てたものであった（Doherty & Anderson, 2004）。

子どもと家族にとっての安定した結婚の重要性の認識と，結婚の不安定性が個人と社会の
もたらす犠牲から，恋愛関係教育や結婚教育を提供するためにさまざまな努力がなされて
きた。実際，結婚教育の分野は，1995 年以来，特に，低所得カップル向けの有望な恋愛関
係教育や結婚教育プログラムやイニシアチブ（問題解決戦略）に連邦法が資金を提供した
過去 10 年に，顕著な復活を遂げた（Doherty & Anderson, 2004; Hawkins & Ooms, 2010）。多
くの場合，結婚教育は関係性に深刻な問題を抱えているカップルの関係修復よりも，問題
が起こる前に予防しようとするものである（Larson, 2004a）。時が経つにつれて，他の結婚
教育プログラムが開発されてきた。それらは，研究に基づき，カップル関係がうまくいく
スキルに焦点を合わせ，多くは結婚前のカップルや長い間恋愛関係にあるカップルを対象
としている。多様な，恵まれない立場の人々を対象にした恋愛関係教育や結婚教育の有効
性を実証するためには，さらなる研究が必要である。とはいえ，カップルのためのスキル
に基づく恋愛関係教育は，健康で責任を持った関係の維持を促進し，能力を高めるという
証拠があるので，これは広められるべきである（Halford et al., 2008; Hawkins, Blanchard,
Baldwin, & Fawcett, 2008）。

　恋愛関係教育や結婚教育は，人の生涯にわたって，さまざまな機会・設定・環境で実施
できる。たとえば，独身の時，青年期や早期成人期，またはひとつの関係が終わってひと
りに戻った時などである。カップルは，関係性のどの段階でも，恋愛関係教育や結婚教育
を受けることができる。もう一度絆を深めたり，何が関係をうまくいかせるのかを理解し
たり，関係を改善し充実させるために実践的スキルを学んだりする必要があるかもしれな
い（Squires & Smith, 2006）。スキルや深い理解は結婚教育の中で学ぶことができる。その結
果，不健康な関係性を防いだり，健康で責任ある成長する関係を築いたり，結婚を維持し
充実させたり，苦労の多い結婚を救ったりする。その他の重要なカップル関係スキルには，
コミュニケーション，葛藤への対処法，関係性への期待を，リアルにし共有すること，し
っかりとした絆と責任ある行動の促進がある（Halford et al., 2008）。結婚前の予防プログラ
ムは，対人関係を築くスキルや関係の質をすばやく高めることができるだろう（Carroll &
Doherty, 2003）。評価研究の結果には複雑なものもあるが，恋愛関係教育や結婚教育を奨励
している。これらの研究には限界やギャップがあるので，家族の安定性，子どもの成長，
子育て，職場への結婚関係の波及効果と，逆に職場がそれらに与える影響に関する長期的
なデータが必要である（Ooms & Hawkins, 2012）。

　結婚の悩みを予防する研究は，結婚の多様なあり方を支持し，離婚予防を支援する，根
拠（エビデンス）に基づくプログラムにつながった。もし，マイナスの相互作用が改善さ
れれば，カップルは関係性を高めることができる。恋愛関係や結婚の強化を支援してきた
プログラムの例には，「予防と関係性促進プログラム」（*Prevention and Relationship
Enhancement Program*, PREP）（Stanley, Markman, Jenkins, & Blumberg, 2009），「手の届くとこ
ろ（*Within My Reach*）」（Pearson, Stanley, & Kline, 2005），「カップル・コミュニケーション
（*Couples Communication*）」（Miller, Miller, Wackman, & Nunnally, n.d.），「親密な恋愛関係ス
キルの実践的適用（*Practical Application of Intimate Relationship Skill*s, PAIRS）などがある
（Gordon, 2000）。

恋愛関係教育と結婚教育の 5 Cs モデル

　恋愛関係教育と結婚教育プログラムの多様な要素の広がりをよりよく理解し提示するために，「恋愛関係教育と結婚教育の 5 Cs モデル：消費者，内容，変化，背景，文化（*5 Cs of Relationship and Marriage Education Model: Consumers, Content, Changes, Context, and Culture*）」を組み込むことができる。カウンセリング（相談）やセラピー（治療）は結婚を強化し修復するために実施されるかもしれないが，5 Cs モデルは予防的アプローチを強調している。モデルの要素には，「消費者」（属性とライフ・ステージ），プログラムの「内容」（理論，関係性アセスメント・アンケート〈Relationship Assessment Questionnaires, RAQs〉，結婚満足度に関する要素の「結婚の三角形」），結婚に影響を与える状況の「変化」（例えば，再婚と混合家族，軍隊配属，家族ストレス），プログラムの「背景」（教育者，設定，教育戦略），さらに愛情，結婚，離婚に対する「文化」の影響が含まれる（図 9.1 参照）。

消費者：参加者の特性

　恋愛関係教育や結婚教育プログラムの参加者の特性を理解することは，家族生活教育者がプログラムをより効果的に計画し，教え，売り込むのに有効である。恋愛関係教育や結婚教育プログラムに参加する個人とカップルに関しては，一般的にほとんどわかっていない。一部の参加者は教育的設定の学生だが，他の参加者は関係性のさまざまな発達段階にあるカップルである。考慮すべき要素には，「人口統計学的特性」（例えば，ジェンダー，年齢，所得水準，人種・民族性），「ライフ・ステージ」などがある。

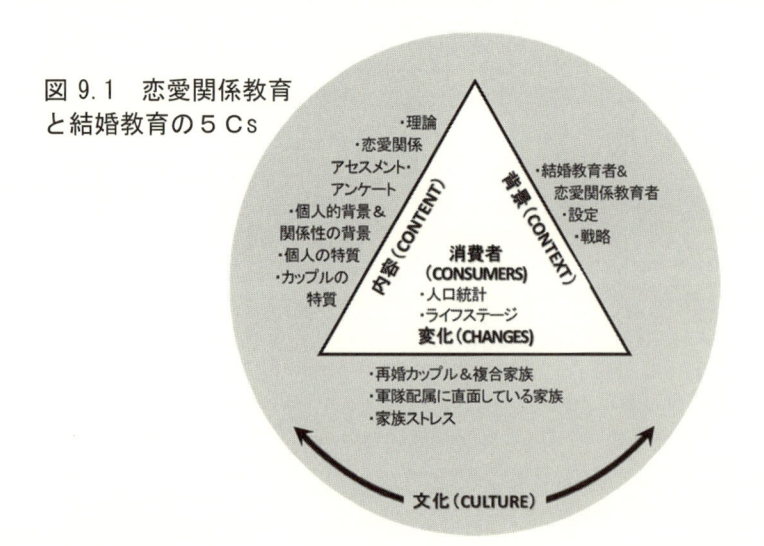

図 9.1　恋愛関係教育と結婚教育の 5 Cs

人口特性

ジェンダー

　7,331 カップルの, 関係性構築, 配偶者選択, 関係性の質を予測する研究 (Duncan, Holman, Yang, 2007) では, ジェンダーはカップルが結婚準備コースに出席する可能性に関係する要因だった。特に, 女性が結婚を重視するほど, カップルが結婚準備コースに参加する可能性が高くなる。人気のある本『男は火星から, 女は金星から来た (*Men Are from Mars, Women Are from Venus*)』(Gray, 1992) では, 男と女には社会的, 心理的に大きな違いがあると示唆している。いくつかの生物学的違いが存在し, 文献研究ではジェンダーの違いに関するいくつかの証拠を見つけることができるとはいえ, それらは関心・能力・活動の類似性より小さい。男性と女性の特質は全く異なっているとは言えないし, 全く同一とも言えない。すべての男性と女性が, 特定の様式で行動するとは言えない。なぜなら, ジェンダーの違いは程度によるし (例：コミュニケーション能力, 感情表現, 親密さを見分ける能力), 文化や, 個人の環境の背景と相互作用するからである。例えば, 研究によれば, 男性も女性も共に親密さを重視しているが, 男性は活動の共有に重きを置く傾向がある一方, 女性はことばによるコミュニケーションにより多く関わることが示されている (Markman, Stanley, & Blumberg, 2010)。

　ジェンダー役割と期待は, 通常, 社会によって決定され, カップルの相互作用, 意思決定, 結婚満足度の捉え方に重要な役割を果たす (Williams & McBain, 2006)。しかし, 米国では過去数 10 年間の一般常識の変化によって, これらの期待が徐々に変わってきた。ジェンダー役割の類似性はますます高まってきている。なぜなら, カップルは〔誰がどんな役割を果たすかについて〕構造的ではなくなってきており, 自分たちのニーズによりよく適合する仕事と家庭のバランスを見つけようとしているからである。それが自分自身であろうとする一般的自由であろうが, 経済的低迷の結果であろうが, 若者はジェンダーによって決めつけられたくないと考えており, 平等であろうとしている。過去には,「助ける (help)」ということばは, 子育て, 家事, 家族に提供されるものに関係させて, よく使われた。しかし, 今日の社会では,「ヘルパー配偶者 (helper spouse)」または「家庭経営の監督者 (director of household management)」は存在しないし, 配偶者のキャリアはさほど重要ではない (Jayson, 2009)。若者は, 意識的で目的をもった役割と責任の分担を望んでいる。

年齢

　法定最低結婚年齢は国や州によって異なる。しかし, 結婚できる法定最低年齢を満たすことが, 結婚する準備が整っていることを意味するわけではない (FindLaw, 2013; UNSD, 2008)。10 代の結婚のなかにはうまくいっているものもあるとはいえ, 教育の欠如や貧困などの複雑な困難に苦しんでいることが多く, しばしば離婚へとつながる (Dahl, 2010)。結婚教育は生涯を通して受けることができる。しかし, 若いカップルは, 結婚教育に, より多く参加する傾向がある。それはおそらく, カップル関係のストレスがほとんどないカップルには, 未来の結婚や現在の結婚の強化は, より簡単だからである (Doherty & Anderson,

2004)。さらに，学校，宗教的設定，州に承認された結婚前プログラムでは，多くのプログラムが利用できるからである。それらは，結婚前教育プログラムを修了した場合，結婚証明書費用を安くしている。

人種・民族性

　アフリカ系アメリカ人カップルは，結婚したり，結婚を維持したりする際に，いくつかの困難を経験することが，研究によって示されている（Fein, Burstein, Fein, & Lindberg, 2003)。しかし，アフリカ系，カリブ系，ヒスパニック系，異人種間の結婚などのように，アフリカ系アメリカ人の結婚にはかなりの多様性が見られる。（Fincham & Beech, 2010)。たとえ金銭的資源を考慮したとしても，全体的には，白人に比べて，結婚する可能性は低くなる。たとえ結婚しても，質の低い結婚，多くの婚外子，高いレベルでの葛藤があるし，離婚に終わる傾向にある（Amato, 2011b)。ジェンダー役割は，アフリカ系アメリカ人の結婚において重要である。カップルは，両方の配偶者が家庭の外と内の仕事，子育てを平等に分担する白人カップルよりも，平等主義である傾向が強い。しかし，〔実際には〕ほとんどは，夫が主な稼ぎ手で，妻が家族の世話をするという伝統的な分業を選ぶ傾向にある。したがって，多くの結婚では，緊張関係が生まれ，理想と現実の食い違いが生じている。彼らが結婚を生涯にわたる規範として支持する可能性は低く，子どもの時に親の離婚を経験したり，ひとり親家族の一員だったりした可能性がある。信仰は，結婚教育プログラムを組立てる主な強みである。カップルが一緒に参加する社会的ネットワークを形成したり，ジェンダー役割分業の問題に取り組んだりすることは，結婚教育や恋愛関係教育の重要なテーマになるかもしれない（Amato, 2011a)。

　ヒスパニック系の人々の出身国，文化変容のレベル，米国在住期間，社会的階級，宗教，教育などの環境要因は，多様で，カップルや家族に影響を与えている（Bean, Perry, & Bedell, 2001)。ヒスパニック系は，人口が米国で最も多く，最も速く増加している少数派グループなので，結婚教育者が彼らと協力して働く準備をしておくことは重要である（Boucher, Torres, & Hyra, 2013)。ヒスパニック系女性の45%，白人女性の51%，黒人女性の26%が結婚している。一方，アフリカ系アメリカ人女性の10%，白人女性の8%が同棲しているのに対し，ヒスパニック系女性全体の同棲率は13%で，最も高い（Boucher et al., 2013)。ヒスパニック系家族が安定しているのは，移民ヒスパニックの13%が配偶者と別居して移住していることによる。また，ヒスパニック系の結婚は異なった文化的伝統を伴うかもしれない。家族主義（familismo）を理解することが重要である。それは，家父長制（マチズモ，machismo）の考え方に基づいていて，父親の存在に敬意を表し，家族関係を非常に尊重する。ヒスパニックの家族は，一般に，より伝統的なジェンダー役割と，家父長的な家族構造を持つ傾向がある。ヒスパニック系のために働く家族生活教育者は，できればバイリンガル〔英語とスペイン語〕であるほうが良い。ヒスパニック系は二文化的に機能するが，バイリンガルの能力は多様であるだろう。さらに，固有の言語を話すさまざまなヒスパニック系グループがあり，スペイン語や英語が上手ではないかもしれない。非常に多くのニーズを持つヒスパニック系の人々の不均一性は，恋愛関係教育と結婚教育を提供する上で

の課題を生み出している。

所得水準

　中産階級カップルのために開発された結婚教育プログラムのなかには，低所得者には適さないものもあるかもしれない（Ooms & Wilson, 2004）。経済的資源が少ない人の結婚は減少傾向にあるとはいえ，それでも彼らは結婚することを望んでいるし，教育プログラムを通して，恋愛関係を改善する方法を学ぶことに興味を持っている。しかし，多くの低所得者カップルは，行政からの助成金を失わないために，結婚しないと決めている（Edin & Kefalas, 2005）。人種や文化的背景に関係なく，貧困は人間関係にかなりのストレスを与える。これらのストレス要因には，財政不足，負債の増加，読み書き能力の低さ，失業率の高さ，投獄，薬物中毒，うつ，ドメスティック・バイオレンス，不適切な住宅，危険な近隣環境などがある（Ooms, 2002; Seefeldt & Smock, 2004）。低所得の個人やカップルは，自分たちの人間関係を発展させる能力を妨げる日常的な課題に遭遇するので，結婚を安定させるには包括的で集中的な経済的サービスと支援が必要である。これらの課題には細心の注意を払って取り組まなければならない。低所得者には人種の不均衡がよくある。そのため，多くの異なる人々と関連付けて，プログラムを設計しなければならない。また，低所得者は読み書き能力，聴講，文章を読むことに苦労するかもしれないので，文字資料に回答する必要がある活動は最小限に抑えられるべきである。代わりに，偽りのない対話，スキル習得，楽しみの機会が与えられるべきである（Ooms & Wilson, 2004）。最もよく知られているスキル習得プログラムのひとつは「予防と関係性促進プログラム（*Prevention and Relationship Enhancement Program*, PREP）」で，低所得者カップルが直面するいくつかの課題に取り組むために少しずつ修正されている（Stanley, Markman, & Jenkins, 2004）。

生涯にわたる恋愛関係教育と結婚教育の消費者

　さまざまな恋愛関係教育と結婚教育プログラムが，特に重要な「ライフ・ステージ」にある消費者を対象にしてきた。人が次の発達段階に進むとき，プログラムは，中心的な価値観や原則を維持しながら，彼らの変化するニーズに適合するように修正される。思春期の若者，成人したばかりの若者，結婚しようとしているカップル，結婚しているカップル，高齢者カップルの課題とプログラムの例は次のとおりである。

思春期の若者

　思春期は家族の影響からの独立性が高まると同時に，ロマンチックな愛着を含む恋愛関係を築く時である。また，思春期になると，結婚の苦悩と離婚の間のジレンマに気づくので，恋愛関係に対して相反する感情を持つかもしれないし，一般的には結婚についてよく理解できておらず，準備もできていない（Popenoe & Whitehead, 2003）。ほぼ全ての 10 代の若者は，ある年齢になるとデートをする。しかし，近年では，10 代の若者のデートは一般的ではなくなってきている。それに伴って，15 年前に比べ，性的行動を開始する時期も遅

くなってきている（Wood, Avellar, & Goesling, 2008）。実の親と同居する10代の若者は，結婚に非常に肯定的で，また親の結婚の質は高いと考えている。さらに，結婚前の同棲を是認する傾向がますます増加し，自分自身の結婚を遅らせることを肯定する。少年は，少女より，結婚に対して肯定的で，結婚を遅らせる傾向がある。

　思春期の若者のなかには，デートをする年齢になると，デートDVを含む恋愛関係に関する問題を経験する者もいるだろう（Adler-Baeder, Kerpelman, Schramm, Higginbotham, & Paulk, 2007）。一般的な恋愛関係における問題もある。したがって，コミュニケーションや良い関係を保つためのスキルを学ぶことは，親密さと自立のバランスをとるのに役立つ。健康な恋愛関係は，思春期の若者が自信と自尊心を発達させるのを助け，葛藤を解決する機会や恋愛関係を続けたり終わらせたりする方法についてのレッスンになる（Collins, 2003）。したがって，多くの専門家は，若者が結婚について考えるときまで待っているのではなく，まだ学校に在籍しているときに，恋愛関係スキルや結婚準備について教えるべきだと考えている（Gardner & Howlett, 2000）。これは，問題の解決は，問題の予防よりも複雑だという考えに裏付けられている（Small & Memmo, 2004）。

成人したばかりの若者

　恋愛関係教育は，一般的・伝統的に，結婚を準備しているカップルに提供されてきた。一方，成人したばかりの若者（およそ18歳から25歳）に焦点を当てることは，初期の親子関係・その後の恋愛関係・健康な結婚を結びつける。成人したばかりの若者は親から独立するようになるが，まだ成人の役割と責任を担ってはいない（Arnett, 2000, 2004, 2007）。この時期はまた，飲酒や薬物乱用，「性行為（hooking-up）」，「〔金銭的または物質的〕利益だけでつながっている友人（friends with benefits）」，複数の性的パートナーと関係するなど，危険な行動に走る時期である（Owen, Rhoades, Stanley, & Fincham, 2010）。研究者たちによれば，互いに信頼しあった恋愛関係にある個人は，ひとりでいる個人よりも精神的健康の問題をあまり経験せず，リスクの低い行動をとる（Braithwaite, Delevi, & Fincham, 2010）。成人したばかりの若者のためのプログラムは，パートナー選びやコミュニケーション問題に対応するときに長期的影響を与える可能性がある。恋愛関係についてオープンに学ぶことによって，それらに対処しやすくなる。したがって，成人したばかりの若者に恋愛関係教育を提供することは，単に現在と未来のカップルの関係を改善するだけではなく，長期的な健康にも恩恵を与える（Fincham, Stanley, & Rhoades, 2011）。学生は授業を通して恋愛関係教育を受けることができるが，大学に進まなかった者に対する学ぶ機会の提供も重要である。

　成人したばかりの若者のための恋愛関係教育の重要なトピックは，より年齢の高いカップルに対する教育と同様に，同棲に対する責任ある行動とカップル関係である。同棲は結婚までの過程の重要な部分である（Manning & Cohen, 2012）。米国では，同棲は当たり前のことになり，カップルの約60％が同棲している。最近の全結婚の半数以上が同棲の延長である。婚約前の同棲は，結婚の苦悩や離婚の危険性の増加に関係がある。とはいえ，そのリスクは特に最近の結婚コホート調査では減少している可能性がある（Kennedy & Bumpass,

2008; Kuperberg, 2014; Manning & Cohen, 2012; Stanley, Rhoades, & Markman, 2006; Stanley, Whitton, & Markman, 2004）。人が誰かと同棲し始める年齢は，同棲と離婚との関係にかなりの影響を与えるので，年齢を考慮することは重要である。相性の良いパートナーを選び，長く続く関係を維持するのには，十分成熟していなかったり，恋愛経験を持っていなかったりすることは，成人したばかりの若者にとって問題かもしれない。20 代半ばまで，結婚や同棲を遅らせることが推奨されている（Kuperberg, 2014）。また，前後の状況を考えることも重要である。なぜなら，将来の配偶者と同棲していた女性は，次々と誰かと同棲していた人よりも離婚率が低い（Lichter & Qian, 2008）。さらに，同棲前に結婚の責任を果たすこと（例えば，結婚式の計画）は，結婚を前にした女性の感情の起伏というリスクを低くすることに関係する。しかし，男性には当てはまらない（Manning & Cohen, 2012）。

　同棲という現象は「横滑り VS 決断（sliding versus deciding）」と言われてきた。言い換えれば，同棲という慣性のために，最初に同棲しないと結婚しないカップルは同棲する。すなわち，彼らは結婚という意識的な意思決定をしないで，結婚に「横滑り」する（Stanley, Rhoades, & Markman, 2006）。責任ある行動について検討すると，〔プラスの側面として〕つながりを維持する力，すなわち，「献身」または両方のパートナーのお互いの利益のためにカップル関係を維持し向上させようとして，長期的視点を持つカップル・アイデンティティという強い感覚が存在する。反対に，〔マイナスの側面として〕別れる際の制約や犠牲・ストレスが存在する。それらは不幸な結婚にとどまっている人々が存在する理由を説明する（Markman et al., 2010; Stanley, 2002; Stanley et al., 2006）。研究によれば，同棲は，男性より女性にとって，より危険かもしれないことが示唆されている。なぜなら，同棲していた夫は同棲していなかった夫より，妻に対して献身的ではないからである（Kline et al., 2004）。恋愛関係や責任ある行動について理解することは，成人したばかりの若者にとって重要である。

結婚しようとしているカップル

　結婚しようとしているカップルは，しばしば結婚教育の格好の参加者候補になる。彼らは，人生で起ころうとしている変化を認識していて，結婚へのスムーズな移行をめざしている。結婚式の平均費用は 3 万ドル近く〔日本円にして約 300 万円〕で，結婚前教育は離婚のリスクを 30％減少させることができるとはいえ，初めて結婚しようとしているカップルの 3 分の 1 未満しか結婚前準備を求めていない（Stanley, Amato, Johnson, & Markman, 2006; The Knot, n.d.）。

　結婚前教育には 4 つの重要なメリットがある。これによってカップルは次のことができる。(1) 結婚に関連する重要な要素に落ち着いて取り組み熟考する，(2) 結婚の問題について理解する，(3) もし将来的に助けが必要になった場合の選択肢について学ぶ，(4) 結婚後の困難や離婚のリスクを低下させる（Stanley, 2001）。しかし，結婚前教育に参加するカップルは，自分たちの関係に高い割合で満足している場合が多く，改善の余地はほとんどないと考えている。しかし，先行研究によれば，結婚前教育プログラムは一般的に有効であることがわかっており，多くの未発表の研究を含む追加的研究によれば，調査結果は

さらに複雑である（Carroll & Doherty, 2003; Fawcett, Hawkins, Blanchard, & Carroll, 2010）。より多くの調査対象者を用いた研究によって，結婚前教育プログラムが関係性の質を向上させないことが示されたが，カップルのコミュニケーションは改善されたことが明らかになった。特に，観察的尺度が用いられるときにはそうであった。しかし，離婚のリスクが高いカップルは，結婚前教育にあまり参加しない傾向が見られた。さらに，評価研究には，無作為抽出，対照群または比較群，調査参加者の長期の追跡調査などの調査方法がほとんど含まれていなかった。

　再婚では初婚に比べて離婚に終わる可能性が高いが，彼らは研究対象集団を代表している。それにもかかわらず，再婚者は結婚前教育を受ける可能性が低いことが最近の研究によって指摘されている（Doss, Rhoades, Stanley, Markman, & Johnson, 2009）。再婚のために結婚前教育を受ける人の割合の低さは，教育レベルの低さと宗教指導者の下で結婚する可能性が低いことに起因している。また，結婚前に同棲していた可能性が高く，以前の関係での子どもがいる可能性が高い。したがって，調査参加者を募集する新しい方法と他のタイプの支援についても検討するべきである。

結婚しているカップル

　いくつかの結婚教育プログラムは，カップルが共に時間を過ごす重要性を理解し重んじるように勧めている。経済的に恵まれないカップルは，恵まれているカップルに比べて，わずかに多くの時間を共に過ごしている。このとき，主にテレビを見るなどのレジャー活動をしている（Fein, 2009）。労働時間の違いを考えると，この利点は失われる。家の中や外で働く時間を制御してみても，この利点は失われたままである。就学前の子どもを持つカップルは，より多くの時間を一緒に過ごすが，幼い子どものいないカップルに比べてひとりの時間は少ない（Fein, 2009）。したがって，時間の使い方は，子どもがいる・いないにかかわらず，結婚しているカップルのための結婚教育プログラムの重要な要素である。

　それはまさに，カップルが一緒に過ごす時間の「量」ではなく，時間の「質」の問題である。びっしりと詰まったスケジュール，終わりのない雑用，育児など，結婚生活の普通のリズムのなかでは，結婚生活の焦点は容易に失われる。その結果，結びつき，ときめき，親密さが失われやすくなる。しかし，パートナーたちが，長年にわたって絆意識を築き維持することに，意識的で，慎重で，目的意識を持っているならば，「意識的な結婚」を創造することができる（Doherty, 2000）。ロマンチックなディナー，長い語らい，散歩，特別な活動を一緒にするなど，結びつきや親密さのための「決まって行う日常の儀式的行動（rituals）」は，お互いにとって情緒的な意味合いを持つ。それらは，情緒的な意味をほとんど持たず，繰り返し行うルーティン（決まった行動）とは異なる。ドハティは，結婚生活を自然の成り行きに任せるのではなく，「親密さのために決まって行う日常の儀式的行動」（例：特別な時間を一緒に過ごすためのデート），「結びつき」（例：朝の「行ってらっしゃい」の挨拶，夕方の「お帰りなさい」の挨拶），「コミュニティ」（例：より広い世界〔社会的場面〕で，支援を受けたり提供したりすることに関わるカップルの活動）を創りだすことを推奨している。カップルには毎日話す時間（中断されず，損得勘定のない，非問題

解決的コミュニケーション）が必要なので，日常会話もまた重要である。また，結婚教育の授業は意図的なものでもある。仕事をし，子どもの世話をしている結婚しているカップルの忙しい生活のなかで，結婚教育の授業に出席する時間を見つけるのは難しい。したがって，結婚教育プログラムは，楽しく，カップル志向または家族志向で，柔軟でなければならない。また，必要に応じて，質の高い託児を提供する必要がある。

高齢者カップル

　多くの高齢者が離婚したり，独身のままであったりする一方，親密な恋愛関係を持つ人も多い（Calasanti & Keicolt, 2007; King & Scott, 2005）。結婚の恩恵は，高齢カップルにとってそれほど大きくないかもしれない。というのは，異なるふたつの世帯を合体させるという課題，成人した子どもたちからの支援の欠如，社会保障を失う可能性があるからである（Sassier, 2010）。したがって，結婚せずに，親密な関係を保って一緒に暮らす高齢者カップルの割合は，過去数十年の間に増加している（Calasanti & Keicolt, 2007; King & Scott, 2005）。

　高齢者カップルや退職カップルのための結婚教育プログラムは，この年齢層が直面する問題に焦点を合わせる必要がある。高齢者は，一般に，自分たちの関係の質を高く評価するが，専門家はカップル関係の質と退職との関係について異なった見解を持っている。退職カップルは他の役割からの圧力が軽減されるので，より大きな満足感を得る一方，退職後の夫婦間の相互作用が増えることによって，プライバシーが失われ，緊張関係や決裂に終わる関係がもたらされると感じる人もいる。退職によって，ライフスタイルに何らかの変化が生じるが，それは一般的には，長期的な行動パターンやコミュニケーション・パターンを害することはない。しかし，成人した子どもの同居は，男性と女性の両方の結婚生活満足度にマイナスの影響を与える（Chalmers & Milan, 2005）。

内容

　恋愛関係教育や結婚教育プログラムの内容は，参加者の年齢（例：10 代の若者，成人した若者，高齢者），結婚状況（例：初婚，再婚），または住んでいる州によって変わる可能性がある。フロリダ州は，2009 年，別々に，またはカップルとして，結婚前教育コースを修了したカップルに対して結婚証明書の費用を安くする法律を制定した最初の州である。このコースの内容には，葛藤管理，コミュニケーション・スキル，経済的責任，子ども・子育て責任に関する指導が含まれる。また，結婚カウンセリングまたは個人カウンセリングを求めているカップルから報告された課題も含まれる（Florida Statutes, 2009）。

　その他には，恋愛関係または結婚の特定された悩みに関する危険因子が含まれる。危険因子の数の多さは，カップルが自分たちの関係にもっと取り組む必要があることを意味する（Markman et al., 2010）。次のような課題を理解することはカップル関係にとって重要であるが，全てが結婚教育に適しているとは限らない。

- 問題が起こった時に，強く，または防御的に反応する性格
- 離婚した親
- 明確な結婚の約束をしていない同棲
- 自分やパートナーの離婚歴
- 以前のカップル関係での子ども
- 異なる宗教的背景
- 若い年齢（例えば，18か19）での結婚
- 短期間しかお互いを知らないこと
- 経済的困難
- 人種，民族性，宗教に基づく差別

次の問題のいくつかは結婚教育プログラムで改善できる。
- 否定的な方法での会話や喧嘩
- 特に意見が一致しないときのコミュニケーションの困難さ
- チームとして仕事をする苦労
- 関係性に関する非現実的な考え
- 人生の重要な要素についての態度と期待が異なること
- 夫婦関係に対する責任感の低さ

　恋愛関係教育プログラムと結婚教育プログラムの内容には，関連する理論と「関係性評価アンケート（*Relationship Assessment Questionnaires*, RAQs）」の統合が含まれる。さらに，さまざまな「個人に関連する背景状況，個人の特質，カップルの特質」を含むことができる（Larson, 2003）。

理論の統合

　結婚教育の重要な構成要素は，プログラム開発を方向づける理論を組み込むことである。第8章で述べたように，理論は，個人と家族の行動を合理的に説明し，結婚についての理解に貢献する。理論は，結婚教育コースで利用する戦略をガイドし，これらの戦略の結果をどのように解釈するのかを示すだろう。次のようなさまざまな理論を結婚教育プログラムに組み込むことができる。個人と家族には関係があるので，「個人と家族の発達理論」は，ライフサイクルを通して個人と家族両方の発達課題を検証できる。「システム理論」は，境界，均衡，形態形成についての理解を容易にすることができる。「エコシステム・アプローチ」は，個人，カップル，家族に影響を与える環境／背景にかかわる因子を明確にすることができる。「社会的交換理論」は，家族のパワーや家庭内暴力と同様に，関係性に関わる報酬，費用，公平性を検証するのに用いることができる。「社会学習理論」は，パターンまたは行動が直接的経験または他者の観察を通じて得られることを示唆している。「愛着理論」は，親と子，およびその後成人した子どもとの間の，長期的関係についての理解を容易に

することができる。幼い時期に安全な愛着を経験していない人は，後の関係性において人から拒絶されることに神経質になると考えられている。したがって，「愛着理論」は，配偶者選択，コミットメント（関係性における責任ある言動），嫉妬，別離，または離婚に伴う愛着スタイルの役割理解に用いることができる（Chibucos et al., 2005; Darling & Turkki, 2009; Gibson, 2004; Ingoldsby, Smith, & Miller, 2004; Mikulincer & Shaver, 2012; Nakonezny & Denton, 2008; White & Klein, 2008）。

関係性評価アンケート（RAQs）の利用

　大学，信仰に基づく設定，非宗教的な設定における恋愛関係プログラムや結婚プログラムは関係性評価アンケート（RAQs）を頻繁に活用している。RAQs は参加者から得られた結果に基づいており，特別なコース内容の計画や選択に役に立つ。問題の早期発見，予防，教育は，関係性にとって重要なので，RAQs の利用やパートナーとの結果の共有は，関係性に影響を与える因子についての理解を助ける（Olson, Larson, & Olson-Sigg, 2009）。これらのアンケートは，彼らの強みと弱み，結婚に対する準備（レディネス），結婚までに達成する目標に気づくのを容易にし，その後のパートナーとの議論を促進する。結婚満足度と安定性の予測因子には次のものがある。(1)「背景要因」（出生家族の問題，教育と収入，親や友人からのふたりの関係支援など），(2)「個人の特質と行動」（自尊心，対人関係スキル，身体的健康と精神的健康など），(3)「カップルの相互作用プロセス」（人種，宗教，社会経済的地位，価値観や態度，カップルのコミュニケーションや葛藤の解決スキルなど）である（Larson, 2004b）。結婚の成功の最も大きな判断材料のひとつは，共有している意味・中心的価値観・目標が合っていることである（Gottman & Silver, 1999）。広く使用されるアンケートの例は以下のとおりである。

- 「カップル・チェックアップ（Couple Checkup）」（Olson et al., 2009; Olson, Olson-Sigg, & Larson, 2012）
- 「結婚前の準備とカップル関係増進（Premarital Preparation and Relationship Enhancement, PREPARE）」（Olson, Fournier, & Druckman, 1996）
- 「カップル関係評価（Relationship Evaluation, RELATE）」（Holman, Busby, Doxey, Klein, & Loyer Carlson, 1997）

　これらのアンケートは，先に述べた恋愛関係の因子の 85% 以上を測定し，1 時間程度で回答し終えることができ，個人の特質・カップルの特質・関係性の課題についての詳細な報告を提供する。また，RAQs には再婚問題の情報も含まれている。オンラインで回答することもできるし，このアンケートの使用について訓練を受けた人の助けをもらって回答することもできる。RAQs を使うときに考慮すべき要素には，結果をどのように使うかを計画しているか，調査にかかる費用，調査結果を反映するための授業時数，コース設定，補助教材，インストラクターの訓練の必要性が含まれる。

個人の背景と関係性の背景

　RAQs の使用はパートナー間の類似している領域と相違している領域を示すことができるが，カップル関係や結婚教育プログラムのなかで，これらの問題を理解しやすくするために，「結婚の三角形」を組み込むと，将来の結婚満足度を予測する 3 要素を検討することができる。これら 3 要素とは，「個人の背景と関係性の背景」，「個人の特質」，および「カップルの特質」である（Larson, 2002, 2003）。

　結婚関係に影響を与える個人の背景と関係性の背景には，結婚年齢，ふたりの関係に対する親と友人の承認，個々の親の関係と他の家族との関係の質，前の結婚，子ども，子育てのストレス，義理の家族が含まれる。しかし，実例として，出生家族のいくつかの問題について簡単に述べておきたい。

　恋愛関係は，ロール・モデル，特に親に影響を受ける。親は，結婚についての捉え方を形成するのを助ける。私たちは，過去の結婚経験（例：幸せな結婚，つらい離婚），機能しているかまたは機能不全の家族力学（例：虐待，ネグレクト，コミュニケーション不足），拡大家族の力学（例：祖父母，姻戚），そして／または，家族ストレス（例：死，経済的困難，複合家族）を持ち込む。他には次のようなものがある。すなわち，親子関係に満足していたか，慈愛深かったか，親密だったか，冷たかったか，〔心身ともに〕距離があったか，ネグレクトされていたか。家族のコミュニケーションは，傷つけあうことなく，オープンで正直だったか。成人した者は，親からの自立という健全な感覚を持っているか。これらの状況のいくつかは，直接的よりも間接的に結婚満足度に影響を与える。言い換えれば，（A）出生家族の変化は，（B）人格，自尊心，及びコミュニケーション・スキルに影響を与え，（C）その後，次の世代の結婚満足度に影響を及ぼす（A→B→C）（Larson, 2003）。出生家族についてのより深い理解は，自分自身とパートナーをよりよく理解するのを助けることができ，関係を築き維持するのに不可欠である。良いスタートにはパートナーとの次のような事項の共有が含まれるだろう。レジャー活動に関する好み，友人は誰か，家族・学校・コミュニティについてどう感じているかなどである。さらなる議論には，仕事と家族，金銭管理，子どもが加わることに対して，カップルがどのように対処していくのかについての考え方が含まれる（Larson, 2003）。

個人の特質

　個人の特質には，関係のなかでの各パートナーの，性格や情緒的な健康のほか，価値観，考え方，態度が含まれる。自分自身の理解は，パートナーとの共有を実際に促進し，進行中の関係の発展に役立つ。

パーソナリティと情緒的健康

　パーソナリティ特性は，一生を通して，関係性における行動に影響を与える。比較的持続的な特質もあれば，時間が経つにつれて変化する特性もある（Allemand, Steiger, & Hill,

2013; Roberts, Kuncel, Shiner, Caspi, & Goldberg, 2007; Roberts & Mroczek, 2008)。一般的に，人は年齢を重ねると，自信，温かみ，自己コントロール，情緒的安定性が増してくる。これらの変化は，若年成人期（20-40 代）に最もよく見られるが，いくつになっても変化する可能性がある。「ビッグ 5 パーソナリティ特性」は親密な関係に影響を与えるように見える。それらは次のとおりである。(1)「外向性」（社交的で，熱心で，社会的であること），(2)「協調性」（情け深く，協調性があり，信頼できること），(3)「誠実性」（勤勉で，信頼でき，整然としていること），(4)「神経症傾向」（気まぐれで，心配・不安・怒りを起こしやすいこと），(5)「経験への開放性」（創造力豊かで，慣習的でなく，芸術的であること）である。最初の 4 つの特性は，関係性に違いをもたらし，最後のものは親しい関係の成功や満足にはほとんど関係しないようである（Costa & McCrae, 2003; DeYoung, Quilty, & Peterson, 2007)。「ビッグ 5 パーソナリティ特性」の尺度を使うことに加えて，他のパーソナリティ測定値を，「プライマリー・カラー・パーソナリティ・テスト（*Primary Colors Personality Test*)」などの公式および非公式設定に組み込むことができる。「プライマリー・カラー・パーソナリティ・テスト」は，「予防と関係性促進プログラム（PREP）」によって公表され，個人向けに適用されている（Billings, 2004; www.prepinc.com)。パートナーは，パーソナリティとともに，RAQs の下位尺度の結果を組み込むことによって洞察を得ることができる情緒的健康（例：強い不安・うつ・怒りの有無）を考慮する必要がある（Larson, 2003)。パーソナリティの決定要因と同じように，パーソナリティ特性と健康問題の類似性を比較するための相互討論では，将来向き合う必要のあることや，これらの問題に最もうまく対処する方法について，対話することができる。

価値観，考え方，および態度

　「価値観」とは，しばしば私たちの生き方に反映されるものに付け加えられる価値または重要性の評価基準である。価値観は目に見えないが，振る舞いや行動によって認識され，行動規範の設定，意思決定，葛藤解決，行動の動機づけ，他者の行動の判断に用いられる（Bristor, 2010; Moore & Asay, 2013)。価値観は，生涯を通してゆっくりと発達し，文化・リーダー・家族構成員・友人・テレビ・メディアなど，多くのものに影響を受ける。変化する価値観もあるが，中心となる価値観は 20 代前半以降，あまり変化しない。共通する中心的価値観を持たないことは，関係性にとって主要な問題を引き起こす可能性がある（例：パートナーの一方は子どもを持つことに価値があると考え，もう片方は子どもが自分たちのライフスタイルに負担を強いると考える。または，パートナーの一方はキャリア的成功が非常に望ましいと信じ，それに対して片方は家族を人生の最優先事項と考えている〈Vogt, n.d.〉)。違いについて議論するのは重要であるが，各パートナーの価値観が大きく異なる場合には，コミュニケーションをとるだけでは十分ではないかもしれない。結婚前にこれらについて議論することは不可欠である。なぜなら，結婚後に価値観の違いを解決するのは容易ではないからである。しかし，ストレスや危機にある個人や家族の経験によって，時間とともに変化するだろう。例えば，重い病気や事故は，健康や家族を，優先事項や価値あるものにする可能性がある。個人の価値観の重要度のランクづけは，時間とともに変化

する可能性があるが，意識的または無意識的に重要性によってランク付けされる傾向があ
る。関係性に利益をもたらす価値観には，責任ある行動，敬意，親密さ，許しがある（Markman
et al., 2010）。

　「考え方」とは，明らかにされていないか，または非合理的であっても，何かしら正し
いという内面的感覚である。考え方のなかには非現実的なものもある（例：意見の不一致
は破滅的，パートナーは心が読めるべき，パートナーは変えられない，性的に完全に満足
することは可能，男と女は全く違う，など）（Larson, 2003）。自分自身，結婚，家族につい
ての核になる考え方は，関係性にとって価値あるものになりうるし，あるいは，もしそれ
ぞれのパートナーが異なる考え方を持っている場合，危険因子にもなりうる（Markman et
al., 2010）。人は，自分の態度を通じて考え方や価値観を適用し，ことばや行動を通じて表
現する。

　価値観を明確にする活動への参加は，個人とそのパートナーがお互いをよりよく理解す
るのを助ける。同じ活動をし，個人的価値観を検証し，結果を共有することは，お互いの
類似点と相違点を比較し，その後，何が重要なのかを話し合う機会になる。共有している
目的を見つけることは，カップルがより深く，より意味のある関係を発見するのを助ける
だろう。Box 9.1「価値観を明確にする活動：私がしたいこと 20」，Box 9.2「価値観を明確
にする活動：恋愛関係にあるカップルの価値観比較」を参照してほしい。

Box 9.1　価値観を明確にする活動：私がしたいこと 20

　ほんのわずかな人々だけしか，自分たちが何に価値を置いているかを明確に表現できな
い。したがって，価値観を明確にする活動を組み込み，結果をパートナーと共有すること
は，意味のあるコミュニケーションになる。活動のひとつは「あなたがしたいこと 20」を
表にすることである。次に，「したいこと」が下の見出しのカテゴリのひとつに合致する場
合，作成したリストの片側にグリッド（□）を作り，該当する見出しを書きなさい。

　　$　　25 ドル以上「かかる」物または活動
　　A　　「単独で」行った活動
　　P　　「人々」を重視した活動
　　I　　「親密さ」を伴う活動
　　3　　「3 年前」には，あなたのリストになかった活動
　　R　　ある種の「リスク」（物理的，精神的，情緒的）を伴う活動
　　F　　「あなたの父親」があなたの年齢のときにはリストになかった項目
　　M　　3 年前には「あなたの母親」のリストになかった項目
　　D　　あなたが最後にこの活動をした「日付」（おおよそ）

　リストとグリッドを完成させたら，「あなたがしたいこと 20」をどれくらい簡単にリス
トできたか，よく考えなさい。どんな活動があなたの母親や父親と似ているか，どんな活
動をひとりでやるか，他者と一緒にやるか，または親密なパートナーと一緒にやるか。あ
なたがしたいことは，お金がかかる活動か，またはリスクを伴う活動か。最近，これらの
活動のどれかをしたか。そうでないならば，そのことはあなたにとって何を意味するか。
あなたが価値を置く活動は，時間がたつにつれてどのように変化したか，なぜそう考えるの
か。リストを熟考した後に，パートナーとそれを共有し，これらの活動がどのような価値
観を表しているか，共通しているものを検討しなさい。
資料出所：Simon, Howe, & Kirschenbaum, 1972

Box 9.2　価値観を明確にする活動：恋愛関係にあるカップルの価値観比較

　あなたの価値観とパートナーの価値観を理解するために，別々にふたつの同心円を描きなさい。内側の円には，大切にしている考え方や価値観，あるいは中核となる価値観をあげなさい。外側の円には，関係のなかでの問題に柔軟に対処するかもしれない考え方や価値観をあげなさい。この図の，内側の円を卵黄，外側の円を卵白と考えなさい。個別にこの図を完成させた後に，パートナーとそれを共有しなさい。どこに共通点や一致点がありますか。共通している感覚や目標は何ですか。あなたがたは妥協できますか。

カップルの特質

　凝集性，親密性，支配またはパワー，合意のほか，カップルのふたつの主要な特性として，カップル・コミュニケーションと葛藤解決スキルがある。コミュニケーションは，結婚の中心であり，結婚の残りの部分がどのくらいうまく機能するかを決定する。それには，パートナーに対する愛情豊かで協力的な態度とコミュニケーション・スキルが含まれる。「葛藤解決」スキルには，パートナーが異なる価値観を持っている場合，課題をよりよく解決するための，効果的な話し方や共感的傾聴スキルが含まれる（Larson, 2003）。

コミュニケーション

　コミュニケーションには幅広いテーマがある。リスニングとヒアリング，コミュニケーションのタイプとスタイル，ジェンダーの違い，フェアな闘いのためのガイドラインなどの要素が含まれる。カップルが関わるコミュニケーションには 3 つのタイプがある。生活の些細なことを共有するときの「気軽な会話（*casual talk*）」，意見の不一致が避けられないときの「葛藤の会話（*conflict talk*）」，親密さ・つながり・安心感を築き維持する「友人関係としての会話（*friendship talk*）」である（Markman et al., 2010）。カップルは，どのようにメッセージを解釈するかと同様に，自分たちが聞いたり言ったりすることに対して影響を与えるフィルタ（偏見）を持っている。これらのフィルタには，「注意散漫」（注意力の不足），「感情状態」（気分），「考え方と期待」（関係性についての考え方や期待），「スタイルの違い」（表現力に富んでいるか，または遠慮深いか），「自己防衛」（拒絶されることに対する恐怖）などが含まれる。誰もがフィルタを持っており，コミュニケーションの本質をゆがめない限り，必ずしも悪いというわけではない。目標はフィルタの存在を認識し，コミュニケーションを妨げないようにすることである。

　結婚生活のコミュニケーションは，新婚カップルの結末を予測する重要な因子と認識されている。というのは，時間の経過とともに，コミュニケーションの難しさが親密な関係を蝕む可能性があるからである。ゴットマンのパートナーとの相互作用の 4 つの問題のある方法（これは「黙示録の 4 騎士」として知られている），すなわち，批判，軽蔑，防御，だんまり（stonewalling）を利用することは，結婚教育プログラムにとって有益かもしれない（Gottman, 1994; Gottman, Gottman, & DeClaire, 2006; Gottman & Silver, 1999）。

- 　「批判」には，特定の行為，パーソナリティまたは性格への攻撃が含まれ，通常，非難を伴う（例：「あなたはいつも」または「一度も…ない」と言う）。

- 「軽蔑」は，侮辱または心理的虐待への意図をもって，パートナーの自意識を攻撃することに焦点を合わせており，「4騎士」のなかでも最悪である（例：中傷，皮肉，好戦性）。
- 「防御」は，攻撃を避けるために，自らを犠牲者と見なすことを意味する（例：異議申し立て，泣き言）。
- 「だんまり（*stonewalling*）」には，葛藤を避けるための関係性からの逃避が含まれる。パートナーは「中立」であるように努めるが，「抵抗」は不承知，距離，別離，断絶を伝える（例：聞き手が聞いたことに影響を受けているという，会話の手がかりを与えない。言い換えれば，「石垣に話しかけている」ようなものである）。

　不和と否定的相互作用の持続的なサイクルは，何が起こっているかを認識しないままでいると止めるのが難しい場合がある。ゴットマンは，研究に基づく結婚教育プログラムの開発においてここ数 10 年間にわたって多数のカップルにインタビューし研究してきている。彼はこれらの行動が約 90％の正確さで，離婚する人を特定できることを明らかにした（Gottman et al., 2006）。解消される結婚に比べ，長く続く結婚には，一般的に，否定的相互作に対するパートナー間の 5 つの建設的な相互作用がある（Gottman, 1994）。建設的なコミュニケーションを促進するための 4 つの戦略が提案されている。すなわち，問題を抱えきれなくなったときに「落ち着く」，聞くことによって，また自己防衛する必要がないと感じることによって「非防衛的に話をする」，パートナーに彼または彼女が理解されていることを知らせることによる「正当性の確認」，新しいスキルが身につくように繰り返す「反復学習」である。自己開示によって，関係が親密になるのを促進できる。心の内や夢をパートナーと共有するとき，心の内と感情を共有するという互恵的な影響によって，自分についてだけではなく，パートナーについても理解する機会が得られる（Gottman, 1994; Olson & Olson, 2000）。配偶者を日常的に誉めることは，彼または彼女の強みに焦点を当て，お互いをいい気持ちにさせる。これらのスキルの練習は，結婚生活を高めるのを助け，また，子どもや同僚とのコミュニケーション方法にも影響を与える。これは，結婚教育プログラムの一般的なテーマであり，それにはパートナーたちがコミュニケーション・スキルを向上させるためのいくつかの練習がある（Gottman et al., 2006; Gottman & Silver, 1999; Markman et al., 2010）。

葛藤の解決
　葛藤は関係性の正常な部分である。しかし，前向きで建設的な方法で，対処することが重要である。円満夫婦は良い友人のように行動し，穏やかで前向きな方法で葛藤を処理する（Gottman et al., 2006）。葛藤にはふたつのタイプがある。「解決できる」ものもあり，「しょっちゅう起こる」ものもある。およそ 69％が後者のカテゴリに入る（Gottman & Silver, 1999）。葛藤解決のカギは，相手の話を聞くこと，および理解することである。言い換えれば，パートナーに変化を求める前に，彼または彼女は理解されていると感じさせる必要がある。人は，基本的に自分が好かれていて，ありのままに受け入れてもらっていると感じ

る場合にだけ変化できる。ひとつの提案は「穏やかな方法」で始めることである。おのおのの葛藤にはふたつの観点があるので，穏やかに始めることによって，防御のバリアを取り除き，問題の核心に達することができる。もうひとつの提案は不満を共有するために「You（ユー，あなた）メッセージ」よりもむしろ「I（アイ，私）メッセージ」を用いることである（「あなた」を主語にするのではなく，「私」を主語にして話すことである）。これは，非難しないで，パートナーの防御態勢を解除させ，その状況での最も重要な問題と感情に焦点を合わせる。例えば，ふたりは家事について意見が一致しないかもしれない。「あなたは夕食を作った後に台所をきれいにしなかった」という言い方で始めるよりむしろ，「仕事から帰って来たとき，台所がきれいでないと，私はイライラするの」という別の言い方がある。また，次のようにするのも良い。評価するのでなく，何が起こっているかを説明すること，明快で，礼儀正しく，感謝の気持ちを持っていること，全てを一度に清算する方法のように，問題を貯めこまないことである。

　葛藤について話し合うときに学ぶもうひとつのスキルは「アクティブ・リスニング」である。アクティブ・リスニングは受け取ったメッセージを，正確に聴き，復唱する能力である。パートナーが話している時，どう応答するかを考えるよりも，話を聴くことが重要である。これによって，各パートナーの視点をよりよく理解することができる。結婚教育者は，参加者にいくつかの練習をさせるために，「Iメッセージ」と，アクティブ・リスニングを伴う「穏やかな始め方」を組み込むためになんらかの状況設定をするかもしれない。

Box 9.3　活動：葛藤の解決と変化

　参加者に，普段するようにして腕を組ませなさい。次に，左手を上にしている人に立ってもらいなさい（他の人は彼らの左手を指さす）。何人が同じ方法で腕を組んでいるか，見回しなさい。彼らにとって通常の方法で腕を組むことをどのように感じるか，説明させなさい。（**通常，彼らはそれが心地よい，安全，リラックスできる，またそうするのが正しい方法だと言う。**）

　参加者に，逆に腕を組ませ，どのように感じるか説明させなさい。（**通常，不快，変な感じ，ぎこちない，間違ったやり方だと言う。**）

要点は，「わたしの」方法が正しいと感じ，「あなたの」方法は間違っていて不快なので，私はそうすることに抵抗するだろうということだ。このことは，違いや好みが，関係の中でどのように葛藤の核心になるかを示している。自分は「正しい方法」でやっていると考えるので，「正しい方法」は，ある人が他の人を変えようとすることにつながる。不快に感じる方法で腕を組ませて，もし1か月間そうしたら，どう感じるか尋ねなさい。違って感じるだろうか。（**彼らは，通常，十分長い間それをやっていれば，別の方法でも大丈夫と感じるだろうということに同意する。**）

　重要なことは，私たちが他者を十分に気遣うならば，その関係性をうまく保つために何かを変化させることができるかもしれないということである。変化は，快適な場所を出るよう求めるので，難しく不快だが，私たちは変化することができる。また，個人の成長とカップルの成長につながる。カップルが変化という大変な仕事をするのに十分長い間カップルであり続けることが，愛情と責任ある行動である。

Box 9.4　家事分担：家事管理

　ピンポン玉にさまざまな家事の項目を書き，箱の中に入れなさい。仕事や，配偶者や子どもと質の高い時間を過ごすなど，いくつかの家事は，両方のパートナーが取り組むので2回書かれるだろう。

　ふたりのボランティアにこの活動に参加するように頼みなさい。彼らはクラスの無関係な学生，またはカップルの学生かもしれない。次のシナリオを読みなさい。

　　　この関係性のなかのふたりの個人には，両方とも仕事がある。パートナーの片方はエンジニアで，もう片方はさまざまなシフトで働く消防士である。彼らには5歳と10歳のふたりの子どもがいる。

　箱からピンポン玉を1個選び，どちらのパートナーがピンポン玉に書かれた家事をするかを聞いて，そのパートナーにピンポン玉を渡しなさい。時には，残りの参加者が，だれがその家事をするか提案する。**（もしピンポン玉が床に落ちたら，その家事は『滑り落ちる』。それを書きとめて，その家事について議論しなさい。しかし，ピンポン玉を拾い上げてはいけない。）**ピンポン玉がすべて配られた後に，新たな課題を出しなさい。

　　　パートナーのひとりには別の都市に住んでいる親がおり，健康に問題を抱えていて，支援が必要である。したがって，彼／彼女の家事（ピンポン玉）を家に残っているパートナーに代わってもらわなければならない。

　すべての家事を引き受けなければならないパートナーは，床に落とした家事（ピンポン玉）があったように，それらすべてを管理できない可能性が高い。そこで，互いに助け合うこと・家事を減らすか簡素化すること・追加の支援を得ることによって，これらの家事をどううまく管理できるか，話し合いなさい。家事に費やされる時間，家事の共有，ジェンダーによる家事の好みや割り当てを書きとめなさい。

ピンポン玉に書かれる家事の例

予算	子ども服の購入	年老いた親の世話
勘定の支払い	朝食の調理	子どものための病院の予約
投資	昼食の準備	子どもが病気の時，家にいる
保険問題の取り扱い	夕食の調理	学校や保育所への子どものお迎え
車の修理	食料品の買い物	
洗車	ゴミ出し	学校や保育所に子どもを連れて行く
建物の修理	ペットの世話	
洗濯する	家族の娯楽の計画	子どもとの質の高い遊びの時間*
家の掃除	子どもの毎日の宿題	
カーペットの掃除機かけ	子どもの校内活動への参加	配偶者との質の高い余暇時間*
床の拭き掃除	子どものクラブ活動への参加の促進	キャリア維持*
皿洗い		地域社会への参加
庭仕事や屋外の仕事	拡大家族の誕生日や記念日での関係維持	家族への誕生日／休日のプレゼントの買い物

*注：＊は重複する可能性のある家事を示している。

　カップルが葛藤を管理し，解決する方法には，次のようなさまざまなものがある。(1)
「回避」…なんらかの有意義な方法で，パートナーとの議論を避けたり，拒否したりする
のを避ける，(2)「屈服」…パートナーに配慮して，自分自身の目標と願望を放棄する，(3)
「妥協」…パートナーと自分の双方のニーズと希望の一部を満足させるような公平な解決
策を探す，(4)「協働」…両方のパートナーのニーズに対応するために，各々の目標と意見
を考え，創造的に問題を解決する。最後の選択肢には，パートナーの意見を求め，オープ
ンなコミュニケーションを維持し，ブレインストーミングをし，協力的であることが含ま
れる（Guerrero, Andersen, & Afifi, 2007）。有意義なコミュニケーションを組み込み，相手を
理解することによって，問題を特定することができ，両方のパートナーにとって満足のい
く結果が得られる。関係性における「葛藤の解決と変化」に関する Box 9.3 の活動は，教室
のなかで，またはパートナー間で役に立つかもしれない。
　葛藤の解決は良いコミュニケーション・スキルを用いることによって促進できる。議論
する時間と場所を決め，緊張を引き起こしている問題や課題だけに焦点を合わせ，それぞ
れがどのように問題に関与しているかについて話すことは有益である。パートナーたちは，
葛藤を解決するために，ブレインストーミングし，分析し，評価しなければならない。そ
の後，彼らが到達した前進について，認識を共有しなければならない（Olson & Olson, 2000）。
参加者に，親が葛藤に対処するのをどのように見ていたかを共有させることを考えなさい。
参加者はこれらのコミュニケーション・スキルを使って，仮想的な葛藤を解決する練習を
することができる。カップルの問題の核心ではない状況を扱うことは，他の問題を解決す
るための良い練習になるだろう。パートナーとの葛藤の原因となる事項には，しばしば，
金銭管理，育児，性，宗教，家事の共有，意思決定が含まれる。例えば，どのくらいの頻度
で，いつ，セックスするのか；銀行の預金口座は別々か，共同か，または両方の組み合わ
せか；子どもの世話や食事の準備など，日常の家事をどのように行うか（家事労働につい
ての議論を促進する活動については Box 9.4 参照）などがある。

変化

　カップル環境や家族環境で起こる変化は，結婚教育カリキュラムに影響を与える可能性
がある。例えば，再婚して複合家族（ステップ・ファミリー）を作ろうとする人々，軍隊
配属に対処する人々，そして／または生活のストレスに対処する人々のために，プログラ
ムが創られてきた。

再婚カップルと複合家族の変化

　継子を持つ再婚カップルは結婚人口のかなりの部分を占め，結婚教育プログラムが取り
組む特殊なニーズを持っている（Adler-Baeder & Higginbotham, 2004）。離婚者の約 75% は
結局再婚し，その数は米国の全結婚の約 3 分の 1 を占め，複合家族を形成している（NCFMR,

2010; U.S. Bureau of Census, 2006）。複合家族の 90%は離婚や再婚の後に作られる一方，複合家族のなかには婚外子を出産したひとり親や未亡人が関わって作られるものもある。その結果，成人の 42%は，継親，義理のきょうだい・片方の親が違うきょうだい，継子のいずれかとの義理の関係を持っている（Parker, 2011）。初婚と比べて，再婚は解消のリスクがわずかに高い。再婚カップルは初めての夫婦と比べて，あまり積極的に議論せず，あまり否定的ではないが，相互に関わろうとしなかったり，子育てについての協議など困難な問題を潜在的に避けようとしたりする傾向がある（Halford, Nicholson, & Sanders, 2007）。

　複合家族は複雑で，初婚のカップル・家族に比べて，家族発達上の違いがある。離婚，同棲，結婚への連続的移行や，結婚からの連続的移行は，現在の米国の家族生活の典型であるが，子どもに重大な影響を与える。親の結婚に関する変化や，パートナーシップの変化を経験すればするほど，子どもの情緒的，心理的，学業面でのウェルビーイングは低くなる（Amato, 2010; Cherlin, 2009）。さらに，複合家族には次のような問題がある。すなわち，わずかな制度的支援しかない，汚名を着せられるかもしれない，金銭管理に関する問題がある，家族のルール・境界・子育てに関する決定という特有の課題に対処しなければならないということである。継親と継子の関係の質は，葛藤と関係の質に影響を与えるので，婚姻関係とその強みを築くことが優先されるべきである（Adler-Baeder & Higginbotham, 2004; Bray & Kelly, 1998）。残念ながら，複合家族のカップルのほとんどは結婚前教育を探そうとしない。さらに，再婚カップルが直面する独特の問題はほとんどの結婚教育のコースでは扱われていない（Ganong & Coleman, 2004）。再婚教育コースの設計要素には次のような事項が含まれる。すなわち，理論枠組みや研究に基づく情報，ファシリテーターや参加者のためのさまざまな教授法や補助教材，募集資料や教材，対照群の使用や長期的な効果を含むプログラム評価である。

　プログラムの例には，『ダイナミックな複合家族の設計：平和のために部品を持ちよる（*Designing Dynamic Stepfamilies: Bringing Pieces to Peace*）』（Taylor & Taylor, 2003）（www.designingdynamicstepfamilies.com），『複合家族のなかの成人と子どもの賢明なステップ（*Smart Steps for Adults and Children in Stepfamilies*）』（Adler-Baeder, 2001; www.stepfamilies.info/smart-steps.php），『複合家族のための踏み台（*Stepping Stones for Stepfamilies*）』（Olsen, 1999; www.ncsu.edu/ffci/publications/1999/v4-n3-1999-winter/showcase-usa.php）がある。『賢明な複合家族（*Smart Stepfamilies*）』（Deal, 2006; www.smartstepfamilies.com）は実践的プログラムで，家族生活を成功させるために情報を提供して，カップルが複合家族の子育てで一般的な困難に対処するのを支援したり，複合家族を支援する宗教に基づく専門家やその他の専門家を訓練したりする。複合家族を形成しているカップルへの結婚教育の提供や，彼らのニーズに応じた特定の教育内容の付加は，離婚後のカップルや子どものリスクを軽減する可能性がある。

軍隊配属に直面しているカップルの変化

　2001 年 9 月 11 日〔同時多発テロ〕以来，米軍とその家族では，軍隊配属の回数と頻度が増えている。別離は，軍人カップルにとって当然のことになると同時に，幸せで，健康で，

良好な関係を保つ妨げにはなっていない。しかしながら，軍事移転，別離，再会は，両方の配偶者にとって絶え間ない心配事である，不貞がストレスになるのは明らかである（NHRMC, 2007）。配偶者が軍に配属されたとき，コミュニケーションが重大な問題になる。17%が，それを第一の課題として報告している。テクノロジーがコミュニケーションをかなり助けてくれる一方，コミュニケーションが少しでも途切れると，軍人や家にいる家族のメンバーのウェルビーイングには懸念が生まれるだろう。ある軍人たちにとって，コミュニケーション技術を利用できるかどうかが課題である。一方，そうすることで悲しくなったりホームシックになったりする恐れがあるため，コミュニケーションをしたがらない軍人もいる。パートナーが心配しないように，どんな情報を話すか，話さないかについて識別することが，ジレンマになる。配偶者の片方が軍に配属されるとき，それは家に残る配偶者にとってストレスになる。残された配偶者は今までよりも多くの役割を担うことになる（Everson, Darling, & Herzog, 2013）。さらに，配偶者が帰ってくると，役割分担は帰還兵の状態に合わせて変化する。

ストレスに直面しているカップルの変化

ストレスは，関係の外にも中にも存在し，結婚の機能に影響を与える。ストレスは，夫婦間のコミュニケーション，ウェルビーイング，一緒に過ごす時間の質から，直接的にも間接的にも生じる（Bodenmann, Ledermann, & Bradbury, 2007）。例えば，仕事，金銭，健康に関するストレスは，結婚の質や満足度に否定的影響を与えることが知られている（Howe, Levy, & Caplan, 2004; Neff & Karney, 2004, 2007）。しかしながら，この外的ストレスは，夫婦間コミュニケーション，関係性ストレス，関係の質にも影響を与える（Ledermann, Bodenmann, Rudaz, & Bradbury, 2010）。ある人自身の外的ストレスが，関係性ストレスの感覚を高めて，親密な関係に波及する可能性がある。言い換えれば，関係性のストレスの低さと積極的なコミュニケーション・レベルの高さが，関係性において重要である。「カップルのためのコーピング（問題対処能力）強化トレーニング・プログラム（*Couples Coping Enhancement Training Program*, CCET）」は，両方のパートナーが新しい適応行動を発達させ，既存の行動を強化するのを助けるために設計されている（Bodenmann & Shantinath, 2004）。苦痛を予防する際に，ストレスとコーピング・スキルを取り入れたカップルのためのプログラムは，関係内部のストレスを管理し，夫婦間コミュニケーションを強化し，長期的な関係を促進するのに役立つ。

背景（コンテクスト）

恋愛関係教育プログラムや結婚教育プログラムに含まれる「内容」について知るだけでは十分ではない。教育という「背景（コンテクスト）」を理解することも重要である。恋愛関係教育者や結婚教育者になるには何が必要か。恋愛関係や結婚を教えるのに，どんな「設

定」が使えるか。どんな「プログラム」,「方法」,「戦略」が有効か。恋愛関係や結婚について理解することに加えて,プログラムを開発し教える方法も理解する必要がある。

恋愛関係教育者と結婚教育者

　結婚教育者は,健康な関係を構築している結婚前のカップル,結婚しているカップル,それ以外の親密な関係にあるカップルを支援するためのプログラム,サービス,資料を提供する（Boyd, Hibbard, & Knapp, 2001）。結婚教育者は,時にはカップル関係を促進する役割を果たす。それは,カップルが,安全で,互いを尊重する環境のなかで,結婚生活の問題を議論するのを促進できる必要があることを意味する。「家族実践領域（*Domains of Family Practice*, DFP）モデル」を理解しておくことが重要である（Myers-Walls et al., 2011）。恋愛関係教育者と結婚教育者はセラピストではない。彼らの役割は,人々の問題を修復することだと考えるべきではない。プログラムの参加者は,自分自身の問題の解決するために,そこにいるのである。ほとんどの教育者が,参加者の問題についてよく知っているが,参加者と相互作用する能力を高めるには訓練が必要である。結婚教育者は次のような特定のスキルを必要とするかもしれない。たとえば,パートナー間の絆の構築,気持ちへの共感と妥当性の検証,誠実で特別であること（問題を特定し,その結果,何か明確なものを把握する）,さまざまな視点の探究,文化の違いの認識である。また,教育やファシリテーション能力を高めるためにこれらのスキルを練習する必要があるだろう（Gottman, 2007）。ジェンダーもまた,問題になるかもしれない。プログラムの参加者の中には,特に男性は,男性または女性の教育者に対して異なる反応をする者もいるかもしれないので,男女の共同教育者チームがあるのは役に立つだろう（Hawkins, Carroll, Doherty, & Willoughby, 2004）。男女混合チームは,対等な関係で互いを尊重し,プログラムのなかで提唱されている態度,スキル,行動のロール・モデルであるべきである（Ooms & Wilson, 2004）。また,教育者の宗教的背景は結婚に関する情報の伝達に影響を及ぼす可能性がある。言い換えれば,メッセージはメッセンジャーによって増強されたり抑制されたりすることがある。

　リーダーやファシリテーターの質は,結婚教育プログラム成功の主要な鍵であり,低所得者層の参加者を対象とするときには特にそうである。彼らが,現実的なロール・モデルであるだけでなく,誠実で思いやりがあり,相手を尊重し,肯定的であることは重要である（Ooms & Wilson, 2004）。結婚教育者やファシリテーターの質は,そのパーソナリティと訓練に関係しており,次のような人たちである。

- グループ・ダイナミクスを管理でき,セッションを独占しようとするどんな否定的エネルギー・個人・カップルにも対処できる。
- 責任感があり,信頼でき,準備が整っており,時間を守る。
- 創造的で,教材や活動を通じてカリキュラムを高めることができる。
- エネルギッシュで,多様なセッションにたずさわる。
- 成人にはさまざまな学習スタイルがあることを認識している。

- 参加者と結びつき，共感するだけでなく，オープンで，正直，自己を認識している。
- 境界を尊重し，基本原則を確立し，参加者がスキル構築に焦点を当て，問題の共有や解決に焦点を当てないようにする。
- ユーモアのセンスがあり，さまざま問題や人々に対応できる。
- 進化し続ける進行中の仕事に関して，個人的にスキルを習得することに対して謙虚である（全米ヘルシー・マリッジ・リソース・センター，National Healthy Marriage Resource Center, NHMRC, 2007）。

　さまざまな専門家が結婚教育者として働く一方，誰が，特定の設定で，結婚教育を提供できるかを示す法を持つ州もある。例えば，フロリダ州で，結婚証明書の料金割引を受けるために結婚前教育を受けようとする人は，認可心理学者，臨床ソーシャルワーカー，結婚・家族セラピスト，メンタル・ヘルス・カウンセラー，宗教団体の公式代表者，他の教育提供者（例：これらのコースの提供を認定されているスクールカウンセラー）など，特定の認証教育者から選ぶ必要がある（Florida Statutes, 2009）。結婚前教育や結婚教育のコースを教える認証を持っていると認識される人に関して，各々の州が異なる政策を持っているので，この重要な役割に対して「認証家族生活教育者」を宣伝して売り込むために，個々の州の政策動向に注意を払う必要がある。

結婚教育の設定

行政のイニシアチブ（問題解決戦略）

　さまざまなプログラムを通じて結婚を強化するための行政のイニシアチブ（問題解決戦略）が増加している（Brotherson & Duncan, 2004）。しかし，結婚への行政の介入の妥当性についてはかなり議論がある。行政が私的な家族問題に関与する権利はないと考える人もいれば，ひとり親が子どものウェルビーイングに与える否定的な影響は政府の介入を正当化すると考える人もいる（Ooms & Wilson, 2004）。結婚教育の取り組みにはますます人気が高まっており，貧困の削減に関連する政策構想から発展してきた。健康な結婚と父性の促進のために，「2005 年連邦赤字削減法（Federal Deficit Reduction Act of 2005）」は競争的な研究と実証プロジェクトに，2006 年から 2010 年まで，毎年 1 億 5,000 万ドル（約 162 億円）を利用できるようにした。また，健康な結婚を奨励し，父親が子育てに参加し，献身し，責任を持つのを促進するための有望なアプローチを検証させた。（ACF, 2005）。この基金は教育的イニシアチブと結婚の強化をもたらした。多くの州では，立法者や知事も，結婚前教育，高校での恋愛関係教育，契約結婚を促進する努力に関与するようになっている（Brotherson & Duncan, 2004）。例えば，3 つの州（ルイジアナ，アリゾナ，アーカンソー）は結婚前教育や結婚前カウンセリングを促進し，離婚をより難しくすることによって，結婚の絆を強化するための契約結婚法（covenant marriage law）を通過させた（NHMRC, 2010）。わずかな割合のカップルだけしか（1-3%），この論議を呼んだ選択肢を選んでいない。

地域（コミュニティ）における結婚イニシアチブ（問題解決戦略）

　過去10年間に，地域に根ざした結婚教育プログラム・イニシアチブ（問題解決戦略）が爆発的に広まっている。40の州で結婚を支援しカップル関係を強化するためのプログラムが作られた（Dion, 2005）。家族の専門家は多くの地域イニシアチブの協力者となっている。地方，州，全米レベルで結婚や家族の困難があると認識されている場合，たいてい，ビジネス，行政，教育，聖職者のような地域のさまざまな機関や人々が，結婚や家族員の生活を向上させるために率先して行動する。これらの全米で目に触れる機会の多いプログラムのいくつかとその目標は，次のとおりである。(1)「大事なことを先に（*First Things First*)」，家族を強化し，父親と子どもの関わりを増やす，(2)「オクラホマ結婚イニシアチブ（*Oklahoma Marriage Initiative*)」，離婚率を抑え，家族を強化する，(3)「健康な恋愛関係カリフォルニア（*Healthy Relationships California*)」，個人やカップルに，英語，スペイン語，中国語，韓国語で受講できる教室で，コミュニケーション・スキル，葛藤解決スキルを教える，(4)「より強い家族（*Stronger Families*)」，健康で愛情深い関係を促進し，結婚生活という旅の各段階で支援を提供することによって，カップルや家族に生活を変化させる機会を手助けする，(5)「結婚を救う人たち（*Marriage Savers*)」，結婚を保護し，強化し，修復する。プログラムは，集団のニーズ，利用可能な資源，プログラムを組織する人々の期待に依存するので，個々のプログラムに対するたったひとつの特別な計画というものはない。それぞれが長所と短所を持っているため，恋愛関係教育や結婚教育を提供するための最良の選択肢は，ひとつのタイプの組織（例：NPO，営利組織，教育，信仰に基づくもの，軍隊）だけではない。したがって，地域に根ざしたサービス提供者との協働的パートナーシップを形成するプログラムは，募集の際に有益である。有益であることは，ボランティア的プログラムにとって不可欠である（Hawkins & Ooms, 2010）。地域の結婚イニシアチブは将来にわたって重要な約束を果たすだろう。地域プログラムの詳細な情報は「全米恋愛関係教育・結婚教育協会（National Association for Relationship and Marriage Education, NARME, www.narme.org)」に問い合わせると入手できる。

「協同エクステンション・サービス（Cooperative Extension Service, CES)」のイニシアチブ（問題解決戦略）

　「協同エクステンション・サービス」は，米国連邦議会によって創設され，地域に根ざした家族生活教育に関与してきた長い歴史を持っている。CESは結婚教育とカップル教育の研究に基づく資源を開発し，大学のキャンパスを越えて地域の全ての住民にも届けられている（Goddard & Olsen, 2004）。一般に，プログラムでは結婚前アプローチを取る。しかし，関係性教育はすでに結婚または再婚したカップルや，離婚した親のためのものとしても認識されている。CESはこれらの教育の多くの資源を開発している。ファクトシート，プログラム（例：カンザス大学の「カップル・トーク：恋愛関係を強化する（*CoupleTALK: Enhancing Your Relationship*)」，アイダホ大学の「結婚して，それを愛しなさい！（*Married and Loving It!*)」，ウェブ教材，モデル，地域や州のイニシアチブの概要がある（例：オクラホマ州，ユタ州，フロリダ州，ミシガン州，アラバマ州）（Goddard & Olsen, 2004）。

学術的イニシアチブ（問題解決戦略）

　研究によれば，高校生は大学生と同じくらい，結婚のための準備が重要だと認識している。しかし，彼らが結婚教育プログラムについて知らされる可能性は低い（Silliman & Schumm, 2004）。大学と高校は，しばしば学生に結婚教育プログラムを提供する。思春期の若者のためのプログラムは，現在の恋愛関係と将来の結婚を強化するための予防的アプローチとして，より頻繁に行われるようになっている。思春期の若者は，結婚の知識源として，友人，親，私的な経験を選ぶが，婚約中のプログラムを選ぶとともに，プログラムの期間や費用に基づいて結婚プログラムやカップル・プログラムに関心を示した。プログラムには，正規の結婚教育の授業と，非公式な若者発達プログラムの両方を考える必要がある。結婚教育に参加した多様な高校生 340 人を対象にした最近の研究によれば，参加者は不健康な恋愛関係を特定する知識や能力の向上，恋愛関係についての現実的な考え方，言葉による攻撃のレベルの低下を経験していた（Adler-Baeder et al., 2007）。

　若者のためのプログラムの例には，「ラブ U2：あなたの恋愛関係に関する知性を高める（*Love U2; Increasing Your Relationship Smarts*）」（Pearson, 2004），『上手に愛するアート（*The Art of Loving Well*）』（Ellenwood, 1998），『恋愛関係の構築（*Building Relationships*）』（Olson, Defrain, & Olson, 1999），「仲間のためのペア（*PAIRS for Peers*）」（Gordon, 2000），『結びつき：恋愛関係と結婚（*Connections: Relationships and Marriage*）』（Kamper, 2003, 2011）がある。「結びつき」は人気のあるプログラムで，11 年生，12 年生が次のことを促進する目標をもっている。自己理解と自尊感情，健康的なデート関係や価値，効果的なコミュニケーション・スキルや葛藤解決スキル，恋愛関係や結婚がうまくいくようにするためのスキルを知ることである（www.dibbleinstitute.org/connections-relationships-marriage）。「結びつき」プログラムに参加した学生は，恋愛関係についての知識をほんのわずかしか向上させなかったが，暴力をふるうことは減り，親とのコミュニケーションは増え，結婚に対する態度はより肯定的になった（Gardner, Giese, & Parrott, 2004）。これらのプログラムは，学生に意味のある関係や，どのようにしてそれを発展させ維持するのか，またどのように解消させるのかについて，意図的に考える機会を提供する。しかし，これらのプログラムには，一般に，結婚の満足度と安定性に関する結婚前の予測因子が適切に含まれてはいない（Olson-Sigg, 2004）。

　学生は，教育と将来の収入など，特定の強みを持っているかもしれないが，大きな苦悩を引き起こす（恋愛または恋愛以外の）関係性の多様な問題を経験する（Darling, McWey, Howard, & Olm stead, 2007）。さまざまな大学が，相性の良いパートナーを見つけたり，課題に直面したり，恋愛関係のより大きい満足感を経験する準備ができるように，教養科目を提供している（Nielsen, Pinsof, Rampage, Solomon, & Goldstein, 2004）。学生に焦点を合わせるのは建設的である。というのは，彼らにはデートの経験がある可能性が高く，生涯のパートナーを見つける年齢に近づいており，親の目を気にせず性についてオープンにさまざまな議論をすることができ，結婚が差し迫ってはいないのでパートナーを急いで選ぶ必要はないからである。多くの大学の科目は，主として学問的であり，結婚準備という目標に焦点を合わせてはいない。しかし，「結婚 101：愛を構築しパートナーシップを持続さ

せる（*Marriage 101: Building Loving and Lasting Partnerships*）」のような科目は，学問的方法と，経験的方法や自己発見的方法を統合している（Nielsen et al., 2004）。このプログラムには，講義，討論，講読，日記，体験的活動，ビデオ・クリップ，メンター・カップルへのインタビュー，親へのインタビュー，学期末レポート，プログラム評価が含まれている。学生はこのような科目に意欲を見せるとはいえ，対照群の不足・結婚前の期間の長さ・結婚教育コースの長期的恩恵を実証する難しさのために，プログラム評価はしばしばうまくいかない。

宗教的またはスピリチュアルなイニシアチブ（問題解決戦略）

　恋愛関係教育，結婚前教育，結婚教育は，しばしば，宗教的またはスピリチュアルなコミュニティで提供される。昔は，カップルはしばしば，結婚式に先立って聖職者に予約した。1回の訪問だろうと，数回の訪問だろうと，聖職者は結婚へと移行する過程で新しいカップルに助言を与える唯一の人間だった。宗教的設定のプログラムが長い年月の間に発展してきた。「キリスト教 PREP（*Christian PREP*, CPREP, The Prevention and Relationship Enhancement Program）」は結婚と恋愛関係についての研究を統合すると同時に，キリスト教の結婚モデルを教えることに明確な責任を持つプログラムのひとつである。CPREP は，効果的なコミュニケーション方法，問題解決方法，葛藤解決方法，愛情・責任ある言動・友情を保ち高める方法をカップルに教えることに焦点を当てている。CPREP は，結婚は責任ある言動という確固とした基盤を持っているという基本的な感覚を発達させると同時に，カップルがお互いをどのように扱うかに関しては，安全性に基づいている（Barnes, Stanley, & Markman, 2004）。

軍隊のイニシアチブ（問題解決戦略）

　軍は，兵士のウェルビーイングが家庭生活の質に影響を受けることを認識している。特に軍人カップルは結婚問題のリスクが高く，それは配属や戦闘によって悪化する。過去 10 年間，「予防と関係性促進プログラム（PREP）」は，軍の全ての部門で，結婚しているカップルに対して広く使われてきた。「強靱で準備を整えた家族の構築（*Building Strong and Ready Families*, BSRF）」と名づけられた PREP には，従軍牧師によって変更が加えられた。評価研究によれば，結婚教育が男性と女性の両方に有意な改善をもたらし，軍人カップルからよく受け入れられていることが示された（Stanley et al., 2005）。否定的なコミュニケーションが減少し，全体として将来の関係性に自信をつけたことが示された。訓練を受けた従軍牧師の起用は，彼らがカップルによって知られ信頼されていて，また文化的に適切な例や物語を用いて参加者に対応させて，教育プログラムを変更することができるので，特に効果的である。結婚教育プログラムは，軍隊配属の後，カップルが自分たちの関係について改めて話し合うのを援助する必要がある。というのは，カップルはコミュニケーション，責任のバランス，関係性における意思決定，または心的外傷後ストレス障害（Post Traumatic Stress Disorder, PTSD）や脳の損傷など，その他のメンタル・ヘルス問題に苦しんでいる可能性があるからである（Krill, 2010）。

結婚教育の戦略

　恋愛関係教育や結婚教育を提供する多くの組織がある。自分の近所にある信仰に基づく施設や学校に行くことを選ぶ参加者がいるかもしれないが，過去の否定的経験に基づいてこれらの場所のどちらにも行くことを拒否する参加者もいるだろう。したがって，地域，職場，ヘルスケア・センター，軍の施設でのセミナーやプログラムは，伝統的な設定で結婚教育を受けなかった可能性のある参加者に，プログラムを届けるのに役立つかもしれない。一方，軍事基地での結婚教育プログラムは便利かもしれないが，兵士とその配偶者や家族はプライバシー上の理由から基地を離れることを好むだろう。

　効果的で柔軟な恋愛関係教育の供給が推奨されている。グループの相互作用が重視されるため，対面型の恋愛関係教育を好むカップルもいれば，オンライン・コース，DVD，自律的な教材のような，より便利な，あるいは私的な方法を好むカップルもいるだろう（Halford, Moore, Wilson, Farrugia, & Dyer, 2004）。結婚教育者は，コミュニティの社会的状況のなかで，最も良い教育的設定や伝達方法を見つけるために，柔軟でオープンである必要がある。

　結婚教育は，個人，カップル，グループ，大人数の設定で行うことができる。テレビ，オンライン・コース，地域の資料センター，公的に認知されている場所を通してであろうとなかろうと，多数の参加者にプログラムを届ける可能性があれば，健康な結婚を促進する価値観，態度，行動を形成できる。教室での戦略は参加者のニーズや学習スタイルに合わせて変化させるべきである。講義を好む人もいれば，討論や体験学習に価値を置く人もいる。聴衆の文化や年令によっては，自己開示を望まない人もいるかもしれない。したがって，文化の違いを意識している家族生活教育者は，参加者のニーズをカリキュラムにもっともよく統合させる方法を学ぶために地域のメンバーと話をする必要がある。プログラム終了後，学んだことを持続させるためにさまざまな連絡方法が必要になるだろう。電子メールやソーシャルメディアを使うことで，参加者との継続的な連絡，共有，支援が促進される可能性がある。

　結婚準備プログラムやエンリッチメント・プログラムには，さまざまな教育戦略を統合した多様な設計と方法がある。多くのプログラムが，「関係性アセスメント・アンケート（Relationship Assessment Questionnaires, RAQs）」や「フィット・ツー・ビー・タイド・プログラム（*Fit to Be Tied Program*）」のような他のやり方を組み合わせて使っている。「フィット・ツー・ビー・タイド・プログラム」には教訓的な指示やグループ練習だけでなく，メンター・カップル（教会で訓練を受けた結婚したカップル）やPREPARE（「結婚前の準備とカップル関係増進」）を用いたコミュニケーション練習の宿題が含まれている（Wages & Darling, 2004）。プログラムの講師に加えて，メンター・カップルも結婚前のカップルとペアになる。これらのメンター・カップルは，結婚前のカップルが直面する課題を特定し，どのようにして難しい課題を解決するかをモデル化する際に効果的である。また，将来の夫婦にいくつかの行動の見直しを奨励し，意欲をかきたてる。結婚前の参加者の91％近くが，メンター・カップルとの交流は，現実的な結婚の見方を提供したとした。メンター・

カップルや教訓的なセッションに加えて，教室で学んだコミュニケーション・スキルを適用する練習が宿題として与えられ，違いや決着のつかない問題を解く。参加者の 80%が，これらの練習は他者との関わり方を変化させるのに役立ったとしている。しかしながら，参加者の約3分の1は宿題を真剣に受けとめていなかった。プログラムの途中や後に，〔プログラムに〕修正を加えるために，形成的および総括的評価が用いられた（Wages & Darling, 2004）。

文化

　文化とは，習慣，考え方，価値観，態度，コミュニケーション・パターンのような，人の集団の全体的な生活様式である。それは，集団を特徴づけ，共通のアイデンティティを提供する。まとめると，これらの要素は，ある文化のメンバー間で共有される，現実を解釈する方法を形成する。文化の役割を探究することによって，異なる価値観が発見されるだけでなく，これらの価値観がどのように行動に影響するかについて，批判的検討を始めることもできる。

　世界的に，結婚と家族生活の多くの側面は過去1世紀の間に変化してきた。結婚年齢の上昇，子どもの配偶者選択への介入，婚前交渉，避妊薬の使用がある。出生率は女性と男性の関係性の変化に伴って低下してきている。一般的に，自由・平等・個人主義が世界中に広がり続けている（Jayakody, Thornton, & Axinn, 2008）。家族も同じような変化を経験しているが，考え方・規範・行政の政策には非常に多くの差異があるので，これらの変化は特定の世界的な家族像をもたらさなかった。

　結婚やパートナーシップは，すべての社会に，なんらかの形で存在している。しかし，それは米国では主流であるが，他の文化ではかなり異なっているかもしれない。人々は，世界中で，法的，社会的，情緒的，経済的，精神的，宗教的など，たくさんの理由から結婚している。ある文化では結婚の絆を重視する一方，他の文化では親子のつながりを重視する。愛，デート，結婚，離婚は，家父長制的伝統や母系制的伝統と同様に，宗教に基づく異なる文化では異なるものになる。他の文化グループの研究は重要であるが，そのグループの一員だからといって，個人について不当な結論を導きだすべきではない。文化的洞察は，社会構造内における個人の違いについての認識から来ている。結婚と結婚の質を調べるためにエコシステム・アプローチを使えば，個人的状況，カップル状況，家族背景，社会文化的状況に関連するシステムの理解を促進できるだろう（Darling & Turkki, 2009; Duncan, Holman, & Yang, 2007）。（家族エコシステムについては第8章参照）

　文化は，恋愛関係と結婚の価値に関する重要な情報源である。米国文化は幾とおりかの方法で，結婚の価値を高く評価もするし，低く評価もする。米国の結婚の価値観は，米国人の大多数が結局は結婚することによって示されているかもしれないが，結婚の代替手段として，同棲するカップルと同様に，実行可能なライフスタイルとして独身を選択する人が増えている。そのうえ，多くの結婚は離婚に終わる。多くのカップルがかなりの時間・

労力・金額を結婚式に費やす一方で，実際の結婚の準備に費やす時間とエネルギーはずっと少ない。多くの場合，「愛はすべてを征服する」が，健康な関係を維持するにはいくつかのスキルも必要である（Williams, 2004）。

　私たちは，一般的に，愛を高く評価する世界に生きている。しかし，国際的には大きい違いがある。調査前日の愛の感情について質問した「ギャロップの調査（Gallop Poll）」では，136 か国の回答者の 70% が，前日に，子ども，親，家族のメンバー，親友からの愛を経験したと答えた。しかし，愛の感情は文化によって異なる。愛の感情が最も高い国はフィリピン（93%），ルワンダ（92%），プエルトリコ（90%）だったが，愛の感情が最も低い国は，モルドバ（46%），アゼルバイジャン（47%），タジキスタン（47%）だった。米国では，81% が前日に愛の感情を感じていた（Stevenson & Wolfers, 2013）。世界全体では，未亡人や離婚した人は愛を経験する可能性が低く，結婚しているカップルは独身者よりも愛を感じていた。同棲している人々は，結婚している人々よりも愛の感情が強かった。愛は恋愛関係や結婚の前提条件なので，これらの文化的差異は，絆，相互関係，レジリエンス（回復力），支援の指標になる可能性がある。

　結婚の慣習と実践は文化によってかなり異なる。世界の一部の地域では，異性愛結婚が結婚生活の基礎である（例：エジプト，トルコ）。一方，多くの先進国（例：米国，イスラエル，日本，イタリア，ドイツ，ノルウェー）では家族形態が混じり合っている（例：ひとり親，同棲，混合家族，拡大家族，同性家族）（Gore & Gore, 2002; Roopnarine & Gielen, 2005）。2007 年の未婚の母の出生率（アイスランド 66%，スウェーデン 55%，ノルウェー54%，デンマーク 46%，米国 40%）の大幅な増加によってわかるように，伝統的な見合い結婚はかなりのペースで消失している（Friedman, 2009）。これに対して，中国には，一人っ子政策があり，息子を好む傾向があり，「結婚の圧迫（marriage squeeze）」を経験している。中国では，若い男性が妻を見つけることはむずかしい。結婚に関する風習はいくらか変化しているが，そのペースは多様である。例えば，若者は私的な選択をし，夫婦の組合せはますます一夫一婦制になっているので，見合い結婚は一般的に減少している（Adams, 2004）。しかし，一部の国では見合い結婚は今なお一般的である（例：アジア，中東，アフリカ）。未来の花嫁に支払われる持参金（例：アジアやアフリカの一部）や，花婿の家族から花嫁の家族に支払われる金銭や財産（例：アジアやアフリカのいくつかの地域）もまた一般的である（Francoeur & Noonan, 2004）。インドには，公式に持参金支払いを禁止する法律があるが，持参金の慣習は未だにこれに関連する非常に多くの死をもたらしている（2010 年に 8,391人）。女性は女神と見なされるが，もし女性の家族が，夫と夫の家族の要求を満たし続けることができなければ，生きたまま焼かれる可能性がある（Bedi, 2012）。

　離婚のあり方は，国やジェンダーによってかなり異なる。アルゼンチンと中国の離婚にはいくつかの劇的な変化が起こっている。すなわち，アルゼンチンでは 1960 年から 2000年の間に離婚が 800% 増加し，中国では 1978 年以来，500% 増加した（Jelen, 2005; Singh, 2005; UN, 2008）。これらの急激な増加は，家族経済の変化，結婚をもはや「神聖な組み合わせ」と見ないこと（例：インド），無過失離婚制度（例：1980 年の中国）による（Sheng, 2005）。フランスでは大部分の離婚は双方から申し立てられるが，米国では通常，女性が手

続きを開始する。アイルランドでは，離婚は 1996 年に合法になったばかりで，結婚が崩壊した後，4 年間離れて暮らした場合にだけ可能である（Kelly, 2004）。イスラム教の離婚のプロセスは複雑なので，離婚率が高いか低いかは言い難い（Modo, 2005）。イスラム教国では男性には無過失離婚が許可されているが，妻は特定の正当な理由がなければ離婚は許可されない。離婚する特定の理由がなくても，夫が 3 回「私はあなたと離婚する」と言えば，離婚できる。この離婚は，3 か月以内に行われなければならず，その間，男性は妻に食事と衣服を与えなければないが，性的関係は持たない。しかしながら，妻は，夫の 1 年以上の不在，3 年以上の投獄，精神的または身体的病気など，特定の状況の下だけでしか，離婚を求めることができない（Ahmed, 2005）。中国の，別荘売却に対する新税は，結婚している住宅所有者にかなり重い税を課している。それは，幸せな結婚をしたカップルが地方の離婚登記所に長い列を作る原因になっている。中国の婚姻法は，カップルが契約書に署名し，離婚登記所に行って，1 ドル 50 セントを払えば，離婚を認める。多くの若いカップルが家を 2 軒持っているので，いくつかのカップルにとっては数千ドルの節約は離婚に値する（Jiang, 2013）。

　コミュニケーション，葛藤解決，意思決定など，他の問題に焦点を合わせることが優先されるので，他の文化の愛・結婚・離婚に関して学ぶことが米国の結婚教育カリキュラムの一部だとは必ずしも考えられていない。しかしながら，結婚教育者は，参加者の文化的背景，授業内容，事情に気を配る必要がある。米国人は，他国から，習慣と同様に，恋愛関係，結婚の価値をもたらす多くの移民が存在する多元的社会で生活している。また，米国には，地理的位置，人種／民族，宗教，年齢，性別に基づく文化的多様性がある。文化の重要性についての理解は，他の文化を検証するとき，より効果的である。文化の役割と異文化の視点は，他者や自分たち自身についての理解を深め，私たちをより有能な教育者にするだろう。

■要約

　「恋愛関係と結婚教育の 5 Cs モデル（5 Cs of Relationship & Marriage Education Model）」で述べたように，消費者（参加者）の知識，内容，変化，背景（コンテクスト），文化など，結婚教育プログラムの設計と実施に影響を与える多くの要素がある。結婚式を計画しているカップルは結婚の魅力と興奮で頭が一杯かもしれないが，結婚式の前後に健康で安定した結婚生活の構築に取り組むことは重要な目標になる。幸せで満足のいく結婚を維持するのに必要な知識とスキルを提供するいくつかの結婚教育プログラムがある。結婚教育は，個人やカップルが健康な関係を築き，成人・子ども・コミュニティのウェルビーイングのために，安定した家族を維持することができるようにエンパワーする。人々は間違ったパートナーを選んだと思ったら離婚するかもしれないが，その後再婚して，今度は別のパートナーと同じ問題に直面していることに気づく可能性がある。したがって，個人的および関係的背景，個人の特質，カップルの特質とともに，人口統計的要因やライフ・ステージ

の影響を理解することは重要である。文化的な影響や人生のニーズや環境が展開するにつれて，個人・関係性・環境の変化に順応することが重要である。カップル関係は「私たち」になる継続的プロセスを伴うので，「私は・・・する」と言うのは始まりにすぎない。

■討論課題

1. あなたと同じライフ・ステージにいる人々は恋愛関係に何を求めていますか。
2. 大学，コミュニティ，宗教グループ，ヘルスケア・センターは，個人やカップルに恋愛関係教育や結婚教育に参加する意欲を起こさせるために何ができますか。
3. 他のどんな設定が恋愛関係教育や結婚教育を提供するのに活用されますか。
4. 訓練を受けたリーダーが結婚教育コースにいるのは，なぜ重要ですか。満足のいく結婚をしていることだけで十分ですか。
5. あなたはパートナーとデリケートな問題について話し合うために，適切な時間をどのようにして選びますか。どのような要素を考慮しますか。また，いつ提案しますか。
6. 結婚，愛，デートに関して，どんなメッセージがメディアに現われていますか。
7. 一般的な結婚，同性愛者の結婚，離婚に関して，あなたの州の法律はどうなっていますか。これらの法を変えるためのイニシアチブ（問題解決戦略）はありますか。
8. あなたは出生家族から，自分の結婚関係に対して，どのようなメッセージ，伝統，決まって行う日常の儀式的行動（rituals）を受け継ぐでしょうか。
9. 「友だち婚」，「独立型共同結婚」，「別居関係」で，カップルが直面する可能性がある問題は何ですか。

■活動

1. 婚約中のカップルを講師として招き，恋愛関係で何が重要か，参加者と共有しなさい。
2. 異なるライフ・ステージのカップルを講師として招き，カップル関係において何が重要か参加者と共有しなさい。
3. 最近のできごと，子どもの時の重大なできごと，および現在夢中になっていることに関する将来の目標についてのあなたの気持ちを，パートナーと議論しなさい。これらの考えを共有することからパートナーに関して何を学びましたか。

■ウェブ資源

全米恋愛関係教育・結婚教育協会（National Association for Relationship & Marriage Education, NARME），www.narme.org

　　NARME は，恋愛関係教育者，結婚教育者，家族教育者の関心事を説明し，彼らのニーズに応えるために結成された全米的団体で，次の活動を行っている。継続的な専門的訓練の提供；ベスト・プラクティスを主にした年次大会の開催；時代に合った関連する研究の普及；健康な結婚，責任ある父性，および他の家族同盟との協力の促進；家族を強化する公共政策の支援。

全米エクステンション・恋愛関係教育・結婚教育ネットワーク（Extension Relationship & Marriage Education Network, NERMEN），www.nermen.org

　　NERMEN は，研究に基づく資源を提供し，恋愛関係教育と結婚教育の知識と実践を向上させるためにパートナーシップを促進している。NERMEN は，エクステンションの専門家や教育者を通じて全米的なアウトリーチ（支援）活動を構築している。エクステンションの専門家や教育者は，健康な関係と健康な結婚を準備し，発展させ，豊かにしている個人やカップルを支援する，国・州・コミュニティ・レベルの機関や組織と協力している。

全米健康結婚資源センター（National Healthy Marriage Resource Center, NHMRC）
www.healthymarriageinfo.org

　　NHMRC は，健康な結婚に関する質の高い，バランスのとれたタイムリーな情報と資源を提供する情報センターである。その使命は，専門家，研究者，政策立案者，メディア，結婚教育者，カップルや個人，プログラム提供者などに対して，健康な結婚に関する情報・資源・訓練を提供する最初の訪問場所になることである。「子どもと家族のための家族支援オフィス管理」（Administration for Children and Families' Office of Family Assistance），「アニー・E・ケイジー財団」（Annie E. Casey Foundation），「ジョンソン財団」（Johnson Foundation），「コーラー財団」（Kohler Foundation），「ウィンシェイプ財団」（WinShape Foundation）などから支援を受け，健康な恋愛関係，結婚，および結婚教育についてさらに学びたいという人々を支援している。

スマート・マリッジ（Smart Marriages），www.smartmarriages.com

　　「スマート・マリッジ：結婚教育・家族教育・カップル教育連合（Smart Marriages: The Coalition for Marriage, Family, and Couples Education）」は，家庭の崩壊は，教育と情報を通して減少させることができると考えている特別な関心をもつ人々の集まりである。「スマート・マリッジ」は，結婚教育・家族教育・カップル教育連合を構成する結婚専門家のネットワークを促進する。そのウェブサイトには，ニュースレターのアーカイブ，プロ

グラミング資源の連絡先リスト，アドボカシー（支援運動）情報，一般的な記事と情報
などがある。

■参考資料：結婚前および結婚生活のアセスメント・アンケート

カップル・チェックアップ（Couple Checkup），www.couplecheckup.com
　　「カップル・チェックアップ」は，結婚と恋愛関係のエンリッチメント（充実）に関
するオンラインのカップル・アセスメント・ツールで，単独で，または本，セミナー，
結婚の修養会と組み合わせて用いることができる。それは，主要な人間関係領域におけ
る関係性の強みと弱みを特定する科学的根拠に基づく評価方法である。領域には，コミ
ュニケーション，葛藤解決，金銭管理，関係性における役割，愛情と性的関係，カップ
ルの親密さと柔軟性，家族の親密さと柔軟性，パーソナリティなどが含まれる。

PREPARE/ENRICH（結婚前の準備とカップル関係の促進，Premarital Preparation &
Relationship Enhancement），www.prepare-enrich.com
　　PREPARE/ENRICH は，カップルの強みと成長領域を特定する，オンラインで実施でき
るカスタマイズ（特注）されたカップル・アセスメントである。これは，結婚前カウン
セリングや結婚前教育に最も広く使われているプログラムのひとつである。また，結婚
生活カウンセリング，結婚生活エンリッチメント（充実），婚約を考えてデートしている
カップルに使われている。カップル・アセスメントの結果に基づいて，訓練を受けたファ
シリテーターが 4 回から 8 回のフィードバック・セッションを提供する。カップルが
実証済みの関係性スキルを教えられるとき，ファシリテーターはその結果を議論し理解
するのを助ける。

RELATE（関係性評価，Relationship Evaluation），www.relate-institute.org
　　RELATE は包括的な結婚前や結婚の評価アンケートである。このアンケートの新版は，
独身で婚約していない個人，特定の相手とデートしている個人，婚約カップル，同棲カ
ップル，結婚しているカップル，あるいは再婚を考えている個人やカップルのために設
計された。過去 20 年間に何万人ものカップルや個人がアンケートの恩恵を受けている。

第 10 章　子育て教育

　午前 3 時。あなたの生後 3 週間の息子は，昨夜 11 時から泣きわめいている。あなたはミルクを飲ませ，おむつを替え，身体をゆらして寝かしつけた。もう何をしたらいいか分からないし，我慢も限界にきそうだ。赤ん坊はどうしてほしいというのだろうか。

　デイケアの担当者があなたを部屋の隅へ連れていき，あなたの 3 歳の子どもが他の子どもに噛みついていると言ってきた。これは普通にあることなのか。彼女（子ども）はなぜそんなことをするのか。それを止めさせるにあなたは何をすればいいのか。

　あなたの 13 歳の息子が，門限を過ぎて家に帰ってくるようになった。彼はむっつりして話さなくなった。話す時はたいてい，こちらを軽蔑しているか，いらいらした様子である。あなたが彼にかまえばかまうほど，彼は引く。この状況に上手く対応するために，あなたはどうするのが一番いいのだろうか。

　あなたの娘は，500 マイル離れたところにある大学で学生生活を始めたばかりだ。あなたは彼女の日常生活にどのように関わっていくべきだろうか。毎日，彼女にメールをするのはかまわないだろうか。

　親はこれらの状況に，どう対応するのが一番いいのだろうか。すべての答えを示している本があるだろうか。あるいは，親というものはどうしたらいいか「知って」いるものだろうか。あなたは，どのようにしたらいい親になれるかを学習する機会がありますか。

親であることと子育て教育の重要性

　親であることは世界一困難な仕事のひとつである。新聞にこの仕事の求人と仕事内容の説明が載っていると想像してみて下さい。

　求む：ひとりか，ふたりの子どもを，誕生から成人になるまで育ててお世話をする人。週 7 日，1 日 24 時間勤務。給与は無く，病休・有給も無い。退職も予定されていない。この職に当たる人は自分自身と子どもの生活費をすべて賄わなければならず，低年齢の子どもの側に居られないときは，たとえ数分のことであっても，お世話をする代理人を見つけてこなければならない。この職に就くかどうかを決める前に，前もって子ども（たち）に会う機会はありません。子どもも社会も，必ずしも謝意や感謝を表すことはないので，この仕事に対する動機づけと仕事の満足感は応募者自身なんとかしなければなりません（Brooks, 2011, p. 3）。

　数々の困難があるにせよ，子育ては人生で最も報われる経験のひとつであろう。しかし，望ましい子育てに必要な知識や技術スキルは，必ずしも親になれば自然に備わるというものではない。ほとんどの親は，どのようにして親になるのか，また，躾，養育，おむつ外しの訓練，思春期の気分の揺れ，その他子育て期間を通して起こる多くの問題について，どうするのがよいのか本能的に知っているのではない。

　社会変化は，以前にも増して，過去の子育てのやり方を頼り難いものにしている。変化が早いペースで起こるので，今の子どもは，親が想像したこともない問題に直面するようになっている。幸い，今日の親は，かつてなかった子育ての資源や支援を活用できる。最善の発達のために子どもと親は何を必要としているかを明らかにした研究や，子どもと親のウェルビーイングに対する支援と影響に関する親教育の効果性を実証した研究が非常に多くある（Bornstein, 2002; Child Trends, 2009; Holmes, Galovan, Yoshida, & Hawkins, 2010; Karoly et al., 2005; Mbwana, Terzian, & Moore, 2009; McGroder & Hyra, 2009; Weiss & Lee, 2009）。

　子育て教育は，親がスキルを身につけるのを支援するものである。親は，子育ての情報を得るのに，書籍，対面での授業，オンラインでの授業，ウェブページ，さらには携帯のアプリケーションなど多様な選択肢から選ぶことができる。

　親は子どもの認知的，社会的，情緒的，身体的発達に多大な影響を与えることが，子育て教育をなおいっそう重要なものにしている。「子どもは誰が親であるか（例えば，ジェンダー，年齢，人種／民族性，知性，教育レベル，気質），親の知識（例えば，子どもの発達，標準的な子どもの行動），親の考え（例えば，子育てに対する態度），親の価値観（例えば，教育，学業成績，従順さ，人間関係），親の子どもへの期待（例えば，年齢や精神的な発達に適している振る舞いへの期待，学業成績への期待），そして，根本的には親の行為（例えば，子育ての実際の行為，総合的な子育てのスタイル）によって影響を受ける（McGroder & Hyra, 2009）。家族の特徴と人生の始まりの数年の子育て（注意深い世話，知的な刺激，積極的な関わりを含めて）が，就学前の時期を通して，学業の技能と社会性の発達を予測することが示されている。推測された子育ての効果は，たいていの場合，子どもの世話の推測効果より大きい（NICHD Early Child Care Research Network, 2003）。

　親の振る舞いは，結果として生じる子どもの様子と直接関係している（Reeves & Howard, 2013）。優しさとコントロールの両方のレベルが高い親の子どもは，そうでない親の子どもより，より幸福感を感じ，競争力もある（Baumrind, 1991; Baumrind & Black, 1967）。子どもは，幼少時に親との間に安定した愛着があれば，後の人生において社会的なスキルをより身につけることができる（Sroufe, 2002）。その上，社会は子育て教育の恩恵を受けることになる。効果的な子育て教育プログラムは，補習教育や社会的プログラムの必要性を減らす一方で，しっかりと準備された労働力により生産性が増すことになり，税金を節約するという形で経済的利益を生むことができる（McGroder & Hyra, 2009）。

　連邦政府（国），州，地方自治体は，家族を強靱にし，児童虐待やネグレクトのような費用がかかる望ましくない結果を予防するひとつの方法として，しばしば子育て教育プログラムに資金を提供する。薬物乱用・精神衛生サービス機関（Substance Abuse and Mental Health Services Administration, SAMHSA）は，薬物乱用と精神衛生の問題を予防する手だてとして

多くの家族強化プログラムに資金を提供している。同様に，少年法と非行防止事務所(Office of Juvenile Justice and Delinquency Prevention）は，非行（犯罪）を予防する一手段として子育て教育に投資している（McGroder & Hyra, 2009）。これらの取り組みは，望ましくない結果の予防を中心としている。これは確かに必要とされるアプローチであるが，注目と資金が第一義的防止と有益な子育て実践の促進に焦点を当てているプログラムやアプローチにも提供されることは重要である。第一義的防止アプローチについては，後でこの章の中でもっと詳しく述べる。

社会変化と影響

　今日の社会の急速な変化の速さは，現代の親を今までの世代と比べものにならない困難に直面させており，公式，非公式両方での子育て教育の必要性が増している。家庭外に起因する子どもへの影響もかつてなく大きくなっており，メディアは性と暴力のイメージで溢れ，有名人と美を賞賛する文化を助成している。家族は失業，薬物乱用，家庭内暴力の影響を受けている。親は，さらに，9・11 や Sandy Hook 小学校での発砲事件のような出来事の後に起こっているテロリズムや無差別暴力を子どもに説明するのに，ガイダンスを求めている状況である。

　人口統計の変化は別のニーズを明らかにした。退職後を楽しむつもりであったのに，孫を育てている祖父母の増加である。居住地を固定しない社会では，家族は拡大家族のメンバーと離れて暮らすことが多く，このことが支援ネットワークを弱めている。ワークライフバランスは，18 歳以下の子どもを持つ働く親の 53％を悩ませ続けている。家族と仕事両方の責任のバランスを取るのは難しいのである（Parker & Wang, 2013）。これらすべての問題を考え合わせると，変化している人口統計とアメリカ合衆国の人口の特徴を理解することは，親教育に関わるので重要である。

今日の家族の人口統計

　2012 年，アメリカ合衆国の 0〜17 歳の子どもは人口の約 24％であった。アメリカの子どもの人種と民族の多様性は変化していて，2050 年までに，人口の半分がピスパニック系，アジア系，ふたつ以上の人種で構成されるであろうと予測されている。同じく 2012 年においては，0〜17 歳の子どもの 64％が結婚しているふたり親と住んでいたが，2011 年の 65％から減少している。約 600 万人の子どもとおとなは，親のひとりが LGBT である（Gates, 2013）。4％の子どもは未婚で同棲中の親と住んでいる。24％は母親とのみ住んでおり，4％は父親とのみ，4％はふたりの親どちらとも住んでいない。これら親と住んでいない子どもの内，約 55％は祖父母と住んでいる。親とも祖父母とも一緒に住んでいない子どもの 22％は親族と住んでおり，別の 22％は非親族と暮らしている（FIFCFS, 2013）。

　2012年のひとり親家庭における子どもの人種構成は以下の通りであった。黒人またはアフリカ系アメリカ人67%，原住民インディアン53%，ヒスパニック系またはラテン系42%，非ヒスパニック系白人25%，アジア系または太平洋諸島17%，そして42%はふたつ以上の人種（Annie E. Casey Foundation, 2013b）。少なくともひとりの外国生まれの親を持つ子どもの数は，1994年の15%から2012年には24%に上昇した（FIFCFS, 2013）。2011年，0〜17歳のすべての子どもの22%は貧困にあり，これは，2010年の割合からはほとんど変化がなかった。少なくともひとりの親が，フルタイムで1年を通して働いている子どもの割合は，2011年の71%から73%に上昇した（FIFCFS, 2013）。これらの統計は，変化しつつあるアメリカの家族の全体を表している。第3章での家族生活教育の対象者についての議論では，家族生活教育者が自分のプログラムに参加している人々の生活環境とニーズを把握し理解しておく必要性について述べている。

社会的な問題

　親はいつも，子どもの発達，躾と指導，限界を設けて規制すること，自尊心の構築，健康，コミュニケーション・スキル，学業成績，仕事の家庭生活のバランス，家族システム，家族のライフ・ステージ移行，関係のもつれの解決，特別なニーズのある子どもの子育てなどの典型的な子育ての課題について，疑問や質問を持っているものである。しかしまた，親はメディアの注意を集め文化に影響を与える新たに出現する問題にも影響される。親が，子どもたちに影響を与える問題の変化に通じていることは重要である。新聞や雑誌は，いじめ（例：*Fox News*, 2013），パーティでの飲酒（例：*USA Today*, 2013a），モリー（Molly）〔MDMA／エクスタシー，幻覚剤〕，K2〔合成大麻〕，スパイス〔合成大麻〕，バス・ソルト〔カチノンを含むドラッグの総称〕などの合成薬物の使用の増大（例：*USA Today*, 2013b）といった問題の記事であふれている。今日のメディアにおいてより顕著な問題には，テクノロジーとソーシャルメディア，寛容すぎる親の問題がある。

テクノロジーとソーシャルメディア

　テクノロジーは家庭生活に大変革をもたらす。2013年の5月現在，アメリカ人の91%が携帯電話を，56%はスマートフォンを，そしてアメリカ成人の34%がタブレット型コンピュータを持っている（Pew Internet & American Life Project, n.d.）。テクノロジーとメディアは，親が助言を求める時に利用する資源と方法に関してはあまり影響力を持たないが，どのように子育てをするかについては大きな影響力をもつ。0歳から8歳の子どもを持つ親の内，子育てのアドバイスをウェブサイト，ブログ，ソーシャルネットワークから得ているのは10%しかない。むしろ，配偶者（52%），自分の母親（34%），小児科医（31%），友人（25%），教師（19%）に相談することが多いようである（Wartella, Rideout, Lauricella, & Connell, 2013）。

　親自身のメディアとのつきあい方は，家族がどれくらいの時間テレビを視聴したり，モバイル機器を使ったりするかに大きく影響するようである。「メディア中心の（*media-*

centric)」子育てスタイル（メディアを 1 日あたり平均 11 時間使う）であると判定された親は，「軽メディア（*media-light*）」（メディアを 1 日あたり 2 時間未満使う）と考えられる親より，メディアを子育てのツールや家族の活動として生活に組み入れている（Wartella et al., 2013）。幼児をもつ親は，書籍やおもちゃに著しく頼りながらも，メディアとテクノロジーを，子どもを専心させておくひとつの手段として，褒美やしつけとして，また，教育的な道具として利用している。モバイル機器よりは TV や DVD がより使われる傾向にある（Wartella et al., 2013）。

親は，子どもの生活におけるインターネットと携帯電話の役割について複雑な気持ちを持っている。彼らは，インターネットと携帯電話は子どもたちが情報を入手したり，他者と関わったりする手助けになると認める一方で，子どもたちが接している題材と，オンラインでの活動が対面の他者との関わりを少なくするという事実に関して心配している（Lenhart et al., 2011）。また，コンピュータを使う時間が身体的活動時間に取って代わり，子どもたちの肥満リスクが高まるという懸念もある（Child Trends, 2012）。コンピュータとテクノロジーへの増大する使用時間と注目は，さらに自然との関わりや戸外活動が少なくなるという結果をもたらす可能性もある。

テクノロジーは，メールや SNS を使って親が子どもと連絡をとるのに役に立つ。一般人口より 10 代の子どもを持つ親が，テクノロジーを多く使っている（10 代の子どもの親の91％が携帯電話を持っているのに対し，一般人口では 84％である）（Lenhart, Madden, Smith, Purcell, Zickuhr, & Rainie, 2011）。したがって，テクノロジーは家庭生活と親子関係に大きな影響を与え続けるであろう。子育て教育は，家族が潜在的な危険を避けてテクノロジーを十分に有効利用するのを手助けするために，必要な資源や支援を提供することができる。

甘やかしの子育て

近頃の親はますます，過去 10 年間，非常にメディアの注目を集めた現象である寛大な子育てを行っている（例：*ABC News,* 2007, 2009; *The New York Times*, 2010; *Time*, 2009; *The Today Show*, 2013; *USA Today*, 2012）。アメリカの親は，子どもにモノや注目，したいことをしたい時にする自由を与えて甘やかしており，それが多くの思春期の若者の問題を引き起こしている。この寛容にはさまざまな名前や呼び方がつけられており，過度の子育て，ヘリコプター・ペアレント〔過干渉・過保護な親〕，侵略的子育て，ホバリング子育て，コンシェルジュ子育て，タイガーママなどがある。親の寛容は時には「過度の甘やかし，過寛容」と言われるが，現実においては，甘やかし（寛容）は甘やかしすぎ（過寛容）と区別できない連続したつながりである（Coccia, Darling, Rehm, Cui, & Sathe, 2012）。例えば，タイガーママたちは子どもを甘やかしていると認識されていないかもしれないが，子どもの生活スケジュールや活動のコントロールに過度に関わるので，甘やかしの子育てに当てはまる。

甘やかしの子育てには 3 つの異なる要素が含まれている。1 つめは「過多であること」，これは子どもにモノや食べものからエンターテインメントまで，多すぎる資源を与えることである。2 つめは「過剰な世話」で，これは子どもが自分でするべきことを子どものためと言ってすることである。3 つめは「寛大な環境（*soft structure*）」で，子どもの振る舞いに

ルールや結果をほとんど設定しないことである（Clarke, Dawson, & Bredehoft, 2004）。例え
ば，景気の低迷や悪化，思春期の若者人口の減少にもかかわらず，思春期の若者の出費は
2006 年の 1,900 億ドルに比べて，2011 年には 2,090 億ドルに増加すると推定された
（Marketing Charts, 2007）。親は子どもに代わって，子どもの宿題をこなし，課外活動の決
定をすべて行い，大学入学の出願書類をそろえたりしている（Marano, 2008）。さらに，甘
やかす親はほとんどルールを設けておらず，ルールを強いることもしない。責任ある行動
についての期待もほとんどなく，子どもがとった行動の結果を避ける手助けをしている。
親は，さまざまな課外での活動，クラス，レッスンやスポーツイベントを提供することに
より，子どものウェルビーイングに対しできるだけ多くを与えたいと思っている。しかし，
このような寛容（甘やかし）は「スケジュール過多の子ども」をひきおこし，結果として
家族の時間が減少することになる（Anderson & Doherty, 2005）。

　親が子どもを甘やかす理由はさまざまである。少子化が，子どもへの注目と資源投資の
可能性を増大させている。結婚生活に悩んでいる親は，配偶者や子どもとともに優位に立
ちたいと思っている。離婚した親は，子どもに，親が別居，離婚したことの埋め合わせを
したいと思っている。親自身が子ども時代に甘やかされた経験をしている。そして，消費
主義，メディア，地域社会，他の人々の影響がある（Clarke et al., 2004）。子どもに余分の時
間や資源を与えることができない経済が悪化している時でさえ，「寛大な環境」（ほとんど
ルールがないこと）と「過剰な世話」（子どもが自分ですべきことを代わりにすること）を
することで，親は過度に埋め合わせをしているように見える。

　「過剰な世話」と「寛大な環境」により甘やかされて育った思春期の若者は，非常に大
きな生活上のストレスを報告している（例えば，イライラ，困難，自分の手に負えない出
来事）。親が子どもに多すぎる（「過多な」）資源を与えると，親の生活満足度は上がる。そ
れは，親が自分自身を，子どもを養う「よい親」であるとみなしてもよいと考えるからで
ある。しかしながら，「過多な」資源を受け取る子どもにとっては，生活満足度と全く関係
していない（Veldorale-Griffin, Coccia, Darling, Rehm, & Sathe, 2013）。

　親の甘やかしはさまざまなパラドックスを内包している。子どもに寛大なのは，親にと
っては喜びであり，子どもにとっては楽しいことなのかもしれないが，甘やかしの子育て
は親と子ども双方に長期的な問題のある影響を及ぼす。親が子どもに注ぎ込む心情，経済，
時間は，釣り合いのとれない投資となって婚姻関係を壊し，離婚の可能性を高めることが
ある。それはまた，子育ての否定的文化となって多くの社会的な機関や組織にまで及んで
いく（Marano, 2008）。大多数の親が良かれと思ってするが，甘やかしは害となって現れ，
個人が自己効力感を発達させたり可能性を十分に開花させたりするのを妨げる。子どもの
時に甘やかされたと言う者は，甘やかされなかったと言う者と比べて，どのようにしたら
課題や決定に上手に対処できるかを学んでこなかったと感じていて，愛，混乱，罪，悲し
みや心配など，さまざまな感情を経験したと記述している（Bredehoft, Mennicke, Potter, &
Clarke, 1998）。若者は甘やかされている時は，非常に大きな人生満足感を感じるが，時間と
ともに，特にストレスと健康全般に関連してウェルビーイングに対して害を及ぼすように
もなる。というのは，幼少期にストレスを経験することは，後に人生におけるストレスを

対処する能力を促進するからである（Boss, 2002）。さらに，非常に多くの親の甘やかしを経験した思春期の若者は，何でも食べたい物を食べる，ファストフードをたくさん食べるといった不健康的な食習慣を身につけやすい（Coccia et al., 2012）。全体的に言えば，親の甘やかしは子どもと家族にとって重要な示唆を示している。

定義

　子育て教育の歴史と実践に移る前に，子育て教育の定義について検討しておきたい。以下は，良く用いられる 3 つの定義である。

- ・　健全な子どもを育てるために，親や養育者を支援し，子育ての能力や自信を高めるようにデザインされたプログラム，支援サービスや資源（Carter, 1996）
- ・　家族システムや子ども養育システムに関して，子育て知識とスキルを更新したり高めたりする，組織化されプログラム化された取り組み（Brock, Oertwein, & Coufal, 1993）
- ・　洞察，理解および思考を深めながら，親と子ども両方の発達と両者の関係についての知識とスキルを習得するプロセス（NPEN, n.d.）

　全米子育て教育ネットワーク（National Parenting Education Network, NPEN; www.npen.org）の定義では，親子の相互の関係性と子育ての過程における親の成長の重要性を認めている。NPEN は親を「法律により親と定められている者，子どものウェルビーイングと発達のための責任を負い，その子どもに長期に渡ってコミットメントを決意している者。ここでいう責任には，子どもの身体的，精神的ニーズに対応して必要なものを供給すること，愛ある情緒的関係を形成すること，子どもが世の中と文化を理解することを導くこと，そして適切な環境を整えることが含まれる。」（NPEN, n.d.）と定義している。「子どもに対して長期にわたってコミットメントを決意している者」を含むことは，法的にあるいは生物学的に関係のない子どもの世話をする多くの大人を親として認めることになる。

子育て教育の歴史の概要

　これらの子育て教育に関する定義を念頭に，アメリカ合衆国における子育て教育の歴史を簡単に振り返りたい。アメリカ合衆国における子育て教育の始まりは，植民地時代にさかのぼる。その時代，教会と国家は宗教的な教義や信条に基づいて子どもを育てるよう，親に影響を与えるという目標を共有していた（Schlossman, 1976）。初期の子育て教育は，医学，社会福祉，家政学，教育，心理学などさまざまな分野にみることができる。G・スタンリー・ホール（G. Stanley Hall）はおそらく，子どもの研究を大学に初めて導入した心理学者であった。しかし，フロイト（Freud），ワトソン（Watson），アドラー（Adler），ピアジ

ェ（Piaget），ゲゼル（Gesell）らは彼ら自身の理論を持っていた。ホールは，子どもがどのようにして学習するのかということを見出すために，子どもの発達を理解することに焦点を当てた。彼の方法は型破りなものと捉えられ，結果的に学問の世界から支持を得られなかった。しかし彼のアイデアは，1897 年，最初の全国母親集会，後に親教師協会，または PTA として知られることになる全国規模の親教育組織に集まった女性たちのあいだで実践された（Schlossman, 1976）。これ以降，多くのことが起きていくのである。

PTA はその最初の集まりから，1915 年には会員 6 万人，2013 年には 430 万人の会員を抱える組織へと成長した。PTA の焦点は幼児期から思春期へと移り，重点は問題を抱えている，あるいは危機にある子どもを支援すること，新しい子育ての方法について家族を再教育することに移っていった。結果的に，主な目的は家政学に重点を置いて，女性に家庭経営と子育ての準備をさせることが目標となった。その目標は，おそらく，より幸福でより安定した家庭をもたらすであろうと考えられた。今日では，PTA は地域の母親クラブから形を変え，今では「子どもの教育的成功と学校への親の関わりを促進することに熱心な」組織になっている（National PTA, n.d.）。

他の多くの組織が，さまざまな立場で子育て教育にかかわってきた。アメリカ子ども研究学会（Child Study Association of America）は，1925 年に全米親教育議会（National Council of Parent Education）をたちあげ，非専門家と専門家のグループを連携した。この団体は学習教材の開発に貢献し，スポンサーとなって，1925 年，ミズーリ州コロンビアのミズーリ大学教員養成学部に米国初の大学レベルの子育て教育の授業を開設した。同じように，アメリカ家政学会（American Home Economics Association, AHEA）もまた 1920 年代中頃に，教育やロビー活動に子育て教育を取り入れ始めた。これらの初期の努力は，貧困家庭と困っている人々に焦点を当てていた（Carter, 1996）。

1946 年に初めて出版されたベンジャミン・スポック（Benjamin Spock）の『スポック博士の育児書（*Baby and Child Care*）』は，子どもの養育と子育ての文献を中産階級にもたらした。草の根の子育てグループが現れ始めていて，それらのグループは，親たちが会って「情報交換する」機会を提供していた。母親が率いる草の根組織のひとつがラ・レチェ・リーグ（La Leche League）であった。女性たちのグループは支援グループを介して母乳で育てる経験を共有し，授乳に関して新米の母親の相談相手となった。こうした彼女たちの努力により，医学的介入が自然のやり方より優れていて現代的であると考えられた時代に，母乳授乳が，乳幼児への好ましい授乳方法として再び認められたのである。ラ・レチェ・リーグの影響にもかかわらず，ほとんどの子育て教育は，「専門家」が情報と正解を与えるという従来の教育デザインに沿っていた。

徐々にではあるが，焦点は専門家から親自身の知識と経験を増進する方向に移っていった。連邦政府によって資金を供給され 1960 年代中頃に始まったヘッド・スタート・プログラム（Head Start program）〔米連邦政府の健康及び人的サービス省〈Department for Health and Human Services, HHS〉が 1964 年から行っている育児支援施策のひとつ。低所得家庭の 5 歳までの幼児と身体障害児を対象に，予防接種，健康診断，栄養，教育，社会的サービスなどの多面的な支援を行っている。〕は，子どもの教育における親の重要性と影響を認めた

（Carter, 1996）。1980 年代までには，州や連邦政府から資金を供給されたプログラムと，増加しつつあった非営利または営利団体が協力して，地域を拠点にした子育て教育プログラムが行われるようになった。

　1995 年，子育て教育者たちは，高まりつつあったこの分野の需要に応えられる組織を創設する必要性があることについて検討し始めた。最も注目すべき議論は，1995 年にウィーロック・カレッジ（Wheelock College）で行われた討論と，1996 年のアメリカ家族資源連合（Family Resource Coalition of America）研究大会で行われた討論である。全米子育て教育ネットワーク（NPEN）は，これらの議論から生まれたものである。NPEN の使命は，子育て教育の分野を進展させることであり，子育て教育が専門職として進化する重要なステップを示すことである。第 2 章で検討したように，職業の発展における一歩は，訓練を受けたその分野の人々が団体，協会を立ち上げた時に起こる（East, 1980）。NPEN の存在は，子育て教育という分野のユニークな必要性と目標が認知されたことを示すものである。NPEN は，専門家としての基準と能力を設定するという作業を通して，今後も子育て教育分野に影響を与え続けるであろう。専門家としての基準と能力の設定については，本章において後ほどさらに詳述する。

理論を組み込むこと

　子育て教育の実践に，理論は大きな影響を与える。理論は，個人や家族の行動に対して洞察や理にかなった説明を与えて，私たちの家族や子育てについての理解を助けるものである（第 8 章参照）。理論は，家族や，あるいは子育ての文脈における行動について，描写，説明，予測しようとする論理的に関連する一連の概念から成りたっている。多くの家族学（Family studies）の学生は，理論についての授業科目で，あるいは内容に関連した科目（例えば，家族関係，結婚，保育，児童発達，セクシュアリティ，ストレス）をとった時に，理論を学ぶ。

　したがって，本章では理論の主要な説明に重点を置くのではなく，学生が家族や子育てに関連する内容を学習する時に理論に注意を払うことができるように，家族や子育てについて教える時に用いられる 2，3 の理論に焦点をあてる。理論は，私たちが子どもの行動の理解するのを助けたり，結果を予測できるようにしたりして，子育てを行う時のガイドとなるものである。子育ての理論における重要事項は，親は子どもに影響を与えるが，子どももまた親に影響を与えることができるということ，親がとる社会化の方策も双方向であることを理解することである（Pardini, 2008）。親教育の授業に取り入れられる理論は，多くの場合，家族理論と児童・人間発達理論の組み合わせで，さまざまな概念を統合することができる。システム理論，社会的交換理論，家族発達理論，および家族ストレス理論といった家族理論は，家族という文脈での親子関係を説明することができる。

- 　「システム理論」は，役割，規則はもちろん，境界，システム，サブシステムの理解を容易にするのに用いられる。この理論では，全体（家族は部分の総体よりも大き

いものである）と相互依存（家族の一員に影響を与える事柄が，また他の家族員に影響を及ぼす）に焦点をあてる。

- 「エコシステム・アプローチ」，あるいは「生物学的エコロジー的見方」は，子どもの成長や発達の異なる段階において，エコシステムのさまざまな部分が相互作用するのを理解するのに用いられる。この理論は，親子関係と相互に関係する他の内部や外部のさまざまなシステムを考慮に入れて，親子関係についての質問に答えることができる。例えば，次のような質問である。子どもの発達において，親，仲間，学校，保育所，雇い主，文化，および他の社会システムの役割は何であるか。

- 「社会的交換理論」は，子どもを持ち，いくつもの発達段階を通して子育てをすることの報酬とコストを調べるのに用いられる。例えば，親の権力と子の独立に関する10代の子どもの子育ての報酬とコスト，である。子どもを持つことの報酬は，経済的・情緒的コストよりも大きいのだろうか。

- 「家族発達理論」は，ファミリー・ライフサイクルのさまざまなステージにおける個人と家族の発達課題についての考え方を習得するのに用いることができる。というのは，異なるステージへの移行は，多くの場合，長子の年齢に基づいているからである。家族がどのようにしてさまざまな生活状況に対処するかは，「オンタイム（予定どおり）」と考えるか「オフタイム（予定外）」と考えるかによる。もし状況が，社会的に通常のタイミングと見なす時期と一致していれば，その状況は「オンタイム」と考えられる。高校の卒業はそのような例である。しかし，10代の若者の妊娠は「オフタイム」と見なされる。

- 「ストレス理論」は，親は「通例的な」ストレス状況（ライフサイクル上で予想できる…例えば，赤ん坊の誕生，10代への突入，高校卒業）と「非通例的な」ストレス状況（予期していないできごとや状況…例えば，子ども期の病気，いじめ，薬物乱用））の両方を経験しうることの理解を助ける。詳細と関連事項については第8章を参照してほしい。

親子関係に関する他の理論は，子ども・人間発達と社会化の題目を重点的に扱っている。

- 「ピアジェの認知発達理論」は，認識の複雑な構造や組合せ（基本的な構成要素…さまざまな状況において考え，行動するための思考と行動の組織化されたパターンのこと）を作り出す性向を調べる。ピアジェは，子どもは社会に順応して，ふたつの過程：「統合（*assimilation*）」（既存の組合せに新しい情報を組み入れること）と「適合（*accommodation*）」（新しい情報を含めるべく構造を変えること）に従って情報を扱うと主張した。これらのステップは，学習プロセスと学習発達を推進する力の「平衡」によってバランスをとっている。子どもの発達には4つの段階がある。「感覚運動期（*sensorimotor*）」（子どもが，感覚によって自己の周りの世界を知る時の反射的な動きが基になって急成長する時期）；「前操作期（*preoperational*）」（思考は直感的で自己中心的である。遊びと発見を表すシンボルを使って，自己と自分の周りの世界を識別する）；「具体的操作期（*concrete operational*）」（論理的思考が始まる時期）；

そして「形式的操作期（*formal operational*）」（抽象的な推論が可能になる時期）である（Phillips, 1981; Piaget, 1950; Piaget & Inhelder, 1969）。

- 「エリック・エリクソンの生涯発達の見解や心理社会的理論」は，成長というものを，それぞれの段階において解決されるべき発達危機（課題）とともに，社会化のための固有の身体的，精神的ニーズを有する一連の 8 つの段階と説明している。これらの葛藤（危機／課題）は子どもの発達においてはターニングポイントとして機能し，葛藤を解決する能力は，どのような質の能力を発達させるかに影響を与える。これらの（8 つの）段階とそのおおよその年齢は次の通りである。「基本的信頼 vs 不信」（0-1 歳），「自律性 vs 羞恥と疑惑」（1-3 歳），「主導性 vs 罪悪感」（3-6 歳），「勤勉さ vs 劣等感」（6-11 歳），「同一性 vs 役割拡散」（思春期），「親密さ vs 孤立」（前期成人期），「生産性 vs 停滞」（中期成人期），「自我の統合 vs 絶望」（後期成人期）（Erikson, 1950, 1963）。

- 「ヴィゴツキー（Vygotsky）の社会発達理論」は，認知発達は他者との交流を通じて起こり，個人の文化と社会を重視することを示している。子どもがひとりさまざまな課題を成し遂げるには難しすぎてできないが，おとなの手助けや自分より熟練した仲間といっしょにやればできるとわかる「発達近接ゾーン（*zone of proximal development*, ZPD）」がある。「足場（*scaffolding*; ZPD に似ている）」を使って子どもが新しい概念を学ぶのを助けることは，その子どもが課題を達成する手助けとなる。そしてそのすぐ後，足場を取り外すことができる（Daniels, 1996; Vygotsky, 1978; Wood, Bruner, & Ross, 1976）。

- 「愛着理論」は，愛着のパターンと子どもの人生に重要な大人との間に育つ信頼感について考察している。愛着は，個人間の持続的な絆と考えられ，乳児と養育者との関係はこのような関係の基礎となる。愛着には 4 つのタイプがある。「安定（*secure*）」，「抵抗（*resistant*）」，「回避（*avoidant*）」，および「無秩序／混乱（*disorganized/disoriented*）」である。愛着関係は，子どものその後の認知発達，社会的情緒性の発達に不可欠なものである。認知発達，社会的情緒性の発達は，新しい関係や既存の関係にアプローチする時に，個人の内面で関係に対応する型をつくることによって，その後の人生を通してその子どもと他者との関係性に影響を与える（Ainsworth, 1973; Ainsworth & Bowlby, 1991; Bowlby, 1969, 1988）。

- 「行動主義」は，すべての行動は環境から学習した反応であり，過去の経験がすべての行動を説明すると示している。子どもの望ましい結果は，一貫した報奨と処罰による条件づけを通じて得ることができる（Skinner, 1953, 1957, 1974; Watson, 1925）。

- 「社会学習理論」は，人間の行動は，必ずしもある定まった様式で振る舞う必要はないが，モデル観察に基づいて学習されると提議する。人間の行動は，人，行動，環境の 3 者間の連続した相互作用によって説明される。バンデュラ（Bandura, 1986）は，彼の理論が，従来「学習」としてみなされたものよりもっと広範囲の包括的なものであると考え，彼自身のアプローチを「社会認知理論」と改称した（Bandura, 1977, 1986, 1999; Gibson, 2004）。

　理論的枠組みを親教育の科目に組み込むことは，親が自分の子どもとの相互作用のみならず，子どもの発達や行動についてより理解するための洞察力となる。これらの理論のなかには，年齢や発達時期の違いに合わせて，いろいろな段階も示すものがある。公式，あるいは非公式な場で教えるのにかかわらず，理論を組み込むことは親子関係の理解と検討に重要である。

親の発達

　親の発達という概念は，子育て教育のいかなる議論にも含められるべき重要事項である。親となり，親であることは，母親であること，父親であること，両方の発達に重大な影響を与える。親の発達段階に関する理論や研究では，発達段階のひとつとしての親，親になることへの移行，親であることとファミリー・ライフサイクルの段階に関する理論について，考察されている。親であることの段階は，子どもを産み育てていく過程での親としての経験と行動における発達変化と考えられている（Demick, 2002）。

　確かに，親に新しい知識，スキル，手腕を教えることは，子どもの発達によい影響を与える。しかし，もっと持続性と意義のある結果は，親の側の認知と情緒の発達によるであろう。親の発達に焦点をあてた親教育プログラムは，自分自身，自分の家族，自分を取り巻く環境をより深く理解している親は，自分の子ども，子どもとの関係をよりよく理解し，その結果，より前向きな子育て経験と子どもに現れる成果となるであろうという前提の上に成り立っている。

　親の概念の理論は，親の認知発達が子育て経験に与える影響を検討している（Newberger, 1980）。認知構造は，個人がどのようにして経験の意味を理解し，その経験に対する反応を組み立てるかを決める思考の安定したパターンのことをいう。環境と相互に作用することにより，個人の思考は，さらなる深さと柔軟性を反映するのと同時に，広い範囲でのアイデア，情報，考えがより広がりのあるものになる。より高度な認知スキルを身につけた親は，子育ての状況や問題の解決策を考える時に，より広範なレパートリーから考え出すことができる。ニューバーガーは，さらに，「親意識（*Parental Awareness*）」を，親の反応に影響を与える子どもの行動や反応についての体系化された考え方と認定した。この意識は，自己中心的，利己的考え方（利己的指向）から，親と子を相互依存のシステムであるとみなすシステム指向の考え方（分析的）までの一連の連続体である（Thomas, 1996）。それぞれのレベルは，ひとつ前の段階のレベルの上に築かれ，親，子ども，親子関係の心理的な複雑さの認識が一段と深まったことを反映する。

- レベル 1…利己的。親は自分に焦点を当てていて，子どもを親の欲求や必要の点からのみ見ている。子どもは，親自身の経験の投影である。
- レベル 2…慣例的。親自身のものの見方は自己中心的から自分の周りのことに考えが及ぶようになる（伝統，文化，権威）。親の役割は社会的に決められた適切な実践と責任の考えを中心に組み立てられる。

- レベル 3…個別的。子どもはそれぞれにユニークな個人と見なされる。個別的レベルで機能している親は，親子関係の文脈において，それぞれ個別の子どものニーズに対応することができる。
- レベル 4…分析的。認知意識がこのレベルの親は，自分の子育て，子ども，自分自身をより大きい相互的システムに組み込まれた要素とみなす。親も子どももお互いの関係性におけるニーズを相互に満たすことを通じて成長する。

　論理的に，認知発達のより深いレベル（個人的レベルと分析的レベル）で機能している親は，発達を促すと考えられる実践をより多く行うであろう。

　親教育プログラムは，親としての自覚や子ども発達を支援する論点を支持するように設計されるべきである。明らかに，建設的な幼児期早期の相互作用は，長期にわたる親子関係と子ども発達の特質を示している。研究によって，親子関係と子どもの発達に影響をおよぼす親の行動の特質が明らかにされている（Brazelton & Crame1 1990; Bromwich, 1981; Isabella & Bel sky, 1991; Maccoby, 1980）。子どもの発達，子育て，親子の相互作用に関して，親の反応を反映した論題も特定されている（Thomas, 1996）。「感応性，反応性，相互関係，支援」のパターンを含む子どもの発達を促すような親の行動は，「発達を助長する論題」として明らかになっている。一方で，「鈍感，無反応，押しつけ，支配」のような行動は「発達を制約する論題」として分類されている。

子育て教育の展開

　子育て教育はさまざまな場の設定と形式で，多様な異なる対象に行うことができる。プログラムの目標と対象とする聴衆の違いにより，子育て教育を行う設定とアプローチが異なる。

形式（formats）

　子育て教育を行う 3 つのモードは，「個人」，「グループ」，「マス（大集団, *mass*）」である（Harman & Brim, 1980）。「個人モード」は，1 対 1 での相互作用のやり方である。このタイプの親教育はしばしば，家庭訪問プログラムを用いて行われる。しかし，徐々に，子育て教育者たちは，自分たちをおそらくセラピーや治療的というよりは教育的な方法をとるコーチとして売り込んでいる。「グループ・モード」は広く行われている方法で，教室，ワークショップ，セミナー，支援グループのグループに対して教授される。「マス・モード」は，大人数の集団に対して通して行われる教育のことである。多くの場合，ニュースレター，本やパンフレットなどの印刷媒体，ラジオやテレビのプログラム，あるいはインターネットや技術を使って行われる。マス・モードで行うと，より広範囲の聴衆に届けることができるが，個人に合ったものとはなりにくい。教育者と親の間に直接的な接触がないの

で，受講者（聴衆）は匿名のままである。親教育はますますウェビナー（Web セミナー），学習モジュール（learning modules），さらにはモバイルのアプリケーションを通して，マス・モードで提供されている。

「全米エクステンション子育て教育モデル（National Extension Parenting Education Model, NEPEM）」は，親にプログラムを届けるための 15 の方法を示しており，それらには子育て教育団体，ラジオ番組，病院でのプログラムやニュースレターの記事などが含まれる（Box 10.1 参照）（Smith, Cudaback, Goddard, & Myers-Walls, 1994）。これらの配信・配送方法の多くは，上述の設定で行われる。これらの方法のそれぞれの詳しい議論については，www.k-state.edu/wwparent/nepem/nepem.pdf をご覧いただきたい。

予防的アプローチ

子育て教育プログラムは，プログラムのアプローチや量においてさまざまであり，焦点を当てる特定の子育て行動や子どもに現れる結果によっても異なる。一般的にいって，大方の子育て教育プログラムは，実際，予防的であるが，予防の焦点はさまざまである。第1章で議論されたとおり，予防的プログラムには 3 つのレベルがある。1 次，2 次，3 次である。

- **1 次予防**は，何かが起こる「前に」，健康な人々の危害からの保護と教育に焦点をおく。
- **2 次予防**は，問題や混乱，危険が起きた「後」，できるだけ早く問題の進行をくい止めたり，遅らせたりすることができるようにする保護や教育である。
- **3 次予防**は，さらなる危害を防ぐために，人々が複雑で長期的な問題にうまく対処するのを手助けすることを中心に置く。

Box 10.1　親教育プログラム・デリバリー戦略

親教育グループ	共同体フォーラム
親教育リソースセンター	省庁サポート／共同研究
ニュースレター	援助グループ
ラジオ番組	共同体連合／特別委員会
家庭訪問	家庭学習プログラム
メンター母／名付け親プログラム	親アドバイザーグループ
病院のプログラム	社会変化グループ：解放教育
新聞記事／卓上メッセージ	

資料出所：Smith, C A., Cudaback, D., Goddard, H. W., & Myers-Wails, J. A. (1994). *National extension parenting education model.* Manhattan: Kansas Cooperative Extension Service. [Online]. http://www.k-state.edu/wwparent/nepem/nepem.pdf

---

　子育て教育プログラムで使われる予防的アプローチは，多くの場合，対象とする聴衆に依る。予防プログラムの 3 つのレベル全てにおいて，何らかのレベルの子育て教育が取り入れられている。しかし，誕生前から始まり生涯を通して続く 1 次予防が，ますます「全ての」親に提供されるようになり，それが 2 次，3 次予防に焦点を当てたプログラムの必要性を低下させるかもしれない。

参加者（聴衆）

　子育て教育プログラムの一般的な参加者は，10 代の親，ひとり親，父親，再婚家族（ステップファミリー），軍関係者の家族，孫を育てている祖父母，里子や養子の世話をする親，投獄された親のみならず，乳幼児・思春期の子ども・大学生の親も含まれる。事情により，参加者は「*universal*」（全ての親），「*selective*」（特定の問題を抱えた人たち），あるいは「*indicated*」（問題に焦点化）のいずれかの予防プログラムに参加する。そこでのアプローチは 1 次，2 次，3 次と考えられる。例えば，孫を育てている祖父母は，特にこの立場の参加者向けに作られたプログラムに参加するであろう。取られるアプローチは，1 次予防と考えられる。なぜなら，参加者が必ずしも問題を抱えているわけではないが，共通の状況や環境を有していると考えられるからである。この孫を育てている祖父母という立場の参加者のための子育て教育プログラムには，総括的な子育て教育の内容とこの参加者の人たちに特別な意味のある問題についての議論が含まれる。

　子育てと家族生活教育のプログラムは，多くの場合，一般聴衆，狙い定めた聴衆，あるいは特定の聴衆（参加者）を対象者として設計される。この分類は，それぞれの聴衆グループに適した予防的アプローチを反映するものである。全ての親向けの予防プログラムは一般大衆を対象として設計され，1 次予防と前向きな子育ての実践の推進に大部分の焦点を当てている。このプログラムは，問題の予防と最善の発達の促進を目的に，親に通例の子育ての責任や経験に関して情報を与え，子育ての準備をしてもらうことを意図して設計される。プログラムの期間は，選択的，特定的プログラムより概して短く，集中的におこなわれることもない。一般向け予防プログラムは，10 代の望まない妊娠の防止や若者の薬物乱用といった広く受け入れられる狙いを扱うことができる（Doyle, 2006; McGroder & Hyra, 2009）。

　特定の問題を抱えた人たち向けの予防プログラム（選択的予防プログラム）は，ある特定集団のメンバーであることによる問題行動に対して，平均より高いレベルのリスクを抱える人々を対象としている。このプログラムの目標は，問題が深刻化するのを防ぐことである。概して，かなり長期にわたり，内容も多い（Doyle, 2006; McGroder & Hyra, 2009）。この選択的予防プログラムは，ある特定の参加者を対象とすることもある。例えば，離婚に直面している人たちである。というのは，研究が示すように，親が離婚した子どもは，平均的に言って，情緒的，行動的，社会的，健康的，学業的な面でのさまざまな結果のスコアが，そうでない親の子どもより低いからである（Amato, 2010）。

　問題に焦点化したプログラムは，児童虐待で通報されるなど，既にハイリスク行動をしている人々を対象としている。このプログラムの目標は，問題行動を止めさせ，問題の深刻化を防ぐことである。したがって，プログラムはかなり集中的で期間が長くなる（Doyle, 2006; McGroder & Hyra, 2009）。問題に焦点化したプログラムは，問題に焦点を当ててはいるが，療法（セラピー）と混同すべきではない。子育て教育は，(1) 個人のパーソナリティや家族の機能不全より，むしろ通常の発達と家族問題の予防，(2) 衝突や対立より，支援となる技法，(3) パーソナリティや家族ダイナミクスの再構築より，むしろ自信と満足感を高める目標を重要視する点で，セラピーとは異なる（Wandersman, 1987）。

設定（セッティング）

　第4章では，親教育と家族生活教育が実施される多くの設定について論述した。同様に，子育て教育プログラムも，多用な提供者によって，さまざまに異なる場所や設定で提供される。学校，「協同エクステンション・プログラム（Cooperative extension programs）」，家族サービス機関，地域支援センター，コミュニティ教育，宗教団体や健康管理関連の設定などである。加えて，利益を目的とするビジネスや会社は，個人の問題や心配ごとが会社の生産性に影響することを認識しているので，ますます，子育てに関連するプログラムやサービスを，従業員に提供するようになっている（Grzywacz & Demerouti, 2013）。政府は，子ども保護システムによる「ヘッドスタート」や家族支援，介入プログラム，軍隊に服務している家族のために作られたプログラムなど，多様なプログラムを通じて子育て教育を提供している。既に論述したとおり，多くの親・家族教育プログラムは助成金による資金提供を受けており，それはプログラムを計画して実行するには不安定な状況を作り出している。安定した資金源に加えて，子育て教育や家族生活教育は全ての家族のための好ましい活動であると提示し続ける努力が，米国社会において家族生活教育の建設的影響や活動を増大させる助けとなるであろう。

子育て教育のモデルとアプローチ

　子育て教育の全体的な目標は，子どもの安全と健全な発達を護り育てることである。子育て教育プログラムは，親が子どもを適切に扱う技法を発達させ，知識や年相応の行動を理解することを手助けしようとするものである。子育て教育プログラムは，効果的な子育てに関連する知識，スキル，態度，信念，行動に狙いを定めることにより，子どもの発達上のニーズを満たして成人期への準備をさせる能力と自信を親に持たせることができる（McGroder & Hyra, 2009）。

　子育て教育プログラムの有用性について議論する時，そのプログラムがどのような目的を果たそうとしているのか考えるとよい。プログラムの中には，具体的には，親，子ども，そして／または親子関係に焦点を合わせているものがある。家族そのものや，家族が居住

する地域・環境に焦点をあてているプログラムもある。最近では，家族全員を交え，親と子の両方がスキル構築の活動を行うタイプのプログラムが増えている。また，プログラムによっては，有能な親でいられなくするストレスを軽減するために，親に支援やサービス機関への紹介をおこなっている。

子育て教育に関する前提

　ほとんどの子育て教育プログラムは，子育ての特質，親の成長と発達，親子が生活して相互作用している環境，学習環境や状況，プログラムの全般的な目標に関する特定の前提に影響される。その前提は子育て教育プログラムに含める内容に影響を及ぼし，また，その内容がどのように提示され教えられるかにも影響を与える。

　「全米エクステンション子育て教育モデル」は，親と親子関係について，9つの重要な前提を示している（Smith et al., 1994）。

- 　親は子どもの社会化を行う主たる者である。
- 　子育ての考え方，知識，スキル，および行動は，親教育の取り組みによりプラスに影響を受ける。
- 　子育ては，勉学や経験を通して強化される学習スキルである。
- 　子育て教育は，親が子育て教育プログラムに積極的に参加して貢献すると，より効果的である。
- 　親子関係は，重層的社会文化システムの中に内包されて影響をうける。
- 　プログラムは親の多様性に応えるべきである。
- 　効果的な子育て教育を成し遂げるには，多様な方法が必要である。
- 　親と子どもの双方が満たされるべきニーズを持っている。
- 　親教育のゴールは，思いやりがあり有能で健全な子どもの発達を促すことができるよう，親（養育者）に力をつけさせ教育することである。

　子育て教育プログラムを開発，または選択する時，子育て教育者は内容とそれを実施する過程の両方に心を止める必要がある。子育て教育プログラムの開発や評価の助けとなる数多くの枠組み，ガイドやモデルがあるが，本章では「親教育コア・カリキュラム枠組み（Parent Education Core Curriculum Framework）」と「全米エクステンション子育て教育モデル（NEPEM）」のふたつに焦点を合わせる。

親教育コア・カリキュラム枠組み

　「親教育コア・カリキュラム枠組み」は，親教育プログラムのカリキュラムを作成するためのガイドとなるものである（MNAFEE, 2011）。枠組みは特に幼い子どもを持つ親向けに設計されているが，それ以外の他の参加者（親）にも適用できる。「親教育コア・カリキ

ュラム枠組み」の具体的な目標は，以下のことがらに関する資源（リソース）を提供することである。

- 親教育分野における知識を組み立てる，または定義する
- 親教育プログラム，集団，設定，実施形態がどのようなタイプであっても親教育の分野全域で適用できる
- 親教育プログラムのカリキュラムと学習プランの開発，および実施のための計画ツール
- 親教育（元々は Early Childhood Family Education (ECFE) and Even Start のために設計された）が意図している内容と目的を明確にする
- 親教育において親の目標を設定するために助言を与える
- 親教育の成果やプログラムの評価を導く
- 親教育プログラムと個々の親教育者についての説明責任を促進する
- 親教育における実践を知らせる

この「枠組み」には4つのレベルの情報がある。その4つは，「分野」（親の発達，親子関係，幼児発達，家族発達，文化，地域），「要素」（それぞれの分野における内容領域），「カテゴリ」（それぞれの要素におけるより具体的な学習内容の単元），「指針」（親教育に参加している親のそれぞれのカテゴリにおける長期的学習目標）である。枠組みは以下のような場合に役立てることができる。

- カリキュラムおよび日々の学習プラン（内容，教授方法，および資料の選択）を計画する
- 親教育を子どもの教育と統合する
- 親の成果の評価方法を示す
- プログラムの基準と評価を知らせる
- 職員育成のためのニーズを特定して計画を立てる
- 親教育や親教育の成果に関して，親，後援団体／機関，政策立案者，一般の人々と話し合う
- 親や地域のニーズを査定する方法を示す
- 公共政策の影響を評価する方法を示す

さらに，「親教育コア・カリキュラム枠組み」文書資料には，カリキュラム計画と開発，実施における「親教育コア・カリキュラム枠組み使用の手順と指針」も含まれている。この枠組みは，子育て教育プログラム開発や実施に携わる全ての人々にとって優れたリソースである。

全米エクステンション子育て教育モデル

　「全米エクステンション子育て教育モデル（NEPEM）」は，子育て教育に関連するプログラムの内容について幅広い見解を示している（Smith et al., 1994）。このモデルは，州と郡のレベルの親教育プログラムを概念化し活性化させるため，また子育て教育者にプログラム内容のガイドを提供するために開発された。先述した親と親子関係に関する前提に加えて，このモデルには子育て教育プログラムの内容に関連した 8 つの基本的な指導理念がある。

- 子どものウェルビーイングを高めるための親の行動
- 子ども期と思春期の全体を通して重要で優先される親の実践
- 中心となる重要度の高い事項
- 実践の手配に比べて重要なスキルと実践
- 流動性と柔軟性があり，かつ境界線のある親としてのスキルの種類
- 静的ではなく，動的（ダイナミック）なモデル
- 親の長所とエンパワメントの重要視
- 文化全体を範囲としてプログラムを開発するのに十分に役立つ，広範で柔軟な親の長所

　2000 年，エクステンションの専門家たちは，子育て教育者にとっての重要なスキルと実践の概要をまとめるために集まった。彼らの活動は，NEPEM の「親にとっての重要実践」と「子育て教育者にとっての重要なプロセス」を結びつけ，新しい仕組み，「全米エクステンション子育て教育の枠組み（National Extension Parenting Education Framework, NEPEF）」

図 10.1　子育て教育へのアプローチ

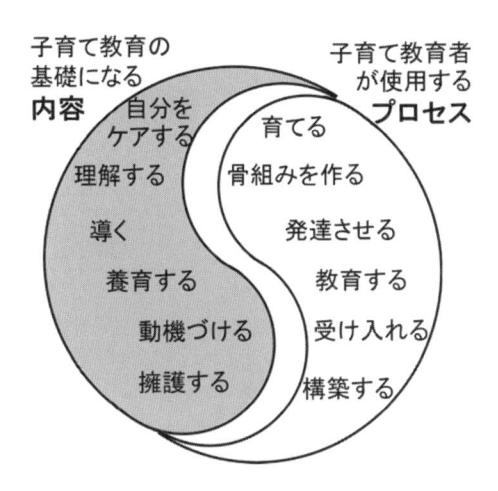

を創出した（DeBord et al., 2006）。NEPEF では，6 種類の親のためのスキルと内容実践が推奨されている。これら 6 種類は，「自己をケアする」，（子ども，子どもの発達ニーズと固有性を）「理解する」，「導く」，「養育する」，「動機づける」，「擁護する」である。これらは，子育て教育者のための 6 つのプロセス（「育てる（grow）」，「骨組みを作る（frame）」，「発達させる（develop）」，「教育する（educate）」，「受け入れる（embrace）」，「構築する（build）」）と平行して使用される。図 10.1 はこれについて示すものである。NEPEF は，子育て教育の多くの側面を考えるための優れたフォーマットとなっている。

子育て教育プログラムの特定

　多様な子育て教育プログラムが幅広いテーマを扱い，数多くの形式やアプローチを使用している。それ故に，意図したところの参加者に適したカリキュラムを見つけたり，その参加者に対してプログラムが効果的であるかどうかを見極めたりすることが難しい場合がある。子育て教育の教材や資料，カリキュラムを的確に評価できることは，プロの家族生活教育者にとって重要な能力である。プロの子育て教育者は，プログラムが，（もし使っているなら）どの理論に基づいており，内容は信頼できる研究に立脚しているものであることを保証するのに必要な知識とスキルを身につけていなければならない。子育て教育やカリキュラムの評価に関する文献は，この分野がより確固たる地位を確立するにつれて増加している。「家族生活教育の質の評価ツール（Family Life Education Quality Assessment Tool, FLEMat QAT）」は，家族生活教育者や家族に関する仕事に従事している者が，家族に向けて書かれた，あるいはオンラインでの教材や資料の質を判断する手助けとなるように設計されたものである（Myers-Walls, n.d.）。評価についてのより詳細な議論に関しては第 7 章を参照いただきたい。

　幸い，多様な参加者を対象にしたエビデンスに基づくプログラムの情報源は数多くある（エビデンスに基づく親と家族のプログラム・リソースの部分的なリストに関しては，第 7 章の Box 7.14 参照）。米国保健社会福祉省・薬物乱用・精神衛生管理庁（U.S. Department of Health and Human Services Substance Abuse and Mental Health Services Administration, SAMHSA）により提供されている「エビデンスに基づくプログラムと実践の全米登録簿（National Registry of Evidence-based Programs and Practices, NREPP）」は，オンライン上で検索できる 300 以上のプログラムのデータベースで，これらのプログラムは精神衛生の向上，薬物乱用防止（メンタルヘルスと薬物乱用の治療はもちろんである）をサポートしている。中には，特に NREPP のリストにある子育て教育に焦点化したプログラムもあり，それには「家族に祝福を！（Celebrating Families!)」，（離婚しようとしている親の子どもたちのための）「中間にいる子どもたち（Children In Between)」，「養育している親のプログラム（Nurturing Parenting Programs)」，「家族を強化するプログラム（Strengthening Families Program)」，「効果的な子育てのための体系的な訓練（Systematic Training for Effective Parenting, STEP)」，「教授者としての親（Parents as Teachers)」，「能動的子育て（Active Parenting)」が含まれる。その他の登録簿としては，「健全な青年発達のための設計図（Blueprints for Healthy Youth

Development)」と「子ども福祉情報ゲートウェイ（入り口）（*Child Welfare Information Gateway*）」がある。

　これらの情報データベースは，家族を助けて強靱なものにするのにどのようなタイプのプログラムが利用可能か概観できるようになっていて，有益である。エビデンスに基づいたプログラムであると公式には認定されていないが，すばらしい子育て教育プログラムが多くある一方で，資金提供者はたいてい，支援している組織や機関に，有効性が特定された基準を満たしているプログラムを使うことを要求している。

子育て教育者

役割パラダイム

　子育て教育者は，プログラムの目標と基本方針を反映するので，どんな親教育プログラムにおいても重要な構成要素となる。子育て教育者に期待される役割パラダイムは 3 つ考えられ，それらは「専門家」，「ファシリテーター」，「協働者（*collaborator*）」である（Myers-Walls, 1998）。それぞれにおける期待の違いを理解することは，子育て教育者に求められる能力を特定するために不可欠である。

- 第 1 の役割パラダイムは専門家のパラダイムである。この役割の子育て教育者は，特定の情報と知識について精通しており，それを親たちと共有する。その親たちは，自分たちが求め必要としている答を子育て教育者は持っていると考えている。
- また，子育て教育者はあまり活発でない役をすることもある。このような場合，親は必要とする情報や知識をすでに習得していることが前提である。しかし，子育て教育者は討論のための考え方や設定を与えたり，適切な資源を利用できるようにしたりすることができる。この役割パラダイムでは，子育て教育者はリーダーというよりはグループ・プロセスを導くためのファシリテーター，すなわち「ステージ上の知識人」とは対照的な「傍らのガイド」として機能する。検討課題と目標を設定するのは，親である。このタイプのアプローチは特に経済的・社会的に恵まれない，あるいは虐げられた人々の集団に有効である。しかし，エビデンスに基づいた研究をどのように用いてさまざまな対象者に適用するか分かっている，とりわけ力量のある子育て教育者を必要とする。「解放教育学（Liberation pedagogy）」は，社会の主流から取り残された人々を養育するために用いられてきたひとつの教育的アプローチである。このアプローチでは学習者をエンパワーして，抑圧的なシステムと階層的な権力構造に挑んで変えさせようと働きかける（Shor & Freire, 1986）。
- 3 番目の役割パラダイムは，専門家とファシリテーターの中間である。この協働者アプローチでは，教育者と親は協力してプログラムの目標と検討課題を決める。親は知識を評価され，子育て教育者はその人自身の基盤となっている知識の他に，グループ活動を促進する技能が評価される。

　上記の他に同様の役割とアプローチを示すものが 3 つある。「批判的質問者アプローチ（*critical inquirer approach*）」では，親は熟考者になるという特別な責任を負っているという前提で，親教育者は，参加者に批判的な観点に立脚して考えてもらうことを促すために，質問を提示する。「介入主義者的アプローチ（*interventionist approach*）」では，親教育者を，親が考え方やひいては行動を変えるのを手助けする変化推進者とみなす。最後に，「折衷主義的アプローチ（*eclectic approach*）」に従っている親教育者は，参加者と状況に応じて，多様な全てのアプローチを使い分ける（Duncan & Goddard, 2011）。

　子育て教育プログラムの実践方針は，次の 3 つの実践アプローチのいずれかである。「伝達モデル（*transmission*）」，「交流モデル（*transactional*）」，「変換モデル（*transformational*）」の 3 つである（Thomas & Footrakoon, 1998）。伝達モデルによるプログラムは，親が自身の子どもと関わる方法を改善するための知識，考え方，技術を伝えるように設計されている。このアプローチでは，親教育者は，情報を共有し親の学習をコントロールする専門家とみなされるであろう。交流の考え方を組み込んだプログラムは，親を人であると同時に学習者とみなす。交流プログラムは，学習者の成長，発達，問題解決能力を促進するように設計されている。教育者の役割は，親の学習を促進することである。変換プログラムは，親に彼ら自身や地域における彼らの役割についてまったく異なった考え方をする機会を与える。彼らは，社会的背景や状況を包含して，共同体の社会的行動や変化に向かって取り組む。変換プログラムでは，親は積極的な参加者であり，学習過程の大きな責任を負っている，あるいは親は親教育者と協力し合って働くともいえる。

　子育て教育者の役割は，参加者，実施のセッティング，グループの目標によってさまざまに異なるので，有能な子育て教育者は，どんな役割であろうと，特定の状況において求められる役割がはたせるようにするべきである。教育者が一日だけのワークショップを行う時は，誰かがあるグループを継続的にファシリテートする場合や，ニュースレターのコラムを書く時とは異なる技術が必要であろう。今現在，子育て教育分野の意味を明確にし，分野を確立しようと努力している者は，この職業の幅広い多様性を認める一方で，困難にぶつかりながらも，内容と能力を特定することでこの分野を前進させようとしている。

職業としての子育て教育

準備とトレーニング

　子育て教育提供者の資格はまちまちで，特に子育て教育においては高校以下の卒業証書から大学院の学位までと幅広い。歴史的に見て，子育て教育は公的には，医学，ソーシャルワーク，セラピー，教育のさまざまな専門分野において，私的には親から親へのアドバイスという形で行われてきた（Heath & Palm, 2006）。このような歴史は，子育て教育の専門的職業としての認識に対してある意味を持ってきた。というのは，支援の専門的職業の多くの人たちは公的教育の恩恵を受けることなく，子育て教育に関わってきたからである。

例えば，親は小児科医に幼い子どものかんしゃくをどう扱えばいいか尋ねる。これは必ずしも医学的な質問ではないが，その医者はおそらく，アドバイスを与えるであろう。状況によっては，関連する他の分野の専門家がその専門家の役割から，子育て教育の専門的知識を持っているとみなされ，子育てのアドバイスをしている。残念なことに，支援専門職のための多くの訓練プログラムにおいて，子育てが直接取り上げられることはほとんどない。

　子育て教育者が専門家として，また子育て教育がそれ自体で職業として，社会での認識は増大している。子育て教育を提供するために必要とされる知識，技能，能力，力量について特定し明確にすることは実質的にかなり進んできた。他の実践や設定に埋め込まれたものとしてというよりは，教育と予防という文脈の中で子育て教育を提供する機会も増えてきた。この分野の専門家たちは，同輩教育者（peer educators）や専門職補佐員（paraprofessionals）として働いている者を含む子育て教育者のためのトレーニングと認知機会を正式なものにするために努力している。

パッケージされたプログラム

　特定のカリキュラムに特化したプログラムにおいては，専門職補佐員がカリキュラムを実施している場合がよくある。指導者（インストラクター）は，子どもの発達や子育てについて正式なトレーニングを受けていないかもしれないが，プログラム特定のアプローチかカリキュラムに焦点をあてた規定のトレーニングを終えると証明書を受けとるか，あるいは資格が認証される。その後の継続的な教育は必要な場合も，そうでない場合もある。プロバイダ(提供者, provider)の専門的知識は特定のプログラムや題材に限定されるので，このアプローチには限界がある。パッケージされたプログラムは，特定の状況やトピックについては有効であろうが，子育て教育者には，多様な話題を扱い参加者に適切に合わせる能力が求められる。特定のカリキュラムのためのトレーニング・プログラムは，プログラムの内容以外の話題に関するトレーニングを実施しないことがあり，教育者はユニークな状況を扱うのに必要なスキルが身につかないことになる。しかしながら，親教育に対するこのアプローチは，教育者がプログラムを忠実に行う限り非常に有効であろう。

同輩教育者と専門職補佐員

　子育てプログラムの中には，ボランティアや，たいていは経験豊かな親（同輩教育者，あるいは専門職補佐員と呼ばれることがある）が関わり，支援や進行を行うものがある。同輩教育者は，参加者と共通的な人生経験を有する人たちである。専門職補佐員はたいてい専門家を補助する訓練を受けているが，免許や資格を有してはいない。彼らの中には知識や技術があり，独立して働ける者がいるであろうが，この分野の専門家として認められるための必要条件を満たしてはいない（Jones, Stranik, Hart, Wolf, & McClintic, 2013）。

　MELD（現在は「教師としての親（Parents as Teachers, PAT）」と統合）は，同輩教育者を使うプログラムのよい例である。経験豊かな親は進行のテクニックを訓練され，子どもの発達と子育ての課題に関する科学的研究に基づいた補助的な資料を与えられる。そして，

この訓練された親たちが，新米の親たちの子育てグループを導いていく。MELD モデルのような仲間が導いていくプログラムのひとつの強みは，グループのファシリテーターとしてのリーダーの役割を，地域の親たちが担っていることである。これらの親たちは，多くの場合，グループの他の親たちと同じ文化や社会経済的状況を共有している。この共通の背景が，ファシリテーターとしての信頼と受容を高め，時には家庭訪問プログラムによって子育て教育を提供することもある。

　子育て教育においては，同輩教育者と専門職補佐員を含めるよう相当な努力が連続的に行われてきた。同輩教育者と専門職補佐員の役割の貢献と限界について，包括的な議論は，子育て教育実践者の多様な役割に関する白書にある NPEN のウェブサイトで閲覧できる（Jones et al., 2013）。

証明書と学位プログラム

　子育て教育は，ひとつのテーマとして家族・児童発達の学位課程プログラムにたいてい取り入れられていると同時に，専門家が特に子育て教育について教育され，彼らが子育て教育を第一の専門職とみなすことが増えている。子育て教育の学位を与えるプログラムは，米国中で増加中である。第 2 章で述べたとおり，多くの高等教育機関，例えばノースカロライナ州立大学，ウィーロック・カレッジ，プリマス州立大，リヴァー・カレッジ，ミネソタ大学，ノーステキサス大学デントン校などが，大学院で子育て教育の証明書プログラムを提供している（NPEN, 2013）。

親教育者に必要な能力

　子育て教育と効果的な実践に必要な知識や技術のパラメーターに関して，合意が形成されつつある。子育て教育を学問分野として，また子育て教育者を専門家として確立することをめぐる議論は，結果として能力の検討をもたらした。子育て教育者は，効果的に実践を行うためには何を知っておかなければならないか。どのようなスキルを持っていなければならないか。キャンベル（Campbell）とパーム（Palm）（2004）は，親教育者のために発達 5 領域（知識，集団ファシリテーションスキル，教授技術，専門家としての自覚と限界，多様性の理解）における 3 つの段階（初心者，中堅，熟練）を提示した。これらの専門的発達のレベルは，子育て教育者が専門家としてのレベルを上げていく時に必要とされる能力の深さと幅広さの識見となっている（表 10.1 参照）。

　内省的実践は，親教育者の能力に関連しており，実践者が自分の知識を強化し技能を上達させるため，そして実践がどれくらい有効に働くかを理解するために，実践者の態度や行動を説明するのに使用される一般的な言葉である（Campbell & Palm, 2006）。内省的実践は，知識，素質，技能を特定する自己評価を伴う。Box 10.2 は，グループで行う子育て教育に特化した自己評価のチェックリストである。

表 10.1　親教育者のための専門能力開発のレベル

初心者レベル	中間レベル	マスター教育レベル
知識		
基本的な子どもの発達と子育ての情報について知っている。親の質問に答える能力についていくらか不安がある。	より広い知識の基礎を持っている。発達や子育ての課題に関するさまざまなリソースを知っている。	自信を持って質問に答えたり，リソースを見つけたりすることができる。精通していることを認識している。
家族ダイナミクスと発達の基本的な段階と理論を知っている。	個々の家族の状況を，段階と特性に関連づけて特定できる。	各家族の歩みを理解するのに全体包括的な見方をする。現在の課題と成果を発達段階とサイクルに結びつけることができる。現在の家族ダイナミクスと同様に出生家族の影響を理解し洞察を与える。
地域の情報源を理解し始める。何が利用可能であるか，そして，どのようにして親を他のサービスに紹介するかについていくぶん確信がない。	基本的な地域サービスについて知っており，アクセスにあまり不安がない。紹介の過程を理解している。	容易に情報とサービスにアクセスできる。不安なく紹介のために親に働きかける。共同アプローチをとりながら，全体包括的な見方で親に接する。
グループ・ファシリテーション技術		
グループ・プロセスを理解しているが，集団指導の役割に困難を感じる。	集団指導を楽しんでいる。主として，セッションの内容とプランに重点を置く。	グループのリーダーとして，自信がある。内容にサポートと可能な介入を組み込むことができる。行動を理解して，反応する時に技能を活用できる。
葛藤と行動のダイナミクスを理解している。扱いにくいグループや個人のダイナミクスに対処することに困難を感じる。	主に問題を取り除いて，再びグループに焦点を合わせるため，問題行動を扱う技能を持っている。	安心して問題があって難しいグループのダイナミクスを扱う。「教えやすい瞬間」を認識し活用する。健全なグループ・プロセスと発達に責任を持つ。
教育技術		
成人の学習スタイルを理解している。	さまざまな教授法を用いてセッションを計画して実行するが，主要な方法として議論を使用している。	親のニーズとスタイルを評価し，それに合った方法を使用できる。親の多様なニーズに応えるために計画と指導において見識を示す。
適切な親教育セッションプランを開発して，実行できる。	個々のグループにプランを適合させることができる。グループの進行中のニーズを把握して，必要に応じてプランを変更できる。	グループ教育とプロセスに対し，創造的で多様な方策を使用する。明確な目的と達成目標を持っているが，必要に応じて柔軟に対応する。

専門職としてのアイデンティティと境界		
基本的な自己認識はあるが，まとめ役としての役割とグループとの関係への影響について限られた理解しかない。	自分自身，出生家族での経験と，それらの親教育者としての役割への影響について見識を持っている。	より深い理解と自己認識を反映する成熟と人生経験。偏見を切り離す能力とプロの役割としてのしっかりした価値観。
親教育者としての技能と能力に関して，確信がない。	親教育者としての能力を認める親との有益な経験から自信をつけている。	能力に対する自信は落ち着いている。親グループにおけるリーダーシップの役割，また職業において他の専門家のためのメンターと指導者としてリーダーシップの役割。
多様性の理解		
多様性問題の重要性に基本的な認識と気配りを示している。どのようにして実践に移すかはよく分かっていない。	家族と文化の多様性，家族と子育て問題への影響についての認識が増加している。	プログラムにおける家族構成と文化の多様性を高く評価する。親から学ぶことを望んでいる。不安なく自信を持って違いについて話し，違いを尊重しながら議論を進めていく。

資料出所：Campbell, D., & Palm, G. F. (2004). *Group parent education: Promoting parent learning and support.* Thousand Oaks, CA: Sage. Table 11.1, pp .206-207.

Box 10.2　親グループ・リーダーの能力：自己評価チェックリスト

方法：3つの主要分野それぞれの項目を読んで，自分について，1（できていない）から5（非常によくできている）までのいずれかで評価しなさい。

知識：この領域は特にグループ・ダイナミクスの理解と親のグループ学習の促進に関する知識について概説する。
____1. 親グループに適用されるグループ・プロセスの発達段階を理解している。
____2. グループ・ダイナミクスについての種々の理論と親グループへの適用を理解している。
____3. 親グループのリーダーの役割と限界を理解している。
____4. 子育ての課題の情緒的特質とこれが親グループ学習にどのように影響するを理解している。
____5. 異なるリーダーシップのスタイルと，親グループの行動に対するそれぞれの効果を理解している。
____6. 親グループの文脈で親と家族の長所と短所を評価する方法を複数，理解している。
____7. 親が問題を解決したり，意思決定をしたりするのを助けるさまざまなアクティブ・ラーニングの手法を理解している。
____8. 親と家族のためのさまざまなコミュニティの資源と，どうすれば親をこれらの資源につなぐことができるかを理解して知っている。
____9. 家族とコミュニティの多様性の理解に加えて，多様な価値観と信念がグループ・ダイナミクスや子育て行動にどのように影響するかを理解している。

性質：このカテゴリの能力は，親教育者にとって重要であると特定された人格的特質と情緒的な態度についてである（Auerbach, 1968; Braun et al., 1984; Clarke, 1984）。これらは，内向的，外向的といった一般的な性格の特徴やタイプとは異なる。個々人はそれぞれに，これらが混ざったその人自身のユニークな性質をしているであろう。

____1. **成熟**：親グループのリーダーは，自分のアイデンティティがはっきりと分かっていて，グループの親のニーズや問題に明確に焦点を合わせることができる。

____2. **配慮**：親グループのリーダーは，親のニーズに注目して，理解，同情，サポートを示すことができる。

____3. **非一方的判断**：親グループのリーダーは，子育ての複雑さを理解し，親の問題や失敗に関して責めることなく，親を受け入れる。親を手助けすることと，簡単な答えはないのを理解することに重点を置く。

____4. **気配り**：親グループのリーダーは，個々の親のニーズや気持ちに気づき，応えることができる。

____5. **組織**：親グループのリーダーは，明確に目標を表明し，親学習の方向性を示すことができる。

____6. **柔軟性**：親グループのリーダーは，必要に応じて方向性を変え，親個人と親グループのニーズのバランスをとることができる。

____7. **創造性**：親グループのリーダーは，魅力的で興味が湧く親セッションを考案することができる。

____8. **熱意／楽観主義**：親グループのリーダーは，人々と内容に関して建設的態度を持ち，親の気持ちを高めて学習に向かわせることができる。

____9. **正直**：親グループのリーダーは，自分自身の知識と限界について明確に分かっている。

____10. **誠実**：親グループのリーダーは，親との関係において，正直でオープンである。

____11. **ユーモア**：親グループのリーダーは，他者やその人たちの問題を嘲笑することなく，ユーモラスなことを表現したり理解したりできる。

スキル：これらは全体的な分野において示され，一般的スキルの分野それぞれについて，非常に具体的な行動指標がその後に続く。

1. 暖かく歓迎する雰囲気を創る。
　　____a. 親一人ひとり，また家族メンバーを歓迎の態度で迎える。
　　____b. 親と子のウェルビーイングに心からの関心を示す。
　　____c. セッションの始まりを有効に使う（愛想よく威圧的でない態度で親を巻き込む）。
2. 親が安心して考えや気持ちを共有できる環境を創る。
　　____a. グループが基本規則をつくって実行するのを助ける。
　　____b. 親からさまざまな意見，価値観，信条を引き出す。
　　____c. 誠実で支援的な態度で親を認める。
3. 議論の形態と構成を決めて，議論を誘導する。
　　____a. 親にセッションの議題と目標を伝える。
　　____b. 親がニーズと心配ごとを特定するのを助ける。
　　____c. グループがグループ目標と議論のテーマから外れないようにする。
　　____d. 親の問題をより理解するように明快な質問をする。
　　____e. 親の考え／問題を再び述べて，明確にする。
　　____f. 重要な考え／問題をまとめる。
4. 個々人を，尊重して耳を傾ける存在として受け入れることを規範とする。
　　____a. 親の言うことを注意して聞く。
　　____b. 非言語の承認メッセージを与える。
　　____c. 負の感情と悩みを受け入れて認める。
　　____d. 親の議論への貢献に再び言及する，そして／または感謝する。
　　____e. 多様性に焦点をあて，価値観，文化，家族構成の違いについての議論を促す。
5. 建設的で支援的な学習環境を確立する責任をとる。
　　____a. 親が自分自身の目標を特定して設定するのを助ける。
　　____b. さまざまな方法を使って親の参加を促す。

_____c. 親に彼ら自身の考えを評価させて再考させる。
_____d. 抽象的な概念を実生活上に提示するのに具体的な例を使う。
_____e. 親のそれぞれの能力にあわせて，情報をうまく適合させる。
6. グループのメンバー同士の関係と相互作用を助長する。
_____a. グループ・メンバー全員の参加を促す。
_____b. 親のコメントや経験を関連づけて一般的なテーマを指摘する。
_____c. 個々のグループ・メンバーのためにグループで問題解決させる。
_____d. 衝突や対立に配慮しながら率直に扱う。

資料出所：Campbell, D., & Palm, G. F. (2004). *Group parent education: Promoting parent learning and support*. Thousand Oaks, CA: Sage. Appendix A. Parent group leader competencies: A self-assessment checklist, pp.223-225.

　子育て教育の実践に必要とされる能力の公式な特定は，現在進められているところである。子育て教育者の資格認定，証明書，内容に関する知識と技能を明確にし制定することを目指して，2011 年 5 月に子育て教育の専門的能力の開発に関する全米フォーラム（A National Forum on Professional Development for Parenting Education）が開催された。異なる専門的能力の開発システムにおいて明白に中心となる能力の予備的なリストが示された（McDermott, 2011）。

- 子どもと生涯発達
- 家族関係のダイナミクス
- 指導と養育
- 健康と安全
- 家族システムの多様性
- 専門的実践／成人学習における優れた実践
- 学校と保育の関係
- 地域の関係
- 査定と評価
- 組織と公共の政策／法律

子育て教育者の公的な認証

　現在，子育て教育者が利用できる認証方法にはいくつかあり，それらには登録，州免許制度，全米的認証がある。この分野の専門家は，現在，公的認証制度の確立のために努力している。

登録

　ノーステキサス大学親教育センターのテキサス親教育者リソース登録簿（Registry of Parent Educator Resources, ROPER ）に は 親 教 育 者 デ ー タ ベ ー ス（www.parenteducation.unt.edu/roper）があり，テキサス州全体の親教育者を登録している。ROPER は彼らにニュースレター，トレーニング，ならびに研究，組織，研究会情報，求人

情報，質問のためのフォーラム，親のためになるアイデアやリソースにリンクしているウェブサイトを提供している。データベースは検索可能で，親，諸機関，子育ての専門家が場所と専門知識領域によって親教育者を特定するのに利用している。

州による免許制度

　現在，ミネソタ州は親・家族教育者に免許を要求している唯一の州である。免許は州全域の特定の子育て教育プログラムに対するものである。元々，免許を得るには子育て・家族教育者は家族構造と機能，家族ダイナミクス，児童発達，人間関係，子育て，教授方法において一定の単位を修めなければならなかった（University of Minnesota, 1991）。その後，その基準は変更され，能力に基づく形式が重点化されるようになった（State of Minnesota, n.d.）。

全米的認証

　職業上の基準に関して，子育て教育専門家の間でよく話題になるのは，特に子育て教育者のための全米的認証の実現可能性，あるいは必要性である。NCFR の家族生活教育者認証プログラムは，子育て教育に関連すると考えられる多くの領域についての知識を要求している。「認証家族生活教育者（CFLE）」になるには，（学位のレベルと関連性により異なるが）最低限でも学士の学位と家族生活教育における 1,600 から 4,800 時間の実務経験が必要である。子育て教育を実践している専門家は，CFLE の基準に合う幅広い領域において準備をするべきであると主張する者もいる。しかしながら，自分は子育て教育専門家だと考える子育て教育者たちと同じように，ファシリテーター，専門職補佐員，ボランティアとして働く多くの子育て教育者は，CFLE の認証要件を満たすことができない可能性がある。他には，子育て教育に必要であるのに，CFLE の基準に含まれていないレベルと深さの知識がある，と主張する者もいる。

　子育て教育の免許制度や認証という考えは，同輩教育者／専門職補佐員モデルや他の草の根の地域密着型プログラムの支持者の関心事になっている。特定のアカデミックな基準が設定されると，これらの親の多くは子育て教育者として実践を行うことができなくなるかもしれない。

子育て教育者の専門的準備・認証のための枠組み

　幸い，子育て教育者の中核をなす能力に関する合意形成，専門的能力の開発と認証のシステムを開発している州のための基準作成，および同輩教育者と専門職補佐員の役割の明確化といった努力が行われている（Bowman, Rennekamp, & Wolfe, 2012）。NPEN 専門職準備・認証委員会（NPEN Professhonal Preparation and Recognition Committee）は，子育て教育者の能力のガイドラインの特定，能力開発を推進する専門職の準備と認証についての情報提供，そして NPEN 内における全米子育て教育者認証システムの開発調査のために努力している（Cooke, 2011）。これを受けて，委員会は「子育て教育者の専門的準備・認証のため

の枠組み（*Framework for Understanding Parenting Educator Professional Preparation and Recognition*)」を考案中である（www.npen.org/profdev/forum/tools/framework.pdf)。枠組みは，個人の経験の違いが大きく，教育レベルも高校卒業／GED〔General Education Development system, 高校程度修了認定試験〕から博士号取得までと幅が大きいので，子育て教育を始める人のため，準備におけるオプションを設定している。NPEN ウェブサイトは子育て教育という職業，能力，州や国のモデルに関連したリソースを掲載している。

■要約

　本章では，子どもの人生において親が果たす重要な役割を，子育て教育が家族と社会に提供することができる有用性とともにみてきた。今日の家族に影響を与える顕著な苦難に加えて，社会問題へのひとつのアプローチとしての子育て教育の歴史を簡単に振り返った。親の発達という概念，子育て教育実践の諸側面（形式，アプローチ，参加者，設定）とともに，関連する理論を示した。いくつかの子育て教育のモデルとアプローチも提示した。子育て教育の議論は，子育て教育者の役割，トレーニングと準備のオプション，および最良の実践のための能力についての徹底的な検討なしには終えることはできないであろう。最後に，より公的で確立された専門職認証の枠組みをこの分野にもたらすために現在進行中の取り組みとともに，子育て教育の認証のための既存の代替手段を提示した。

　今，子育て教育という分野は刺激的で面白い局面を迎えている。数が増えている専門家たちは，子育て教育を彼らの第一の専門的な職業と考え，新しい考え，アプローチ，理論や評価基準について活発に議論している。前向きの子育ては個人や社会のウェルビーイングに有用性と効果をもたらすという認識が高まっており，今後も議論が続いて，この重要な分野が成長していくことは間違いないであろう。

■討論課題

1. 子育て教育者は，自分の子どもがいなければ，有能と言えないのでしょうか。
2. 子育て教育は専門的職業ですか，それとも教育職の一分野ですか。
3. 子育て教育者が実践を行うのに，少なくとも学士号取得が必要ですか。
4. 「親教育者」と「子育て教育者」のどちらの用語がよいでしょうか。それはなぜですか。
5. あなたが成長していくときに，あなたの家族では暗黙の，あるいは明白なルールがありましたか。そのルールは，年月の流れのなかで変化しましたか，それとも変わりませんでしたか。
6. あなたは自分の子どものために，同じルールを保持しましたか，あるいは保持しますか。

7.　あなたの親をお手本として倣っている振る舞いはありますか。

8.　子どもの発達に関連するどの理論が最も役に立つと思いますか。

9.　親と子どもの相互の影響の例にはどのようなものがありますか。

■活動

1.　自分が住んでいる地域の子育て教育プログラムの利用可能性を調べなさい。それはどのような設定（ヘルスケア，地域教育，公開講座）で行われていますか。

2.　子育てプログラムの記述から，それはどの児童発達理論（行動主義，愛着，社会的学習など）に基づいているのか説明できますか。

3.　親にとって最近，心配事案となりつつある事柄（例えば，若者の睡眠不足〈teen sleep〉，いじめ，薬物乱用，セクスティング〔sexting，裸像などの自分のプライベートな画像を携帯電話で他人に送信する行為〕）についてインターネットやメディアで調べなさい。親の最も上手な反応にはどのようなものが考えられますか。

4.　ひどく甘やかされた子どもが家族や社会にとって有害である場合があることを 3 つ挙げて示しなさい。

第 11 章　家族生活教育の国際的展望

国際的視点の必要性

　私たちは，他の文化や個人を理解することが決定的に重要な意味を持つ，複雑な世界に暮らしている。自分たちの家族と異なる文化の家族にまで，話の焦点を広げるのであるから，国際的視点（Global Awareness）は，もはや特別なことではなく必要なことである。学生たちが，文化的能力を身につけることやさまざまな人々と協働するために準備することが，ますます重要になってきている。特に，家族科学の分野においてはそうである。多文化的視点や感性を教室に持ち込むことにより，多様な家族や文化の理解，認識，受容を促進することができる。この認識の高まりは，私たちの生活を豊かにし，世界中の個人・家族のウェルビーイングを高めるのに貢献することができる。

　地球規模の課題は，コミュニケーション，技術，科学や輸送手段の進展によって，ますます家族生活に影響を及ぼしている。グローバル化とは，貿易，思想，他の文化的な面から，世界がますますつながってきているプロセスを言う。それは，価値観の変化，経済の脆弱性や安定性，時には協力，不安，介入を伴う。あるひとつの国で作られた情報，製品やサービスを，世界のさまざまな地域の人々が瞬く間に利用できるようになる。私たちが着ている衣服，食べている食物，楽しんでいる音楽，鑑賞しているアート，利用している技術，および使用している自然資源，これらはすべてこのグローバル化の産物である。その結果，世界中の人々や家族はますます互いに結びつけられている。グローバル化と，国家や国民間の相互関係の拡大傾向は，地球規模の多様化をもたらすとともに，世界の人々の人種的，民族的，文化的，経済的相互依存をもたらしている。グローバル化は距離と時間を縮めただけでなく，地球上の両端に位置する国々を結びつけ，多くの先進国を多民族，多文化社会へと複雑に移行させている（Dini, 2000; Foner, 2005）。

　世界のグローバル化と技術発展が急ピッチで進み続けると，伝統的，農業的，家父長制的価値システムに根ざした文化に不安，緊張，紛争がもたらされるだろう。米国人はグローバル化を肯定的に見ると同時に，長年，グローバル化を「アメリカ化」とみなしてきた。そのため，米国人はグローバル化にほとんど対応してこなかった。しかしながら，グローバル化は，現在，「アジア化としてのグローバル化」という見方で捉えられており，人，貿易，影響，考え方に関するふたつの方法がある（Tay , 2010; World Public Opinion , n.d.）。最近，米国人はグローバル化した世界で働くのに必要なスキルは学校で教えられる必要があり，学生を「世界で働く準備ができている」ようにさせるには，州の教育基準に国際的内容を盛り込むべきだと考えている（Tay, 2010）。これとは対照的に，原理主義宗教指導者に支配されている国は，10 代の若者たちが衛星放送で人気のある西側のテレビ番組で見られるような反逆的ファッションを公然と身につけたり行動したりすることに苛立っていると報告されている。人々は西側文化のジェンダー平等で個人主義的な価値観にさらされているので，社会的対立が勃発している（Francoeur & Noonan, 2004a）。

　家族の機能や構造は文化によって異なるが，家族は，今でも，どの社会においても最も重要な資源である。子どもや家族メンバーの安全を守るために衝撃を和らげたり保護したりしている。しかし，中には，健康管理，経済，環境，社会からの影響に対して，脆い家族がある。そのような家族は，時として，単独では事態に対応できず，行政が介入して家族構造，教育，経済的ウェルビーイングに影響する政策やプログラムを作っている。多くの専門家が家族を援助できるとはいえ，家族生活教育者は個人や家族の課題に対して，予防的アプローチと教育的アプローチを統合している。彼らは，個人や家族の生活の質を高め充実させる知識とスキルを提供している。

　私たちが家族に関して教えるとき，国際的視点が必要である。米国の大学に通っている多くの米国人学生は文化についての「自国中心的な（ethno-centric）」考えを持っており，自分自身の文化の価値観や基準によって他の文化を判断するかもしれない。したがって，別の視点を提示することは重要である。私たちは「民族相対的（ethno-relative）」アプローチを推奨する。そこでは，文化は互いに相対的であると理解され，その特徴は良し悪しではなく，違いと見なされる。家族関係，子育て，結婚教育のどれを教えるのであっても，文化の違いや影響は，自分たちの社会はもちろんのこと，他文化の社会についての学びも深めることができる。家族科学の授業では，家族概念についての内容を考えるだけでなく，他文化理解を育成する雰囲気を作る必要がある。文化の多様性についての授業を，科目として開設している家族科学のプログラムもあるが，家族の学習に国際的視点をもたらし強化するために，さまざまな授業科目やトピックで，文化に関する学習を組み込むことができる。

家族に関するグローバルな課題

「家族は，社会の自然かつ基礎的な集団単位であって，社会および国の保護を受ける権利を有する。」

・・・世界人権宣言第16条3項（国連，1948）

　国際的な家族生活教育プログラム開発の背景をよりよく理解するためには，家族に関する課題の認識が非常に重要である。これらの課題は国によって多様である。いくつかの国では人工的災害または自然災害よりもはるかに多くの人々を殺す，HIV/エイズや他の感染症の破壊的な影響に直面している（Shah, 2011）。このような健康に関する不安は家族に複合的なストレス要因を与える。さまざまな国が家族計画と妊娠を第一の課題として抱えており，避妊，妊娠予防，出生前ケア，子育てに関する教育に力を入れている。カップルが親となる移行期に彼らの関係性を支援することを中心としている国がある一方，結婚前教育を実施してカップルを支援する法律によって，盛んに結婚教育を行っている国もある。多くのコミュニティが，戦争，テロ，不安定な経済の惨状に直面しており，個人や家族が実際のできごととそれに伴う恐怖の両方からくる身体的，精神的苦痛に耐えている。現在

の世界的な金融危機が始まってから数年しか経っていないにもかかわらず，各国が経済的に互いに密接に結びついているため，世界経済は未だに回復のために苦闘している。世界の失業率は高いままであり，先進国，開発途上国の両方に影響を与える景気後退が同時に起こっている（UNDESA, 2013b）。多種多様な課題が世界のさまざまな国や地域の個人や家族の前に立ちはだかっているが，グローバルな視点から見て，家族に影響を与えるいくつかの主要な傾向がある（UNDP, 2003）。

移動の増加

　人々の移動に関心を持ち関与する国が徐々に増えている。世界の 196 の主権国家のどの国も，移住者がやってこないところはない。国々は，移動者の出身国，通過地点，目的地のいずれか，または同時にこれらのすべてになる。移住者のなかには国内で移動する者もいるが，国境を越える人々の増加はグローバル化の最も信頼できる指標である。その結果，言語，文化，人種，国家の間の昔ながらの境界線は徐々に破壊されている。2010 年には，一世の移住者は世界の人口の約 3%，あるいは 2 億 1500 万人以上が国際移住者と見積もられ，1960 年の 3 倍に増加した（UNDP, 2011）。もしすべての国際移住者が同じ場所に住んだとしたら，世界で第 5 番目の大きな国になるだろう（UNDESA, 2010）。移住者の数は，年に 500 万人から 1,000 万人と推測されている。人口統計学者は，世界人口は 2050 年までに 93 億人になるばかりでなく，国際移住者は 4 億 500 万人，国内移住者は 7 億 4,000 万人に増加すると推定している（IOM, 2010; UNDP, 2009）。この移動は，環境変化，グローバルな政治的経済的力学，技術革命，ソーシャルネットワークの影響を変化させる可能性がある。移住者の一部は，武力紛争，自然災害，飢饉，迫害から逃れて，短期間に退去した難民である（UNFPA, 2008）。しかしながら，移住者は，一般に高学歴で何らかの有資格者であることが多い。そのため，彼らの出国は結果的には出身国からの「頭脳流出」になっている。中には，永住よりは「循環的」移動を望んでいて，いずれは自国の家族や友人の元に帰りたいと考えている者もいる。移住者の約半数は女性で，多くは生殖年齢にあり，配偶者や家族の一員として，あるいは家族の主要な稼ぎ手として海外で働くために自主的に移住した者である。合法的移住の機会は限られているので，密入国や不法取引〔国境を越えて女性や少女を売買し，売春・強制労働・強制的結婚などを強いること〕を含む，普通でない手段にたよる女性が多くいる。その結果，女性はジェンダー特有の虐待や搾取を経験する傾向にある（IOM, 2003; UNDESA, 2010）。
　国を越えた移住は，地球規模の相互依存と結束を促進するようにみえるが，それはまた，家族に多大な影響を与える地理的，経済的，政治的，そして環境的な格差を拡大させている（Brubaker, 2001）。したがって，家族をグローバルな文脈で考えることは，国境の向こうの人々への理解を深めるために大切であるだけでなく，最近新しく国に移住してきた人々についての洞察を得ることでもある。海外旅行と移住は世界の人々を結びつけるがゆえに，移住は，今の時代において主要課題のひとつとなって現れてきている。家族の移動性もまた，関心を払うべき事柄である。なぜなら，家族メンバーがもはや近距離に居住するとは

限らないからである。家族メンバーがどこかよその土地に移ると，それまで帰属していた拡大家族のまとまりから切り離されてしまうことがよくある。インターネットや携帯電話を通して，コミュニケーションを維持できる家族もあるが，それでも，最も楽しくて価値のある家族共有の時間は失われるだろう。地理的，時間的，経済的事情により，家族の大切な集まりの機会に一緒に集まることができない状況があるかもしれない。ゆえに，家族の重要な節目，喜びや悲しみの時，あるいは家族の問題やいざこざを解決する機会に，そこに家族メンバー全員が居るとは限らない。このような困難のため，移住者家族の若い世代は，出身国に住んでいた時のように親族と交流したり，絆を築いたりする機会もまた失うかもしれない。

家族構成の変化

　過去には多くの文化的集団で，カップルは結婚したらその結婚にとどまって子どもをもうけ，夫と妻双方の親族とつきあうと考えられてきた。しかし，多くの社会で事態は変化している。同棲，離婚，移動，移住，および高齢化の割合の増加は，世代間関係についての考えと同様に，家族構成を変化させてきている。避妊薬の使用，妊娠の減少，単身者やひとり親の増加，働く女性の増加，晩婚化，女性の高学歴化といったその他の変化は，結果として家族の小規模化をもたらし，家族介護者の潜在能力を低下させた（Annie E. Casey Foundation, 2013c; NIH, 2011; Steck, 2009）。これらの変化は，個人主義の高まり，世俗主義，福祉国家の成長といった，他の幅広い文化的変化に関連している。したがって，子育てや結婚・出産年齢など，文化のなかでの家族に関する伝統的価値観が変化している（Mills, 2014; UN, 2013）。そのうえ，いくつかの国では経済状況の悪さが母親と子どもの死亡率を上げる結果となっている。多くの国では家族の構成と構造が変化しただけではない。母国の文化に基づく家族観を伴って移住した人々は文化と社会状況の変化が，彼らの家族のさらなる変化と不確実性の感覚をもたらしていることを理解している（UNDP, 2003）。

人口高齢化

　近年の人口高齢化は，高齢者人口（60 歳以上）の増加，若年者人口（15 歳以下）の減少とともに，かつてない速さで広範囲に持続的に起こっている（UNDESA, 2002）。21 世紀には，世界の人口高齢化はこれまでよりもっと急速に進むだろう。60 歳以上の人口は次の半世紀の間に倍増すると予測されている。とは言っても，変化の速度は国によってさまざまで，高齢化の段階は異なる。高齢化が遅く始まった国では，適応するための時間があまりない。出生率の低下により，かつてのような若者人口を見込むことはできなくなっている。人口の高齢化は，すべての男性，女性，子どもに影響を及ぼし，世代間や世代内の関係性に直接的な影響を与えるだろう。また，国の経済だけでなく，健康やヘルスケア，家族構成，生活環境，住居や移住にも影響を与える。世界の年齢中央値は現在，28.4 歳であるが，

2050 年までには 38 歳になると予想されている。また，最も急速に高齢化する集団は 80 歳以上になり，5 倍に増加すると予想されている（People & the Planet, 2008; World by Map, 2010）。

HIV/エイズの世界的流行

　世界的なエイズ感染に関する報告書によって，7,000 万人以上が HIV ウイルスに感染していることが示された。成人の HIV 感染率は，特定の国々では行動変容によって減少したが，その進捗は均一ではない（UNAIDS, 2012）。世界では約 3,500 万人がエイズに関連する原因で死亡し，330 万人の子どもを含む 3,400 万人の HIV 感染者がいる（Henry J. Kaiser Family Foundation, 2012; UNAIDS, 2012; WHO, 2013a）。2011 年には，HIV 感染者の 800 万人以上が抗レトロウイルス療法を受けることができたが，HIV に感染している子どもの 72% を含む，治療を必要とする 700 万人の人々はそれを受けていない（UNAIDS, 2012）。HIV/エイズは世界の主要な死亡原因であり，アフリカでは一番の死因である。アフリカでは，ほとんどの新しい犠牲者は女性である。これらの女性は夫から病気を移される。夫たちには，「家庭の妻」と彼らが仕事で離れているときに連れて行くひとり以上の「旅する妻」の両方がいる。女性は，しばしば HIV の感染経路に関して無知である。また，文化的な規範から，夫と性的関係を持つときに，予防するよう主張できない。ジェンダー不平等は，アフリカの女性が夫にコンドームを使うように交渉するのをいっそう困難にしている。さらに，性暴力も HIV 感染が広まるリスクを高める。また，中国，インドにおける大流行を含むアジアでの女性への HIV 感染が増加している。これは女性の経済的社会的地位の低さと健康状態の悪さのためである。アジアで，HIV の流行に影響を与えているのは，性的関係とあわせて，注射による薬物の使用である。アフリカと同様に，この健康問題の中心には，ジェンダーの不平等と男女の性関係を規定する文化規範がある。資源の少ない国で治療を受けている HIV 感染者の数が増大しているため，死亡者は減少し，流行は落ち着いている。それにもかかわらず，いまなお，新たに 1 日 7,000 人以上の感染者が生まれている（2011 年には約 250 万人）（UNAIDS, 2012）。HIV は個人の健康に影響を与えるだけではなく，家族，コミュニティ，および国の経済発展にも影響を与える（Henry J. Kaiser Foundation, 2012）。

武力紛争と騒乱

　世界の多くの地域が問題を抱えているが，問題が勃発すると，通常，苦しみと困難がそれに続く。これらの紛争の結果，違法殺人，拷問，強制撤去，飢餓などの人権侵害が大量に発生している（Amnesty International, n.d.）。数年間の紛争もあるが，影響が長く続くものもある。「アラブの春」はデモや集会など，市民の抗議行動として始まり，ソーシャルメディアの効果的な利用によって，他の国々にも「流出した」。これらの紛争は，国，経済，軍人，家族に影響をもたらした。さらに，軍人や民間人の死に加えて，目に見える外傷や切断，脳障害，心的外傷後ストレス障害（PTSD），健康問題など，目に見えないトラウマが生じ，それらは生涯続く可能性がある。そのうえ，これらの紛争に起因する個人の不在，お

よびその後の家族の再統合は，カップルや家族の人間関係の持続的発展に影響を与える。それらの世界的な影響から，戦争，紛争，テロリズムはもはやひとつまたはいくつかの国に留まらず，私たち全てに影響を与えている。

「家族」の意味の多様性

家族とは何か

　私たちが住んでいる世界には，家庭生活について異なる意味や対照的な見方があるので，何が家族をつくっているのかについて，ある独断的な定義を押しつけることはできない。さまざまな政府機関，雇用主，宗教，個々の家族員や家族集団も異なる家族観を持っているだろう（Adams & Trost, 2005）。「家族」の意味を，出生家族，生殖家族（生物学的家族），あるいはコミットメント〔信頼関係や責任〕や養子縁組と捉える人もいる。社会的につくられた家族（コミットメント家族あるいは養子縁組）は，個人が必要とする養育と承認に対応するためにつくられてきた。それらは，出生家族での虐待，拒絶，死に影響を受けた可能性がある。実際のところ，「家族」を自分が生まれた家族と，自分の選択による家族の両方であると定義している者もいる（Bor & du Plessis, 1997）。さらに，家族は，文化によって，核家族と認識されたり，複数の世代からなる拡大家族と理解されたりする。事実，ある文化では，故人は死んだ後も家族に対し，依然として強い影響力をもつと考えられている。家族はまた，法律によって誰と結婚できるか，養子にできるかが決められ，法的に定義される。ところが一方では，法的文書はなくても，愛ある行動として子どもや家族員でない者を迎え入れれば家族構成員になると考えている者もいる。したがって，もし，あるひとつの家族の定義を他者に押しつければ，彼らの家族観や家族構造は合法ではないというメッセージを送ることになるかもしれない。

　何が家族をつくっているのかに関して，文化を超えて共通した考えは特にないが，家族を目標，資源，価値観を共有し，少なくとも人生のある時期に居住を共にし，互いに影響し合い依存する個々人が絆で結ばれた集団とみなすことは意味のあることであろう（Darling, 2005）。家族についての，この排他的でない定義は，私たちが同性婚や同性家族，親から切り離された子どもについて議論しているのであろうと，非親族に対しても，家族の境界を社会的に解放している家族について議論しているのであろうと，異なる家族形態，家族規模，年齢，役割のパターンを包括的に捉えている。このようなパラダイムは，家族というものは，独立しているが相互依存している個人の集合体であり，この個人が集まってつくる集合体は個々人の特徴とは異なると捉える。家族を，情緒的，物質的，社会的に相互依存している個々人が互いに影響し合う集団とみなすと，焦点は集団または個人の特質から家族メンバー間の関係性に移っていく。私たちが住む複雑な世界においては，死，離婚，家族の別居，周囲の事情により，次第に損なわれる絆を深めるために，家族を柔軟に捉えることは不可欠である（Darling, 2005）。最近の自然災害，戦争，あるいはテロ活動

は，家族のメンバーの喪失に注意をむけさせ，家族の支援が必要な人々を受け入れるために境界を柔軟に変化させる必要があることに注意をむけさせた。

世界の家族を理解するための理論

　さまざまな分野の多様な理論が，個人や家族の行動に関して合理的な説明を提供して，世界の家族の構造や機能を理解するのに用いられる。どんな単一の理論も宇宙のすべてを説明することはできないけれども，科学的理論はある特定の概念を用いて現象の特定の集合を説明する。私たちは，文化的信念のほか，子ども時代の経験，家族での経験，ジェンダーに関わる経験，および社会化にまつわる経験の影響を受けるので，多様な理論の統合は当然のことである。例えば，交換理論はある土地に住むことに対して，他の国に移住する報酬とコストについて理解するために使われる（White & Klein, 2008）。さらに，さまざまな新しい文化への移住者の適応レベルは，生活におけるストレス源，対処するための資源の入手可能性，これらのできごとをどのように受けとめるかによって，まちまちである。したがって，家族ストレス理論と危機の ABC-X モデルを理解することは，移民家族の標準的および非標準的ストレス源に適用されるため，家族の適応性，境界のあいまいさ，およびレジリエンス（回復力）に関する洞察を提供できる（Boss, 2002; Weber 2011）。家族は数多くの理論的枠組みから分析できるが，世界の家族についての理解を促進するのに，理論をどのように適用できるかを説明するために，強調できる枠組みは数えるほどしかない（詳細は第 8 章参照）。

家族システム論

　家族をひとつのシステムとみなすことは，グローバルに人間の行動を分析する際に重要なパラダイムを提供する（White & Klein, 2008）。家族のなかでの世代間コミュニケーション，身体的心理的境界，カップル関係におけるフィードバック，および親子コミュニケーションについての異文化理解は，個人や家族の複雑な関係を解釈するための洞察を提供できる。理論的な洞察と明確化は，さまざまな文化における境界，距離規制，凝集性，適応性についての検討から導き出される。民族，年齢，ジェンダーが異なる人々には，どのようなタイプの文化的境界が存在しているのか。異なる民族や宗教は，家族の一体感や順応性に，どのような期待をもっているのだろうか。例えば，凝集性と纏綿（網にかけられること，enmeshment）状態は，個人より家族主義を重んじる文化において，異なる意味をもっているであろう。家族の物語，決まって行う日常の儀式的行動（rituals），ルールについての議論もまた，異なる文化グループについての理解と意義を提供するだろう。

発達理論

　個人と家族の両方に発達の枠組みを組み込むことは，家族を変化の視点から通文化的に理解する手助けとなるであろう（White & Klein, 2008）。変化は，常に存在し，徐々に起こっている個人の加齢の一部であるが，家族や社会はいっそう速く変化している。メディア

の影響，別のライフスタイル，バイオテクノロジーの進歩に伴って，家族の生活もまた進化してきた。家族生活についての文化的前提や信念は，結婚する時，子どもを持つ時，年を取った時，死ぬ時の変化と同じように，時とともに変化する。多様な文化の人々は，自分たちの文化の価値観，経済，規範，人口動態に基づいて異なる発達をするため，さまざまな発達段階で，他の文化の人々とコミュニケーションをとることは，家族生活についての洞察を広げるだろう。

家族エコシステム

　世界の家族を研究するとき，多くの異なる家族に関する習慣があるだけでなく，これらの習慣の社会背景も異なっている。習慣には，西洋人には違和感があるかもしれないものもあるが，ケニアの未亡人の相続，ガーナの「不貞フート」（"adultery hoots"）〔不貞を野次ること〕，インドのヒジュラー（hijra）〔両性具有〕，ドイツとスウエーデンの別居結婚（living apart together, LAT），バーレーンのトランスジェンダー（性転換）カニース（kaneeths），タイのカトーイ（kathoey）〔男から女への性転換者〕，イランの一時的な結婚・ミュタ（mut'a），韓国やギリシア・キプロスの処女膜再建，ブラジルの少年少女への助言「なんでもやってみなさい・ファクセンドツド（faxendotudo）」，そして多くの文化に見られる女性の従属的な役割がある（Francoeur, 2004）。

　世界の家族生活教育に環境的背景を加えるために，家族をエコシステムとして捉えるアプローチは大変有用である（Bubolz et al., 1979; Bubolz & Sontag, 1993; Darling, 1987; Darling & Howard, 2009; Darling & Turkki, 2009）。個人，家族や世界に関わる事柄がますます複雑になっているので，私たちの思考を導くための枠組みが必要である。環境の影響と家族の影響の相互作用は，それぞれの国の課題とその優先順位を区別して，懸念を改善する。人間は独立した生物ではなく，相互依存している生物であるという認識が高まっている。これは，私たちのお互いの関係において真実であるばかりでなく，私たちが生活している環境全体との関係についてもそうである。世界人口の増加，環境汚染，エネルギー源の枯渇，戦争，およびテロは，私たちの相互依存，および環境との相互依存に気づかせる。家族や集団を，それらをとりまく物理的，生物的，社会的な状態やできごとと関連させるこの全体的な視点は，一般的に「ヒューマン・エコロジー，または家族エコロジー」として知られるようになった準拠枠組みを提供している。

　エコシステム枠組みにおけるひとつの中心的価値は，人間だけでなく他の生息種も含む生存の重要性である。これはまた，すべての生命の維持に重要な非生物環境の存続とウェルビーイングも含んでいる。国際的視点で家族生活教育を扱うほとんどの家族生活教育者は，家族エコシステム論を価値観の基本に教え込むことが，研究者や実践家の重要な責任であると提言したブボルツとソンタグ（Bubolz and Sontag, 1993）の考えに共感している。私たちは，パワーや自己決定権や資源の入手手段を十分に持っておらず差別や偏見を経験するグループや，サブカルチャーの特別な問題に注意を払わなければならない。これらには人種や民族のマイノリティー，障がい者，女性，貧困者や高齢者が含まれる。注目は，「持てる者」だけでなく「持たない者」にも向けられなければならない。家族エコロジー

の射程は国際的でなければならず，開発途上国の人々や世界の先進地域の特権階級とはいえない人々が必要としている事柄を取り上げるべきである。人間の向上と環境の質は相互依存関係であるので，家族エコロジーの土台となる価値観はこの相互依存に基づいている。

　この家族エコシステムの主要な概念には，多面的な「環境（environments, E）」（すなわち，自然環境，人間行動的環境，人間が作った環境）と「相互作用する（interacts, I）」「生命体（organism, O）」（個人または家族）が含まれる（詳細は第 8 章参照）。エコシステムの枠組みを適用することによって，学生は世界的な家族の関心事と，それらの個人や家族メンバーへの影響を研究することができる。このアプローチは，家族の文化的視点，公共政策，環境状態を理解する際に，民族相対的アプローチをもたらすだろう。

家族生活とは何か—世界的視点

　米国以外のさまざまな国が，多数の家族生活教育プログラムを開発し（例：シンガポール），家族生活教育を支援する新しい法律を制定し（例：台湾），結婚・カップル・親の教育を提案し（例：ノルウェー），エイズや HIV といった家族にとって気がかりな課題に焦点を当て（例：中国，インド，南アフリカ），そして家族生活教育に関連したアカデミックなプログラムを開発している（例：台湾とカナダ）。しかしながら，このような世界規模での取り組みの進展についての情報や伝達はまちまちで，一貫性がない。国際的にみれば，家族生活教育は存在しているといえるが，その定義，意義，目標，および方法は非常に多様である。これはひとつには，この分野の広さと FLE が含んでいる学問領域のためである。特に国際という土俵においてはそうである。実際，最近のグーグルで「世界の家族生活教育」を検索するとその件数は約 6 億 7,800 万件にのぼる。これらの全てが，特定の家族生活教育プログラムに当てはまるわけではないであろうが，さまざまな国における家族の課題や問題によって，結果として助けを必要とする家族を支援するためにプログラムが編成されている。

　西洋諸国において，家族生活教育の定義に関して意見の一致はほとんどないが，一般的には，教育や支援を通して家族を強化するあらゆる努力，と理解されている（詳細は第 1 章参照）。家族生活教育は，学校での人間関係教育から，婚前教育の提供，高齢化に関する発達上の問題を扱うことまで，どんな事柄でも含めることができる。人間発達，人間関係，家族生活に関する知識は，生まれつき備わっているものではない。したがって，家族生活に関する知識を世代間で伝えていくことが，普遍的，社会的に必要である。この学習のある部分は非公式に行われるが，社会の複雑さは，個人が家族生活や責任に対して準備をしていく手助けとなる新しい方法が作り出されることを求めている。全ての家族生活教育の目的は，個人や家族の生活の質を豊かにして向上させることである。家族生活教育は，何が家族をつくっているかについて独断的な定義を押しつけるようなことはしないが，人々が健全な大人へと発達をとげて，親密な関係のなかで一緒に働き，他者の最良のものを引き出すのを支援するプロセスを重視するものである（Cassidy, 2003; Darling, 1987; National Council on Family Relations, 2003）。

　家族生活教育を行うときの，文化の影響を理解するために，米国生まれで，一時的に日本に住んでいる家族生活教育者の経験と見識を知ることが役に立つかもしれない（Southwick, personal communication, January 14, 2006; Southwick, 2011a, 2011b）。エドワード・サウスウィック（Edward Southwick）は，25 年以上，日本で定期的に，個人，カップル，グループ，コミュニティに，地域密着型の非正規（non-formal）の教育プログラムを通して，カウンセリングや自己改善レッスンを行っている。彼はとても上手に人々の支援を行ってきたが，主として日本の文化が理由で，日本で家族生活教育事業をうまく発展させるのは難しいと言う。家族と家族生活教育を見る時に「内部者（insider）」と「部外者（outsider）」の両方のレンズを持っている，サウスウィックによれば，日本文化は次のとおりである。

- 　日本では家族が高く評価されず，特にビジネスの世界ではそうである。出産や子育てのための休暇の不足がそのことを証明している。父親はめったに子どものスポーツイベントを見に行くことがなく，頻繁に，仕事の後は同僚につきあって時間を過ごさなければならない。多くの父親が，家族と離れて単身赴任し，1 年以上，別の都市または国で働かされることもある。
- 　日本人は自分自身で問題を抱え込み，カウンセリングや支援を受けることを弱さの証拠とみなす非常に個人的な人々である。また，コミュニケーション不足も問題である。日本では，「沈黙は金なり」ということわざが，友人やビジネスの関係と同様，家族のコミュニケーションのほとんどあらゆる場面に誤って適用されてきた。
- 　日本で上手く家族生活教育を促進し，実践するためには，サービスの枠組みを「自己改善レッスン」とすることが重要である。日本の家族が家族カウンセリングや子育て教室に参加しないのは，自分たちが家族や親として力がないと見なされるのを恐れるからである。しかし，同じ情報が「自己改善」として提示されると，それは受け入れられる。したがって，家族生活教育コースは「幸せと人生を成功に導くためのコーチング」の指導として売り出されて，参加者はコースを修了すると証明書を受けとる。前提となっているのは，このプログラムを受講した人は他の人を指導したり，トレーニングを提供したりし続けるということである。その結果，プログラムに参加することで不名誉の烙印を押されないようにしている。しかし，プログラムに参加した人が情報を専門的に用いて他者を助けることはめったにない。それよりも，彼らは情報が自分の家族に役に立つことに気づいている。したがって，このような方法で家族生活教育を促進することは歓迎されている。

　日本で家族生活教育を提供しているサウスウィックの経験は，家族生活教育プログラム実施における文化の役割を明らかにするのに役立つ。家族生活教育はエコシステムの文脈のなかで開発されなければならない。家族生活教育者にとって，満足のいく形で指導するためには，彼らが教えることになる，その文化の要素を理解することが重要である。家族支援を必要としているという不名誉を軽減するために，メディアやテレビを通して家族生活教育を市場に売り出すことは，家族生活教育の講座を潜在的な受講者に，より受け入れられやすくする。それはまた，政府やビジネス界のリーダーたちが家族にやさしい政策を

進展させ，恥ずかしさを感じることなく，家族が抱える問題を支援する証明書を発行する講座の開発を促進することにもなる。

家族生活教育の国際的な現状

　家族生活教育の何らかの側面を扱ったプログラムが世界中に数多く存在する。しかしながら，他の国々の家族生活教育の状況を比較できるデータはほとんどない。国際的な調査の実施には，コミュニケーション，調整，解釈を含むいくつかの困難を伴う。そうであっても，他国のデータを集め，家族生活教育者のグローバルなネットワークを築くことは，専門的・社会的な課題に関してお互いに助け合うために重要である。

世界の家族生活教育の量的研究

　家族生活教育の現状を国際的に明らかにするために，世界で実施されている家族生活教育への関与，興味関心，および利用可能な学習コースについて調べる探索的量的研究が行われた（Darling & Turkki, 2009）。サンプル，質問項目，データ収集の手続きの制約から，解釈には限界があるが，社会的関心を集めているいくつかの世界的な家族問題と，それらが家族生活教育にどのように関係しているかを調査することは重要である。

　この調査には，全米家族関係学会（National Council on Family Relations, NCFR）と国際家政学会（International Federation of Home Economics, IFHE）の調整と支援により，家族問題を扱う 4 つの国際的な団体（組織，機関）のインターナショナルメンバー（アメリカ合衆国以外）が参加した。NCFR は多くの学術分野にわたる専門家の国際的な団体で，家族研究を家族教育，家族実践，家族政策に結びつけている。IFHE は，家政学と消費者研究に関する国際的な非政府組織である。これらふたつの団体はともに，国連の諮問団体となっている（Darling & Turkki, 2009）。

　いくつかの国連文書を調べて世界的な問題を特定したのち，世界の研究者の協力を得て調査が行われた。国によって，専門家の「家族」や「家族生活教育」の定義や認識が多様なので，調査では家族生活教育，結婚教育，親教育に該当する定義が用いられた。加えて，調査には，社会的関心となっている家族問題，一般的なレベルの家族問題に関する法律・法規，そして専門的な教育と家族プログラムのニーズについての質問のカテゴリが含まれた。調査は英語で行われたが，多くの家族専門家は英語を第二言語として話し，専門的なコミュニケーションや協働を促進している。最終的なサンプルは 5 大陸，50 カ国の回答者277 人から構成されている（Darling & Turkki, 2009）。

　回答者は，自身が家族生活教育者，結婚教育者，親教育者であるかどうか尋ねられた。文化をまたいで一貫した認識を提供するために〔文化の違いによる認識を超えてこれらの概念を測定可能にするために〕，それぞれの質問には，これら 3 つのタイプの教育者の操作定義が提供された。家族生活教育に関わっているとしたのは 43.7％の回答者であったのに

対し，22.6%が親教育，10.7%が結婚教育者と考えていた。67.8%の回答者が家族生活教育者になることに関心を示し，25.9%は「非常に関心がある」と答えていた。家族生活教育，結婚教育，親教育のための法律制定に関して，自国での一般的関心について5件法（1＝「全く関心がない」から5＝「非常に関心がある」）で尋ねたところ，親教育に一番高い関心があり（平均＝3.65），続いて家族生活教育（平均＝3.38），結婚教育（平均＝2.84）という順であった。家族生活教育に対する国際的な関心の高まりは明白である。これらのデータの背景状況は明らかではないが，日本で家族生活教育をカムフラージュしなければならないという事例は，家族生活教育という名称の認知と，それが何を意味するのかということが，異文化のデータを解釈する時に問題となることを示している。

　NCFR の家族生活教育者資格認証への関心が国際的に高まっているので，回答者に自国の大学レベルの授業で，家族生活教育の10の内容領域に相当する授業がどれくらい提供されているかについて回答を求めた。回答は，1＝授業はない から 5＝かなり多くの授業がある，までの5件法で実施され，結果を平均値順に示した。

家族生活教育の内容領域	平均
人の成長と発達	（M=3.78）
社会のなかの家族と個人	（M=3.74）
家族内ダイナミクス	（M=3.52）
人間関係	（M=3.41）
家族法と公共政策	（M=3.25）
人間の性	（M=3.23）
職業倫理と実践	（M=3.16）
家族資源管理	（M=3.15）
親教育と指導	（M=2.94）
家族生活教育方法論	（M=2.77）

　図11.1の積み上げ棒グラフに，これら各内容領域実施の平均値の合計を大陸別に示した。このグラフは順位に従って下から上になるように構成されている。最も目立つのは一番下の「人の成長と発達」と，一番上の「家族生活教育方法論」である。多くの大陸や国で，家族生活教育に相当する授業が実施されていることは喜ばしいが，家族生活教育方法論の必要性は明白である。

　これらの専門家たちはさまざまな家族問題が自国の人々の社会的関心事であると指摘した。家族のウェルビーイングに関する30の事項についての社会的関心を，1＝「関心がない」から 5＝「極めて関心がある」の5件法で聞いた。5大関心事は，薬物やアルコールの乱用，高齢化，家族の暴力，若者の健康，失業問題であった。一方，関心がないのは，同棲，家族構成，ホームレスである（表11.1参照）。これらの問題のうちいくつか，例えば高齢化やHIV/エイズなどは，先述したグローバルな課題と関連しているが，わずかしか注目されていない。

薬物とアルコールの乱用

　世界的なデータによれば，1,530 万人が薬物使用に関する問題を抱えている。注射による薬物使用は 148 か国で報告され，そのうち 120 か国ではこの集団に HIV 感染があったことが報告されている（WHO, 2013b）。問題を抱えている薬物使用者の数は約 2,700 万人で，世界の成人人口の約 5%が，2010 年に少なくとも 1 回は違法薬物を使用したと推測されている（UNODC, 2012）。世界の薬物使用数は，ここ 5 年間，比較的安定的に保たれているが，増加している発展途上国もある。精神活性物質（psychoactive substances）の使用は使用者とその家族やコミュニティに重大な健康問題や社会問題を引き起こす。さらに，世界規模の麻薬密売も個人，家族，国家に影響を与えている（UNODC, 2012）。アルコールや他の規制薬物の有害な使用が急速に増加しており，個人と家族の両方に深刻な損害を与える病気の世界的な負担に大きく影響を与えている。多くの深刻な社会問題や発達の問題，暴力，育児放棄（ネグレクト），虐待，職場の無断欠勤に関連するリスク要因とともに，毎年，7,630 万人がアルコール依存症と診断され，約 250 万人が死亡している（WHO, 2013b）。その他の危険因子としては，心血管疾患に関連する身体的健康，さまざまな癌，HIV/エイズ・結核・性感染症（sexually transmitted infections, STI）などの感染症が含まれる（WHO, 2011）。また，それは，飲酒者の周りの人々のウェルビーイングや健康に影響を与えている。たとえば有害な飲酒をする人たちによって引き起こされる，交通事故や暴力による怪我に苦しむ家族や人々がいる（WHO, 2013b）。アルコールに関する問題は依存によるものだと誤解されることがよくあるが，多くの公衆衛生上の問題は，お酒に弱い人や普段はあまりお酒を飲まない人が，何らかの折に，危険度の高い酒を飲むことによる急性アルコール中毒から起こっている。アルコールの乱用は，貧困者にとてつもない大きな被害を与える。貧困者は収入の大きな割合をアルコールに使っている。また，問題が発生すると，サービスに

表 11.1　社会的課題とされる家族問題への関心レベル

社会的課題	平均*	社会的課題	平均*
薬物とアルコールの乱用	3.88	一般的初等教育	3.25
高齢化	3.82	避妊	3.22
家族の暴力	3.70	家族のウェルビーイング	3.21
若者の健康	3.66	家族の法的サポート	3.03
失業問題	3.64	家族計画	3.01
世話・介護	3.53	セラピーとカウンセリング	2.96
ジェンダーの平等	3.45	結婚の安定性	2.94
健康保健	3.41	乳幼児死亡率の低下	2.88
HIV/エイズ	3.40	雇用者の家族サポート	2.86
離婚	3.40	父親であること	2.85
10 代の妊娠	3.38	不妊	2.85
文化の多様性	3.33	養子	2.85
子育ての問題	3.33	ホームレス	2.80
妊婦の健康管理	3.26	家族構造	2.76
貧困	3.25	同棲	2.46
範囲：1 = 関心がない，5 = 大変関心がある			

図 11.1　大陸別にみた CFLE の内容領域別の授業実施状況

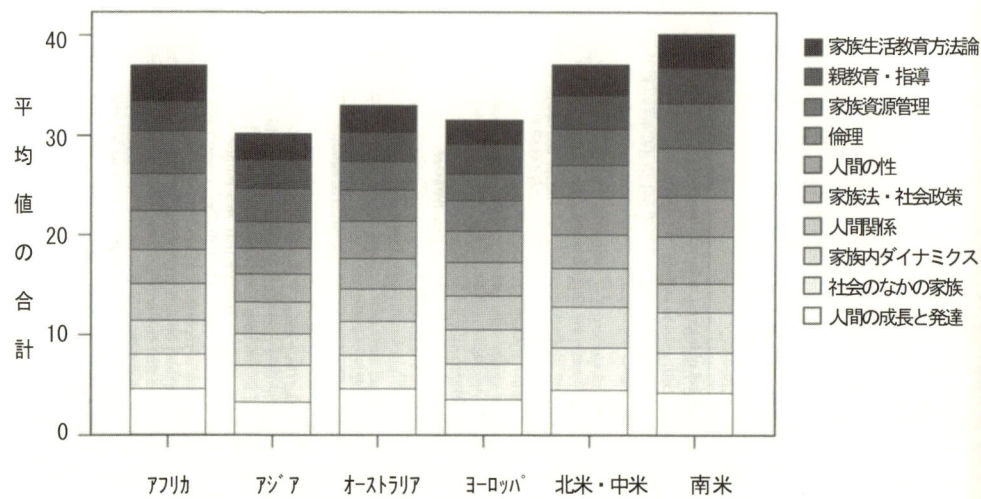

Darling, C., & Turkki, K. (2009). Global family concerns and the role of family life education: An Ecosystemic analysis. *Family Relations, 58*, 14-27.

アクセスすることが少ないうえに，職を失い，家族に困難をもたらすかもしれない。経験からいえば，使用を抑える最も効果的な方法は，アルコールや規制薬物が入手できないように規制することである（Sharman, 2005）。

ドメスティック・バイオレンス

　ドメスティック・バイオレンス（DV）は世界的に深刻な問題であり，世界中にまん延している。10か国の都市と地方の女性, 24,000人を対象に行った家庭内暴力の研究によると，親密な関係にあるパートナーからの暴力が，女性の人生で最もありふれた暴力であり，見知らぬ人や知人からの暴力よりも多いことが明らかになっている（WHO, 2005）。統計上の数字はさまざまであるが，男性よりも著しく多くの女性が，親密な関係にあるパートナーからの暴力（intimate partner violence, IPV）の被害者である。世界的には，約3分の1の女性が，性的，身体的，情緒的，他の種類の暴力を日常生活の中で経験している（Advocates for Human Rights, 2013; Garcia-Moreno & Pallitto, 2013）。さらに，親密な関係にあるパートナーによって怪我をした経験のある女性は42%で，殺害された女性は約38%である。DV は，女性のリプロダクティブ・ヘルス（性と生殖に関する健康，reproductive health）に影響を与えること，および性感染症に罹る危険性を高めることが知られている。DV を受けた女性が低体重児を生む割合は，DV を受けていない女性より 16%高く，妊娠中絶またはうつを経

験する傾向は 2 倍である（Garcia-Moreno & Pallitto, 2013）。妊娠は女性が保護されるべき期間と捉えられているが，4%〜12%の女性は妊娠中に叩かれたり殴られたりしている。これらの女性の 90%以上が，生まれてくる子どもの父親から虐待を受けており，少なくとも20%の女性は，インタビューを受けるまで暴力について誰にもしゃべったことがなかった（WHO, 2005）。家庭内暴力の社会的，経済的コストは相当なものである。損失は経済的なものだけでなく，機能を完全に使うことができなかったり，精神的アイデンティティを失わせたり，あるいは死亡させるといった人々の生産性の低下に関わっている。女性はしばしば孤立，就労不能，定期的活動への参加の欠如，自分や子どもの世話をする能力の低下に苦しんでいる（WHO, 2012）。家庭内暴力は，文化的，宗教的なジェンダーの偏見に深く根ざした人権問題であり，多くの場合，家父長制社会によって支えられている。

若者の健康

　若者の健康は，先進国，開発途上国のどちらにおいても関心事であるが，若者の問題はしばしば無視される（Patton, 2012）。今日の 18 億人の思春期の若者たちは，過去の若者よりも有害なアルコール消費，性感染症，およびその他のリスクに，より多くさらされている。また，精神的健康の問題や，ソーシャルメディアの利用など，他の新しい課題にも直面している（*The Lancet*, 2012）。早すぎる死の約 3 分の 2，成人の健康問題の 3 分の 1 は，思春期に始まる状況や行動に関係している。それらは，喫煙，身体活動の不足，避妊なしの性行為，暴力であり，若者，特に男性に，死をもたらす主要な原因となっている。青年期というのは探検と実験の時期であるものの，若者たちは直面するリスクを避けるための知識や能力を十分には持っていない。性は，思春期の若者の健全な発達にとって重要な問題である。彼らは直面する，若年での妊娠，HIV 感染，性感染症などの問題に直面しているが，しばしば見過ごされる。さらに，望まない妊娠はしばしば結果的に胎児や妊娠中の手当てが不十分になるか，または下手な開業医が危険な妊娠中絶を不法に行うことによって処理されている。喫煙は，また別の深刻な若者の健康問題で，しばしば成人の喫煙者や広告に誘惑される。若者の喫煙者で，成人になってタバコを止める者は実際にはめったにいない。しかし，20 歳になるまでタバコを吸わなかった若者は，成人になってから喫煙を始めることはない傾向にあるようである。発展途上国では，多くの若者が栄養失調で体を弱らせ，病気を引き起こしたり，死期を早めたりしている。先進国では，肥満が深刻な健康問題を引き起こしている。予防と介入を通して，若者の健康を向上させる効果的な方法を特定して，これらの問題に注意を喚起することが重要である（Patton, 2012; WHO, 2013c）。
　世界の家族研究者の研究によれば，家族問題への社会的関心を認識している家族の専門家は，家族のウェルビーイングは家族生活教育（FLE）コースを利用できるかどうかと，公的および法的課題に関連していると考えている。また，職場での家族問題への関心の高まりも評価している。しかし，家族への社会的関心は世界の研究者ネットワークからの支援とは反比例していた。この結果は，「内部」の行動に対して，「外部」から文化的影響を受けることを不安に感じるためかもしれない。これらの調査結果は，世界のさまざまな国で，家族問題や家族生活教育が重要であるという意識の高まりを示唆している。また，地方の

家族の専門家が，家族の関心事を解決する必要性も示唆している。この社会的関心が，専門家や学生の，家族についてのグローバルな理解と教育をさらに促進することが期待されている（Turkki, 2009）。

世界の家族生活教育の質的研究

　量的データは世界の家族生活教育に関する重要な基礎的情報を提供する。一方，「質的な」コメントはさまざまな国における家族生活教育の地位についての認知と課題に大きく貢献する。NCFR の非米国人メンバーに，自国の家族生活教育の現状について報告するよう求めた。6 大陸，38 か国の研究者（n=141）に，思考を刺激するようないくつかの一般的な質問とともに，自国の FLE に関する一般的認識と洞察を示すよう求めた。6 大陸，29 の異なる国を代表する 48 人の家族研究者から回答を得た（回答が得られた国への謝辞は「序文」参照）。トピックは次のとおりである。(1) 家族研究に焦点を当てた公立学校や高等教育の構造化されたプログラム，(2) 公的部門や民間部門の FLE の地域における利用可能性，(3) FLE プログラムへの参加に対する社会的関心，(4) 政府機関や政策立案者による FLE の促進，(5) 個人や家族が直面している重大な問題，およびそれらを支援するための教育的努力，(6) 自国における FLE プログラムの開発である。もし，家族教育が自国にあるならば，それがちょうど始まったばかりか，発展の途中か，またはうまくいっているか，も含まれた。データを解析した後，結果として得られたいくつかのテーマは，FLE についての認識，FLE への参加，FLE に対する政府や文化の影響に関連していた。

家族生活教育についての認識
　世界の研究者からの意見を検討すると，多くが自分のコメントは「個人的な見解」または「十分な情報に基づかない意見」だと述べていた。「私の見方では」，「私が知っている限りでは（that I know of）」，または「私の知る限りでは（as far as I know）」のように限定した意見を提供する研究者もいた。これらは，彼らの印象，または彼らが働く機関や信仰に基づく設定の見解に基づいていた。したがって，以下のコメントはこれらの背景から見るべきである。

世界の家族生活教育や家族教育への参加
　家族生活教育はさまざまな国で異なるレベルで実践されており，家族生活教育者は認証される必要があると考えられている。初等学校，中等学校，および高等教育には，さまざまなプログラムが存在しているが，家族に関するプログラムはその実施時間によって変化し，他のカリキュラムに含まれることによっても変化する。他の非公式（non-formal）な家族生活教育プログラムには多様なレベルの関心を持つ人が参加できる。

　家族生活教育が存在しているか：研究された第一の課題は，家族生活教育（FLE）または家族教育（いくつかの国ではそう呼ばれている）が米国以外の国々に存在しているかどう

か，またどの程度かということであった。回答は「FLE が存在していない」（例：ブラジル，グアテマラ，アイルランド，イスラエル，日本，マレーシア，パキスタン，トルコ）から，「未だ初期段階か，ほとんど存在していない」（例：ポルトガル，サウジアラビア，スウェーデン），および「ちょうど始まったばかり」，「発展途上」，あるいは「存在しているが十分ではない」（例：ドイツ，日本，トリニダード・ドバゴ，アラブ首長国連邦）まで，幅があった。いくつかの国（例：カナダ）では「進展が見られる」，また，「うまくいっている」，「急速に発展している」，「成長を遂げている」（例：中国，ガーナ，シンガポール，台湾），「比較的成功している」（例：オーストラリア）などがあった。（注：日本からの回答者には，日本には FLE という概念はないと答える者がいる一方，今まさに始まったばかりだと答える者もいた。しかしながら，日本語には「家族生活教育」という用語が存在していない。このことが，これらの混乱を招いている原因の一部として考えられる。）ナイジェリアでは FLE の必要性が示されたが，家族や FLE の位置づけに関する情報やデータはほとんどない。新しく進行中のプログラムを計画，実施，調整するための資料として，データが必要であるため，このような回答には問題がある。

　家族生活教育の認証や証明：家族生活教育者の公式な認証への世界的な関心が見られた。カナダには認証カナダ家族教育者（Certified Canadian Family Educator, CCFE）プログラムがある。さらに，台湾には約 1,300 人の認証家庭教育者がいる。学生は 10 科目（必修科目 5 と選択科目 5）を取得し，十分良い成績を取るか，試験を受けて合格したら，政府から認証される。その結果，台湾の家族生活教育者の数は予想より速く増加している。スイスは子育て教育者のために免許を開発している最中である。一方，シンガポール政府は教育プログラムを強化し，家族生活教育の免許を提供することによって家族生活教育者の数を増やしたいと考えている。韓国は FLE の認定プログラムを開発しようとしているが，構造化された教育に対する時間数が少ないために（この認定資格に対してわずかに 40 時間），信頼性を欠くと考えられている。グアテマラには大学レベルでのプログラムはないが，高校を卒業するまでに「家庭教育者」の特別な学位を取得できる，高校レベルの構造化された 3 年間プログラムが存在する（注：第 2 章で明らかにしたように，証明と認証は異なる。「証明」プログラムは，定められた教育プログラムの修了に対応して，専門機関，協会，営利事業，大学から提供される。それは，継続的な教育や，追加の学習の継続的な要件がないことを意味する最終的証書である。「認証」は，専門機関や学会が指定した所定の資格または基準を満たしている個人に与えられる自発的なプロセスである。それは，しばしば試験やポートフォリオ審査によって行われる〈例：CFLE, CFCS〉。「認証」はそれを維持するための継続教育を行うことが要求される継続的な資格である。）

　家族生活教育プログラム：異なる教育段階やさまざまな年齢段階に対応して，家族生活教育または家族教育プログラムが，初等学校，中等学校，大学の設定に存在している。また，いくつかの国では，その国に関連するトピックについての文化的な非公式プログラムが存在するが，参加状況は国やトピックによって異なる。

　中等学校における家族生活教育プログラム：いくつかの FLE が中等学校で教えられているが，それはほとんど家庭科のプログラムの一部である。日本では，男女両方の生徒が家庭科の授業を受講しなければならず，家族学習はカリキュラムの一部になっている。この授業システムは小学校（5，6 年生），中学校（7〜9 年生），高等学校（10〜12 年生）で実施されている。しかし，それはひとえに「家族学習の重要性についての教師の認識」にかかっている。「食物学や被服学で訓練をうけた教師が，家族や家族生活について教えることは難しいかもしれないからである。」ガーナでは「家庭科学」プログラムの一部になっている。一方，アイルランドでは「社会科，個人教育，健康教育」の授業の中で，またイギリスでは「社会科，またはモラル教育」の中で教えられている。また，グアテマラでは，家族研究は中学校レベルで必修である。ポルトガルでは FLE が存在すると同時に，全ての中等教育の公立学校で，性に関する授業を提供しなくてはならない。一方，セルビアでは学校に家族についての教育プログラムが存在する。ナイジェリアでは正規の学校教育が広く開始される以前は，若者は成人になるために非公式に教育されていた。しかし，農村部から都市部への移住が始まると，若者がより危険な性行動に関わるようになった。そのような状況の中で，2002 年，「家族生活・HIV 教育（Family Life and HIV Education, FLHE）」カリキュラムが，初等，中等，高等の教育レベルで確立された。

　大学の家族生活教育プログラム：大学のプログラムの名称や焦点は多様である。家族を取り扱うプログラムがない大学もある（例：ブラジル，グアテマラ，日本）。ほんのわずかなプログラムが家族研究と FLE の専攻を提供している（例：台湾…6 大学，香港…4 修士課程，結婚セラピー2，家族セラピー2）。多くのプログラムは，家族研究の内容を，社会科学，カウンセリング，社会学，ソーシャルワーク，人類学，心理学，個人教育，社会教育，人文教育，女性学のコースやプログラムに入れている（例：中国，香港，イタリア，ドイツ，マレーシア，ポルトガル，台湾，トルコ）。これらのプログラムはまた，家族・幼児教育学部（例：中国）や成人教育（例：セルビア）の中にも見られる。

　その他の家族生活教育プログラム：多くの国には，政府や NGO（非政府組織）によって開発された家族生活教育に関連するプログラムの作成を促進するためのセンターなど，非正規のプログラムがある。具体的には，韓国全土の 152 の健康家庭支援センターと「韓国健康家庭支援振興院」，イスラエルの「ウェル・ベビー」プログラム，日本の 4 歳未満の乳児を持つ家庭への家庭訪問プログラムなどがある。イギリスの「ワンプラスワン・プログラム」（*OnePlusOne Program*）は主にカップル関係を強化することに焦点を合わせている。アイルランドには「家族支援機関（*Family Support Agency*）」があり，結婚カウンセリングや恋愛関係カウンセリング，結婚準備コース，親の離婚に関連する子どもカウンセリング，そのほか家族のメンバーの死亡に際しての死別カウンセリングや支援などのサービスを提供するボランティア組織が交付金を得られるようになっている。また，アイルランドの子育てコースは「親プラス・プログラム（*ParentsPlusProgrammes*）」の中に存在する。ブラジルには「家族生活教育」という用語は存在しない。福祉プログラムを受けている家族のた

めに開発され，家族が生活水準の脆弱性を克服できるよう支援することを目的とした「社会教育的な仕事」と呼ばれている。オーストラリアの「全豪出産サービス（*National Fertility Services*）」は，カトリック教会の「家族生活サービス・プログラム（*Family Life Services Program*）」の一部である。これは，性教育，個人発達，健康，体育を提供している。また，日本には公民館でのいくつかの FLE プログラムのほか，毎月の公民館だよりがある。しかし，これらのプログラムは「包括的，理論的，実践的」とは考えられていない。ナイジェリアでは，個人や家族に，家族生活を改善するための教育プログラムが提供されている。その多くは，国際 NGO や地方 NGO を通した民間部門にある。特に，貧困の軽減，低所得家族の経済的エンパワメント，性の健康（HIV/エイズ予防）など，共通分野における政府の取り組みを補完するように設計されている。ナイジェリアでのメディア・キャンペーンは，HIV/エイズに対する認識を高め，危険な行動を変更させるために採用された。アーティスト，アスリート，他のメディア関係者がこれらのキャンペーンのスポークスパーソンになっている。さらに，最近の携帯電話所有者の急増と，HIV/エイズに関する一般的意識を高める必要性から，HIV/エイズ情報を掲載したテキスト・メッセージが 900 万人に配信された。

　家族生活教育プログラムへの参加：非正規の家族教育プログラムへの参加は複雑である。スイスでは，親をプログラムに出席させることは難しいが，それは地理的な問題のせいかもしれない。また，スコットランド，英国，マレーシアでは，家庭教育プログラムに出席するのをためらっている。ナイジェリアではいくつかのプログラムには非常に関心が持たれているが（例：経済的エンパワメント，健康，栄養），その他のプログラムは文化的または宗教的考え方と衝突するので，市民の関心はほとんどない。例えば，（HIV/エイズの重大な問題を抱えている国における）人間の性を対象としたプログラムは，それがフリーセックスにつながるという誤った考え方のために，一部の市民から不適切と認識されている。オーストラリアでは，人々は一般的に教会から求められる結婚準備コース以外の家族生活教育には興味を持っていない。カナダでは，多くの市民が家族プログラムに関心を持っているが，しばしば心理学者がそれらを教えていて，費用が高い。そのため，家族プログラムが大衆向けで，あまり学術的でなく，手頃な費用でアクセスしやすいプログラムであれば，興味を持つ。ポルトガルでは，家族プログラムへの参加は，男女共に，長時間労働と基礎教育レベルの教材不足によって，マイナスの影響を受けている。それに対して，パキスタンの市民は家族プログラムへの参加に興味を持っている。ジャマイカでは特にひとつのプログラムに参加した後，多くのプログラムへの参加希望が生まれる。台湾の「家庭教育センター（*Family Education Center*）」で提供されている教育プログラムは非常に人気があるが，それらは重要だと考えられている一方，参加しているのは一部である。プログラムがうまく構成され，本来予防的なものとして宣伝されれば，関心をもつもっと多くの人々に届くだろう。なぜなら，たいていの場合，プログラムは危機に直面している家族を対象に宣伝され，それらに関心を持っている人だけに参加を制限しているからである（グアテマラ）。

　一般的に女性は，男性よりも FLE プログラムに興味を示す（例：ガーナ，台湾）。「女性と発達と家族福祉」，「リプロダクティブ・ヘルス〔性と生殖の健康〕と出産」（例：ガーナ，日本，オランダ，ナイジェリア，韓国，トルコ），そして「女性のための法的リテラシー」（ガーナ）など，女性のための特別なプログラムもある。男性は，女性より，家族生活教育プログラムに参加するのをためらうだけではなく，妻がなんらかの種類の訓練に参加するのを認めないかもしれない（グアテマラ）。出席する意思は，家族構成，教育レベル，社会経済的な状態，ジェンダーによって異なる（グアテマラ）。女性は雑誌，テレビのトークショー，ウェブサイトを通して，家族教育に触れている（例：中国，ドイツ，香港，マレーシア）。また，男性や父親に対するいくつかのプログラムもある（例：アイルランド，日本，韓国）。韓国では，父親の子育てへの参加が非常に重要であることと，子どもの発達年令に応じた父親の役割への認識から，男性に特に焦点を当てている。また，早期結婚の男性に対しては，妊娠している女性や将来の親について学ぶ際に，父性の役割などの内容を入れている。中年男性のための主な内容は，若者と父親との間の問題解決，妻との問題解決，中年期に起こる変化についての理解，老化に対する準備である。高齢男性に対する父親教育には，アダルトチルドレンの問題解決，家族生活，退職後の家計管理が含まれる（韓国）。

　結婚教育に関心がもたれている国もあるが，人々は結婚教育を治療と捉え，このタイプの家族プログラムに参加することによって，不名誉の烙印を押されるのを恐れている（例：中国，香港，マレーシア，日本）。人々にとって，親子関係教育や子育て教育に参加するのは敷居が低いが，結婚プログラムに伴う不名誉なイメージがまだ存在している。ある参加者は，米国と同じように「人々は自分の家で何が起こっているかを他人に話したがらない」と述べた。また，同性カップルや家族に不名誉の烙印を押すことは問題だと認識されているが，特にイタリアでは彼らは家族サービスの提供者にも見えない。

家族生活教育における行政と文化の影響

　家族生活教育の設計は，法律や政府のさまざまな政策に影響を受けており，その国の文化的背景と密接に結びついている。同じ地域や大陸の国々は，以下に示すように，類似の，または異なった政治的，環境的，文化的課題を持っているかもしれない。

- 台湾では，2003 年に「家庭教育法」が承認されたので，すべての学校が，毎年，少なくとも 4 時間の家族生活教育を実施している。また，各都市・郡に「家庭教育センター」が設立された。すべての行政レベルで，家庭教育関連科目を必修または共通科目としてリストに載せるよう，教員養成機関に積極的に働きかけている。「家庭教育法」は，家族生活についての台湾国民の知識や能力，身体的精神的ウェルビーイングの向上，幸福な家庭の育成，調和の取れた社会の確立を促進するために制定された。「家庭教育」は，対象集団のニーズに応じて，多様性，柔軟性，生涯学習の原則の下で行われている。台湾教育省は 2013 年を「家庭教育年」と宣言した。

- 中国では，「中国女性連合（*Chinese Women's Federation*）」（女性と子どもの福祉に焦点をあてた政府機関）が「中国家族教育連合（Chinese Association of Family Education）」に資金援助をしている。協会には，幼年期から高校までのあらゆる年代の子どもの

子育てと親教育を促進する「中国親教育（China Parent Education）」と呼ばれるウェブサイトがある。ウェブサイトは，膨大な数の中国の家族と専門家に対して，調査成果，ニュース，子育てのコツ，専門家のブログ，子育て教室，家族生活教育の職に関する情報を提供している。

- シンガポールでは，「社会・家族発展省（*Ministry of Social and Family Development*）」が，法制定，政策策定，サービス提供を行い，家族に対するプログラムの開発を促進して，家族に対する包括的アプローチを採っている。家族教育とその促進の取り組みを強化するために，2012 年に「家族教育・振興部門（*Family Education and Promotion Division*）」を設置した。これは，独身者，「もうすぐ結婚する人たち」，結婚しているカップル，親など，重要な段階にある個人や家族に焦点を当てた広範なプログラムを可能にするだろう。2013 年に，政府は「家族問題！（*Family Matters!*）」を始動させた。これは，アウトリーチ活動参加者を 2012 年の約 100 万人から，2015 年には 200 万人に倍増させる計画とともに，3 年間にわたって 4,000 万ドルを提供して，シンガポールの人々が全てのライフ・ステージで家族生活教育や情報にアクセスしやすくすることを目的としている。「家族問題」の重要な構成要素は，「学校の家族問題（*Family Matters@School*）」，「職場の家族問題（*Family Matters@Work*）」，「コミュニティの家族問題（*Family Matters@Community*）」，「ビジネスにおける家族問題（*Family Matters@Business*）」，「家族問題に対する能力の構築（*Building Capability for Family Matters*）」である。
- 韓国では，FLE の内容は法律によって規定されており，結婚準備，親教育，家族倫理教育，家庭生活における家族の価値の実現に関する教育を含んでいる。
- アラブ首長国連邦（UAE）では，2005 年に家族科学のプログラムをもつ 2 大学が閉校に追い込まれた。理由は明らかではないが，政府が，これらの大学プログラムは女性を家庭に留め，母親であることを教育していると認識したと考えられる。結婚費用が高騰しているため，支援を必要とする市民に対して，結婚式や持参金の資金が提供されている。この支援によって，カップルはわずかな回数の婚前教育を受けることを期待されている。しかし，結婚や家族に関する正規教育を受けた教育者はほとんどいないので，これらのプログラムはジェンダーの偏見を伴う，かなり伝統的な方法で教えられる可能性がある。
- トルコでは，「家族・社会政策省（*Ministry of Family and Social Policies*）」，地方自治体，「教育省」が，家族コミュニケーションや結婚前教育などの問題についての家族教育を，個人，カップル，家族に提供している。
- ドイツでは，2000 年の子育てでの体罰や心理的暴力を禁止する法改正に伴って，家族についての教育が増加した。追加の取り組みを提供するために，政府は，子育てのアドバイスを提供するキャンペーンと教育プログラムを開始した。親が子どもを育てる最善の方法にかなりの不安を抱えていることから，このようなプログラムへの参加には高い関心が見られる。1960 年代後半から，子育ての目標が「自律」になり，「服従」を優先する目標が減ったために，子育ての姿勢と実践は変化している。その

後，多くの子育てに関する本が出版されたため，子育てにおける「支配」という課題が重要なテーマになってきた。

- アイルランドでは，政府の「家族支援機関（*Family Support Agency*）」が，国中の家族を支援するためにさまざまなサービスを提供している。それには，107 の「家族資源センター（*Family Resource Center*）」と，結婚や恋愛関係の困難や死別を経験している家族へのカウンセリング・サービスが含まれる。
- オランダでは，子育てや子どもの成長に関する教育と同様に，出産前教育を提供することが法的に義務づけられている。すべての子どものために機会が与えられなければならない。親は子どもが健康で安全に成長できるように保証する責任がある。もし，子どもの成長や発達が深刻な危機にさらされている場合，政府は適切な時期に介入しなければならない。
- スイスには，子育て教育とその調整に対して資金を提供する新しい法がある。
- スコットランドには，「寝室税」があるため，使っていない寝室が家にある人々への住宅手当は少なくなる。これは貧しい家族への支援にはなっていない。
- ナイジェリアでは，連邦と州のレベルの「家族生活・HIV 教育（Family Life and HIV Education, FLHE）」プログラムを促進するための公共政策が策定されている。しかしながら，政策立案者は，人々の多様なニーズを満たすようには，FLE プログラムを十分促進していないと批判されている。
- いくつかの国からの回答は，家族に対する政府の支援がほとんどないことを示している（例：ポルトガル，セルビア，スウェーデン）。

　各国の文化的課題や困難はほぼ同じだった。多数の国から頻繁に言及されたトピックは暴力や虐待の課題に関連していた。すなわち，児童虐待（例：ブラジル，日本，ナイジェリア，パキスタン）と同様に，虐待防止，ドメスティック・バイオレンス，女性に対する暴力，子育てにおける暴力，家族内暴力，親密な関係にあるパートナーからの暴力，文化的暴力があった（例：ブラジル，中国，ドイツ，ガーナ，グアテマラ，イスラエル，日本，ナイジェリア，パキスタン，トルコ）。高齢者虐待（例：ブラジル，日本），障がい者虐待（例：ブラジル）もあった。また，スイスでは「集団的いじめ（mobbing）」（弱い者いじめ，bullying）などの校内暴力が報告された。この他の家族に関する困難な課題には，性感染症，HIV/エイズ，性，離婚，子育て（およびひとり親の子育て，10 代の子育て），発達障害，性の健康とリプロダクティブ・ヘルス，ジェンダー不平等とジェンダーの主流化〔ジェンダーに関する差別教育撤廃〕，男性と女性の役割，仕事と家族のバランス，10 代の妊娠，薬物乱用，乱交，児童労働と児童売春，貧困と親の失業，多様な家族形態，移民家族，晩婚化，高齢者介護や障がい者介護，単独世帯の増加，一夫多妻，不義，孤児や未亡人のエンパワメントが含まれた。多くの国で一般的に言及された上述の課題に加え，下記のように，いくつかの固有の文化的課題が強調され，地域によって緩やかにまとめられている。

- 鉱山業における「フライイン・フライアウト雇用（*fly-in/fly-out employment*）」の増加。労働者は，遠隔地に飛行機で飛び出て 10〜15 日間働き，家に飛んで帰って 3

〜5 日間滞在する。パートナーのひとりの継続的な不在は，婚姻関係や親子関係に重大な累積的影響を与える（オーストラリア）。

- 「バレルの子どもたち（*Barrel children*）」は海外で働いている親の親戚に預けられており，定期的に物資を受け取っている（トリニダード・ドバゴ）。

- トリニダード・ドバゴでは，家族構成の弱体化が，犯罪率の増加，麻薬取引，アルコール依存症および性的混乱を招く，社会問題の根本的原因とみられている。

- ふたつの言語を使うケベックにおける雇用の際の，言語の障壁と，基本的な読み書きの能力は，雇用と家族の経済的豊かさに影響する（カナダ）。

- シンガポールの家族は，一般に，健康で，家族の強い絆を重んじ，家族重視の価値観を大事にする。しかし，以前より多くの人々が独身のままでいるので，難局に直面している。一方，結婚は 10 年前に比べて遅くなってきている。平均初婚年齢は，男性では 28.7 歳から 30.1 歳に，女性では 26.0 歳から 27.8 歳に上昇した。また，離婚率は，結婚している女性 1,000 人に対し，2001 年の 6.4 から 2011 年には 7.2 に増加した。

- 中国文化は子どもの成長に対する親の役割を高く評価する。もし子どもがよい行いをしなければ，それは親の問題である。ひとりっ子の親は，子どもの生活と教育のためのより多くの資源を持っている。

- 20 代後半を超えた「パラサイト・シングル」は，気楽で金銭的不自由のない生活を楽しむために親と一緒に暮らしている（日本）。

- 「カローシ（*karoshi*，過労死）」は働きすぎが引き金となって，ストレスから心臓発作や脳卒中を引き起こして死ぬことである。このような現象は働き盛りの若い男性に見られ，既往症の兆候は全くないのに突然亡くなってしまう（日本）。

- 「ヒキコモリ（*hikikomori*，引きこもり）」は極端に家の中にこもって周囲から孤立することである。多くの場合，思春期の若者や若年成人で，学校や仕事に行かず，家族以外の人との接触を拒み，家に半年以上こもっている。この現象は約 32 万の家庭で起こっている。「フトウコウ（*futoko*，不登校）」は生徒や学生が学校に通うのを拒否することである（日本）。

- 日本の FLE 研究者は *Family Life Education: Working with Families across the Life Span* の第 2 版（Powell & Cassidy，2007；邦訳『家族生活教育：人の一生と家族』〔倉元・黒川監訳，2013，南方新社〕および NCFR の CFLE 諮問委員会が開発した FLE についての寓話のパワーポイント（第 1 章参照）を日本語に翻訳した。

- マレーシア政府は家族問題に対処しようとしているが，その努力はイスラム教徒に限定されている。

- 家庭問題には難民問題，心的外傷後ストレス障害（PTSD），成長の危機にある家族，社会的文化的に取り残された家族，内戦中に受けた暴力による後遺症で社会から取り残された家族の問題が含まれる（セルビア）。

- イタリアは，西洋諸国の中で女性の就職率が最も低く，家族中心の文化を持っている。女性にとって，労働市場に入って働き続けることは未だに困難である。なぜな

ら，幼児や高齢者の世話に対する国の支援やサービスの不足が深刻であると同時に，家族の世話は女性が請け負うべき仕事だという文化的前提に基づくジェンダー差別が広く保持されているからである。

- スェーデンは，多くのカップルがかなり長い間同棲する国で，全ての学校で性と同棲についての必修プログラムが設定されている。
- アラブ首長国連邦（UAE）の家族の文化的環境は複雑である。なぜなら，現代世界に加わるための急速な発展のなかで，インフラ，商業，観光，公教育が驚異的に成長したからである。しかし，ほぼ全てのプロジェクトが，国際的な専門知識に大きく依存してきたので，UAE国民の関与は15%に満たない。
- 貧困に関連する問題は，いくつかの国では突出した問題で，ひとり親（例：トリニダード・ドバゴ）や生存（例：ガーナ，グアテマラ）に関係している。2011年には，グアテマラの家族の53.7%が国の貧困線上にいた。貧困は多くの問題をもたらす。しかし，政府のプログラムの大部分は「魚を釣る方法を教えること」よりむしろ「魚を与えること」に焦点を合わせている。その結果，貧困とそれに伴う病気のサイクルが長く続いている（グアテマラ）。
- ナイジェリアは，潤沢な資源を持っているにもかかわらず，世界のなかで最も不平等な国に位置づけられている。国の経済が成長する一方，国民は，食料，シェルター，衣服，学校，ヘルスケアなどの基本的社会的なニーズにアクセスできないなど，家族に壊滅的な影響を与えており，貧困層の割合は年々増加している。
- ナイジェリアは，アフリカで最も人口の多い国（1億2,250万人）であり，HIV/エイズ患者が世界で3番目（人口の約3.6%）に多い。HIV/エイズの最初の2例は，1985年に特定されたが，1999年になるまで，予防，治療，介護は第一の関心事にはならなかった。これは，今や，公衆衛生上の問題になっており，個人や家族の生活に甚大な影響を与えている。さらに，1999年の民主化以降，児童虐待，若年結婚，犯罪行為など，他の社会的問題も出現し，その結果，文化的・民族的な紛争が起こっている。
- ナイジェリアは，民族，慣習，イスラムの3つの異なる法制度が同時に作動している多言語，多民族，多宗教社会である。したがって，人々が家族生活向上のためのプログラムへの参加に関心を持つ度合いは，その活動や目標が，人々の信頼と同様に，選抜された対象集団の考え方や実践と一致する程度によって異なる。

世界の家族専門家の認識は，さまざまな国における家族生活教育の状況と，達成されている進歩を際立たせている。家族生活教育者は，多様な準備をし，正規・非正規のFLEプログラムを，さまざまな設定，カリキュラム，機関で提供している。学校，行政，家族の専門家は，ある程度，家族問題に取り組んでいるが，立法，政策，資金調達を通して行政的支援が行われている国ではあらゆる種類の設定で家族教育プログラムがさらに進展しているようである。

　ある一定の地理的地域（国連によって分類される大陸）の中には，いくつかの類似性と違いがある。例えば，アジアを見てみる。FLE の初期開発段階にある日本，中国，韓国などには，いくつかの類似性がある。一方，シンガポールと台湾は，法律，政府の政策，家庭教育プログラム作成がかなり進展している。香港は中国の一部であるが，注目に値する違いが存在していた。香港には，家庭教育・介入，結婚セラピー・家族セラピーの修士課程がある。香港政府の研究によると，2010 年には 652 の家庭教育プログラムが実施され，8 万人が参加した。中国では，子ども期教育（childhood education），女性学，社会福祉，心理学の専門家が家庭教育を実施している。中国社会では，子ども期教育，特に学問的教育が重視されており，家族研究はさまざまな学問的プログラムに入れられている。中国のいくつかの心理学プログラムは，結婚セラピーや家族セラピーの大学院課程を設置している。中東の国々はアジアの一部だと考えられているが，家庭教育に関しては，中国，日本，韓国，台湾などとは異なっている。なぜなら，家族研究科目，教員，プログラムはほとんどなく，個々の教員の関心に基づいているからである（例：パキスタン，トルコ）。

　これらの国々では，あるひとつの解決策やプログラムで，全ての人々のニーズを満たすことはできない。とはいえ，家族の心配事を改善する努力とともに，直面している課題や困難を認識することが，家族のウェルビーイングと家族生活教育の地位を国際的に把握するために重要である。家族の専門家は，世界の家族および国際的な家族生活教育の努力を把握することによって，母国と海外の両方で，多文化的理解を促進することができる。

異文化理解を深める教育方法

現役専門家のための機会

　家族の専門家が，文化的に異なる人々に対応したり，自身の異文化認識を深めたりするために準備をすることが，ますます重要になってきている。現在の専門家は，国際会議に参加したり，自分自身のコミュニティや大学のなかの国際的家族に出会ったり，海外旅行に参加したりすることができる。学生や教員のためのさまざまな交流プログラムがあるが，フルブライト奨学生プログラムは，異文化理解を提供する点で非常に優れている。フルブライト奨学生は，アメリカ合衆国の文化大使としての機会を持っている。一方，異文化について学ぶたくさんの経験をする。米国の研究者が海外で教えたり研究をしたりするための旅費と滞在費を支給するプログラムが良く知られているが，学生，専門職双方のために多数のフルブライトプログラムがある（www.cies.org）。もし，応募可能な交換プログラムの学問分野や専門分野のリストに「家族生活教育」を見つけられなくても，がっかりすることはない。家族生活教育者は，教育，家族・消費者科学，社会科学といった他のさまざまな学問分野や専門で歓迎される。米国では人間発達・家族科学学部（human development and family science departments）が目立つが，家族研究はその国の関心によってさまざまなプログラムのなかに位置づけられている。

将来の専門家のための機会

旅行プログラム：異文化研究科目

　将来の家族専門家には，異文化学習科目に参加して他文化の家族について学習するさまざまな機会がある（Hamon & Fernsler, 2002）。これらのプログラムは，学生が自国の家族や文化とは異なる家族や文化に対して，正しい理解を培う体験的機会となる。学生は，ただ単にある国を訪れるのではなくて，その文化にどっぷり浸かり，授業の一環として，ホームステイ，民俗学研究，サービス活動プロジェクトを行い，ホスト文化の家族と連絡を取り続ける。学生は，家族と食事をしたり，子どもと一緒に過ごしたり，家族のイベントに参加したりするなど，日常生活の活動に参加することができる。学生は，課題図書を読み，レポートを書き，フィールド旅行に参加する計画を一緒に立てて，これらの異文化体験に積極的に参加する。さらに，地域についての知識を得ることや，家族に関するトピックの講演やプレゼンテーションに出席することによって，地域で組織化された「借り物競走」に参加する。自国とは違う生活水準に直面し，他者理解における言葉の重要性を認識し，外見の違いに気づき，自分自身の民族性と向き合い，家庭生活での類似性と相違性を見つけるとき，異なる環境のなかにいることは人生を変える体験となりうる。家族に関連した異文化科目は，学生を，社会のなかの家族（families in society），家族内ダイナミクス（internal dynamics of families），家族資源管理（family resource management），親教育・指導（parent education and guidance），人間関係（interpersonal relationships），人間の性（human sexuality）といった NCFR の CFLE プログラムの内容領域に触れさせるすばらしい機会となる（付録A 参照）。

教室での活動：簡単な報告

　異文化間の旅行体験は，一部の学生にとっては必ずしも実現可能なわけではないので，異文化間の学習を教室に統合するためのさまざまな教室での体験が創造できる。これらは，異文化に触れる複雑さと深さが異なる。個人または小グループの学生は，家族に関する国際的な参考文献を利用して，ある国について調べることができる（Adams＆Trost, 2005; Francoeur＆Noonan, 2004b）。他の国では，家族はどのように機能しているか，文化がその国の人々の態度や行動にどのように影響しているかについて，クラスのメンバーと共有することを通じて，多様な文化における家族や家族問題の違いに気づくようになる。

教室での活動：電子ポートフォリオ

　教室で行う課題研究は，学生にいろいろな国について電子ポートフォリオを作成させることによって広がる（Subramaiam, 2006）。学生はテクノロジーと研究を結びつけ，ある国とその国の家族について，徹底的な調査の準備をする。彼らは，地理，ライフスタイル，政治経済体制，家族の文化，経済データ，財務管理，住宅・健康・消費パターンに関する情報を調べることができる。彼らはグループになってウェブサイトを作成するとともに，図，表，クリップアート，ビデオ・クリップを用いてパワーポイントプレゼンテーション

を作り，電子ポートフォリオを作成する。「国際データベース（*International Database*）」，「人口調査局（*Population Reference Bureau*）」，「人口統計学研究（*Demography and Population Studies*）」，「国連人口基金（*United Nations Population Fund*）」，「ユネスコ（国連教育科学文化機関，*United Nations Educational, Scientific, and Cultural Organization*）」，「ファクトモンスター（*Fact Monster*）」など，いくつかのインターネット情報源がある。学生は，インターネットでのリサーチ技術を向上させることができるだけでなく，他文化の家族について綿密に調べるという有意義な経験をすることができる。

教室での活動：円環ロールプレイ

　家族科学の授業で異文化に関する理解を深めるために，円環ロールプレイの教授法を実行することができる。この方法は，例えば，夫婦関係，きょうだい関係，親子コミュニケーションのように，関心があるどのようなトピックにでも使える。この活動では，焦点を変えることによって，文化の学習をさまざまな授業やトピックに導入しやすくしている。家族生活教育は，異なる文化の比較と共有のために，異文化におけるどのような教授法も活用することができるが，ダーリンとハワード（Darling & Howard, 2006）は，フィンランド，コスタリカ，米国の 3 つの異なる文化を設定し，性（sexuality）に関する親と若者のコミュニケーションに応用された円環ロールプレイについて記述している。この体験で，学生はシナリオを聴いてから，親と娘がこの状況で，親として，娘として，どのように反応するか，何を言うかをじっくりと考えて，親と思春期の娘の役割を表現することを求められる。この活動は次のような手順で行われる。

- 学生は紙と鉛筆を持って，小さな円になるように言われる。
- 親と若者の性についての会話におけるジレンマについての文章の一節をクラスで読む。
- 参加者は「親」だとすればこの状況で何と言うか，書くように言われる。
- 書いたものを右に座っている「10 代の若者」役に渡す。「10 代の若者」役は「親」のその言葉に対する応答を書く。
- 「10 代の若者」役の応答は「親」役に戻され，10 代の若者の言葉に対して応答する。
- 2 回目の親の反応が右側の「10 代の若者」役に渡され，再び「親」役の言葉に対する応答を書く。

　こうして，各個人が，ふたつの異なる仮想家族のシナリオで，親と思春期の子どもの役を同時に演じる。時間に制限があるので，親役と思春期の子ども役はそれぞれ 2 回コメントを書くが，さらに数回，このやりとりをしてもよい。

　ペアになった学生間でコメントを交換した後，親子のコミュニケーション・パターンについて，その活動が行われた文化の視点から議論された。次に，同じシナリオに対する他の文化での反応が共有されると，学生たちは応答の違いに驚いていた。この教授法は，他のどんなトピックにも使うことができるが，性に関する親子のやりとりが文化によって異なることを示すために，これら 3 つの文化の学生からの意見を全ての学生と共有するとよい（Darling & Howard, 2006）。この学習経験は，他の文化における結果についての議論とと

もに，家族行動の基礎となる目的とプロセスについての異文化学習と理解を促す。この授業は，3つの異なる国から得られた明白な文化的違いを考えることによって，異文化の視点から，性に関する親子コミュニケーションの豊かさと多様性を探求することを促す。異文化体験から多様性を考えることは，自分自身の文化における子育てや性に関する理解を相対的に捉えるのを促進する。

国際的な家族生活教育の今後の方向性

　未来はどうなるだろうか。グローバル化と相互依存の軋轢は，移住と文化変容のストレスに対する家族の適応に特有の問題を伴って続くだろう。学生が直視しなければならないいくつかの難題があるが，家族生活教育の新たな取り組みが証明しているように，望みもある。

世界的な健康問題と低価格ヘルスケアの利用可能性

　これはHIV/エイズのような明白な問題だけではなく，他の感染症についても同じである。現在と未来の感染症から人々を守るために，私たちには何ができるだろうか。家族生活教育者は，関連する教育資料を提供し，どのようなタイプの教育プログラムがこれらの問題を抱える家族を支援するための知識を提供できるかを決定するために，健康や保健の専門家と協力して働く必要がある。

人口の増加／減少／移動

　世界の人口が増加している一方で，移住のために人口が減少している国もある。移住は21世紀においても重要な課題であり，未来に難題を突きつけている。家族生活教育者は，馴染みのない伝統，態度，行動，価値観により，住み慣れた世界とは非常に異なる世界に来てしまったと感じる移住者たちを援助するために，どのようなことをすればいいのだろうか。生活を維持するための天然資源が不足している人口過密な環境のなかで，家族はどのようにして自分たちの資源をやりくり（運営）できるだろうか。

権利の平等

　ナイジェリアやパキスタンなど，いくつかの国では，レイプされて，勇気を持って加害者を告発した若い女性たちが，裁判にかけられ，密通による有罪とされ，石打ちによる死刑を宣告された。これは国際的な抗議運動の引き金となった。一方，中国などの他国では未だに「一人っ子政策」が維持され，中絶，女児の嬰児殺し，捨て子が強要されている。これらの政策のいくつかは緩和されているが，それらは未だに文化のなかに存在している

（Fisher, 2013; Francoeur & Noonan, 2004a）。家族生活教育者は，年齢，ジェンダー，人種，民族，宗教や性的指向に関わりなく，万人の法的権利の平等を推進するために何ができるだろうか。

ジェンダーの平等

　女性は，巨大な未開発の経済的資源と捉えられており，ジェンダーの平等に関していえば，より確実に社会的な足場を固めつつある。さらに，教育の達成業績や願望においても男性をしのいでいる。男性優位の社会システムが一夜にしてなくなることはないが，平等への変化は始まっている（Francoeur & Noonan, 2004a）。ジェンダーの問題は，健康，家族構成，暴力を考えるとき，明白である。しかしながら，女性の地位の向上が必ずしも家族内暴力を減少させるとは限らない。というのは，男性が自分のパワー（権力）を失って脅かされると感じる時に，しばしば暴力が増加するからである。したがって，文化変容の一部としてのジェンダー平等を推進するために，教育者はカリキュラム，教科書，マスメディアにおける提示の仕方（media presentations）やその他の活動を再編成する必要がある。

家族のウェルビーイングのための公共政策

　公共政策を策定するときに，家庭生活のあり方を考えに入れる必要性が増している。進歩はゆっくりであるが，家族生活教育者は，2003 年 1 月 7 日の台湾の「家族教育法」の通過に注意を払うべきである。台湾教育省は，よりよい家庭生活を送るために，全ての年齢の国民を積極的にエンパワーする目的で，政府，非政府組織，教育団体の全てのレベルで，家族教育を推進する法的手段に関連する事業を統合しようとした。この法律は，家族教育の知識の向上，心理的・身体的発達の強化，家族と社会の調和の改善によって，予防的教育を推進することである。この法律において，家族教育は，親教育，子どもとしての教育，性教育，結婚教育，倫理教育，家族資源管理教育，他の家族教育の課題を含む，家族関係と機能を増進するためのありとあらゆる教育活動と定義されている。この立法化により，台湾は，家族生活教育に関する国家法案を世界で最初に通過させた国となった。台湾は家族生活教育に関して世界史を書きかえ，現在はこの法案の施行に取り組んでいる（N. Huang, 2003; W. Huang, 2005）。

　家族は家族メンバーに大きな影響力をもっている。しかしながら，家族がメンバーに対して健全で愛情を込めた世話をすることができなければ，それは一生を通じて影響を与え，最終的には社会がその影響を受ける（Public Education Committee on Family, 2001）。結果として，家族の絆と関係を強化して，これらの問題のいくつかを防ぐことを目的とした家族生活教育が必要である。家族生活教育への関心が高まるにつれて，多様な国，専門家，個人が利用できるさまざまなアプローチを開発することも求められている。

　家族生活教育を実践するきっかけとして，その国際的状況を調べた調査データでは，家族生活教育の実施に関するさまざまな専門的課題についての関心のレベルを示した

表11.2　専門的課題についての関心のレベル

専門的課題	平均*
職場における家庭問題への関心の高まり	M=4.05
家族にとって重大な問題に関する研究の増加	M=4.04
家族政策問題への支援の増加	M=3.79
家族プログラム（FLE プログラムの計画と実行）の増加	M=3.63
家族専門家に対する教育研修機会の増加	M=3.60
既存の FLE プログラムの強化	M=3.57
助言のための家族専門家との国際ネットワークとの連携	M=3.47
他国の家族専門家からの支援の増加	M=3.18

*範囲：1 = 重要性・低レベル，5 = 重要性・高レベル

（Darling & Turkki, 2009）。重要性 1（低レベル）から 5（高レベル）までの範囲で，興味関心が最も高かった 3 つの専門的事項は，職場における家族問題への関心の高まり，家族にとって重大な問題に関する研究の増加，家族政策課題への支援の増加であった（表 11・2 参照）。創意工夫をして職場を対象にするというのは，すべての人にとって，家族生活教育へのアクセスがより簡単になるということである。加えて，家族支援政策と家族支援サービスを開発する必要性とともに，研究に基づいたカリキュラム開発の必要性もまた明白である。関心が最も低かったふたつの事項は，同じ専門の研究者との国際的支援と連携であった。言い換えると，その国の文化を理解していないかもしれない外国人からの支援に比べて，国内での支援と発展により高い優先順位がある。それゆえに，多文化理解が最重要なのである。

　世界中の家族とその問題，および彼らが遭遇する変化を，多文化的に理解するひとつの方法は，国際家族年 10 周年に注目することである。国連総会は「変化する世界における家族の資源と責任（Family Resources and Responsibilities in a Changing World）」をテーマに，1994 年を「国際家族年（International Year of the Family, IYF）」と宣言した（UNDESA, 1994）。

　国連は，家族が社会の基本単位を構成していることから，特別な注意を払うことを提案した。その後，2004 年の国際家族年 10 周年は，家族の役割に焦点を当て，政府や民間部門の家族問題への認識を高めるように設定された。同様に，家族問題に対応する活動を促進し，国内外の NGO 間の協働を強化する努力を促進する（United Nations programme on the Family, 2003）。それぞれの国の国際家族年 10 周年を祝う活動について報告した，国際的家族専門家からの提言は，以下のとおりである。

- 他の文化圏から来た家族や学生との会合，および彼らの心配事を聞く機会
- 家族の健康，育児と仕事，世界のジェンダー平等，国民健康保険，家庭内暴力，子育て，HIV/エイズと 10 代の若者人口，戦争が家族におよぼす影響など，さまざまな話題に関する学術的シンポジウム
- 家族支援サービスを行っている組織や団体への助成

- 家族問題と家族プログラムのマスメディアによる提示
- 国家的な家族の日
- 家族強化国際会議
- 家族問題に関する概況報告書の作成
- 国際家族に対する新しい支援サービスの提供
- 異文化エンターテインメントの提示

　2014 年の IYF20 周年は，家族の貧困の管理，仕事と家族のバランスの確保，社会的統合と世代間連帯の推進を目的とした，家族指向の政策と戦略の検討に重点を置いている。

　海外で教育，研究，調査研究を行う教育者や学生が増えているため，他国で生活する人々に対して，文化的に細心の注意を払った，革新的な方法や教材を開発する必要があることは明白である。米国で有効な家族生活教育の方法が，他の文化でも有効であるとは限らず，その普遍性を仮定することはできない。以下は，他文化理解に取り組む際の提案である。

- 結婚，家族，ジェンダー，高齢化，子ども，子育て，教育，政府，宗教の役割が異文化ではどのように認識され，評価されているのか調べなさい。これらに関する知識は，個人，家族，同僚から話を聞くこと，セミナーや授業に参加すること，異文化に関する文献を読むこと，通文化研究を行うこと，他国の公共政策を調べることで得ることができる。私たちは，誰に何が教えられているのかということと，家族構造，構成，ライフ・ステージに関して，文化による認識の違いを理解しなければならない。
- 一般的に，文化の多様性（特にあなたが教える文化グループへの）に関する個人的思いこみ，価値観，偏見を知っておきなさい。次に，家族生活教育の学生が文化について彼らの信念や考えを深める手助けをしなさい。ベネット（Bennett）の「文化理解モデル」を用いると，民族中心主義から民族相対主義へ移行して，文化的感受性の開発を促進できる（Bennett, 1993）。
- プログラムの内容を裏づけるために，文化に関係のある最新の研究を利用しなさい。もし，あなたがそのような研究を行っていないならば，興味を持っている国の研究者に連絡をとりなさい。研究をプログラムに取り入れることで，その国の人々の状況を理解していることと，関連する学生の問題と結びつけようとする意欲を示すことができる。
- 適切な理論を授業内容に取り入れなさい。理論は，学生の年齢にかかわらず，知識，態度，行動が授業科目に統合されていることを理解するのを助ける。しかし，西洋文化では極めて有効な理論が，他文化においても有効であるとは限らない。あるいは，異なる状況のために修正が必要かもしれない。例えば，発達の異なる推移や発達上の節目となるできごとは，文化によってタイミング，定義，重要性が異なるので,発達理論を適用することが難しい文化もあるかもしれない。アタッチメント理論の適用もまた，文化的影響を伴っているといえよう。
- 学生の母国語の語句をいくつか覚えて，信頼関係を築きなさい。学生は，彼らの言葉を話して文化を受け入れようとしてくれるあなたの努力に感謝する。
- さまざまな文化におけるいくつかの言語的および非言語的なコミュニケーションには，異なる意味を持つものがあるかもしれないことに注意しなさい。ある国では許される身体的接触，手のジェスチャー，アイ・コンタクトが，別の国では不快とされる

かもしれない。したがって，学生に，海外旅行や留学生との交流，または自分自身とは異なる文化的背景を持つ個人や家族に教えるとき，苦痛や誤解を引き起こす可能性のあるさまざまなジェスチャーやボディー・ランゲージに敏感であるようにさせなさい（Axtell, 1998）。

- 興味がある国に関連する比喩では，文化的に適切な比喩を用いなさい。もし，スポーツを利用して概念を表現するのであれば，その国で人気のあるスポーツ，国によっては野球やフットボールよりも，サッカー，ラグビー，クリケット，サイクリングを用いるとよい。

- 家族の境界，決まって行う日常の儀式的行動（rituals），凝集性，文化適応性を理解するように努め，抽象的な概念の理解を助けるような比喩を用いなさい。アジア人についてのひとつの例であるが，アジア人は愛，悩み，境界といった事柄について議論する時，比喩を好む。したがって，教師は，ポストイット・ノートを用いて，「健全な愛というものは，ポストイット・ノートのようなもので，ちょっとくっつくけれど，くっつきすぎない」という言い方ができる（Huang, 2005, p. 171）。

- 内容によっては，学生のリスクを増大させるものがあるので，文化的規範に敏感になりなさい。アジアでは，女性が「率直に本心を述べる」と，心理的あるいは身体的に危害を加えられる可能性のある国がある（Huang, 2005）。また，文化の多重的文脈（multiple contexts of culture）について認識することは重要である。文化の伝統的な実践や考え方に従う者がいる一方，より進歩的なアプローチをする者もいる。したがって，理論と研究の統合は興味のある国のだれを対象とするかによって異なるものになる。

- あなたの周りの世界と，そこに存在する違いを体験しなさい。海外旅行をするよりむしろ，異文化から来ている人々と話しなさい。有意義な会話をして，彼らについて何かを発見し，どんな風に世界を見ているかを発見しなさい。

- 辛抱強くありなさい。複雑な問題に対する分かりやすい答えを見つけるには，時間がかかる。米国人は進展の遅れに必ずしも耐えるわけではないが，異文化間のラポートの構築や学習には，苛立っている様子を表面に見せない寛容さと粘り強さが必要である。

　専門職としての家族生活教育の重要性が国際的に増しているなかで，学生が生き残っていくためには，家族生活教育に対する国際的な取り組みの内容や方向性に関して，意見や実践の交流を発展させていくことが重要である。私たちは，家族のニーズや関心，家族エコシステムの環境的状態を，国際的に知っておく必要がある。もし，学生が地球規模で考えることができなければ，家族が生活している状況にうまく関連づけることができないだろう。他の文化圏で教える時，米国の研究・学習経験や教科書をそのまま取り入れることは，あまりうまいやり方ではない。教員，リーダー，管理者が，家族に対応して働くのを手助けするためには，文化相対的で十分に配慮された方法や資料を，教室での使用と専門能力の開発の両方に取り入れる必要がある。個々の家族を援助し，家族に関連する問題についての世論に敏感であることの両方が重要である。複雑な問題を扱うのであるから，家

族を支援する予防的アプローチを提供するためには，複合的な解決法が必要である。したがって，世界中の家族のウェルビーイングを増進するために，家族専門家たちが多国籍，多文化で，学際的なネットワークを作り協働することが必要なのである。

■要約

　本章では，移民，家族構成の変化，高齢化，HIV/エイズ，武力紛争と騒乱など，家族に関わる国際的問題を認識し理解する必要性について検討した。家族は，それぞれの文化によって，異なる意味と定義を持っているが，理論は家族と多面的な環境との相互作用を理解するのに役立つ。量的・質的調査研究に示されるように，家族生活教育は世界中で発展しているが，多くの未解決の家庭問題も共有している。家族生活教育者や家族生活教育の学生は国際的な教育経験をすることが多いので，多様な文化について認識し，他の文化に十分配慮した効果的な教育方法を用いることが重要である。家族生活教育の教育方法は多様であるが，家族に影響を与える世界的問題は，どこに住んでいても，すべての人々に影響を与える。

■討論課題

1. あなたは海外旅行や他国からの訪問者から，子どもや家族について何を学びましたか。自分自身の文化に関してどのような洞察を得ましたか。
2. あなたは米国以外のどの国で生活したいですか。あなたの生活は，家族生活，学校，ジェンダー，デート，クラブ活動，または雇用のさまざまな変化によって，どのように変化するでしょうか。
3. あなたとあなたの家族が，米国文化あるいは他の文化集団において，参加している文化的伝統は何ですか。どのような伝統を次の世代に引き継ぎたいですか。
4. 私たちの惑星が直面している最も大きい課題は何ですか。
5. どうしたら，後世に問題を残さないで，質の良い生活を楽しむことができますか。

■活動

1. エコシステム・アプローチ，または本章や本書で述べられている他の理論から，ひとつ以上の理論を適用して，地球規模の課題を分析しなさい。
2. あなたがあまり知らない文化的環境を体験しなさい。これには文化的な祝賀の機会，文化特有の食材を用いたレストランや宗教的な設定が考えられます。そのような設定で，どのように異なっていると感じますか。もし，その文化で永久的に，あるいは

半永久的に生活するとしたら，あなたはどう感じるでしょうか。あなたはこの文化について何を学んだでしょうか。

■ウェブ資源

ヨーロッパ連合（EU）家族団体連合（Confederation of Family Organizations in the European Union, COFACE），www.coface-eu.org

　　COFACE は，仕事と家族生活のバランス，子どものウェルビーイング，世代間連帯，移民家族，障がい者および被扶養者，ジェンダー平等，教育，子育て，健康問題，消費者問題などの課題について，討論し，働くために，ヨーロッパ中の家族団体とつながっている。

ヨーロッパ家族関係学会（European Society for Family Relations, ESFR），www.esfr.org

　　ESFR は家族と家族関係に関するヨーロッパの学際的学会である。その目的は，ネットワークとして役に立つこと，家族研究の支援と関連づけ，成果の共有である。ESFR はヨーロッパの家族研究者と家族研究機関の連合として設立されたが，ヨーロッパ以外の研究者や研究所も喜んで受け入れている。

全米家族関係学会（National Council on Family Relations, NCFR），www.ncfr.org

　　NCFR は家族の総合的な理解のための専門職学会である。世界中の家族研究者，教師，実践家に対して教育的フォーラムを提供し，家族と家族関係に関する知識の開発と普及，専門職基準の確立，家族のウェルビーイングの促進のために機能している。NCFR は，家族研究を，政策形成と実践に結びつけている非営利団体，NPO，国際的専門職団体である。

国際家政学会（International Federation for Home Economics, IFHE），www.ifhe.org

　　IFHE は，世界で唯一の，家政学と消費者研究に関する組織であり，家政学分野の国際交流のプラットフォームとなっている。IFHE は，専門職の国際的ネットワークの機会を提供し，個人や家族の日常生活において家政学の理解を促進し，継続的な家政学教育を促進し，世界の個人・家族・世帯の日常生活の質を向上させる実践的・研究的・専門的共有を通じて，機会を提供している。IFHE は国連（ECOSOC, FAO, UNESCO, UNICEF）および欧州評議会の諮問機関の地位を持つ国際 NGO である。

付録 A

家族生活教育の枠組み
The Family Life Education Framework

　この枠組みは，幅広い，生涯にわたる家族生活教育プログラムの主要な内容を特定することによって，家族生活教育の定義について詳細に説明している。これは，各領域の最新の概念の発展や経験的知識を反映しており，関連する知識，態度，スキルに注意を払っている。枠組みは，カリキュラムではなく，プログラム開発，普及，アセスメントのガイドとなることを目的としている。実践者が，特定の対象者のニーズを満たすために，最も適切な概念編成と方法論を選択することを想定している。コミュニケーション，意思決定，問題解決は，個別の概念としては扱われていないが，各領域に組み入れられるべきである。

子ども期，思春期，成年期，高齢期の世代別に FLE プログラムが取り組む領域
　社会のなかの家族と個人
　家族内ダイナミクス
　人間の成長と発達
　人間の性
　人間関係
　家族資源管理
　親教育と指導
　家族法と社会政策
　職業倫理と実践
　家族生活教育方法論

社会のなかの家族と個人
子ども期
- 　仕事，雇用，住居，乗物，家族について説明する。
- 　家族との相互作用を理解する（経済的，政治的，技術的，環境的）。
- 　個人や家族を支援するプログラムを開発する。
- 　家族，隣近所，コミュニティの重要性を理解する。
- 　家族，学校，その他の支援組織の連携を促進する。
- 　精神的信仰や習慣の違いを認識し正しく理解する。
- 　外部環境のリスクや機会をうまく切り抜けるスキルを開発する。
- 　メディアやテクノロジーと，個人や家族との関係を理解する。

思春期
- 　家族や職場を研究する。
- 　家族との相互作用を理解する（経済的，政治的，技術的，環境的）。
- 　将来への準備としての教育を支援する。
- 　生涯教育を促進する。
- 　コミュニティにおいて個人や家族が責任を担うことを促進する。
- 　宗教と精神的気風の家族への影響を認識し，正しく理解する。
- 　特別なニーズと問題をもつ家族を支援する。
- 　人口問題と資源配分を理解する。

- 社会における家族の役割を理解する。
- 支援ネットワークにアクセスする（家族，友だち，宗教団体，コミュニティ）。
- リスクをうまく切り抜け，機会を利用する。
- レジリエンス（復元力）を育てる。
- メディアやテクノロジーと，個人や家族との関係を理解する。

成年期

- 子どもの教育への家族の参加を支援する。
- 教育システムを活用する。
- 宗教や精神性の家族への影響を認識し，正しく理解する。
- 支援ネットワークを利用する（家族，友だち，宗教団体，コミュニティ）。
- コミュニティの支援サービスを理解し獲得する。
- 生涯学習を促進する。
- 人口問題と資源配分を理解する。
- 家族との相互作用を理解する（経済的，政治的，技術的，環境的）。
- 経済変動と家族に対するその影響に取り組む。
- 家族，仕事，社会の相互関係を理解する。
- コミュニティにおける個人や家族の責任を促進する。
- 社会における家族の役割を理解する。
- レジリエンス（復元力）を育てる。
- メディアやテクノロジーと，個人や家族との関係を理解する。

高齢期

- 生涯学習を促進する。
- 教育システムを支援する。
- 宗教と精神的気風の家族への影響を認識し，正しく理解する。
- 生涯にわたって健康な発達を促進する。
- 成人した子，拡大家族，友だちとの関係を促進する。
- コミュニティの支援サービスを理解し利用する。
- 家族との相互作用を理解する（経済的，政治的，技術的，環境的）。
- 経済変動と高齢の家族に対するその影響に取り組む。
- 人口問題と資源配分に関する知識（健康管理，乗物，住居）。
- 社会的課題に取り組む（年齢差別，高齢者虐待防止，ケアの提供）。
- 社会における家族の役割を理解する。
- メディアやテクノロジーと，個人や家族との関係を理解する。

家族内ダイナミクス
子ども期

- すべての家族員の個性と重要性を認識する。
- 家族のなかで暮らしていく方法を学ぶ（例，問題解決）。
- 家族のなかで気持ちを表現する。
- 個人的家族史についての認識を発達させる。
- 家族の類似性と違いを正しく認識する。
- 家族に対する内外の変化の影響を理解する。
- 家族員の責任，権利，相互依存を理解する。

- 家族のルールについての認識を高める。
- 保護，指導，愛情，支援の源としての家族を認識する。
- 怒りと暴力の潜在的要因としての家族を認識する。
- 家庭問題の存在と本質を認識する。

思春期

- 成人への移行をうまく乗り切る。
- 家族構造の変化についての認識を高める（出生，結婚，離婚，病気，死）。
- 家族のなかで気持ちを管理し，表現する。
- 家族の内的変化とストレスに対処する。
- 友だちと家族の相互作用について説明する。
- 家族内でコミュニケーションをする。
- 家族員との相互作用を特定する。
- 家族員のさまざまなニーズや期待を明確にする。
- 家族員の責任，権利，相互依存を理解する。
- 家族のルールを決定する（明白な，隠された）。
- 世代間関係についての認識を高める。
- 家族環境の影響を観察する。
- 家族の歴史，伝統，祝いごとに気をつける。
- 保護，指導，愛情，支援の源としての家族を認識する。
- 怒りと暴力の潜在的要因としての家族を認識する。
- 家族の違いを明確にする（家族の一員としての自覚，経済レベル，役割達成，価値）。

成年期

- 家族における個人の発達を明確にする。
- 個人の役割と家族の役割を定義する。
- 家族の親密な関係に気づく。
- ストレスの原因とストレスへの対処法を特定する。
- ライフスタイルの選択肢を識別する。
- 家族員のさまざまなニーズと期待を受け入れる。
- 生涯にわたる世代間ダイナミクスをうまく切り抜ける。
- 家族員の責任，権利，相互依存を理解する。
- 家族の変化をうまく乗り切ることを学ぶ（出産，結婚，再婚，離婚，死）。
- 家族の歴史，伝統，祝いごとの価値を考える。
- 結婚と家族関係に影響する要素を理解する。
- 愛情を与え，受ける。
- 家族のなかのパワーと権威を意識する。
- 家族員の自己概念への家族の影響を理解する。
- 保護，指導，愛情，支援の源としての家族を認識する。
- 家族の違いを明確にする（家族の一員としての自覚，経済レベル，役割達成，価値）。
- 怒りと暴力の潜在的要因としての家族を認識する。
- 家族の相互作用パターンへのさまざまな影響についての認識を高める（倫理的，人種的，ジェンダー的，社会的，文化的）。
- 家族のルールを決定する（明白な，隠された）。

高齢期

- 家族における個人の発達を明確にする。
- 個人の役割や家族の役割の変化を定義する。
- 家族員のさまざまなニーズと期待を受け入れる。
- 家族の変化をうまく乗り切る（結婚，離婚，再婚，病気，引退，死）。
- 家族員の責任・権利・相互依存，生産性を理解する。
- 家族のなかに親密な関係を育てる。
- 家族員の自己概念に対する家族の影響を理解する。
- 結婚と家族関係に影響する要素を理解する。
- 愛情を与え，受ける。
- 家族のなかのパワーと権威の変化を意識する。
- ストレスの原因とストレス，病気，障がいへの対処を特定する。
- 家族のルールを決定する（明白な，隠された）。
- 保護，指導，愛情，支援の源としての家族を認識する。
- ライフスタイルの選択肢と変化を識別する（引退計画，引退）。
- 家族の歴史，伝統，祝いごとの価値を考える。
- 生涯にわたる世代間力学をうまく切り抜ける。
- 家族の相互作用パターンへのさまざまな影響についての認識を高める（倫理的，人種的，ジェンダー的，社会的，文化的）。
- 怒りと暴力の潜在的要因としての家族を認識する。
- 家族の違いを明確にする（家族の一員としての自覚，経済レベル，役割達成，価値）。

生涯にわたる人間の成長と発達

子ども期

- 身体的，認識的，情緒的，道徳的，人格的，社会的，性的な発達について理解する。
- 健康維持に責任を持つ（栄養，個人の健康，運動，睡眠）。
- それぞれの人間のユニークさを認識する。
- 個人の発達の類似性と違いを特定する。
- 特別なニーズを持つ人々を正しく理解する。
- 自分より年上の人々についての認識を明確にする（思春期の若者，成人，高齢者）。
- 成長と発達に影響を与える社会環境や自然環境を特定する。

思春期

- 発達の個人差を受け入れる。
- 個人の健康に責任を持つ（栄養，個人の健康，運動，睡眠）。
- 身体の健康と発達に対する化学物質の影響を理解する。
- 発達のタイプを理解し区別する（身体的，認識的，情緒的，道徳的，人格的，社会的，性的）。
- 発達のタイプの相互作用を識別する。
- 生涯にわたる発達のパターン（死についての考え方）を認識する。
- 成年期と老化についてのステレオタイプと現実を評価する。
- 発達障がいについて説明する。
- 成長と発達に影響を与える社会環境や自然環境を特定する。

成年期

- 成人への移行を理解する。

- 発達の個人差に影響を与える要素を認識する。
- 発達のタイプを理解し区別する（身体的，認識的，情緒的，道徳的，人格的，社会的，性的）。
- 発達のタイプの相互作用を識別する。
- 個人と家族の健康に対して責任を取る。
- 自己と他者の発達を促進する。
- 生涯にわたる発達のパターン（死についての考え方）を認識する。
- 成年期と老化についての神話と現実を評価する。
- 発達障がいに適応する。
- 成長と発達に影響を与える社会環境や自然環境を特定する。

高齢期
- 発達の個人差に影響を与える要素を認識する。
- 発達のタイプを理解し区別する（身体的，認識的，情緒的，道徳的，人格的，社会的，性的）。
- 発達のタイプの相互作用を識別する。
- 発達障がいに適応する。
- 生涯にわたる発達のパターン（死についての考え方）を認識する。
- 高齢期の身体的変化に順応し対処する。
- 個人の安全と衛生に責任を取る。
- 苦悩や喪失に適応する。
- 老化についての神話と現実を評価する。
- 成長と発達に影響を与える社会環境や自然環境を特定する。

人間の性
子ども期
- 自分の身体についての子どもの好奇心に応える。
- 身体的および性的な発達を識別する。
- 身体のプライバシーと性的虐待からの保護を明確にする。
- 個人の性的発達の類似性と違いを概念的に説明する。
- 人間の再生産の様相を定義する（胎児期の発達，出生，思春期）。
- 性に関する子どもの認識を広げる。
- 性に影響を与える社会環境や自然環境に気づく。

思春期
- 身体的および性的発達を識別する（性的アイデンティティ，性的指向など）。
- 発達のタイプの間の相互作用を説明する。
- 身体のプライバシーと性的虐待からの保護を明確にする。
- 性について話し合う（個人的価値と考え方，意思決定の共有）。
- 健康で倫理的な性的関係の特性を教える。
- 性的行動の選択，結果，責任を理解する。
- 性感染症の感染と予防について説明する。
- 人間の生殖と概念について説明する。
- 性的感情や性的反応の正常性を認める。
- 個人間の親密さの力学についての知識を広げる。
- 人間の性についてのステレオタイプと現実を特定する。
- 性についての家族や社会のさまざまな一般的考え方についての認識を高める。

成年期

- 責任ある性的行動をする（選択，結果，意思決定の共有）。
- 性的感情や性的反応の正常性を認める。
- 性について話し合う（個人的価値と考え方，意思決定の共有）。
- 健康で倫理的な性的関係の特性を観察する。
- 個人間の性的親密さの力学を知る。
- 性感染症の感染と予防について説明する。
- リプロダクティブ・ヘルス（性と生殖に関する健康）を理解する（避妊，不妊，遺伝学）。
- 性的虐待を防ぐ。
- 性についての家族や社会の多様な考え方，神話，現実についての認識を高める。

高齢期

- 人間の性的反応と老化を理解する。
- 性的感情や性的反応の正常性を確かめる。
- 身体のプライバシーと性的虐待防止を明確にする。
- 性について話し合う（個人的価値，考え方，意思決定の共有）。
- 健康で倫理的な性的関係の特性を観察する。
- 高齢期の性教育を評価する。
- 性的表現と親密さを定義する。
- 性感染症の感染と予防について説明する。
- 成人の生活環境における性的ニーズを正しく理解する。
- 性についての家族や社会のさまざまな一般的考え方，神話，現実についての認識を高める。

人間関係
子ども期

- 自己，他者，特性を尊重する。
- 建設的に気持ちを分かち合う。
- 感情を表現する。
- 人間関係を適切に発達させ，維持し，終わらせる。
- 自尊心と自信を築く。
- 個人的強みを特定し高める。
- 他者とコミュニケートする。
- 友人，持ちもの，時間を分かち合う。
- 自己と他者に配慮して行動する。
- 問題解決と葛藤管理スキルを発達させる。
- 人のことばと行動が他者にどのように影響を与えるかを正確に評価する。
- 多様な個人，文化，コミュニティを正しく理解する。

思春期

- 自己，他者，特性を尊重する。
- 考え，態度，価値を変化させ，発達させる。
- 成功や失敗に対処する。
- 行動に責任を持つ。
- 個人的能力や才能を評価し発達させる。
- 情報，考え，気持ちを伝える。

- 感情を管理し表現する。
- 友情関係を開始し，維持し，終わらせる。
- 自尊心と自信を築く。
- 人間関係の互換性を評価する。
- 自己と他者に配慮して行動する。
- 家族のライフスタイル選択の基礎を理解する（価値，遺産，信仰）。
- デートに関するニーズと動機を理解する。
- 配偶者選択に影響を及ぼす要素を認識する（社会的，文化的，個人的）。
- 愛と責任ある行動の次元を理解する。
- 結婚の責任を検討する。
- 他者と関係して一致しているところを発見する（「私たち」の間の「私」）。
- 多様な個人，文化，コミュニティを正しく理解する。

成年期

- 個人の自律性を確立する。
- 自尊心と自信を築く。
- 個人の建設的変化を達成する。
- 効果的にコミュニケートする。
- 感情を管理し表現する。
- 人間関係を発達させ，維持し，終わらせる。
- 人間関係の開始について訓練する。
- 質の高い人間関係にともなう要素を認識する。
- 人間関係に責任を取り，責任ある行動をする。
- 人間関係の選択と代替を評価する。
- 他者の最も大きい関心に配慮して個人的信念に従って行動する。
- 人間関係に対する自己認識の影響を理解する。
- 役割や関係に対する影響を認識する（民族的，人種的，ジェンダー的，社会的，文化的）。
- 親密な関係のタイプを理解する。
- 自分自身の家族を作り維持する。
- 時とともに起こる親密な関係の変化を意識する。
- 危機を管理し，対処する。
- 他者との関係の意味と目的を見つける。
- 多様な個人，文化，コミュニティを正しく理解する。

高齢期

- 自尊心と自信を築く。
- 人間関係に対する自己認識の影響を理解する。
- 人間関係の開始について訓練する。
- 親密な関係を続ける。
- 質の高い関係にともなう要素を認識する。
- 人間関係に責任を取り，責任ある行動をする。
- 人間関係の選択と代替を評価する。
- 他者の最も大きい関心に配慮して個人的信念に従って行動する。
- 時とともに起こる夫婦関係の変化を意識する。

- 自分自身の家族との関係を維持する。
- 効果的にコミュニケートする。
- 感情を管理し表現する。
- 役割や関係に対する影響を認識する（民族的，人種的，ジェンダー的，社会的，文化的）。
- 危機を管理し，対処する。
- 人間関係における知恵と経験を次の世代と分かち合う。
- ストレスに対処する。
- 多様な個人，文化，ミュニティを正しく理解する。

家族資源管理
子ども期
- 持ちものの手入れをする。
- 家の手伝いをする。
- 時間やスケジュールを学ぶ。
- 選ぶことを学ぶ（意思決定スキルを発達させる）。
- どのようにお金を得，使い，貯めるかを理解する。
- 場所やプライバシーについての認識を発達させる。
- 才能や能力を開発する。
- 食物，衣服，遊びの選択肢を選ぶ。
- 人的，非人的資源を利用，節約，管理する。
- 消費者としての決定に対する影響を説明する（個人的価値，費用，メディア，友だち）。

思春期
- 仕事，学校，余暇の時間を割り当てる。
- プライバシーと自立について協議する。
- 個人的ニーズを満たすために資源を選択する（食物，衣服，レクリエーション）。
- 人的資源を使う。
- どのようにお金を得，使い，貯めるかを理解する。
- 個人と家族の意思決定に参加する。
- 決定に責任を取る。
- 余暇への関心を開発する。
- 選択の基礎としての価値観を明確にする。
- 長期的，短期的目標を選ぶ。
- 職業選択を考える。
- 個人や家族の資源を調査し変化させる。
- 消費者としての決定に対する影響を説明する（個人的価値，費用，メディア，友だち）。

成年期
- 人間のエネルギーを費やす。
- 人的資源を開発する。
- 職業選択を通じて人的資源を開発する。
- 選択の基礎としての価値を明確にする。
- 余暇への関心を開発する。
- 家族員のプライバシーと自立への多様なニーズを認識する。
- 家族の基本的ニーズを充足させるために資源を使う（食物，衣服，住居）。

- 家族資源の使用に関するさまざまな見解を分類する。
- 長期的，短期的目標を確立する。
- 個人資産運用計画を開発する。
- 資源の消費と保護をする（物質的，非物質的）。
- 家族と仕事の役割のバランスをとる。
- 消費者としての決定に対する影響を説明する（個人的価値，費用，メディア，友だち）。
- 退職と長期的ケアについて計画する。

高齢期

- 選択の基礎としての価値を明確にする。
- 禁治産者（incompetent）である場合，資源の分配と管理の計画を立てる（意思，リビングウィル，医療に関する事前指示）。
- 人的資源を使う。
- 余暇への関心を広げる。
- 子どもの職業上の役割と退職者の生活パターンのバランスをとる。
- 家族員のプライバシーと独立に対する多様なニーズを認識する。
- 資源の消費と保護をする（物質的，非物質的）。
- 家族の基本的ニーズを充足させるために資源を使う（食物，衣服，住居）。
- 家族資源の使用に関するさまざまな見解を分類する。
- 長期的，短期的目標を確立する（例，長期医療）。
- 退職の際の金融資産を管理する。
- 消費者としての決定に対する影響を説明する（個人的価値，費用，メディア，友だち）。

親教育と指導

子ども期

- 親や保護者の責任を知る。
- 親としての責任や喜びを特定する。
- 多様な子育て環境に気づく（ひとり親，共同子育て，義理の子育て，養子縁組，LGBT，子どもから離れて生活している親）。
- 子育てスタイルや行動の違いを比較する。
- さまざまな発達段階における子どものニーズを満たす。
- 幼児や小児とともに適切な遊びや相互作用を育む。
- ケアリングや思いやりを表現する。
- 幼児に対して，発達的，個別的に，適切な指導戦略を促進する。
- 世話をするスキルを養う。
- 子どもの，安全，健康，感情を立証する。
- 親子関係のなかで子どもの責任を教える。
- 親とのコミュニケーションを促進する。
- 問題解決と葛藤解決を教える。
- 子育て支援の起源（家族，隣近所，コミュニティ）を特定する。
- 家庭内暴力，虐待，ネグレクトの問題に注意する。
- 親が子育てのストレスに対処するのを助ける。

思春期

- 親や保護者の責任を教える。

- 親としての責任や喜びを特定する。
- さまざまな子育て環境に気づく（ひとり親，混合家族，共同子育て，義理の子育て，養子縁組，子どもから離れて生活している親，LGBT）。
- 家族における結婚，子育て，子ども／若者の役割を理解する。
- 親になろうとする時に考えるべき要素を理解する。
- 子育てのスタイルや行動の違いを比較する。
- 子育てに対する影響に気づく（民族的，人種的，ジェンダー的，社会的，文化的，コミュニティ）。
- さまざまな発達段階の子どものニーズを観察し充足させる。
- 子どもの個人差に対応する。
- 子どもに対して，発達的，個別的に，適切な活動を促す。
- 幼児や小児とともに適切な遊びや相互作用を育む。
- 子どもに対して，ケアリングや思いやりを表現する。
- 発達的，個別的に，適切な指導戦略を促進する。
- メディアやテクノロジーへのアクセスを指導し監督する。
- 子どもの，安全，健康，栄養を立証する。
- 生活スキルを教える（自給自足，安全，意思決定）。
- 親子関係における若者の責任を教える。
- 親とのコミュニケーションを奨励する。
- 家族における意思決定，問題解決，葛藤解決を教える。
- 子育て支援の源を特定する（家族，隣近所，コミュニティ）。
- 家庭内暴力，虐待，ネグレクトの問題に注意する。

成年期

- 自己のケアと大人の人間関係を奨励する。
- 子育てのために家族と個人の強さを認識し築く。
- 親としての責任や喜びを特定する。
- 意識的な子育てを強調する（目標，価値，伝統）。
- 親になろうとする時に考えるべき要素を理解する。
- 親子関係が生涯にわたって変化することを認識する。
- さまざまな発達段階における子どもと若者の個人的ニーズを観察し充足させる。
- 出産と親になるために準備する。
- 子どもが独立する時，親の責任を変化させる。
- 成人への移行において若者を支援する。
- さまざまな子育て環境に気づく（ひとり親，混合家族，共同子育て，義理の子育て，養子縁組，子どもから離れて生活している親，LGBT）。
- 家族における結婚，子育て，子ども／若者の役割を理解する。
- さまざまな子育てスタイルと行動を比較する。
- 子育てや決定についての，親・祖父母・その他のケア提供者の間のコミュニケーションの重要性を認識する。
- 子育てに対する影響に気づく（民族的，人種的，ジェンダー的，社会的，文化的，コミュニティ的）。
- ケアと思いやりを表現する。

- 発達的，個人的に適切な指導戦略を促進する。
- メディアや技術へのアクセスを指導し監督する。
- 子どもや若者に生活スキルを教える（自給自足，安全，意思決定，問題解決，葛藤解決）。
- 幼児や小児とともに適切な遊びや相互作用を育む。
- 学習環境を創造し，子どもと若者の教育に関わる。
- 親子コミュニケーションを奨励する。
- 子育て支援を受けたり，提供したりする。
- 子育て支援の源を特定する（家族，隣近所，コミュニティ）。
- 家庭内暴力，虐待，ネグレクトを防ぎ，対応する。

高齢期

- 自己のケアと大人の人間関係を奨励する。
- 孫育てのために家族と個人の強さを認識し築く。
- 家族の物語と伝統の重要性を評価する。
- 晩年における親子の役割と関係の変化に気づく。
- 成人子との大人の人間関係をうまく乗り越える。
- 孫を育て保護する可能性を含む「祖父母期」の責任と喜びを特定する。
- 世代間，およびさまざまの家庭に関する知識（強さ，役割，課題）。
- さまざまな子育て環境に適応する（混合家族，ひとり親，義理の子育て，障がい児の世話，成人子の家族への復帰，子どもから離れて生活している親や祖父母，LGBT）。
- 孫やその親に対してケアと思いやりを表現する。
- 祖父母と孫のコミュニケーションを奨励する。
- 子育てスタイル，子育ての意思決定，価値についての親と祖父母とのコミュニケーションの重要性を強調する。
- 家族関係におけるメディアやテクノロジーの役割を評価する。
- 子育て支援を受けたり，提供したりする（家族，隣近所，コミュニティ）。
- 家族における意思決定，問題解決，葛藤解決を教える。
- 家庭内暴力，老人虐待，ネグレクトの問題に注意する。

家族法と公共政策
子ども期

- 法を理解し，尊重する。
- 家族に影響を与える法と政策を開発，評価，実施する。
- 子どもの法的権利を定式化する。
- 親教育の発達を支援する資源を擁護する。
- 子どものいる家族に影響を与えるように，社会政策を開発，評価，実施する（税金，市民権，社会保障，経済援助法，規則）。

思春期
すべての人々の人権を尊重する。

- 家族に影響を与える法的定義と規則を理解する。
- 個人と家族の法的保護，権利，責任を理解する。
- 結婚，離婚，家族支援，親権，子どもの保護と権利，家族計画に関連する法を評価し，理解する。
- 家族の葛藤と家族員の法的保護について説明する。

- 家族の相互作用と司法制度を定義する。
- 収監された若者をもつ家族を理解する。
- 家族に対する法と政策の影響を特定する。
- 思春期の子どものいる家族に影響を与えるように，社会政策を開発，評価，実施する（税金，市民権，社会保障，経済援助法，規則）。

成年期

- 教育，正義，法に関する価値を伝える。
- 法と政策を理解し，影響を与える。
- 結婚，離婚，家族支援，親権，子どもの保護と権利，家族計画に関連する法を評価し，理解する。
- 家族の葛藤と家族員の法的保護について説明する。
- 家族に影響を与える社会政策を開発，評価，実施する（税金，市民権，社会保障，経済支援法，規則）。

高齢期

- 教育，正義，法に関する価値を伝える。
- 法と政策を理解し，影響を与える。
- すべての人々の人権を守る。
- 結婚，離婚，家族支援，傷つきやすい個人の保護と権利，資産，意思，資産計画，リビングウィルに関連する法を評価し理解する。
- 家族員の葛藤と家族員の法的保護について説明する。
- 家族に影響を与える社会政策を開発，評価，実施する（税金，市民権，社会保障，経済援助法，規則）。

職業倫理と実践
子ども期

- 活動に責任を持つ。
- 自己と他者のための活動の結果を理解する。
- 信仰や信念を尊重する。
- 異なる人々を尊重する。
- 年齢とともに新しい権利や責任を獲得する。
- すべての人々に権利があることを理解する。

思春期

- 個人の倫理規定を開発する。
- 個人の精神性を探究する。
- 個人の自律と社会的責任を結びつける。
- 権利と責任の相互関係を自覚する。
- ある種の価値としての倫理原則を理解する。
- 社会的変化と技術的変化の倫理的意味合いを意識する。
- 倫理的ジレンマと葛藤を理解する。

成年期

- 倫理的人生観を確立する。
- 他者に配慮しながら個人の信念に従って行動する。
- 精神性の成長を継続する。

- 個人の自律と社会的責任のバランスをとる。
- 権利と責任の相互関係を自覚する。
- ある種の価値としての倫理原則を理解する。
- 人間の社会的行動の指針として倫理的価値観を用いる。
- 他者の倫理的概念と行動の形成を助ける。
- 社会的変化と技術的変化の倫理的意味合いを意識する。

高齢期

- 個人の自律と社会的責任のバランスをとる。
- 精神性の成長を継続する。
- 他者に配慮しながら個人の信念に従って行動する。
- 権利と責任の相互関係を自覚する。
- ある種の価値観としての倫理原則を理解する。
- 人間の社会的行動の指針として倫理的価値観を用いる。
- 生活の質と生命の終わりの課題について振返る。
- 搾取からの保護に対する意識を高める。
- 社会的変化と技術的変化の倫理的意味合いを意識する。
- 人生の知恵や倫理的経験を次の世代と分かち合う。

資料出所：*The Family Life Education Framework* edited by David J. Bredehoft, Ph.D., CFLE and Michael J. Walcheski, Ph.D., CFLE of Concordia University, St. Paul, MN ©NCFR 2011.

　『家族生活教育の枠組み（*Family Life Education Framework*）』は元々，テキサス州家族関係学会の初期の仕事に基づいて（1977年），NCFRの基準・認証委員会によって開発された（1984年）。これは，1997年，コンコルディア大学のD・J・ブリーデホフトとM・J・ウォルチェスキーによってさらに改訂され編集された。
　この最新版は，D・J・ブリーデホフトとM・J・ウォルチェスキーにより編集された。
　最初の委員会，1995-1996年委員会，2010年フォーカス・グループのメンバーの情報提供に深く感謝する。許可により転載。

付録B

家族生活教育の内容領域
内容と実践ガイドライン

Family Life Education Content Areas
Content and Practice Guidelines

　このガイドラインは「大学カリキュラム・ガイドライン（*University and College Curriculum Guidelines*)」の内容と認証 FLE 試験に含まれる知識・スキル・能力を示している。これらの領域には家族生活教育分野の理論・研究・実践が含まれている。これらのコア理論／枠組み／見解のいくつかの例には，家族システム，エコシステム，個人・家族発達，交換，象徴的相互作用，葛藤，フェミニスト，ストレスが含まれている。

　FLE の領域は家族生活教育の枠組みで示されている（Bredehoft & Walcheski, 2011)。枠組みは 4 つの年齢層（幼年期，思春期，成年期，高齢期）に特有の 10 領域を概説している。4 つの年齢層は，FLE が生涯にわたって個人と家族に関連しているという原則を示している。FLE がすべての対象者を含んでいるという事実は「価値観」，「多様な文化，コミュニティ，個人」，「正義」という用語によって表される。それらは FLE の枠組みを通じて織り込まれている。最後に，FLE にはシステム思考（家族システムと，より大きいエコシステムの両方）を基礎にしている。そして，このシステムズ・アプローチは「家族システムという文脈」という用語と，枠組みに織りこまれている「家族とエコシステムとの相互作用」によって表現されている。

　下記の各 10 領域にはふたつの部分がある。1 番目は，「大学カリキュラム・ガイドライン」から，この領域を概観した**内容**である。2 番目は，初心者レベルの CFLE に予想される課題に関連する**実践**である。「この**実践部分**は，CFLE の試験問題の基礎である。」

NCFR（2009b)。

I　社会のなかの家族と個人
内容：家族と，社会の他の機関（教育的，行政的，宗教的，職業的機関）との関係についての理解。
　例：以下のことに関する研究と理論：構造と機能；文化的多様性（家族の財産，社会階級，地理，民族，人種，宗教)；デート，求婚，結婚の選択；親族関係；異文化とマイノリティー（マイノリティー家族のライフスタイルと世界中のさまざまな社会における家族のライフスタイルの理解)；ジェンダー役割の変化（求婚相手・結婚相手・親・子ども・きょうだい・親族の役割期待と行動)；人口統計学的傾向；歴史的課題；仕事／余暇と家族関係；社会関係（主要な社会制度と家族の相互作用，すなわち，行政的，宗教的，教育的，経済的)。
実践…CFLE は次のような活動のために準備する。
　a. 地域的，国家的，世界的な社会システムの特性，多様性，影響を特定する。
　b. 今日的および歴史的視点から個人や家族に影響を与える要素（例：メディア，マーケティング，技術，経済，社会運動，自然災害，戦争）を特定する。
　c. 仕事と家族生活の関係に影響を与える要素を特定する。
　d. デート，求愛，パートナー／結婚の選択と人間関係，世帯構造，家族生活に影響を与える社会的文化的な影響を特定する。
　e. 個人や家族と多様な社会システム（例：健康，法的，教育的，宗教的／スピリチュアル

な）との相互作用を認識する。
f.　今日の家族に対する人口統計学（例：階級，人種，民族，世代，ジェンダー）の影響を評価する。

II　家族の内的ダイナミクス

内容：家族の強みと弱み，家族員が互いにどのように関係しているかについての理解。
例：以下のことに関する研究と理論：内的社会的過程（協力や葛藤など）；コミュニケーション（夫妻関係と親子関係のパターンと問題，ストレス管理と葛藤管理など）；葛藤管理；意思決定と目標設定；通常の家族ストレス（家族のライフサイクルの過渡期，3世代家族，高齢者介護，共働き）；家族ストレスと危機（離婚，再婚，死，経済的不安定さと苦労，暴力，薬物乱用）；特別支援へのニーズをもつ家族（養子縁組，里子，移民，低所得，軍隊，混合家族，障がい者のいる家族など）

実践…CFLE は次のような活動のために準備する。
a.　以下のことに関係する健康な特性と不健康な特性を認識し定義する。
　1.　家族関係
　2.　家族発達
b.　さまざまな理論的視点を用いて家族機能を分析する。
c.　システム視点から家族のダイナミクスを評価する。
d.　標準的ストレス要因と非標準的ストレス要因に対応する家族のダイナミクスを評価する。
e.　危機に対応する家族のダイナミクスを評価する。
f.　コミュニケーション・プロセス，葛藤管理，問題解決スキルを促進し強化する。
g.　家族が有効に機能するのを助ける戦略を開発，認識，補強する。

III　生涯にわたる人間の成長と発達

内容：家族の中での生涯にわたる人間の発達上の変化（代表的なものと非代表的なものの両方）の理解。身体的，情緒的，認識的，社会的，道徳的，性格的な面に関する知識に基づいて。
例：以下のことに関する研究と理論：胎児期；幼年期；初期および中期の子ども期；思春期期；成年期；高齢期。

実践…CFLE は次のような活動のために準備する。
a.　生涯にわたる発達段階，移行，任務，課題を特定する。
b.　相互作用を認識する。
　1.　家族に対する個人の発達
　2.　個人に対する家族の発達
c.　個人の健康とウェルネスの家族に対する影響を認識する。
d.　有効な発達的変化をしている個人と家族を助ける。
e.　人間の成長と発達の理論に基づく適切な実践を個人と家族に適用する。

IV　人間の性

内容：健康な性的適応を達成するための，生涯にわたる性的発達の生理的，心理的，社会的な側面の理解。
例：以下のことに関する研究と理論：生殖生理学；生物学的決定因子；性的関係の情緒的，心理学的側面；性行動；性的価値観と意思決定；家族計画：性的応答の生理的，心理的側面；性的関係の人間関係への影響

実践…CFLE は次のような活動のために準備する。
a.　人間の性の生物学的側面を認識する。
　1.　性的機能
　2.　リプロダクティブ・ヘルス（性と生殖に関する健康）
　3.　家族計画

　　　4.　性感染症（STIs）
　b.　人間の性の心理社会的側面を認識する。
　　　1.　健康で倫理的な性的関係の特性
　　　2.　性的親密さの個人間ダイナミクス
　3.　危険因子（例：薬物乱用，社会的圧力，メディア）
　c.　価値観を尊重する立場から人間の性に取り組む。

V　人間関係

内容：人間関係の発達と維持の理解
　例：以下のことに関する研究と理論：自己と他者；コミュニケーション・スキル（聞き取り，共感，自己開示，意思決定，問題解決，葛藤解決）；親密さ；愛，ロマンス；他者と関係すること（敬意，誠意，責任）。

実践…CFLE は次のような活動のために準備する。
　a.　パーソナリティとコミュニケーションの方法の影響を認識する。
　b.　人間関係の発展段階を認識する。
　c.　多様な理論的視点を用いて人間関係を分析する。
　d.　人間関係促進とエンリッチメント戦略を開発し実行する。
　e.　効果的なコミュニケーション，問題解決，葛藤管理戦略を開発し実行する。
　f.　発達段階の文脈のなかで人間関係の側面にコミュニケートする。

VI　家族資源管理

内容：個人と家族が，目標を達成するために，時間，お金，有形資産，エネルギー，友人，隣人，場所などの資源を開発し，配分することに関して行う決定を理解すること。
　例：以下のことに関する研究と理論：目標設定と意思決定；資源開発と配分；社会環境の影響；ライフサイクルと家族構成の影響；消費者問題と決定。

実践…CFLE は次のような活動のために準備する。
　a.　家族にとって利用可能な，個人的，家族的，専門的，地域的資源を特定する。
　b.　個人・家族・コミュニティにおける選択と資源との相互関係を認識する。
　c.　意思決定に価値観明確化戦略を適用する。
　d.　目標設定戦略を適用し，その結果を評価する。
　e.　意思決定戦略を適用する。
　f.　組織的戦略および時間管理戦略を適用する。
　g.　基本的な財政管理ツールと原則を適用する。
　h.　行動・アドボカシーに関する消費者の権利，責任，選択を個人や家族に知らせる。
　i.　ストレス管理戦略を適用する。

VII　親教育と指導

内容：生涯にわたる親子関係の，変化する性質，ダイナミクス，ニーズと同じように，親が子どもや思春期の若者にどのように教え，導き，影響を与えるかに関する理解。
　例：以下のことに関する研究と理論：親になることの権利と責任；子育ての実際・過程；親子関係；子育て問題解決法の多様性；ライフサイクルを通じた親役割の変化。

実践…CFLE は次のような活動のために準備する。
　a.　システム的視点から健康な子育てを促進する。
　b.　子どもと親の発達の視点から健康な子育てを促進する。
　c.　効果的な発達の成果を促進するために子どもの年齢・発展段階に基づく戦略を適用する。
　d.　さまざまな子育てスタイルとそれに伴う心理的，社会的，行動的結果を特定する。
　e.　多様な子育てモデル，原則，戦略を促進する。
　f.　多様な子育て戦略の有効性と適切さを評価する。

g. 多様な子育て役割（例：父親・母親，祖父母，他の保育者）と，それらの個人と家族への影響と貢献を認識する。
h. 多様な家族構成（例：ひとり，混合，同性）の中での子育て課題を認識する。
i. 子育てに対する社会のトレンドの影響（例：技術，薬物乱用，メディア）を認識する。
j. 文化の違いや多様性の影響を認識する。
k. 多様な設定（例：学校，法的システム，ヘルスケア）において子どもを支持する戦略を特定する。
l. 子育てとそれに伴う課題や挑戦（例：介助出産，養子縁組，出産，混合）への多様な経路を認識する。

Ⅷ　家族法と公共政策

内容：家族のウェルビーイングに影響を与える法的問題，政策，法律の理解。
　例：家族と法（結婚，離婚，家族支援，親権，子どもの保護と権利，家族計画に関連する）；家族と社会的サービス；家族と教育；家族と経済；家族と宗教；政策と家族（家族に影響を与える公共政策：税金，市民権，社会保障，経済支援法，規則など）

実践…CFLE は次のような活動のために準備する。

a. 専門的行為とサービスを規制し影響を与える現行法，公共政策，イニシアチブ（問題解決戦略）を特定する。
b. 家族に影響を与える現行法，公共政策，イニシアチブを特定する。
c. 地域，州，国のレベルで，家族に影響を与える公共政策，イニシアチブ，法律について家族，コミュニティ，政策立案者に知らせる。

Ⅸ　職業倫理と習慣

内容：人格，人間の社会的行動の品質，倫理的問題や課題が専門的実践に関係するとき，それらを批判的に検討する性質や能力を理解すること。
　例：以下のことに関する研究と理論：社会的態度と価値観形成；多元的社会における，価値観の多様性と価値観選択の複雑さを認識し尊重すること；価値システムとイデオロギーを系統的，客観的に検討する；価値観選択の社会的結果；社会的，技術的な変化の倫理的意味合いを認識する；専門職の実践倫理。

実践…CFLE は次のような活動のために準備する。

a. クライアント・同僚・より広いコミュニティに対して，専門職としての態度，価値観，行動，責任をはっきりと示す。それらは倫理基準と実践を反映している。
b. 倫理的課題とジレンマに対する多様なアプローチを評価，分析，適用する。
c. 矛盾する価値観に対処するために，適切な戦略を特定し，適用する。
d. 多様な文化的価値観と倫理基準に敬意を払う。

Ⅹ　家族生活教育方法論

内容：教育プログラムを計画，実行，評価する能力に関連する家族生活教育の一般的哲学と幅広い原則についての理解。
　例：以下のことに関する研究と理論：計画と実行；評価（材料，学生の成長，プログラムの効果）；教育技術；他者に対する感受性（教育的効果を高めるための）；コミュニティの関心事と価値観に対する感受性（広報プロセスの理解）

実践…CFLE は次のような活動のために準備する。

a. 現在の多様な教育戦略を用いる。
b. 学習者の環境に，情報の適用を促進する技術を用いる。
c. 個人の脆弱性，ニーズ，学習スタイルを尊重した学習環境を作る。
d. 多様性，コミュニティのニーズ，関心事，興味に対する感受性をはっきりと示す。
e. 文化的に適格な教材と学習体験を開発する。

f. 根拠に基づく情報のために適切な資源を特定する。
g. 教育経験を発達させる。
    1. ニーズ・アセスメント
    2. 達成目標
    3. 内容開発
    4. 実施
    5. 評価・結果判定
h. 教育プログラムを推進し，売り込む。
i. 家族や親と共に実施するワークに成人教育の原則を組み込む。
j. 個人と専門職の適切な境界を確立し維持する。

参考文献

Bredehoft, D. J., & Cassidy, D. (Eds.). (1995). *Family life education curriculum guidelines* (2nd Ed.). Minneapolis: National Council on Family Relations.

Bredehoft, D. J. (Ed.). (1997). *Life span family life education.* (2nd Ed.) [Poster]. Minneapolis: National Council on Family Relations.

National Council on Family Relations. (2007). Certified Family Life Educator (CFLE) exam content outline. In Bredehoft, D. J. & Walcheski, M. J. (Eds.), *Family life education: Integrating theory and practice* (2nd ed., pp. 261-263).

付録 C

家族科学における就業の機会
Career Opportunities in Family Sciences

設定	雇用機会
ビジネス，消費者，家族資源サービス	従業員支援専門家 法人の保育管理者 家計相談とプランニング 消費者保護機関 家族資源管理 食糧援助プログラム 子どもと家族の貧困研究 仕事と家族に関する研究 家族経営コンサルタント
地域密着型ソーシャルサービス	青少年育成プログラム 養子縁組斡旋機関 児童養護プログラム 10 代の妊娠カウンセラー 家族維持ワーカー 低所得家庭のための福祉支援 社会復帰リハビリテーションと職業訓練 高齢者デイケア・サービス事業者 老年学プログラム
幼児教育	保育所・保育園 ヘッド・スタート・プログラム〔米連邦政府の健康及び人的サービス省〈Department for Health and Human Services, HHS〉が1964 年から行っている育児支援施策のひとつ。低所得家庭の 5 歳までの幼児と身体障害児を対象に，予防接種，健康診断，栄養，教育，社会的サービスなどの多面的な支援を行っている。〕 就学前教育 モンテッソーリ学校 子どもの発達コンサルタント
教育	公立学校の家族・消費者科学教育（認証） 協同エクステンション 大学の家族・消費者科学の教育と研究 家族生活教育 性教育 教会区と地域社会のプログラム 親教育者 家族の平和と公正の教育 子どもミュージアム教育 結婚・家族エンリッチメント・ファシリテーター 高校の進路指導カウンセラー

宗教組織	聖職者 家族メンター 家族生活教育者 親教育者 ユース・ワーカー〔若者支援者〕
家族介入	個人・家族療法 家族治療計画のためのケース・マネージャー 危機管理サービスとホットライン・サービス 裁判所に命令された親教育プログラム 離婚調停 虐待保護サービス 性暴力 薬物・アルコール防止カウンセラー 居住型療養プログラム 被害者・目撃者支援活動
行政と公共政策	家族政策分析官 子ども，女性，家庭のウェルビーイングの擁護者・ロビイスト 協同エクステンション専門家 軍人家族支援サービス 子ども・家族サービス部 少年司法制度
健康管理と家族ウェルネス	公衆衛生プログラムとサービス 病院の家族支援専門職 栄養教育と栄養カウンセリング 胎児期サービスと産婦サービス 総合保健センター 長期医療管理者 ホスピス・プログラム
国際教育と開発	国際家族政策分析官 平和部隊と NGO 指導者 グローバルな家族計画プログラム コミュニティと持続可能な開発 国際人権擁護運動 移民および移民家族サービス
研究	交付金申請書作成 家族科学領域における学術的研究と行政関連の研究 人口研究と人口統計的研究 NPO 家族機関のための地域密着型研究 プログラム評価とアセスメント
文書作成とコミュニケーション	カリキュラムと資源開発 公共ラジオ・テレビ番組 子どもや家族に影響を与える社会的問題に関する新聞・雑誌ジャーナリズム

資料出所：*Careers in Family Science.* (2009). Minneapolis: National Council on Family Relations.

5 段階プログラム評価法
Program Evaluation: The Five-Tiered Approach

レベル／題目	評価の目的	聴衆	課題	収集／分析するデータの種類
レベル1／ニーズ・アセスメント	1.公共問題の大きさや性質を測定するため 2.まだ対処されていないコミュニティのニーズを決定するため 3.ニーズを満たすためにプログラムや政策の選択肢を提案するため 4.後の進歩を測定することができるようなデータの基準値を設定するため 5.提案されたプログラムに対する支援の基礎を拡大するため	1.政策立案者 2.資金提供者 3.コミュニティの利害関係者	1.既存のコミュニティ,郡,州のデータの再検討 2.問題や潜在的サービス利用者について説明するのに必要な追加的データの決定 3.利用可能な資源の「状況調査」の実施 4.資源格差と対処されていないニーズの特定 5.介入のための目標と目的の設定 6.選択できる範囲からのひとつのプログラム・モデルの推薦	1.目標母集団に関する実在するデータ。現在利用可能なサービス 2.コミュニティ指導者へのインタビュー 3.参加予定者へのインタビューか調査データ 4.他の地域の似たようなプログラムに関する情報
レベル2／モニターと責任	1.プログラムの実践をモニターするため 2.説明責任に対する需要を満たすため 3.整合性を構築するため 4.プログラム計画や意思決定を支援するため 5.後の評価活動の土台を提供するため	1.プログラム・スタッフと管理者 2.政策立案者 3.資金提供者 4.コミュニティの利害関係者 5.メディア	1.データ収集と管理のためのニーズと能力の決定 2.不可欠なデータ要素を収集するための明確で一貫した手順の開発 3.依頼人,サービス,スタッフ,費用の側面に従ってプログラムの説明をするためのデータ収集と分析	1.MIS（経営情報システム）データ。プログラム,郡,州レベルで収集された 2.ケースの材料。記録の調査,プログラムへの接触法などを通して得た。

レベル3／質的レビューとプログラム明確化	1.実行されているプログラムの、より詳細な概念を発展させるため 2.介入の質と一貫性を評価するため 3.プログラムを改良するために配置する情報を提供するため	1.プログラム・スタッフと管理者 2.政策立案者 3.コミュニティの利害関係者	1.モニターしたデータの再検討 2,関係者のものの見方に関する情報を用いたプログラム記述の詳述 3.標準プログラムと期待の比較 4.プログラムの効果に関する関係者の認識の調査 5.プログラムの目標,インタビュー・観察・設計の明確化	1.MIS がモニターしているデータ 2.ケースの材料 3.プログラム操作,顧客満足,認知された効果に関するその他の質的・量的データ。アンケート,インタビュー,観察,フォーカス・グループを用いて得る
レベル4／成果の達成	1.もし何らかの変化が受益者のなかに起こったならば,その変化を確定するため 2.変化をプログラムに起因させるため 3.プログラム改良のために配置する情報を提供するため	1.プログラム・スタッフと管理者 2.政策立案者 3.コミュニティの利害関係者 4.資金提供者 5.他のプログラム	1.調査されるための短期的目標の選択 2.規制と能力を考えて,適切な研究計画の選択。 3.成果目標達成の測定可能な指標の決定 4.受益者への影響に関する情報の収集と分析	1.依頼人固有のデータ。アンケート,インタビュー,目標到達尺度,観察,機能的指標を用いて得る 2.依頼人とコミュニティの社会指標 3.MIS データ
レベル5／影響の確立	1.その分野における知識の発達に貢献するため 2.特異な対処効果に関する証拠を作り出すため 3.まねるのにふさわしいモデルを特定するため	1.学問・研究コミュニティ 2.政策立案者 3.資金提供者 4.一般の人々	1.レベル4の評価の努力の結果に基づく影響目標の決定 2.厳密な研究計画と比較群の適切な選択 3.処理群と比較群の効果を測定するための技術と道具の特定 4.プログラムの影響を特定するための情報分析	1.依頼人特有のデータ。アンケート,インタビュー,目標到達尺度,観察,機能的指標を用いて得る 2.依頼人とコミュニティの社会指標 3.MIS データ 4.対照群に匹敵するデータ

資料出所: Jacobs, F. R, and Kapuscik, J.L. (with Williams, P. R, and Kates, E.) (2000). *Making it count: Evaluating Family Preservation Services.* Medford, MA: Family Preservation Evaluation Project, Eliot-Pearson Department of Child Development, Tufts University.

参考文献

ABC News. (2007, October 7). *Helicopter parents hover over kids' lives*. Retrieved from www.abcnews.go.com/GMNAmericanFamily/story?id=369944l&page=l

ABC News. (2009). *"Helicopter moms": Hurting or helping your kids?* Retrieved from www.abcnews.go.com/2020/Parenting/story?id=8418453

Adams, B. N. (2004). Families and family study in international perspective. *Journal of Marriage and Family, 66*(5), 1076-1088.

Adams, B., & Trost, J. (2005). *Handbook of world families*. Thousand Oaks, CA: Sage. Adams, P. (2006). Exploring social constructivism: Theories and practicalities. *Education, 34*(3), 243-257.

Adler, S. (2003). Asian American families. In J. Ponzetti, Jr. (Ed.), *International encyclopedia of marriage and family* (pp. 82-91). New York: Macmillan Reference.

Adler-Baeder, F. (2001). *Smart steps for adults and children in stepfamilies*. Lincoln, NE: Stepfamily Association of America, and Watertown, NY: Cornell Cooperative Extension of Jefferson County.

Adler-Baeder, F. (2002). Understanding stepfamilies: Family life education for community professionals. *Journal of Extension, 40*(6). Retrieved from www.joe.org/joe/2002december/ iw2.php

Adler-Baeder, F., & Higginbotham, B. (2004). Implications for remarriage and stepfamily formation for marriage education. *Family Relations, 53*, 448-458.

Adler-Baeder, F., Kerpelman, J., Schramm, D., Higginbotham, B., & Paulk, A. (2007). The impact of relationship education on adolescents of diverse backgrounds. *Family Relations, 56*, 291-303.

Adler-Baeder, F., Robertson, A., & Schramm, D. (2010). Community programs serving couples in stepfamilies: A qualitative study of format, content, and service delivery. *Journal of Extension, 48*(5). Retrieved from www.joe.org/joe/2010october/rbl.php

Administration for Children and Families (ACF). (2005). *Healthy marriage matters*. Washington DC: Author.

Advocates for Human Rights. (2013). Prevalence of domestic violence. Retrieved from www.stopvaw.org/prevalence_of_domestic_violence

Advocates for Youth. (2001). Sexuality education programs: Definitions and point-by-point comparisons. *Transitions, 12*(3), 4. Retrieved from www.advocatesforyouth.org/storage/advfy/documents/transitions1203.pdf

Ahmed, R., (2005). Egyptian families. In J. Roopnarine & U. Gielen (Eds.), *Families in global perspective* (pp. 151-168). Boston: Pearson.

Ainsworth, M. (1973). The development of infant-mother attachment. In B. Caldwell & H. Ricciuti (Eds.), *Review of child development research* (Vol. 3, pp. 1-94). Chicago: University of Chicago Press.

Ainsworth, M., & Bowlby, J. (1991). An ethological approach to personality development. *American Psychologist, 46*, 331-341.

Alford, S. (2008). Science and success (2nd ed.): Sex education and other programs that work to prevent teen pregnancy, HIV & sexually transmitted infections. Washington, DC: Advocates for Youth.

Allemand, M., Steiger, A., & Hill, P. (2013). Stability of personality traits in adulthood: Mechanisms and implications. *The Journal of Geronto-psychology and Geriatric Psychiatry, 26*(1), 3-13.

Allen, W., & Blaisure, K. (2009). Family life educators and the development of cultural competency. In

D. Bredehoft & M. Wakheski (Eds.), *Family life education integrating theory and practice* (2nd Ed.). Minneapolis, MN: National Council on Family Relations.

Alliance for Children & Families. (n.d.). *A century of service.* Retrieved from www.alliance1.org/centennial/century-service-contents

Alliance for Work Life Progress (AWLP). (2005). The categories of work-life effectiveness. Retrieved from www.awlp.org/pub/work-life_categories.pdf

Amato, P. (2000). The consequences of divorce for adults and children. *Journal of Marriage and the Family, 62,* 1269-1287.

Amato, P. (2010). Research on divorce: Continuing trends and new developments. *Journal of Marriage and Family, 72*(3), 650-666.

Amato, P. (2011a). Marital quality in African American marriages. Retrieved from www.healthymarriageinfo.org/resource-detail/index.aspx?rid=3929

Amato, P. (2011b). Divorce among African Americans. Retrieved from www.heal thymarriageinfo.org/resource-detail/index.aspx?rid=3929

Amato, P., & Cheadle, J. (2005). The long reach of divorce: Divorce and child wellbeing across three generations. *Journal of Marriage and Family, 67,* 191-206.

Amato, P., & Hays, L. (2014). "Alone together": Marriages and "living apart together" relationships. In A. Abela & J. Walter (Eds.), *Contemporary issues in family studies: Global perspectives on partnerships, parenting and support in a changing world.* Malden, MA: John Wiley & Sons.

Amato, P., Booth, A., Johnson, D., & Rogers, S. (2007). *Alone together: How marriage in America is changing.* Cambridge, MA: Harvard University.

Amato, P., Kane, J., & James, S. (2011). Reconsidering the "good divorce." *Family Relations, 60,* 511-524.

American Association of University Women (AAUW). (2011). *Crossing the line: Sexual harassment at school.* Washington DC: Author.

Amnesty International. (n.d.). *Armed conflict.* Retrieved from www.amnesty.org/en/ armed-conflict

Anderson, J., & Doherty, W. (2005). Democratic community initiatives: The case of over- scheduled children. *Family Relations, 54*(5), 654-665.

Anderson, L., & Krathwohl, D. (2001). A taxonomy for learning, teaching, and assessing: A revision of Bloom's taxonomy of educational objectives. Boston: Allyn & Bacon.

Andrews, M., Bubolz, M., & Paolucci, B. (1981). An ecological approach to study of the family. *Marriage and Family Review, 3*(1-2), 22-49.

Annie E. Casey Foundation. (2008). *Children of incarcerated parents fact sheet.* Baltimore, MD: Author. Retrieved from www.211.idaho.gov/pdf/COIP_Factsheet.pdf

Annie E. Casey Foundation. (2013a). *2013 Kids count data book.* Baltimore, MD: Author. Retrieved from www.kidscount.org

Annie E. Casey Foundation. (2013b). *Data book. State trends in child well-being.* Baltimore, MD: Author. Retrieved from www.datacenter.kidscount.org/files/2013KIDSCOUNTDataBook.pdf

Annie E. Casey Foundation. (2013c). *World family map.* Retrieved from www.childtrends.org/Files/Child_Trends-2013_01_15_FR_WorldFamilyMap.pdf

Arcus, M. E., Schvaneveldt, J. D., & Moss, J. J. (1993). The nature of family life education. In M. E. Arcus, J. D. Schvaneveldt, & J. J. Moss (Eds.), *Handbook of family life education: Foundations of family life education* (Vol. 1, pp. 1-25). Newbury Park, CA: Sage.

Arcus, M. E, & Thomas, J. (1993). The nature and practice of family life education. In M. E. Arcus, J. D. Schvaneveldt, & J. J. Moss (Eds.), *Handbook of family life education: Foundations of family life education* (Vol. 2, pp. 1-32). Newbury Park, CA: Sage.

Arcus, M.E. (1995). Advances in family life education: Past, present, and future. *Family Relations, 44*, 336-343.

Arditti, J. (2008). Parental imprisonment and family visitation: A brief overview and recommendations for family friendly practice. In T. LaLiberte & E. Snyder (Eds.), *CW360: A comprehensive look at prevalent child welfare issue: Children of incarcerated parents* (pp. 16, 32). St. Paul: University of Minnesota. Retrieved from www.cehd.umn.edu/ssw/cascw/attributes/PDF/publications/CW360_2008.pdf

Arnett, J. (2000). Emerging adulthood: A theory of development from the late teens through the twenties. *American Psychologist, 55*, 469-480.

Arnett, J. (2004). Emerging adulthood: The winding road from the late teens through the twenties. New York: Oxford University Press.

Arnett, J. (2007). Emerging adulthood: What is it and what is it good for? *Child Development Perspectives, 1*, 68-73.

Asay, S., Younes, M., & Moore, T. (2006). Transformation in higher education: The impact of international study tours on college students. In R. Hamon (Ed.), *International family studies: Developing curricula* and *teaching tools* (pp. 85-99). Binghamton, NY: Haworth Press.

ASPE-Office of the Assistant Secretary for Planning and Evaluation. Office of Human Services Policy. (2013). Key implementation considerations for executing evidence-based programs: Project overview. Washington, DC: U.S. Department of Health and Human Services. Retrieved from www.aspe.hhs.gov/hsp/13/keyissuesforchildrenyouth/keyimplementation/rb_keyimplement.pdf

Averting HIV and Aids (AVERT). (n.d.). Abstinence and sex education. Retrieved from www.avert.org/abstinence.htm

Axtell, R. (1998). *Gestures: The do's and taboos of body language around the world.* New York: John Wiley & Sons, Inc.

Bahr, K. (1990). Student responses to genogram and family chronology. *Family Relations, 39*, 243-249.

Baldwin, K. E. (1949). *The AHEA saga.* Washington, DC: American Home Economics Association.

Ballard, S., & Morris, L. (2003). The family life education needs of midlife and older adults. *Family Relations, 52*, 129-136.

Ballard, S. M. &, Taylor, A. C. (2012a). A framework for best practices in family life education. *Certified Family Life Educator Network, 24*(4), 12-13.

Ballard, S., & Taylor, A. (2012b). *Family life education with diverse populations.* Thousand Oaks, CA: Sage.

Bandura, A. (1977). *Social learning theory.* New York: General Learning Press.

Bandura, A. (1986). *Social foundations of thought* and *action.* Englewood Cliffs, NJ: Prentice-Hall.

Bandura, A. (1999). Social cognitive theory: An agentic perspective. *Asian Journal of Social Psychology, 2*, 21-41.

Barnes, C., Stanley, S., & Markman, H. (2004). Christian PREP: The prevention and relationship enhancement program. *Marriage & Family: A Christian Journal, 7*, 63-76.

Barnes, P., Adams, P., & Powell-Griner, E. (2010). Health characteristics of the American Indian or Alaska Native adult population: United States, 2004-2008. National Health Statistics Reports, no 20. Hyattsville, MD; National Center for Health Statistics. Retrieved from www.cdc.gov/nchs/data/nhsr/nhsr020.pdf

Barnes, S. (2001). Stressors and strengths:　A theoretical and practical examination of nuclear, single-parent, and augmented African American families. *Families in Society: The Journal of Contemporary Human Services, 82*, 449-460.

Baugh, E., & Coughlin, D. (2012). Family life education with black families. In S. Ballard & A. Taylor (Eds.), *Family life education with diverse populations* (pp. 235-254). Thousand Oaks, CA: Sage.

Baumrind, D. (1991). The influence of parenting style on adolescent competence and substance abuse. *Journal of Early Adolescence, 11*(1), 56-95.

Baumrind, D., & Black, A. E. (1967). Socialization practices associated with dimensions of competence in preschool boys and girls. *Child Development, 38*(2), 291-327.

Bean, R., Perry, B., & Bedell, T. (2001). Developing culturally competent marriage and family therapists: Guidelines for working with Hispanic families. *Journal of Marital and Family Therapy, 27*, 43-54.

Bedi, R. (2012, February 27). Indian dowry deaths on rise. *The Telegraph*. Retrieved from www.telegraph.co.uk/news/worldnews/asia/india/9108642/Indian-dowry-deaths-on-the-rise.html

Beecher, C. E. (1858). *A treatise on domestic economy* (3rd ed.). New York: Harper & Brothers.

Bennett, M. (1993). Toward ethno-relativism: A developmental model of intercultural sensitivity. In R. M. Paige (Ed.), *Education for the intercultural experiences* (pp. 21-71). Yarmouth, ME: Intercultural Press.

Berman, L. (n.d.). The brain is the biggest sex organ. Retrieved from www.drlauraberman.com/sexual-health/sex-and-brain/brain-biggest-sex-organ#/slide-1

Bernier, J. (1990). Parental adjustment to a disabled child: A family-systems perspective. *Families in Society: The Journal of Contemporary Human Services, 10*, 589-596.

Biblarz, T., & Savci, E. (2010). Lesbian, gay, bisexual, and transgender families. *Journal of Marriage and Family, 72*, 480-497.

BigFoot, D. (2008). Cultural adaptations of evidence-based practices in American Indian and Alaska native populations. In C. Newman, C. Liberton, K. Kutash, & R. Friedman (Eds.), *A system of care for children's mental health* (pp. 69-72). Tampa: University of South Florida, Louis de la Parte Florida Mental Health Institute.

BigFoot, D., Willmon-Haque, S., & Braden, J. (2008). *Trauma exposure in American Indian/Alaska native children.* Oklahoma City, OK: Indian Country Child Trauma Center. Retrieved from www.icctc.org/Resources/Trauma_Ais_Children_Factsheet2.pdf

Billings, D. (2004). Primary colors personality text. Retrieved from www.dawnbillings.com/main/personalityHow

Bloom B. (1956). *Taxonomy of educational objectives, handbook I: The cognitive domain.* New York: Longman.

Blumenfeld, S. (2012). How to eradicate illiteracy in America. *The New American.* Retrieved from www.thenewamerican.com/reviews/opinion/item/13752-how-to-eradicate-illiteracy-in-americ

Bodenmann, G., & Shantinath, S. (2004). The couples coping enhancement training (SSET): A new approach to prevention of marital distress based upon stress and coping. *Family Relations, 53*, 477-

484.

Bodenmann, G., Ledermann, T., & Bradbury, T. N. (2007). Stress, sex, and satisfaction in marriage. *Personal Relationships, 14*,551-569.

Bond, J., Galinsky, E., & Hill, E. (2004). *When work works: Flexibility: A critical ingredient in creating an effective workplace.* New York: Families and Work Institute.

Boog, J. (2012). *Illiteracy in America: Infographic.* Retrieved from www.mediabistro.com/galleycat/illiteracy-in-america-infographic_b51032

Bookwala, J. (2005). The role of marital quality in physical health during the mature years. *Journal of Aging and Health, 17*,85-104.

Bornstein, M. H. (Ed.). (2002). *Handbook of parenting, Vol. 1: Children and parenting* (2nd ed.). Mahwah, NJ: Lawrence Erlbaum.

Boss, P. (1999). *Ambiguous loss: Learning to live with unresolved grief.* Cambridge, MA: Harvard University Press.

Boss, P. (2002). Family stress management: A contextual approach (2nd ed.). Thousand Oaks, CA: Sage.

Bouchet, S. (2008). Children and families with incarcerated parents. Baltimore, MD: Annie E. Casey Foundation. Retrieved from www.f2f.ca.gov/res/pdf/ChildrenAndFamilies.pdf

Bouchet, S., Torres, L., & Hyra, A. (2013). Understanding Hispanic diversity: A "one size" approach to service delivery may not fit all. Office of Planning, Research, and Evaluation, Administration of Children and Families. Retrieved from www.acf.hhs.gov/sites/default/files/opre/hmmi_hispanic.pdf

Bowlby, J. (1969). *Attachment and loss: Vol. 1. Attachment.* New York: Basic Books.

Bowlby, J. (1988). *A secure base: Parent-child attachment and healthy human development.* New York: Basic Books.

Bowman, S., Rennekamp, D., & Wolfe, J. (2012). Findings from the National Forum on Professional Development Systems for Parenting Education. Hallie. E. Ford Center White Paper. Retrieved from www.npen.org/wp-content/uploads/2012/06/2011-Findings-from-the-National-Forum-on-Professional-Development-Systems-for-Parenting-Education.pdf

Boyd, L., Hibbard, C., & Knapp, D. (2001). Market analysis of family life, parenting, and marriage education for the National Council on Family Relations. Alexandria, VA: Human Resources Research Organization.

Boyle, C., Boulet, S., Schieve, L., Cohen, R., Blumberg, S., Yeargin-Allsopp, M., Visser, S., & Kogan, M. (2011). Trends in the prevalence of developmental disabilities in U.S. children, 1997-2008. *Pediatrics,* doi: 10.1542/peds.2010-2989.

Braithwaite, S., Delevi, R., & Fincham, E (2010). Romantic relationships and the physical and mental health of college students. *Personal Relationships, 17,* 1-12.

Bramlett, M., & Mosher, W (2002). *Cohabitation, marriage, divorce, and remarriage in the United States* (Series 22, No 2). Retrieved from www.cdc.gov/nchs/data/series/sr_23/sr23_022.pdf

Bray, J., & Kelly, J. (1998). Stepfamilies: Love, marriage, and parenting in the first decade. New York: Broadway.

Brazelton, T. B., & Cramer, B. (1990). *The earliest relationship.* Reading, MA: Addison-Wesley.

Bredehoft, D., & Walcheski, M. (Eds.). (2009). *Family life education: Integrating theory and practice* (2nd ed.). Minneapolis, MN: National Council on Family Relations.

Bredehoft, D., Mennicke, S., Porter, A., & Clarke, J. (1998). Perceptions attributed by adults to parental overindulgence during childhood. *Journal of Family and Consumer Sciences Education, 16*, 3-17.

Bredehoft, D. J., & Walcheski, M. J. (Eds.). (2011). The family life education framework poster and PowerPoint. Minneapolis, MN: National Council on Family Relations.

Brick, P., & Lundquist, J. (2003). New expectations: Sexuality education for mid and later life. New York: SIECUS.

Brick, P., & Taverner, B. (2001). *Positive images: Teaching abstinence, contraception, and sexual health.* Morristown, NJ: Planned Parenthood of Greater Northern New Jersey, Inc.

Brick, P., Davis, N., Fischel, M., Lupo, T., MacVicar, A., & Marshall, J. (1989). *Bodies, birth, and babies: Sexuality education in early childhood programs.* Hackensack, NJ: Planned Parenthood of Bergen County.

Brickman, P., Rabinowitz, V., Karuza, J., Jr., Coates, D., Cohn, E., & Kidder, L. (1982). Models of helping and coping. *American Psychologist, 37*, 368-384.

Bridgeman, R. P. (1930). Ten years' progress in parent education. *Annals of the American Academy of Political and Social Science, 151*,32-45.

Brim, 0. (1959). *Education for child rearing.* New York: Russell Sage Foundation.

Bristor, M. (2010). *Individuals and family systems in their environments.* Dubuque, IA: Kendall Hunt.

Brock, G. (1993). Ethical guidelines for the practice of family life education. *Family Relations, 42*(2), 124-127.

Brock, G. W., Oertwein, M., & Coufal, J. D. (1993). Parent education theory, research, and practice. In M. E. Arcus, J. D. Schvaneveldt, & J. J. Moss (Eds.), *Handbook of family life education* (Vol. 2, p. 88). Newbury Park, CA: Sage.

Bromwich, R. (1981). *Working with parents and infants.* Baltimore, MD: University Park Press.

Bronfenbrenner, U. (1979). *The ecology of human development.* Cambridge, MA: Harvard University Press.

Bronfenbrenner, U. (2005). *Making human beings human: Bioecological perspectives on Human development.* Thousand Oaks, CA: Sage.

Brooks, J. (2011). *The process of parenting* (6th ed.). New York: McGraw-Hill.

Brotherson, S., & Duncan, W. (2004). Rebinding the ties that bind: Government efforts to preserve and promote marriage. *Family Relations, 53*,459-468.

Brown, S., & Taverner, B. (2001). *Streetwise to sex-wise: Sexuality education for high-risk youth.* Morristown, NJ: Planned Parenthood of Greater Northern New Jersey, Inc.

Brubaker, R. (2001). International migration: A challenge for humanity. *International Migration Review, 25*, 946-957.

Bruess, C., & Greenberg, J. (2009). *Sexuality education: Theory and practice.* Sudbury, MA: Jones and Bartlett Publishers.

Bubolz, M., & Sontag, S. (1993). Human ecology theory. In P. Boss, W. Doherty, R. LaRossa, W. Schumm, & S. Steinmetz (Eds.), *Sourcebook of family theories and methods: A contextual approach* (pp. 419-448). New York: Plenum Press.

Bubolz, M., Eicher, J., & Sontag, S. (1979). The human ecosystem: A model. *Journal of Home Economics, 71*, 28-30.

Bureau of Justice Statistics. (2010). Terms and conditions. Retrieved from www.bjs.gov/index.cfm?ty=tda

Burgess, E. W. (1926). The family as a unit of interacting personalities. *The Family, 7*, 3-9.

Buston, K., Wight, D., Hart, G., & Scott, S. (2002). Implementation of a teacher-delivered sex education programme: Obstacles and facilitating factors. *Health Education Research, 17*, 59-72.

Byrne, A., & Carr, D. (2005). Caught in the cultural lag: The stigma of singlehood. *Psychological Inquiry: An International Journal for the Advancement of Psychological Theory, 16*(2-3), 84-91.

Calasanti, T., & Keicolt, K. (2007). Diversity among late-life couples. *Generations: Journal of the American Society* on *Aging, 31*, 10-17.

Campbell, D., & Palm, G. E (2004). *Group parent education: Promoting parent learning and support.* Thousand Oaks, CA: Sage.

Cancian, M., & Reed, D. (2009). Family structure, childbearing, and parental employment: Implications for the level and trend in poverty. *Focus, 26*, 21-26.

Carnegie Mellon University (CMU). (n.d.). What are the benefits of group work? Eberly Center: Teaching Excellence and Educational Innovation. Retrieved from www.cmu.edu/teaching/designteach/design/instructionalstrategies/groupprojects/benefits.html

Carroll, E., Smith, C., & Behnke, A. (2012). Family life education with military families. In S. Ballard & A. Taylor (Eds.), *Family life education with diverse populations* (pp. 91-115). Thousand Oaks, CA: Sage.

Carroll, J., & Doherty, W (2003). Evaluating the ineffectiveness of premarital prevention: A meta-analytic review of outcome research. *Family Relations, 52*, 105-118.

Carter, N. (1996). *See how we grow: A report on the status of parenting education in the U.S.* Philadelphia, PA: Pew Charitable Trusts.

Cassidy, D. (2003). The growing of a profession: Challenges in family life education. In D. Bredehoft & M. Walcheski (Eds.), *Family life education: Integrating theory and practice* (pp. 44-55). Minneapolis, MN: National Council on Family Relations.

Centers for Disease Control and Prevention (CDC). (2009). National Center on Birth Defects and Developmental Disabilities. Retrieved from www.cdc.gov/

Centers for Disease Control and Prevention. (2011). Youth risk behavior surveillance--United States, 2011. *MMWR, 61*(4), 1-168. Retrieved from www.cdc.gov/mmwr/pdf/ss/ss6104.pdf

Centers for Disease Control and Prevention (CDC). (2013). *Adverse childhood experiences (ACE) study.* Retrieved from www.cdc.gov/ace/index.htm

Chalmers, L., & Milan, A. (2005). Marital satisfaction during the retirement years. *Canadian Social Trends, 76*, 14-17.

Chamberlain, V., & Cummings, M. (2003). *Creative instructional methods for family & consumer sciences, nutrition & wellness.* Peoria, IL: Glencoe/McGraw-Hill.

Cherlin, A. (2010). Demographic trends in the United States: A review of research in the 2000s. *Journal of Marriage and Family 72*(3), 403-419.

Cherlin, A. (2009). *The marriage-go-round: The state of marriage and the family in America today.* New York: Alfred A Knopf.

Chibucos, T., Leite, R., & Weiss, D. (2005). *Readings in family theory.* Thousand Oaks, CA: Sage. Clarke, J. (1998). *Who, me lead a group?* Seattle, WA: Parenting Press, Inc.

Clarke, J. I., Dawson, C., & Bredehoft, D. (2004). *How much is enough?* New York: Marlowe & Company.

Clauss, B. (2005). Syllabus objective guide. In M. Walcheski & N. Gonzalez (Eds.), *Teaching family life education: A syllabus collection* (pp. 7-8). Minneapolis, MN: National Council on Family Relations.

Coccia, C., Darling, C., Rehm, M., Cui, M., & Sathe, S. (2012). Adolescent health, stress, and life satisfaction: The paradox of indulgent parenting. *Stress and Health, 28*, 211-331.

Codrington, G. (2008). Detailed introduction to generational Theory. *Tomorrowtoday.* Retrieved from www.tomorrowtoday.uk.com/articles/articleOOl_intro_gens.htm

Cohen, J., Byers, E., Sears, H., & Weaver, A. (2004). Sexual health education: Attitudes, knowledge and comfort of teachers in New Brunswick Schools. *The Canadian Journal of Human Sexuality, 13*, 1-15.

Collins, C., Alagiri, P., & Summers, T. (2002). *Abstinence only vs comprehensive sex education: What are the arguments? What is the evidence?* Policy monograph. San Francisco: AIDS Research Institute. Retrieved from ari.ucsf.edu/science/reports/abstinence.pdf

Collins, W A. (2003). More than myth: The developmental significance of romantic relationships during adolescence. *Journal of Research on Adolescence, 13*(1), 1-24.

Concordia Publishing House (n.d.). *Learning about sex complete set* (set of 11). St. Louis, MO: Author. Retrieved from www.cph.org/p-6917-learning-about-sex-complete-set-set-of-11.aspx

Connell. J., (2012). Parenting 2.0 summary report: Parents' use of technology and the Internet. Minneapolis: Minnesota Agricultural Experiment Station. Retrieved from www.cehd.umn.edu/fsos/projects/parent20/pdf/p20summaryreport-july2012.pdf

Cooke, B. (2011). National Parenting Education Network (NPEN): National effort to advance the field of parenting education. PowerPoint presentation at the National Forum on Professional Preparation Systems in Parenting Education. www.npen.org/profdev/forum/standards/nat-effort-ppt.pdf

Cooney, S. M., Huser, M., Small, S., & O'Connor, C. (2007). Evidence-based programs: An overview. *What works, Wisconsin-Research to practice series, 6.* Madison: University of Wisconsin-Madison/Extension. Retrieved from www.uwex.edu/ces/flp/families/whatworks_06.pdf

Coontz, S. (2005). *Marriage, a history: From obedience to intimacy or how love conquered marriage.* New York: Viking.

Costa, T., & McCrae, R. (2003) *Five factor model of personality.* Lutz, FL: Psychological Assessment Resources, Inc.

Coyne, J., Rohrbaugh, M., Shoham, V., Sonnega, J., Nicklas, J., & Cranford, J. (2001). Prognostic importance of marital quality for survival of congestive heart failure. *American Journal of Cardiology, 88*(5), 526-529.

D'Augelli, A. (2002). Mental health problems among lesbian, gay, and bisexual youth ages 14 to 21. *Clinical Child Psychology and Psychiatry, 7*(3), 433-456.

Dahl, G. (2010). Early teen marriage and future poverty. *Demography, 47*(3), 689-718.

Dail, P. (1984). Constructing a philosophy of family life education: Educating the educators. *Family Perspective, 18*(4), 145-149.

Daniels, H. (Ed.). (1996). *An introduction to Vygotsky.* London: Routledge.

Darity, W. (Ed.). (2008). Marriage. In *International encyclopedia of the social sciences.* Farmington Hills, MI: Gale, Cengage Learning.

Darling, C. (1987). Family life education. In M. Sussman & S. Steinmetz (Eds.), *Handbook of marriage and the family* (pp. 815-833). New York: Plenum Press.

Darling, C. A. (2005). Families in a diverse culture: Changes and challenges. *Journal of Family and*

Consumer Sciences, 97, 8-13.

Darling, C., & Cassidy, D. (1998). Professional development of students: Understanding the process of becoming a Certified Family Life Educator. *Family Science Review, 11*, 106-118.

Darling, C., Fleming, M., & Cassidy, D. (2009). Professionalization of family life education: Defining the field. *Family Relations, 58,* 330-372.

Darling, C. A., & Howard, S. (2006). Cultural lessons in sexuality: Comparison of parent-child communication styles in three cultures. In R. Hamon (Ed.), *International family studies: Developing curriwla and teaching tools* (pp. 41-98). Binghamton, NY: Haworth Press.

Darling, C. A., & Howard, S. (2009). Human sexuality. In D. Bredehoft & M. Wakheski (Eds.), *Family life education: Integrating theory and practice* (2nd ed., pp. 141-151). Minneapolis, MN: National Council on Family Relations.

Darling, C. A., & Mabe, A. (1989). Analyzing ethical issues in sexual relationships: An educative model. *Journal of Sex Education and Therapy, 15*, 234-246.

Darling, C., McWey, L., Howard, S., & Olmstead, S. (2007). College student stress: The influence of interpersonal relationships on sense of coherence. *Stress and Health, 23,* 215-219.

Darling, C., Senatore, N., & Strachan, J. (2012). Fathers of children with disabilities: Stress and life satisfaction. *Stress and Health, 28,* 269-278.

Darling, C. A., & Turkki, K. (2009). Global family concerns and the role of family life education: An ecosystemic analysis. *Family Relations, 58*, 14-27.

Deal, R. (2006). *The smart stepfamily: Seven steps to a happy family.* Bloomington, MN: Bethany House Publishers.

DeBord, K., Bower, D., Myers-Walls, J. A., Kirby, J. K., Goddard, H. W., Mulroy, M., & Ozretich, R. (2006). A professional guide for parenting educators: The National Extension Parenting Educator's framework. *Journal of Extension, 44*(3). Retrieved from www.joe.org/joe/2006june/a8.php

Delamater, J., & Hyde, J. (1998). Essentialism vs. social constructionism in the study of human sexuality. *Journal of Sex Research, 49*, 69-77.

Demick, J. (2002). Stages of parental development. In M. H. Bornstein (Ed.), *Handbook of parenting Vol. 3: Being and becoming a parent* (2nd ed.). Mahwah, NJ: Lawrence Erlbaum.

DeNavas-Walt, C., Proctor, B., & Smith, J. (2012). Income, poverty, and health insurance coverage in the United States: 2011. U.S. Department of Commerce, Economics and Statistics Administration. Retrieved from www.census.gov/prod/2012pubs/p60-243.pdf

Denzin, N., & Lincoln, Y. (2008). *Collecting and interpreting qualitative materials.* Thousand Oaks, CA: Sage.

DePanfilis, S. (2003). Child protective services: A guide for caseworkers. Washington, DC: Department of Health and Human Services. Retrieved from www.childwelfare.gov/ pubs/usermanuals/cps/cps.pdf

DePaulo, B. (2006). *Singled out: How singles are stereotyped, stigmatized, and ignored and still live happily ever after.* New York: St. Martin's Press.

DePaulo, B., & Morris, W. (2013). The unrecognized stereotyping and discrimination against singles. *Personality & Social Psychology Bulletin, 39*, 237-249.

DeYoung, C., Quilty, L., & Peterson, J. (2007). Between facets and domains: 10 Aspects of the big five. *Journal of Personality and Social Psychology, 93*(5), 880-896.

Dib, C. (1988). Formal, nonformal, and informal education: Concepts/applicability. Cooperative Networks in Physics Education, Conference Proceedings, 173rd American Institute of Physics, New York: American Institute of Physics (pp. 300-315). Retrieved from www.techne-dib.com. br/downloads/6.pdf

Dickinson, H. E. (1950). The origin and development of the aims of family life education in American secondary schools. Unpublished doctoral dissertation. Nashville, TN: George Peabody College for Teachers.

Dillman, D., Smyth, J., & Christian, L. (2009). *Internet, mail, and mixed mode surveys: The tailored design method.* Hoboken, NJ: John Wiley & Sons.

Dini, L. (2000). An Italian statement on international migration. *Population and Development Review, 26,* 849-852.

Dion, M. (2005). Healthy marriage programs: Learning what works. *Future of children, 15,* 139-156.

Doherty, W. (2000). Intentional marriage: Your rituals will set you free. Presentation at Annual Smart Marriages Conference, Denver, Colorado. Retrieved from www.smartmarriages.com/intentionalmarriage.html

Doherty, W., & Anderson, J. (2004). Community marriage initiatives. *Family Relations, 53,* 425-432.

Doherty, W. J. (1995). Boundaries between parent and family education and family therapy: The levels of family involvement model. *Family Relations, 44*(4), 353-358.

Doss, B., Rhoades, G., Stanley, S., Markman, H., & Johnson, C. (2009). Differential use of pre- marital education in first and second marriages. *Journal of Family Psychology, 23,* 268-273.

Downing, C. (2008). Combining art studio and art history to engage today's students. In R. L. Badger (Ed.), *Ideas that work in college teaching.* Albany: State University of New York Press.

Doyle, J. (2006). Prevention and early intervention. Issue 1 Addendum. Retrieved from www.emqff.org/wp-content/uploads/Prevention-and-Early-Intervention-Issue-1-Addendum-03-07-06.pdf

Drucker, P. (1954). *The practice of management.* New York: Harper & Brothers.

Duncan, S., Holman, T., Yang, C. (2007). Factors associated with involvement in marriage preparation programs. *Family Relations, 56,* 270-278.

Duncan, S. E, & Goddard, H. W. (2011). *Family life education. Principles and practices for effective outreach* (2nd ed., pp. 15-19). Thousand Oaks, CA: Sage.

Duvall, E., & Miller, B. (1984). *Marriage and family development* (6th Ed.). New York: Harper Row.

Duvall, E. M. (1950). *Family living.* New York: Macmillan.

Duvall, E. M., & Hill, R. (1945). *When you marry.* New York: Heath.

East, M. (1980). *Home economics: Past, present and future.* Boston: Allyn & Bacon.

Eberly Center. (n.d.). Grading and performance rubrics. Pittsburgh, PA: Carnegie Mellon University. Retrieved from www.cmu.edu/teaching/designteach/teach/rubrics.html

Eddy, J., & Poehlmann, J. (2010). *Children of incarcerated parents: A handbook for researchers and practitioners.* Washington, DC: Urban Institute Press.

Edin, K., & Kefalas, M. (2005). *Promises I can keep: Why poor women put motherhood before marriage.* Berkeley: University of California Press.

Ellenwood, S. (1998). *The art of loving well: A character education curriculum for today's teenagers.* Boston: Boston University Press.

Erikson, E. (1950, 1963). *Childhood and society.* New York: W.W. Norton.

Ertmer, P., & Newby, T. (1993). Behaviorism, cognitivism, and constructivism: Comparing critical features from a design perspective. *Performance Improvement Quarterly, 6*, 50-72.

Everson, R., Darling, C., & Herzog, J. (2013). Parenting stress among U.S. Army spouses during combat-related deployments: The role of sense of coherence. *Child and Family Social Work, 18*(2), 168-178.

Fagan, J. (2009). Relationship quality and changes in depression symptoms among urban, married African Americans, Hispanics, and whites. *Family Relations, 58*(3), 259-274.

Fairchild Bridal Group. (2002). American weddings: Fairchild bridal infobank American wedding study. Retrieved from www.sellthebride.com/documents/americanweddingsurvey.pdf

Falicov, C. (2007). Working with transnational immigrants. Expanding meanings of family, community, and culture. *Family Process, 46*(2), 157-171.

Fawcett, E., Hawkins, A., Blanchard, V., & Carroll, J. (2010). Do premarital education pro- grams really work? A meta-analytic study. *Family Relations, 59*(3), 232-239.

Federal Interagency Forum on Child and Family Statistics (FIFCFS). (2013). America's children: Key national indicators of well-being. Washington, DC: U.S. Government Printing Office. Retrieved from www.childstats.gov/pdf/ac2013/ac_13.pdf

Fein, D. (2009). Spending time together: Time use estimates for economically disadvantaged and non-disadvantaged married couples in the U.S. Office of Planning, Research, & Evaluation, Administration for Children and Families. Retrieved from www.mdrc.org/sites/default/files/full_507.pdf

Fein, D., Burstein, N., Fein, G., & Lindberg, L. (2003). The determinants of marriage and cohabitation among disadvantaged Americans: Research findings and needs. Marriage and family formation data analysis project. Bethesda, MD: Abt Associates. Retrieved from www.acf.hhs.gov/sites/default/files/opre/determinants_findings_fin2_opt2.pdf

Felitti, V., Anda, R., Nordenberg, D., Williamson, D., Spitz, A., Edwards, V., Koss, M., & Marks, J. (1998). Relationship of childhood abuse and household dysfunction to many of the leading causes of death in adults: The adverse childhood experiences (ACE) study. *American Journal of Preventive Medicine, 14*(4), 245-258.

Fincham, F., & Beach, R. (2010). Marriage in the new millennium: A decade in review. *Journal of Marriage and Family, 72*, 630-649.

Fincham, E, Stanley, S., & Rhoades, G. (2011). Relationship education in emerging adulthood: Problems and prospects. In E Fincham & M. Cui (Eds.), *Romantic relationships in emerging adulthood* (pp. 293-316). Cambridge, MA: Cambridge University Press.

FindLaw. (2013). State-by-state marriage "age of consent" laws. Retrieved from www.family.findlaw.com/marriage/state-by-state-marriage-age-of-consent-laws.html

Fink, L. (2005). A self-directed guide to designing courses for significant learning. Retrieved from www.deefinkandassociates.com/GuidetoCourseDesignAug05.pdf

Fisher, H. (2004). *Why we love: The nature and chemistry of romantic love.* New York: Henry Holt and Company.

Fisher, M. (2013, November 13). Why China's one-child policy still leads to forced abortions and always will. *The Washington Post.* Retrieved from http://www.washingtonpost.com/blogs/worldviews/wp/2013/11/15/why-chinas-one-child-policy-still-leads-to-forced-abortions-and-always-will/

Fisher, T. (2012). What sexual scientists know about gender differences and similarities in sexuality. Whitehall, PA: Society of Scientific Study of Sexuality. Retrieved from www.sexscience.org/PDFs/Gender%20Differences%20and%20Similarities%20in%20Sexuality%20Final.pdf

Fitzpatrick, J., Sharp, E., & Reifman, A. (2009). Midlife singles' willingness to date partners with heterogeneous characteristics. *Family Relations, 58*(1), 121-133.

Florida Statutes. (2011). Marriage fee reduction for completion of premarital preparation course. Retrieved from www.flsenate.gov/laws/Statutes/2011/741.0305

Foner, N. (2005). *In a new land: A comparative view of immigration.* New York: University Press.

Fong, T. (2008). *The contemporary Asian American experience: Beyond the model minority* (3rd ed.). Upper Saddle River, NJ: Prentice-Hall.

Fox News. (2013). Sheriff says FL 12-year-old committed suicide after being bullied online by over a dozen girls. Associated *Press.* Retrieved from www.foxnews.com/us/2013/09/13/sheriff-says-fla12-year-old-committed-suicide-after-being-bullied-online-by/

Francoeur, R. (2004). Foreword. In R. Francoeur & R. Noonan (Eds.), *The continuum complete international encyclopedia of sexuality* (pp. ix-x). London, England: Continuum International Publishing Group.

Francoeur, R., & Noonan, R. (2004a). Global trends: Some final impressions. In R. Francoeur & R. Noonan (Eds.), *The continuum complete international encyclopedia of sexuality (*pp. 1373-1375). London: Continuum International Publishing Group.

Francoeur, R., & Noonan, R. (Eds.). (2004b). *The continuum complete international encyclopedia of sexuality.* London: Continuum International Publishing Group.

Frank, L. K. (1962). The beginnings of child development and family life education in the twentieth century. *Merrill-Palmer Quarterly of Behavior and Development, 8,* 207-227.

Freeman, N. K. (1997). Using NAEYC's Code of Ethics: Mama and daddy taught me right from wrong. Isn't that enough? *Young Children, 52*(6), 64-67.

Friedman, E. (2009). Kids born to unwed moms hit record high. *ABC News.* Retrieved from www.abcnews.go.com/Health/WomensHealth/story?id=7575268&page=2#.UYbylIKC3ul

Fry, R. (2013). A rising share of young adults live in their parents' home. Washington, DC: Pew Research Center. Retrieved from www.pewsocialtrends.org/2013/08/01/ a-rising-share-of-young-adults-live-in-their-parents-home/

Gagnon, J. (1990). The explicit and implicit use of the scripting perspective in sex research. *Annual Review of Sexual Research, 1,*1-44.

Gagnon, J., & Simon, W (1973). Sexual conduct: The social origins of human sexuality. Chicago: Aldine.

Galinsky, E., Aumann, K., & Bond, J. (2009). Times and changing: Gender and generation at work and at home. *Families and Work Institute.* Retrieved from www.familiesandwork.org/site/research/reports/Times_Are_Changing.pdf

Ganong, L., & Coleman, M. (2004). Stepfamily relationships: Development, dynamics, and intervemiolls. New York: Kluwer Academic.

Ganong, L., Coleman, M., Feistman, R., Jamison, J., & Markham, M. (2012). Communication technology and post-divorce co-parenting. *Family Relations, 61,* 397-409.

Garcia-Moreno, C., & Pallitto, C. (2013). Global and regional estimates of violence against women:

Prevalence and health effects of intimate partner violence and non-partner sexual violence. Geneva, Switzerland: World Health Organization. Retrieved from www.apps.who.int/iris/bitstream/10665/85239/1/9789241564625_eng.pdf

Gardener, H. (2006). *Multiple intelligences: New horizons.* New York: Basic Books.

Gardener, H. (2011). *Frames of the mind: The theory of multiple intelligences.* New York: Basic Books.

Gardiner, K., Fishman, M., Nikolov, P., Glosser, A., & Laud, S. (2002). State policies to promote marriage. Retrieved from www.aspe.hhs.gov/hsp/marriage02f

Gardner, S., & Howlett, L. (2000). Changing the focus of interventions: The need for primary prevention at the couple level. *Family Science Review, 13,* 96-111.

Gard ner, S., Giese, K., & Parrott, S. (2004). Evaluation of the connections: Relationships and marriage curriculum. *Family Relations, 53,* 521-527.

Garofalo, R., Wolf, R., Kessel, S., Palfrey, J., & DuRant, R. (1998). The association between health risk behaviors and sexual orientation among a school-based sample of adolescents. *Pediatrics, 101*(5), 895-902.

Gates, G. (2013). LGBT parenting in the U.S. Los Angeles: The Williams Institute. Retrieved from www.will iamsinstitute.law.ucla.edu/wp-conten t/uploads/LGBT-Parenting.pdf

Gay & Lesbian Advocates & Defenders (GLAD). (n.d.). Marriage—history of change. Retrieved from www.outcast-films.com/res_marriage/historyofchange.PDF

Gelles, R., & Perlman, S. (2012). Estimated annual cost of child abuse and neglect in the United States. Chicago: Prevent Child Abuse America.

Gerbner, G. (2009). Cultivation theory. In E. Griffin (Ed.), *A first look at communication theory* (7th ed., pp. 353-354). New York: Frank Mortimer.

Gibbs, N. (2009). The growing backlash against overparenting. *Time.* Retrieved from http://web.uvic.ca/-gtreloar/Articles/Parenting/Helicoter%20Parents%20The%20Backlash%20Against%20Overparenting.pdf

Gibson, S. K. (2004). Social learning (cognitive) theory and implications for human resource development. *Advances in Developing Human Resources, 6,* 193-210.

Glaze, L., & Maruschak, L. (2008). Parents in prison and their minor children. *Bureau of Justice Statistics Special Report.* Washington, DC: U.S. Department of Justice. Retrieved from www.bjs.gov/content/pub/pdf/pptmc.pdf

Goddard, H. W, & Olsen, C. (2004). Cooperative extension initiatives in marriage and couples education. *Family Relations, 53,* 433-439.

Goldenberg, I., & Goldenberg, H. (2003). *Family therapy: An overview* (6th ed.) Pacific Grove, CA: Brooks/Cole.

Goldfarb, E. (2003). What teachers want, need, and deserve. *SIECUS Report, 31*(6), 18-19.

Gordon, L. (2000). *PAIRS for peers: Practical exercises enriching relationship skills,* Westin, FL: PAIRS Foundation.

Gore, A., & Gore, T. (2002). *Joined at the heart: The transformation of the American family.* New York: Henry Holt.

Gottman, J. M. (1994). *Why marriages succeed or fail and how you can make yours last.* New York: Simon & Schuster.

Gottman, J. M., & Silver, N. (1999). *The seven principles for making marriage work.* New York: Crown

Publishers.

Gottman, J. S. (2007). Loving couples loving children. Seattle, WA: The Gattman Relationship Institute.

Gottman, J. M., Gattman, J. S., & DeClaire, J. (2006). *10 lessons to transform your marriage.* New York: Three Rivers Press.

Gray, J. (1992). *Men are from Mars, women are from Venus: A practical guide for improving communication and getting what you want in your relationships.* New York: Harper Collins.

Gross, P. (1993). *On family life education: For family life educators* (3rd ed.). Montreal, Quebec, Canada: Concordia University Centre for Human Relations and Community Studies.

Grzywacz, J. G., & Demerouti, E. (Eds.). (2013). *New frontiers in work and family research.* New York: Psychology Press.

Guerrero, L., Andersen, P., & Afifi, W. (2007). *Close encounters: Communication in relationships.* Thousand Oaks, CA: Sage.

Guttmacher Institute. (2013). State policies in brief: Sex and HIV education. New York: Author. Retrieved from www.guttmacher.org/statecenter/spibs/spib_SE.pdf

Hairston, J. (2002). Prisoners and families: Parenting issues during incarceration. *Paper pre*sented at the U.S. Department of Health and Human Services prison to home conference. Retrieved from www.urban.org/uploadedPDF/ACFBABE.pdf

Halford, W. K., Markman, H., & Stanley, S. (2008). Strengthening couples relationships with education: Social policy and public health awareness. *Journal of Family Psychology, 22*(3), 497-505.

Halford, W. K., Markman, H., Stanley, S., & Kline, G. (2003). Best practices in relationship education. *Journal of Marital and Family Therapy, 29*, 385-406.

Halford, W. K., Moore, E., Wilson, K., Farrugia, C., & Dyer, C. (2004). Benefits of flexible relationship education: An evaluation of the couple CARE program. *Family Relations, 53*, 469-476.

Halford, W. K., Nicholson, J., & Sanders, M. (2007). Couple communication in stepfamilies. *Family Process, 46*, 472-483.

Halford, W. K., O'Donnell, C., Lizzio, A., & Wilson, K. (2006). Do couples at high risk of relationship problems attend pre-marriage education? *Journal of Family Psychology, 30*, 160-163.

Hamilton-Mason, J., Hall, J., & Everett, J. (2009). And some of us are braver: Stress and coping among African American women. *Journal of Human Behavior in the Social Environment, 19*(5), 463-482.

Hammond, R., & Cheney, P. (2009). *Sociology of the family.* Online text retrieved from www.freebooks.uvu.edu/SOC1200/index.php/chapters.html

Hamon, R., & Fernsler, C. (2006) Using cross-cultural study courses to teach about international families. In R. Hamon (Ed.), *International family studies: Developing curricula and teaching tools* (pp. 347-364). Binghamton, NY: Haworth Press.

Hans, J. (Ed.). (2013). Degree programs in family science. Minneapolis, MN: National Council on Family Relations. Retrieved from www.ncfr.org/degree-programs

Harman, D., & Brim, 0. (1980). *Learning to be parents: Principles, programs, and methods.* Beverly Hills, CA: Sage.

Harwood, H., Fountain, D., & Livermore, G. (1998). *The economic costs of alcohol & drug abuse in the U.S. 1992.* Rockville, MD: National Institute on Drug Abuse and National Institute on Alcohol Abuse and Alcoholism.

Harwood, R., Miller, S., & Vasta, R. (2008). *Child psychology: Development in a changing society.*

Hoboken, NJ: John Wiley & Sons.

Hatry, H., van Houten, T., Plantz, M., & Greenway, M. T. (1996). *Measuring program outcomes: A practical approach.* Alexandria, VA: United Way of America.

Hawkins, A., & Ooms, T. (2010). *What works in marriage and relationship education? A review of lessons learned with a focus on low-income couples.* Littleton, CO: National Healthy Marriage Resource Center. Retrieved from www.archive.acf.hhs.gov/healthymarriage/pdf/whatworks_edae.pdf

Hawkins, A., Carroll, J., Doherty, W., & Willoughby, B. (2004). A comprehensive framework for marriage education. *Family Relations, 53*, 547-558.

Hawkins, A., Blanchard, V., Baldwin, S., & Fawcett, E. (2008). Does marriage and relationship education work? A meta-analytic study. *Journal of Consulting and Clinical Psychology, 76*(5), 723-734.

Heath, H., & Palm, G. (2006). Future challenges for parenting education and support. *Child Welfare, 85*(5), 885-895.

Heatherington, E. (2005). Divorce and the adjustment of children. *Pediatrics in Review, 26*(5), 165-169.

Hennon, C., Radina, M., & Wilson, S. (2013). Family life education: Issues and challenges in professional practice. In G. Peterson & K. Bush (Eds.), *Handbook of marriage and the family* (3rd ed., pp. 815-843). New York: Springer.

Henry J. Kaiser Family Foundation. (2012). *The global HIV/AIDS epidemic fact sheet.* Retrieved from www.kff.org/hivaids/upload/3030-17.pdf

Hildebrand, V., Phenice, L., Gray, M., & Hines, R. (2008). *Knowing and serving diverse families* (3rd ed.). Columbus, OH: Merrill.

Hildreth, G., & Sugawara, A. (1993). Ethnicity and diversity in family life education. In M. Arcus, J. Schvaneveldt, & J. Moss (Eds.), *Handbook of family life education: Foundations of family life education* (pp. 162-188). Newbury Park, CA: Sage.

Hill, M. (2008). Teachers sound off on benefits, disadvantages of teaching online courses. *Memphis Business Journal.* Retrieved from www.bizjournals.com/memphis/stories/2008/07/28/focus2.html?page=all

Hill, R. (1949). *Families under stress.* New York: Harper & Brothers.

Hines, S. (2006). Intimate transitions: Transgender practices of partnering and parenting. *Sociology, 40*, 353-371.

Hispanic Healthy Marriage Initiative (HHMI). (n.d.). Cultural adaptation and relationship dynamics. Retrieved from www.archive.acf.hhs.gov/healthymarriage/pdf/Cultural_Adaptation.pdf

Hofschneider, A. (2013, August). Bosses say "pick up the phone." *The Wall Street Journal.* Retrieved from http://online.wsj.com/news/articles/SB10001424127887323407104579036714155366866

Hogan, D. (2012). *Family consequences of children's disabilities.* New York: Russell Sage Foundation.

Holman, T., Busby, D., Doxey, C., Klein, D., & Loyer-Carlson. V. (1997). *RELATionship evaluation.* Provo, UT: The RELATE Institute.

Holmes, E. K., Galovan, A. M. Yoshida, K., & Hawkin, A. J. (2010). Meta-analysis of the effectiveness of resident fathering programs: Are family life educators interested in fathers? *Family Relations, 59*(3), 240-252.

Howard, R. (1981). *A Social History of American Family Sociology, 1865-1940.* Westport, CT: Greenwood.

Howe, G., Levy, M., & Caplan, R. (2004). Job loss and depressive symptoms in couples: Common stressors, stress transmission, or relationship disruption? *Journal of Family Psychology, 18,* 639-650.

Huang, N. (2003). *Family education law in Taiwan.* Paper presented at the annual meeting of the National Council on Family Relations, Vancouver, BC, Canada.

Huang, W. (2005). An Asian perspective on relationship and marriage education. *Family Process, 44*(2), 161-173.

Hughes, R., Bowers, J., Mitchell, E., Curtiss, S., & Ebata, A. (2012). Developing online family life prevention and education programs. *Family Relations, 61*(5), 711-727.

Hwang, S. (2012). Family life education with Asian immigrant families. In S. Ballard & A. Taylor (Eds.), *Family life education with diverse populations* (pp. 187-209). Thousand Oaks, CA: Sage.

Ingoldsby, B., Smith, S., & Miller, J. (2004). *Exploring family theories.* Los Angeles: Roxbury Publishing.

International Organization for Migration (IOM). (2010). World migration report, 2010: The future of migration, building capacities for change. Retrieved from www.publications.iom.int/bookstore/free/WMR2010_summary.pdf

Isabella, R. A., & Belsky, J. (1991). Interactional synchrony and the origins of infant-mother attachment: A replication study. *Child Development, 62,* 373-384.

Jacobs, E H., & Kapuscik, J. L. (2000). *Making the count: Evaluating family preservation services.* Medford, MA: Family Preservation Evaluation Project, Tufts University.

Jarrett, R., Jefferson, S., & Kelly, J. (2010). Finding community in family: Neighborhood effects and African American kin networks. *Journal of Comparative Family Studies, 41,* 299-328.

Jayakody, R., Thornton, A., & Axinn, W. (2008). *International family change: Ideational perspectives.* New York: Lawrence Erlbaum.

Jayson, S. (2009). Family life, roles changing as couples seek balance. *USA Today.* Retrieved from http://usatoday30.usatoday.com/news/health/2009-04-18-families-conf_N.htm

Jelen, E. (2005). The family in Argentina: Modernity, economic crisis, and politics. In B. Adams & J. Trost (Eds.), *Handbook of world families* (pp. 391-413). Thousand Oaks, CA: Sage.

Jiang, C. (2013). Why Chinese couples are divorcing before buying a home. *Time, 181(19).* Retrieved from http://world.time.com/2013/04/29/why-chinese-couples-are- divorcing-before-buying-a-home/

Jones, S. T., Stranik, M., Hart, M. G., Wolf, J. R., & McClintic, S. (2013). A closer look at diverse roles of practitioners in parenting education: Peer educators, paraprofessionals and professionals. National Parenting Education Network (NPEN). Retrieved from www.npen.org

Juvenile Justice Evaluation Center. (2003). Evaluability assessment: Examining the readiness of a program for evaluation. Program evaluation briefing series, #6. Washington, DC: Author. Retrieved from http://www.jrsa.org/pubs/juv-justice/evaluability-assessment.pdf

Kacher, K. (2013, June). Work-life matters. *Minnesota Business Magazine.* Retrieved from http://minnesotabusiness.com/article/guest-column-work-life-matters

Kahn, K., Arino J., Hu W., Raposo P., Sears J., Calderon F., . . . Gardam, M. (2009). Spread of a novel Influenza A (H1N1) Virus via global airline transportation. *New England Journal of Medicine, 361*(2), 212-214.

Kamper, C. (2003). *Connections + PREP: Relationships & marriage interpersonal relationship program for secondary students: Instructor's manual.* Berkeley, CA: The Dibble Fund for Marriage Education.

Kamper, C. (2011). Connections: Relationships & marriage. The Dibble Institute. Retrieved from http://www.dibbleinstitute.org/connections-relationships-marriage/

Kapinus, C., & Johnson, M. (2003). The utility of family life cycle as a theoretical and empirical tool: Commitment and family life cycle state. *Journal of Family Issues, 24,* 155-184.

Karoly, L. A., Kilburn, M. R., Cannon, J. S., Bigelow, J. H., & Christina, R. (2005). *Many happy returns: Early childhood programs entail costs, but the paybacks could be substantial.* Santa Monica, CA: Rand Corporation. Retrieved from www.rand.org/publications/randreview/issues/fall2005/returns.html

Kelly, J. (2002). Psychological and legal interventions for parents and children in custody and access disputes: Current research and practice. *Virginia Journal of Social Policy and Law, 1 0,* 129-163.

Kelly, J., & Emery, R. (2003). Children's adjustment following divorce: Risk and resilience perspectives. *Family Relations, 32,* 252-262.

Kelly, T. (2004). Ireland. In R. Francoeur & R. Noonan (Eds.), *International encyclopedia of sexuality* (pp. 569-580). New York: Continuum.

Kemp, G., Segal, J., & Robinson, L. (2013). Guide to step-parenting & blended families. *Help guide.* Retrieved from www.helpguide.org/mental/blended_families_stepfamilies.htm

Kempner, M. (2004). More than just say no: What some abstinence-only-until marriage curricula teach young people about gender. *SIECUS Report, 32*(3), 2-4.

Kennedy, S., & Bumpass, L. (2008). Cohabitation and children's living arrangements: New estimates from the United States. *Demographic Research, 19,* 1663-1692.

Kenny, L., & Sternberg, J. (2003). Abstinence-only-education in the courts. *SIECUS Report, 31* (6), 26-29.

Kim, I., Lau, A., & Chang, D. (2006). Family violence. In E Leong, A. Inman, A. Ebreo, L. Yang, L. Kinoshita, & M. Fu (Eds.), *Handbook of Asian American psychology* (2nd ed., pp. 363-378). Thousand Oaks, CA: Sage.

King, V., & Scott, M. (2005). A comparison of cohabiting relationships among older and younger adults. *Journal of Marriage and Family, 67*(2), 271-285.

Kirby, D. (2007). Emerging answers: Research findings on programs to reduce teen pregnancy and sexually transmitted diseases. Washington, DC: National Campaign to Prevent Teen and Unplanned Pregnancy. Retrieved from http://www.urban.org/events/thursdayschild/upload/Sarah-Brown-Handout.pdf

Kizlik, B. (2012). Needs assessment information. *Adprima.* Retrieved from http://www.adprima.com/needs.htm

Kline, G., Stanley, S., Markman, H., Olmos-Gallo, P., St. Peters, M., Whitton, S., & Prado, L. (2004). Timing is everything: Pre-engagement cohabitation and increased risk for poor marital outcomes. *Journal of Family Psychology. 18,* 311-318.

Knapp, D., & Reynolds, D. (1996). Establishing credentialing policies and procedures. In A. Browning, A. Bugbee, & M. Mullins (Eds.), *Certification: A NOCA handbook* (pp. 191-214). Washington DC: National Organization for Competency Assurance.

The Knot. (2012). Results of largest wedding study of its kind. Retrieved from www.prnewswire.com/news-releases/theknotcom-and-weddingchannelcom-reveal-results-of-largest-wedding-study-of-its-kind-surveying-more-than-17500-brides-195856281.html

The Knot. (n.d.). Wedding money: What does the average wedding cost? Retrieved from http://wedding.theknot.com/wedding-planning/wedding-budget/qa/what-does-the-average-wedding-cost.aspx

Kolb, D. (1984). Experiential learning: Experience as the source of learning and development. Upper Saddle

River, NJ: Prentice-Hall.

Koohang, A., Riley. L, Smith, T., & Schreurs, J. (2009). E-learning and constructivism: From theory to application. *Interdisciplinary Journal of E-Learning and Learning Objectives, 5*, 91-109.

Koropeckyj-Cox, T., Cain, C., & Coran, J. (2005). Small group learning and hypothetical families in a large introductory course. In D. Berke & S. Wisensale (Eds.), *Marriage & Family Review, 38,* 205-224.

Krane, D., Witeck, B., & Coombs, W. (2011). Surveying among gays & lesbians. *Harris Interactive.* Retrieved from www.harrisinteractive.com/vault/HI_CORP_PAPER_SurveyingGayLesbian.pdf

Krathwohl, D., Bloom, B., & Masia, B. (Eds.). (1973). Taxonomy of educational objectives, the classification of educational goals. Handbook II: Affective domain. New York: David McKay.

Kreider, R. (2005). Number, timing and duration of marriages and divorces: 2001. *Current Population Reports,* 70-97. Washington, DC: U.S. Census Bureau.

Kreider, R., & Ellis, R. (2011a). Living arrangements of children, 2009. *Current Population Reports.* Washington, DC: Government Printing Office. Retrieved from http://www.census.gov/prod/2011pubs/p70-126.pdf

Kreider, R., & Ellis, R. (2011). Number, timing, and duration of marriages and divorces: 2009. *Current Population Reports,* 70-125.Washington, DC: U.S. Census Bureau.

Krill, S. (2010). When one spouse returns from deployment: Tips for MRE practitioners working with military couples. National healthy marriage center. Retrieved from www.healthymarriageinfo.org/resource-detail/index.aspx?rid=3129

Krouse, A., & Howard, H. (2009). *Keeping the campfires going: Native women's activism in urban communities.* Lincoln: University of Nebraska Press.

Kuperberg, A. (2014). Age at coresidence, premarital cohabitation, and marriage dissolu- tion: 1985-2009.*Journal of* Maniage *and Family, 76*, 352-369.

Kyler, S. J., Bumbarger, B. K., & Greenberg, M. T. (2005). *Technical assistance fact sheets: Evidence-based programs.* Pennsylvania State University Prevention Center for the Promotion of Human Development.

Laf romboise, T., Hoyt, D., Oliver, L., & Whitbeck, L. (2006). Family, community, and school influences on resilience among American Indian adolescents in the upper Midwest. *Journal of Community Psychology, 34*(2), 193-208.

Lake Placid Conference on Home Economics proceedings of the first, second, and third conferences. (1901). Geneva, NY: American Home Economics Association.

The Lancet. (2012). *Adolescent health.* Retrieved from http://www.thelancet.com/series/adolescent-health-2012

Larson, J. (2002). Consumer update: Marriage preparation. Washington, DC: American Association for Marriage and Family Therapy. Retrieved from www.aamft.org/imis15/Content/Consumer_Updates/Marriage_ Preparation.aspx

Larson, J. (2003). *The great marriage tune-up book.* San Francisco: Jossey-Bass.

Larson, J. (2004a). Innovations in marriage education: Introduction and challenges. *Family Relations, 53,* 421-424.

Larson, J. (2004b). Premarital assessment questionnaires: Powerful tools for improving pre- marital counseling. *Marriage & Family: A Christian Journal, 7*, 17-28.

Laszloffy, T. (2002). Rethinking family development theory: Teaching with the systemic family development (SDF) model. *Family Relations, 51*, 206-214.

Ledermann, T., Bodenmann, G., Rudaz, M., & Bradbury, T. (2010). Stress, communication, and marital quality in couples. *Family Relations, 59*, 195-206.

Lenhart, A., Madden, M., Smith, A, Purcell, K., Zickuhr, K., & Rainie, L. (2011). Teens, kindness and cruelty on social network sites. Pew Internet & American Life Project. Retrieved from www.pewinternet.org/Reports/2011/Teens-and-social-media.aspx

Levin, I. (2004). Living apart together: A new family form. *Current Sociology, 52*(2), 223-240.

Lewis-Rowley, M., Brasher, R. E., Moss, J. J., Duncan, S. E, & Stiles, R. J. (1993). The evolution of education for family life. In M. E. Arcus, J. D. Schvaneveldt, & J. J. Moss (Eds.), *Handbook of family life education* (Vol. 1, pp. 26-50). Newbury Park, CA: Sage.

Lichter, D., & Qian, Z. (2008). Serial cohabitation and the marital life course. *Journal of Marriage and Family, 70*(4), 861-878.

Littell, J. H. (1986). *Building strong foundations: Evaluation strategies for family resource programs.* Chicago: Family Resource Coalition.

Lofquist, D., Lugaila, T., O'Connell, M., & Feliz, S. (2012). Households and Families: 2010. *U.S. Bureau of the Census.* Retrieved from www.census.gov/prod/cen2010/briefs/c2010br-14.pdf

Loper, A., Carlson, W., Levitt, E., & Scheffel, K. (2009). Parenting stress, alliance, child contact and adjustment of imprisoned mothers and fathers. *Journal of Offender Rehabilitation, 48*(6), 483-503.

Luo, S., & Klohnen, E. (2005). Assortative mating and marital quality in newlyweds: A couple-centered approach. *Journal of Personality and Social Psychology, 88*, 304-326.

Maccoby, E. (1980). *Social development: Psychological growth and the parent-child relationship.* New York: Harcourt Brace Jovanovich.

Mace, D. (1982). *Close companions: The marriage enrichment handbook.* New York: Continuum Publishing.

MacInnes, M. (2008). One's enough for now: Children, disability, and the subsequent child-bearing of mothers. *Journal of Marriage and Family, 70*, 758-771.

Manning, W., & Cohen, J. (2012). Premarital cohabitation and marital dissolution: An examination of recent marriages. *Journal of Marriage and Family, 74*, 377-387.

Marano, H. E. (2008). *A nation of wimps.* New York: Random House.

Marketing Charts. (2007). Teen market to surpass $200 billion by 2011, despite population decline. The Teens Market in the U.S. Report. Retrieved from www.marketingcharts.com/wp/traditional/teen-market-to-surpass-200-billion-by-2011-despite-population-decline-817/

Markman, H., Stanley, S., & Blumberg, S. (2010). *Fighting for your marriage* (3rd ed.). San Francisco: Jossey-Bass.

Marquardt, E., Blankenhorn, D., Lerman, R., Malone-Colon, L., & Wilcox, W. (2012). The president's marriage agenda for the forgotten sixty percent. *The state of our unions.* Charlottesville, VA: National Marriage Project and Institute for American Values. Retrieved from www.stateofourunions.org/2012/SOOU2012.pdf

Maurer, L. (2012). Family life education with lesbian, gay, bisexual, and transgender families. In S. Ballard & A. Taylor (Eds.), *Family life education with diverse populations* (pp. 255-283). Thousand Oaks, CA: Sage.

Mbwana, K., Terzian, M., Moore, K. (2009). What works for parent involvement programs for children: Lessons from experimental evaluations of social interventions? Child trends fact sheet #2009-47. Washington, DC: Child Trends. Retrieved from http://www.childtrends.org/wp-content/uploads/2009/12/What-Works-for-Paren t-Involvement-Programs-for-Adolescents-February-2010.pdf

McCawley, P. (2009). *Methods for conducting an educational needs assessment.* Moscow: University of Idaho Extension.

McDermott, D. (2011). What do parenting educators need to know and do? PowerPoint presentation at the National Forum on Professional Preparation Systems in Parenting Education. Retrieved from http://npen.org/profdev/forum/standards/parents-need-to-know.pdf

McGee, J. (n.d.). Teaching millennials. Retrieved from http://www.ame.pitt.edu/documents/McGee_Millennials.pdf

McGee, M. (2004). Talking with kids about pleasure. *Planned Parenthood Federation of America Educator's Update, 8*(4), 1-6.

McGregor, S., & Toronyi, K. (2009). A millennial recruitment and retention blueprint for home economics professional associations. *International Journal of Home Economics, 2*(2), 2-19.

McGroder, S., & Hyra, A. (2009). Developmental and economic effects of parenting programs for expectant parents and parents of preschool-age children. *Partnership for America's Economic Success.* Retrieved from http://www.readynation.org/docs/researchproject_mcgroder_200903_paper.pdf

McKeachie, W, & Svinicki, M. (2006). McKeachie's teaching tips: Strategies, research, and the- ory for college and university teachers. New York: Houghton Mifflin.

Merriam-Webster Dictionary. (n.d.). Definition of profession. Retrieved from http://www.merriam-webster.com/dictionary/profession

Mikulincer, M., & Shaver, P. (2012). Adult attachment orientations and relationship processes. *Journal of Family Theory & Review, 4,* 259-274.

Miller, J., & Seller, W (1990). *Curriculum perspectives and practices.* New York: Longman.

Miller, P. M. (2011). Homeless families education networks: An examination of access and mobilization. *Educational Administration Quarterly, 47,* 543-581.

Miller, S., Miller, P., Wackman, E., & Nunnally, D. (n.d.). *Couple communication.* Retrieved from http://www.couplecommunication.com/index.html

Miller, T., & Hendrie, D. (2008). Substance abuse prevention dollars and cents: A cost-benefit analysis. U.S. Department of Health and Human Services. Rockville, MD: Center for Substance Abuse Prevention, Substance Abuse and Mental Health Services Administration.

Mills, M. (2014). Globalization and family life. In A. Abela & J. Walker (Eds.), *Contemporary issues in family studies: Global perspectives on partnerships, parenting and support in a changing world.* Malden, MA: John Wiley & Sons.

Min, P. (2006). *Asian Americans: Contemporary trends and issues.* Thousand Oaks, CA: Sage. Minnesota Association for Family and Early Education (MNAFEE). (2011). Parent education core curriculum framework. A comprehensive guide to planning curriculum for parent education programs in the domains of parent development, parent-child relationships, early childhood development, family development, and culture and community. St. Paul, MN: Author. Retrieved from http://www.mnafee.org/index.asp?Type=B_BASIC&SEC={A2E3A088-0669-4806-911F-

F92011A6BFED}

Minnesota Council on Family Relations (MCFR). (1997). *Ethical thinking and practice for Parent and family educators.* Minneapolis, MN: Ethics Committee, Parent and Family Education Section.

Minnesota Council on Family Relations (MCFR). (2009). Ethical thinking and practice for parent and family life educators. In D. Bredehoft & M. Walcheski (Eds.), *Family life education: Integrating theory and practice* (pp. 233-239). Minneapolis, MN: National Council on Family Relations.

Modo, I. (2005). Nigerian families. In B. Adams & J. Trost (Eds.), *Handbook of world families* (pp. 25-46). Thousand Oaks, CA: Sage.

Montfort, S., & Brick, P. (1999). *Unequal partners: Teaching about power and consent in adult-teen relationships.* Morristown, NJ: Planned Parenthood of Greater Northern New Jersey, Inc.

Moore, T., & Asay, S. (2013). *Family resource management.* Thousand Oaks, CA: Sage.

Morin, R. (2008). America's four middle classes. Pew Research Center. Retrieved from http://www.pewsocialtrends.org/2008/07/29/americas-four-middle-classes/

Morrison, E., Price, M. (1974). *Values in sexuality: A new approach to sex education.* New York: Hart Publishing.

Mulroy, M. (2012). Family life education with prison inmates and their families. In S. Ballard & A. Taylor (Eds.), *Family life education with diverse populations* (pp. 41-59). Thousand Oaks, CA: Sage.

Mumola, C. (2000). Incarcerated parents and their children. *Bureau of Justice Statistics Special Report.* Retrieved from http://www.bjs.gov/content/pub/pdf/iptc.pdf

Myers-Walls, J. (1998). *What is your parent education approach?* Lafayette,. IN: Purdue University Cooperative Extension Service.

Myers-Walls, J. (2012). Family life education with court-mandated parents with families. In S. Ballard & A. Taylor (Eds.), *Family life education with diverse populations* (pp. 61-90). Thousand Oaks, CA: Sage.

Myers-Walls, J. (n.d.). *Family life education materials: Quality assessment tool.* Lafayette, IN: Purdue Extension. Retrieved from http://www.extension.purdue.edu/purplewagon/FLEMat-QAT/FLEMat-QAT.htm

Myers-Walls, J., Ballard, S., Darling, C., & Myers-Bowman, K. (2011). Reconceptualizing the domains and boundaries of family life education. *Family Relations, 60,* 357-372.

Nakonezny, P., & Denton, W (2008). Marital relationships: A social exchange theory perspective. *The American Journal of Family Therapy, 36,* 402-412.

Naser, R., & Visher, C. (2006). Family members' experiences with incarceration and reentry. *Western Criminology Review, 72*(2), 20-31.

National Adult Protective Services Association (NAPSA). (2005). Adult protective services core competencies. Retrieved from http://APSNetwork.org/Resources/docs/CoreCompetencies71005.ppt

National Center for Family & Marriage Research (NCFMR). (2010). Remarriage rate in the U.S. 2010. Retrieved from http://ncfmr.bgsu.edu/pdf/family_profiles/file114853.pdf

National Center for Transgender Equality (NCTE) & National Gay and Lesbian Taskforce (NGLT). (2009). *National transgender discrimination sun^1ey.* Retrieved from http://transequality.org/Resources/NCTE_prelim_survey_econ.pdf

National Commission on Family Life Education. (1968). Family life education programs: Principles, plans, procedures. A framework for family life educators. *The Family Coordinator, 17,* 211-214.

National Council on Family Relations (NCFR). (1984). *Standards and criteria for the certification of family life educators, college/university curriculum guidelines, and an overview of content in family life education: A framework for life span programs.* Minneapolis, MN: Author.

National Council on Family Relations (NCFR). (2003). *Assessing the future: Family life education.* NCFR Fact Sheet. Minneapolis, MN: Author.

National Council on Family Relations (NCFR). (2009a). *Family life educators code of ethics.* Retrieved from http://www.ncfr.org/sites/default/files/downloads/news/cfle_code_of_ethics_2012.pdf

National Council on Family Relations (NCFR). (2009b). *Family life education content areas: Coment and practice guidelines. Minneapolis, MN:* Author. Retrieved from http://www.ncfr.org/sites/default/files/downloads/news/cfle_content_and_practice_guidelines_2014.pdf

National Council on Family Relations (NCFR). (2012). *Tools for ethical thinking and practice in family life education* (3rd ed.). Minneapolis. MN: Author.

National Council on Family Relations (NCFR). (2013). Standards and criteria. Certified family life educator program. Retrieved from http://www.ncfr.org/sites/default/files/downloads/news/standards_2013b.pdf

National Council on Family Relations (NCFR). (n.d.a). Family life education PowerPoint. Retrieved from http://www.ncfr.org/cfle-certification/what-family-life-education

National Council on Family Relations (NCFR). (n.d.b). Degree programs in family science. Retrieved from http://www.ncfr.org/degree-programs

National Education Association (NEA). (2003). Guide to teaching online courses. Retrieved from http://www.nea.org/technology/images/onlineteachguide.pdf

National Healthy Marriage Resource Center (NHMRC). (2007). Become a marriage and relationship educator. Retrieved from http://www.healthymarriageinfo.org/educators/become-educator/index.aspx

National Healthy Marriage Resource Center (NHMRC). (2010). Covenant marriage: A fact sheet. Retrieved from www.healthymarriageinfo.org/download.aspx?id=329?

National Institute of Child Health and Human Development (NICI-ID). (2010). *Sudden infant death syndrome (SIDS): Healthy native babies. Washington.* DC: U.S. Government Printing Office.

National Institutes of Health (NIH). (2011). *Why population* aging *Metaurus global perspective.* Retrieved from http://www.nia.nih.gov/health/publication/why-population-aging-matters-global-perspective/trend-6-changing-family-stmcture

National Marriage Project & Institute for American Values (NMP & IAV). (2012). *The state of our unions: Marriage in America 2012.* University of Virginia and Center for Marriages and Families Institute. Retrieved from http://www.stateofoumnions.org/2012/SOOU2012.pdf

National Parenting Education Network (NPEN). (2013). History of NPEN. Retrieved from www.npen.org

National Prevention Council. (2011). National Prevention Strategy, Washington, DC: U.S. Department of Health and Human Services, Office of the Surgeon General. Retrieved from http://www.surgeongeneral.gov/initiatives/prevention/strategy/report.pdf

National PTA. (n.d.). Today's PTA. Retrieved from http://www.pta.org/about/?&navitemNumber=503

National Stepfamily Resource Center (NSRC). (2013). Stepfamily FAQs. Retrieved from http://www.stepfamilies.info/faq.php

National Survey of Student Engagement (NSSE). (2006). Engaged learning: Fostering success for all students. Retrieved from http://nsse.iub.edu/NSSE_2006_Annual_Report/docs/NSSE_2006_Annual_Report.pdf

Neff, L., & Karney, B. (2004). How does context affect intimate relationships? Linking exter- nal stress and cognitive processes within marriage. *Personality and Social Psychology Bulletin, 30*, 134-148.

Neff, L., & Karney, B. (2007). Stress crossover in newlywed marriage: A longitudinal and dyadic perspective. *Journal of Marriage and Family, 69*, 594-607.

The New York Times. (2010). Raising successful children. Retrieved from http://www.nytimes.com/2012/08/05/opinion/Sunday/raising-successful-children.html?pagewanted=all&_r=0

Newberger, C. M. (1980). The cognitive structure of parenthood: Designing a descriptive measure. *New Directions for Child Development: Clinical Developmental Research, 7*, 45-67.

Newman, B., & Newman, P. (2007). *Theories of human development.* Mahwah, NJ: Lawrence Erlbaum.

NICHD Early Child Care Research Network. (2003). Families matter—Even for kids in child care. *Developmental and Behavioral Pediatrics, 24*(1), 58-62.

Nielsen, A., Pinsof, W, Rampage, C., Solomon, A., & Goldstein, S. (2004). Marriage 101: An integrated academic and experiential undergraduate marriage education course. *Family Relations, 53*, 485-494.

Nilson, L. (2003). *Teaching at its best: A research-based resource for college instructors* (2nd ed.). Bolton, MA: Anker Publishing.

Nixon, E., Greene, S., & Hogan, D. (2012). Negotiating relationships in single-mother households: Perspectives of children and mothers. *Family Relations, 61*, 142-156.

Olsen, C. (1999). Stepping stones for stepfamilies. *The Forum for Family and Consumer Issues, 4*(3). Retrieved from http://ncsu.edu/ffci/publications/l999/v4-n3-1999-winter/showcase-usa.php

Olson, D. (2000). Circumplex model of marital and family systems. *Journal of Family Therapy, 22*, 147-167.

Olson, D., & DeFrain, J. (2006). *Marriages and families: Intimacy, diversity, and strengths.* New York: McGraw-Hill.

Olson, D., DeFrain, J., & Olson, A. (1999). *Building relationships: Developing skills for life.* Minneapolis, MN: Life Innovations.

Olson, D., Fournier, D., & Druckman, J. (1996). *PREPARE.* Minneapolis, MN: Life Innovations.

Olson, D., & Gorall, D. (2003). Circumplex model of marital and family systems. In R Walsh (Ed.), *Normal family processes: Growing diversity and complexity* (3rd ed., pp. 514-548). New York: Guilford Press.

Olson, D., Larson, P., & Olson-Sigg, A. (2009). Couple checkup: Tuning up relationships. *Journal of Couple & Relationship Therapy, 8*, 129-142.

Olson, D., & Olson, A. (2000). *Empowering couples: Building on your strengths.* Minneapolis, MN: Life Innovations.

Olson, D., Olson-Sigg, A., & Larson, P. (2012). *The couple check-up.* Nashville, TN: Thomas Nelson.

Olson, D., Russell, C., & Sprenkle, D. (1989). *Circumplex model: Systemic assessment and treatment of families.* Binghamton, NY: Haworth Press.

Olson-Sigg, A. (2004). Premarital education programs for youth: Investing in prevention. *Marriage & Family: A Christian Journal, 7*, 123-129.

Ooms. T. (2002). Strengthening couples and marriage in low-income communities. In A. Hawkins, S. Wardle, & D. Coolidge (Eds.), *Revitalizing the institution of marriage for the twenty-first century: An agenda for strengthening marriage* (pp. 79-100). Westport, CT: Praeger.

Ooms, T., & Hawkins, A. (2012). Marriage and relationship education: A promising strategy for strengthening low-income, vulnerable families. *The state of our unions.* Charlottesville, VA: National Marriage Project and Institute for American Values.

Ooms, T., & Wilson, P. (2004). The challenges of offering relationship and marriage educa- tion to low-income populations. *Family Relations, 53,* 440-447.

Osborne, C. (2005). Marriage following the birth of a child among cohabiting and visiting parents. *Journal of Marriage and Family, 67,* 14-26.

Owen, J., Rhoades, G., Stanley, S., & Fincham, E (2010). Hooking up: Relationship differences and psychological correlates. *Archives of Sexual Behavior, 39,* 553-563.

Paige, R. (2005). Sexual orientation, parents, & children: Proceedings of the American Psychological Association for 2004. *American Psychologist, 60*(5), 436-511.

Palm, G. (1998). Ethical thinking and practice for family professionals. *Views,* 14-17.

Palm, G. (2012). Professional ethics and practice in family life education. In *Tools for ethical thinking and practice in family life education* (pp. 1-9). Minneapolis, MN: National Council on Family Relations.

Pardini, D. (2008). Novel insights into long-standing theories of bidirectional parent-child influences: Introduction to the special section. *Journal of Abnormal Child Psychology, 36,* 627-631.

Parker, E J. (1980). Home economics: An introduction to a dynamic profession. New York: Macmillan.

Parker, K. (2011). A portrait of stepfamilies. Pew *Research Center report.* Retrieved from http://www.pewsocialtrends.org/2011/01/13/a-portrait-of-stepfamilies/

Parker, K., & Wang, W (2013). Modern parenthood. Roles of moms and dads converge as they balance work and family. Washington, DC: Pew Research Center. Retrieved from http://www.pewsocialtrends.org/files/2013/03/FINAL_modern_parenthood_03-2013.pdf

Patton, G., Coffey, C., Cappa, C., Currie, D., Riley, L., Gore, E, . . . Ferguson, J. (2012). Health of the world's adolescents: A synthesis of internationally comparable data. *The Lancet, 379,* 1665-1675. Retrieved from http://www.unicef.org/adolescence/files/Lancet-Adolescent-Data.pdf

Patton, M. Q. (1997). *Utilization-focused evaluation.* Thousand Oaks, CA: Sage.

Pearson, M. (2004). *LoveU2: Getting smarter about relationships.* Berkeley, CA: The Dibble Fund for Marriage Education.

Pearson, M., Stanley, S., & Kline, G. (2005). *Within my reach.* Greenwood Village, CO: PREP for Individual, Inc.

Pendergast, D. (2006). Sustaining the home economics profession in new times-A convergent moment. In A. Rauma, S. Pollanen, & P. Seitamaa-Hakkarainen (Eds.), *Human perspectives* on *sustainable future* (pp. 3-39). Joensuu, Finland: University of Joensuu.

Pendergast, D. (2009). Generational dynamics: Y it matters 2 u & me. *International Journal of Home Economics, 2*(2), 67-84.

Pendergast, D. (2010). Connecting with millennials: Using tag clouds to bring a folksonomy from key home economics documents. *Family & Consumer Sciences Research Journal, 38*(3), 289-302.

People & the Planet. (2008). The ageing world. Retrieved from http://www.peopleandplanet.net/?lid=25995&section=33&topic=26

Permenter, C. (2013). Telecommuting an attractive option for millennials. *USA Today.* Retrieved from http://www.usatodayeducate.corn/staging/index.php/career/telecommuting-an-attractive-option-formillennials

Perrote, D., & Feinman, S. (2012). Family life education with American Indian families. In S. Ballard & A. Taylor (Eds.), *Family life education with diverse populations* (pp. 141-164). Thousand Oaks, CA: Sage.

Peterson, B. (2004). *Cultural intelligence: A guide to working with people from other cultures.* Yarmouth, MA: Intercultural Press.

Peterson, G., Hennon, C., & Knox, T. (2010). Conceptualizing parental stress with family stress theory. In S. Price, C. Price, & P. McKenry (Eds.), *Families & change: Coping with stressful events and transitions* (pp. 25-49). Thousand Oaks, CA: Sage.

Pew Research Center. (2011). A portrait of stepfamilies. Retrieved from http://www.pewsocialtrends.org/2011/01/13/a-portrait-of-stepfamilies/

Pew Research Center. (2013a). A survey of LGBT Americans: Attitudes, experiences, and values in changing times. Retrieved from http://www.pewsocialtrends.org/2013/06/13/a-survey-of-lgbt-americans/9/

Pew Research Center. (2013b). Cell phone ownership hits 91% of adults. Retrieved from http://www.pewresearch.org/fact-tank/2013/06/06/cell-phone-ownership-hits-91-of-adults/

Pew Research Center. (April 2006-May 2013). Internet & American life project surveys. Retrieved from http://www.pewintemet.org/Static-Pages/Trend-Data-%28Adults%29.aspx

Phillips, J. (1981). *Piaget's theory: A primer.* San Francisco: Freeman.

Piaget, J. (1950). *The psychology of intelligence.* London: Routledge & Kegan Paul.

Piaget, J., & Inhelder, B. (1969). *The psychology of the child.* New York: Basic Books.

Pittenger, K., & Heimann, B. (1998). Barnga©, a game on cultural clashes. *Developments in Business Simulation and Experiential Learning, 25,* 253-254. Retrieved from http://sbaweb.wayne.edu/~absel/bkl/vol25/25ch.pdf

Pizzigati, K., Stuck, E., & Ness, M. (2002). *A child advocacy primer: Experience and advice from service providers, board leaders, land consumers.* Washington, DC: Child Welfare League of America Press.

Polson, M., & Piercy, E (1993). The impact of training stress on married family therapy trainees and their families: A focus group study. *Journal of Family Psychotherapy, 4,* 69-92.

Popenoe, D., & Whitehead, B. D. (2003). *The state of our unions, 2003.* New Brunswick, NJ: National Marriage Project, Rutgers University.

Powell, L., & Cassidy, D. (2007). Family life education: Working with families across the life span. Long Grove, IL: Waveland Press.

Prensky, M. (2001). Digital natives, digital immigrants. *On the Horizon, 9*(5), 1-6.

Prensky, M. (2006). Listen to the natives. *Educational Leadership, 63*(4), 8-13.

Proulx, C., Helms, H., & Buehler, C. (2007). Martial quality and personal well-being: A meta-analysis. *Journal of Marriage and Family, 69,* 576-593.

Public Education Committee on Family. (2001). *Family matters: Report of the Public Education Committee on Family.* Singapore, Malaysia: Ministry for Community Development and Sports.

Quigley, E. (1974). *Introduction to home economics* (2nd ed.). New York: Macmillan.

Radley, M., & Randolph, K. (2009). Parenting sources: How do parents differ in their efforts to learn about parenting? *Family Relations, 58,* 536-548.

Rasmussen, W. D. (1989). *Taking the university to the people.* Ames, IA: University Press.

Raymond, M., Bogdanovich, L., Brahmi, D., Cardinal, L., Fager, G., Frattarelli, L., Hecker, G., Jarpe, E.,

Viera, A., Kantor, L., & Santelli, J. (2008). State refusal of federal funding for abstinence-only programs. *Sexuality Research and Social Policy, 5*(3), 44-55.

Reeves, R. V., & Howard, K. (2013). *The parenting gap.* Washington, DC: The Brookings Institution. Center on Children & Families. Retrieved from http://www.brookings.edu/research/papers/2013/09/09-parenting-gap-social-mobility-wellbeing-reeves

Roberts, B., & Mroczek, D. (2008). Personality trait change in adulthood. *Current Directions* in *Psychological Science, 19*(1), 31-35.

Roberts, B., Kuncel, N., Shiner, R., Caspi, A., & Goldberg, L. (2007). The power of personality: A comparative analysis of the predictive validity of personality traits, SES, and IQ. *Perspectives on Psychological Science, 2*(3), 31-35.

Roehl, A., Reddy, S., & Shannon, G. (2013). The flipped classroom: An opportunity to engage millennial students through active learning strategies. *Journal of Family* & *Consumer Sciences. 105*(2), 44-49.

Rohrbaugh, M., Shoham, V., & Coyne. J. (2006). Effect of marital quality on eight-year survival of patients with heart failure. *American Journal of Cardiology, 98*(8), 1069-1072.

Roopnarine, J., & Gielen, U. (2005). Families in global perspective: An introduction. In J. Roopnarine & U. Gielen (Eds.), *Families in global perspective* (pp. 3-13). Boston: Pearson.

Rosen, L. (2010). Welcome to the igeneration. *Psychology Today.* Retrieved from www.psychologytoday.com/blog/rewired-the-psychology-technology/201003/welcome-the-igeneration

Rosenbaum. J. (2009). Patient teenagers: A comparison of the sexual behavior of virginity pledgers and matched nonpledgers. *Pediatrics, 123*, 110-120.

Royse, D. (2001). *Teaching tips for college and university instructors: A practical guide.* Needham Heights, MA: Allyn & Bacon.

Ruey, S. (2010). A case study of constructivist instructional strategies for adult online learn- ing. *British Journal of Educational Technology, 41*(5), 706-720.

Sassier, S. (2010). Partnering across the life course: Sex, relationships, and mate selection. *Journal of Marriage and Family, 72*, 557-575.

Schick, V., Herbenick, D., Reece. M., Sanders, S., Dodge, B., Middlestadt, S., & Fortenberry, J. (2010). Sexual behaviors, condom use, and sexual health of Americans over 50: Implications of sexual health promotion for aging adults. *The Journal of Sexual Medicine, 7*, 315-329.

Schlossman, S. L. (1976, August). Before home start: Notes toward a history of parent edu- cation in America, 1897-1929. *Harvard Educational Review. 46*(3), 436-467.

Schmitt, E., Hu, A., & Bachrach, P. (2008). Course evaluation and assessment: Examples of a learner-centered approach. *Gerontology and Geriatrics Education, 29*(3), 290-300.

Schmuck, R., & Schmuck, P. (2013). Group processes in the classroom. Retrieved from http://education.stateuniversity.com/pages/2022/Group-Processes-in-Classroom.html

Schultz, J. B. (1994). Family life education: Implications for home economics teachers' education. *Journal of Home Economics, 86*, 30-36.

Schvaneveldt, P., & Behnke, A. (2012). Family life education with Latino immigrant families. In S. Ballard & A. Taylor (Eds.), *Family life education with diverse populations* (pp. 165-186). Thousand Oaks, CA: Sage.

Schwartz, P. (1994). Love between equals: How peer maniage really works. New York: Free Press.

Schwartz, P. (2001). Peer marriage: What does it take to create a truly egalitarian relationship? In A. S.

Skolnick & J. Skolnick (Eds.), *Families in transition* (pp. 182-189). Boston: Allyn & Bacon.

Schwartz, P. (2006). *Finding your perfect match. New* York: Penguin.

Seefeldt, K., & Smock., P. (2004). Marriage on the public policy agenda: What do policy makers need to know from research? *National Poverty Center.* Retrieved from http://www.npc.umich.edu/publications/workingpaper04/paper2/04-02.pdf

Serlin, R. (2005). The advantages and disadvantages of online courses. Retrieved from http://www.gened.arizona.edu/sites/default/files/AdvantagesDisadvantagesOnlineCourses.pdf

Sesame Street. (2013). Little children, big challenges: Incarceration. Retrieved from http://www.sesamestreet.org/parents/topicsandactivities/toolkits/incarceration

Sexuality Information and Education Council of the United States (SIECUS). (1998). *Filling the gaps: Hard to teach topics in sexuality education.* New York: Author.

Sexuality Information and Education Council of the United States (SIECUS). (2004). *Guidelines for comprehensive sexuality education: Kindergarten through 12th grade* (3rd ed.). New York: Author. Retrieved from http://www.siecus.org/_data/global/images/guidelines.pdf

Sexuality Information and Education Council of the United States (SIECUS). (2007). On our side: Public support for comprehensive sexuality education. Retrieved from http://www.siecus.org/_data/global/images/public_support.pdf

Sexuality Information and Education Council of the United States (SIECUS). (2008). Sex respect review. *Community Action Kit.* Retrieved from www.communityactionkit.org/index.cfm?fuseaction=page.viewpage&pageid=990

Sexuality Information and Education Council of the United States (SIECUS). (2009). *In their own words: What abstinence-only-until marriage programs say.* Washington, DC: SIECUS Public Policy Office. Retrieved from www.siecus.org/index.cfm?fuseaction=Page.ViewPage&PageID=1199

Sexuality Information and Education Council of the United States (SIECUS). (n. d. a). *Abstinence only until marriage programs.* Retrieved from http://www.siecus.org/index.cfm?fuseaction=Page.viewPage&pageid=523&parentID=477

Sexuality Information and Education Council of the United States (SIECUS). (n.d. b). *Comprehensive sexuality education.* Retrieved from http://www.siecus.org/index.cfm?fuseaction=page.viewPage&pageid=514&parentID=477

Sexuality Information and Education Council of the United States (SIECUS). (n.d. c). *Talk about sex: What is sexuality.* Retrieved from http://www.seriouslysexuality.com/index.cfm?fuseaction=Page.ViewPage&pageid=1071

Shah, A. (2011). Health issues. *Global issues: Social, political, economic and environmental issues that affect us all.* Retrieved from www.globalissues.org/issue/587/health-issues

Sharman, C. (2005). The problem with drinking. *Perspectives in Health: Magazine of the Pan American Health Organization.* Retrieved from www.paho.org/English/DD/PIN/Number21_article04.htm

Sheng, J. (2005). Chinese families. In B. Adams & J. Trost (Eds.), *Handbook of world families* (pp. 99-128). Thousand Oaks, CA: Sage.

Shlafer, R., Gerrity, E., Ruhland, E., & Wheeler, M. (2013). Children with incarcerated parents—Considering children's outcomes in the contexts of family experiences. *Children's mental health ereview.* St. Paul: University of Minnesota Extension, Children, Youth, and Family Consortium.

Shor, L., & Freire, P. (1986). *A pedagogy for liberation: Dialogues on transforming education.* South Hadley,

MA: Bergin & Garvey.

Silliman, B., & Schumm. W. (2004). Adolescents' perceptions of marriage and premarital couples education. *Family Relations, 53*, 513-520.

Simon, R. (2002). Revisiting the relationships among gender, marital status, and mental health. *American Journal of Sociology, 107*, 1065-1096.

Simon, S., Howe, L., & Kirschenbaum, H. (1972). Values clarification: A handbook of practical strategies for teachers and students. New York: Hart Publishing.

Simon, W., & Gagnon, J. (1984). Sexual scripts. *Society, 22*, 53-60.

Simpson, E. (1972). *The classification of educational objectives in the psychomotor domain: The psychomotor domain* (Vol. 3). Washington, DC: Gryphon House.

Singh, J. (2005). The contemporary Indian family. In B. Adams & J. Trost (Eds.), *Handbook of world families* (pp. 129-166). Thousand Oaks, CA: Sage.

Skinner, B. (1953). *Science and human behavior.* New York: Macmillan.

Skinner, B. (1957). *Verbal behavior.* New York: Appleton-Century Crofts.

Skinner, B. (1974). *About behaviorism.* New York: Knopf.

Skogrand, L., Reck, K., Higginbotham, B., Adler-Baedel E, & Dansie, L. (2010). Recruitment and retention for stepfamily education. *Journal of Couple & Relationship Therapy, 9*, 48-65.

Small, S., & Memmo, M. (2004). Contemporary models of youth development and problem prevention: Toward an integration of terms, concepts, and models. *Family Relations, 53*, 3-11.

Small, S. A., Cooney, S. M., & O'Connor, C. (2009). Evidence-informed program improvement: Using principles of effectiveness to enhance the quality and impact of family-based prevention programs. *Family Relations, 58*, 1-13.

Smith, A. (2013). Smart phone ownership 2013. *Pew Internet.* Retrieved from http://pewinternet.org/Reports/2013/Smartphone-Ownership-2013/Findings.aspx

Smith, C. A., Cudaback, D., Goddard, H. W., & Myers-Walls, J. (1994). *National extension parent education model.* Manhattan: Kansas Cooperative Extension Service.

Southwick, E. (2011a). *All about happiness.* Retrieved from www.allabouthappiness.com/about-edward.html

Southwick, E. (2011b). *Happiness and life success coaching with Edward Southwick, Jr.* Retrieved from www.youtube.com/watch?v=y-o0MQ86Jvk

Spigner-Littles, D., & Anderson, C. (2010). Constructivism: A paradigm for older learners. *Educational Gerontology, 25.* doi: 10.1080/036012799267828, pp. 203-209.

Spoth, R, Guyll, M., & Day, S. (2002). Universal family-focused interventions in alcohol-use disorder prevention: Cost-effectiveness and cost-benefit analyses of two interventions. *Journal of Studies on Alcohol and Drugs, 63*(2), 219-235.

Squires, N., & Smith, R. (2006). What is marriage education? Married for good. Retrieved from http://www.marriageeducation.ca/philosophy.html (Site discontinued)

Sroufe, A. L. (2002). From infant attachment to promotion of adolescent autonomy: Prospective, longitudinal data on the role of parents in development. In J. G. Borkowski, S. Landesman Ramey, & M. Bristol-Power (Eds.), *Parenting and the child's world* (pp. 187- 202). Mahwah, NJ: Lawrence Erlbaum.

Stangler-Hall, K., & Hall, D. (2011). Abstinence-only education and teen pregnancy rates: Why we need comprehensive sex education in the U.S. *PLOS ONE* 6(10), e24658. doi:l0.1371/journal.pone.0024658. Retrieved from http://www.plosone.org/article/info:doi/10.1371/journal.pone.0024658

Stanley, S. (2001). Making the case for premarital education. *Family Relations, 50,* 272-280.

Stanley, S. (2002). *What is it with men and commitment, anyway?* Keynote address to the 6th Annual Smart Marriages Conferences. Washington, DC.

Stanley, S., Allen, E., Markman, H., Saiz, C., Bloomstrom, G., Thomas, R., Schuum, W., & Bailer, A. (2005). Dissemination and evaluation of marriage education in the Army. *Family Process, 44*(2), 187-201.

Stanley, S., Amato, P., Johnson, C., & Markman, H. (2006). Premarital education, marital quality, and marital stability. Findings from a household survey. *Journal of Family Psychology, 20*(1), 117-126.

Stanley, S., Markman, H., & Jenkins, N. (2004). *Marriage education using PREP with low-income and diverse clients.* Denver, CO: PREP.

Stanley, S., Markman, H., Jenkins, N., & Blumberg, S. (2009). *PREP version 7.0b leaders manual.* Greenwood Village, CO: PREP Educational Products.

Stanley, S., Rhoades, G., & Markman, H. (2006). Sliding versus deciding: Inertia and the premarital cohabitation effect. *Family Relations, 55,* 499-509.

Stanley, S., Whitton, W., & Markman, H. (2004). Maybe I do: Interpersonal commitment levels and premarital or non-marital cohabitation. *Journal of Family Issues, 25,* 496-519.

State of Minnesota. (n.d.). Parent and family education teacher licensure requirements. Retrieved from https://www.revisor.mn.gov/rules/?id=8710.3100

Staton, J., & Ooms, T. (2012). "Something important is going on here!" Making connections between marriage relationship quality and health: Implications for research and healthcare systems, programs and policies. Fairfax, VA: National Healthy Marriage Resource Center (NMHRC). Retrieved from http://www.healthymarriageinfo.org/resource-detail/index.aspx?rid=3984

Steck, P. (2009). Addressing changes in family structures. *International Social Security Administration (ISSA).* Retrieved from www.issa.int/content/download/75658/1435994/file/2TR-29.pdf

Steele, M. (2005). Teaching students with learning disabilities: Constructivism or behaviorism? *Current Issues in Education, 8*(10), 6-16.

Sternberg, R. (1986). A triangular theory of love. *Psychological Review, 93,* 119-135.

Stevenson, B., & Wolfers, J. (2013). Where do you stand in the global love ranking? Retrieved from http://www.bloomberg.com/news/2013-02-14/where-do-you-stand-in-the-global-love-ranking-.html

Stiffman, A., Brown, E., Freedenthal, S., House, L., Ostmann, E., & Yu, M. (2007). American Indian youth: Personal, familial, and environmental strengths. *Journal of Child and Family Studies, 16*(3), 331-336.

Stokes-Eley, S. (2007). Using Kalb's experiential learning cycle in chapter presentations. *Teacher Development, 13,* 26-29.

Strauss, W., & Howe, N. (1991). *Generations.* New York: Williams Morrow.

Subramaiam, A. (2006). Creating an electronic portfolio to integrate multiculturalism in teaching family economics. In R. Hamon (Ed.), *International family studies: Developing curricula and teaching tools* (pp. 487-414). Binghamton, NY: Haworth Press.

Substance Abuse and Mental Health Services Administration (SAMHSA). (2012). Non-researcher's guide to evidence-based program evaluation. *SAMHSA's NREPP.* Retrieved from www.nrepp.samhsa.gov/Courses/ProgramEvaluation/resources/NREPP_Evaluation_course.pdf

Tamminen, S. (2003). *Making sense of the Firms—A cross-cultural training program.* Helsinki, Finland: Cultrane Ky.

Taner, E. (2013a). FLE from womb to tomb-The wheels are moving forward. *Certified Family Life Educator Network, 24*(4), 18-19. Minneapolis, MN: National Council on Family Relations.

Taner, E. (2013b). The wheel is moving forward. *NCFR Network, 25*(3), 18-19.

Taverner, B., & Montfort, S. (2005). *Making sense of abstinence: Lessons for comprehensive sex education.* Morristown, NJ: Planned Parenthood of Greater Northern New Jersey, Inc.

Taverner, B. (2006). Tips for emerging sexology professionals: Networking and nurturing. *Contemporary Sexuality, 40*(2), 1-8.

Tay, S. (2010). America's call to globalization. *Forbes.* Retrieved from www.forbes.com/2010/09/22/asia-america-globalization-markets-economy-book-excerpt-simon-tay_2.html

Taylor, A. C., & Ballard, S. M. (2012). Preparing family life educators to work with diverse populations. In S. M. Ballard & A. C. Taylor (Eds.), *Family life education with diverse populations* (pp. 285-302). Los Angeles: Sage.

Taylor, C., & Taylor, G. (2003). *Designing dynamic stepfamilies: Bringing the pieces to peace.* Video series. Retrieved from designingdynamicstepfamilies.com

Taylor, P., Funk, C., & Clark, C. (2007). As marriage and parenthood drift apart, public is concerned about social impact. *Pew Research Center.* Retrieved from http://www.pewsocialtrends.org/files/2007/07/Pew-Marriage-report-6-28-for-web-display.pdf

Taylor, P., Funk, C., & Craighill, P. (2006). Are we happy yet? *Pew Research Center.* Retrieved from http://pewresearch.org/files/old-assets/social/pdf/AreWeHappyYet.pdf

Thiagarajan, S., & Thiagarajan, R. (2011). *BARNGA.* Boston: Intercultural Press.

Thomas, J., & Arcus, M. E. (1992). Family life education: An analysis of the concept. *Family Relations, 41*, 3-8.

Thomas, R. (1996). Reflective dialogue parent education design. Focus on parent develop- ment. *Family Relations, 45*(2), 189-200.

Thomas, R., & Footrakoon, O. (1998). What curricular perspectives can tell us about parent education curricula. Retrieved from http://parenthood.library.wisc.edu/Thomas/Thomas.html

Tieffer, L. (2004). *Sex is not a natural act and other essays* (2nd ed.). Boulder, CO: Westview Press.

Timmerman, G. (2008). Teaching skills and personal characteristics of sex education teachers. *Teaching and Teacher Education, 25*, 500-506.

Tippett, D. (2003). The learners we teach. In V. Chamberlain & M. Cummings (Eds.), *Creative instructional methods for family & consumer sciences, nutrition & wellness* (pp. 17- 29). Peoria, IL: Glencoe/McGraw-Hill.

The Today Show. (2013). Don't turn your child into a praise junkie! Retrieved from http://www.today.com/id/12648314/ns/today-parenting_and_family/t/dont-turn-your-child-praise-junkie/

Toossi, M. (2012). Labor force projections to 2020: A more slowly growing workforce. *Monthly Labor Review, 135*(1), 43-64.

Torstendahl, R., & Burrage, M. (1990). *The formation of professions: Knowledge, state and strategy.*

London: Sage.

Trenholm, C., Devaney, B., Fortson, K., Quay, L., Wheeler, J., & Clark, M. (2007). Impacts of four title V, section 510 abstinence education programs. *Final report.* Princeton, NJ: Mathematica Policy Research Group.

Tschofen, C., & Mackness, J. (2012). Connectivism and dimensions of individual experience. *International Review of Research in Open* and *Distance Learning, 13*(1), 124-143. Retrieved from http://search.proquest.com/docview/1140135888?accountid=4840

Umberson, D., Williams, K., Powers, D., Liu, H., & Needham, B. (2006). You make me sick: marital quality and health over the life course. *Journal of Health and Social Behavior, 47,* 1-16.

United Nations (UN). (1948). Universal Declaration of Human Rights—Article 16(3). Retrieved from http://www.un.org/en/documents/udhr/

United Nations (UN). (2008). Divorces and crude divorce rates by urban/rural residence: 2004-2008. Demographic yearbook, 2008. Retrieved from http://unstats.un.org/unsd/demographic/products/dyb/dyb2008/Table25.pdf

United Nations (UN). (2013). Global issues: Family. Retrieved from http://www.un.org/en/globalissues/family/index.shtml

United Nations (UN). (n.d.). Ending violence against women and girls. Retrieved from http://www.un.org/en/globalissues/briefingpapers/endviol/index.shtml

UN Department of Economic and Social Affairs (UNDESA). (1994). The international year of the family (IYF) 1994. Retrieved from http://social.un.org/index/Family/InternationalObservances/InternationalYearoftheFamily.aspx

UN Department of Economic and Social Affairs (UNDESA). (2002). World population ageing: 1950-2050. Retrieved from http://www.un.org/esa/population/publications/worldageing19502050/

UN Department of Economic and Social Affairs (UNDESA). (2010). International migrant stock: The 2008 revision. Retrieved from http://esa.un.org/migration/

UN Department of Economic and Social Affairs (UNDESA). (2013a). Twentieth anniversary of the international year of the family, 2014. Retrieved from http://social.un.org/index/Family/InternationalObservances/TwentiethAnniversaryofIYF2014.aspx

UN Department of Economic and Social Affairs (UNDESA). (2013b). World economic situation and prospects. Retrieved from http://www.un.org/en/development/desa/policy/wesp/index.shtml

UN Development Programme (UNDP). (2003). *Major trends affecting families: A background document.* New York: United Nations.

UN Development Programme (UNDP). (2011). *Sustainability and equity: A better future for all.* New York: United Nations.

UN Office on Drugs and Crime (UNODC). (2012). World drug report. Retrieved from http://www.unodc.org/documents/data-and-analysis/WDR2012/WDR_2012_web_small.pdf

UN Population Fund (UNFPA). (2008). Linking population, poverty, and development-Migration: A world on the move. Retrieved from http://www.unfpa.org/pds/migration.html

UN Statistics Division (UNSD). (2008). Minimum legal age for marriage without consent. Retrieved from http://data.un.org/Data.aspx?d=GenderStat&f=inID:19

UNAIDS. (2012). Global fact sheet: World AIDS Day 2012. Retrieved from http://www.unaids.org/en/media/unaids/contentassets/documents/epidemiology/2012/gr2012/20

121120_FactSheet_Global_en.pdf

University of Minnesota. (1991). Family education/parent education licensure. St. Paul, MN: Department of Work, Family and Community Education.

U.S. Bureau of the Census. (2006). *Statistical abstract of the United States* (122nd ed). Washington, DC: U.S. Government Printing Office.

U.S. Bureau of Labor Statistics (BLS). (2013). 2012-2013 *Occupational outlook handbook.* United States Department of Labor. Retrieved from http://www.bls.gov/ooh/

U.S. Census Bureau. (2012a). One-parent unmarried family groups with own children. Current population survey, 2012 annual social and economic supplement. Retrieved from www.census.gov/hhes/families/data/cps2012.html

U.S. Census Bureau. (2012b). Profile America facts for features. Retrieved from www.census.gov/newsroom/releases/archives/facts_for_features_special_editions/cb12-ff18.html

U.S. Census Bureau. (2012c). U.S. Census Bureau projections show a slower growing, older, more diverse nation a half century from now. Retrieved from www.census.gov/newsroom/releases/archives/population/cb12-243.html

U.S. Census Bureau. (2013). Asians fastest-growing race or ethnic group in 2012. Retrieved from www.census.gov/newsroom/releases/archives/population/cb13-112.html

U.S. Census Bureau News. (2012). Profile America facts for features: Unmarried and single Americans Week September 15-21, 2013. Retrieved from www.census.gov/newsroom/releases/archives/facts_for_features_special_editions/cb13-ff21.html

U.S. Department of Agriculture, National Institute of Food and Agriculture (USDA, NIFA). (n.d.). History of extension. Retrieved from http://www.csrees.usda.gov/qlinks/ extension.html#yesterday

U.S. Department of Defense. (2009). Plans for the department of defense for the support of military family readiness. Retrieved from www.militaryonesource.mil/12038/MOS/Reports/FY2009_Report_MilitaryFamilyReadinessPrograms.pdf

U.S. Department of Housing and Urban Development, Office of Community Planning and Development. (2010). The annual homeless assessment report to Congress. Retrieved from www.hudhre.info/documents/2010HomelessAssessmentReport.pdf

USA Today. (2012). Self-sufficiency elusive to young adults of hovering parenting. Retrieved from http://usatoday30.usatoday.com/money/jobcenter/workplace/bruzzese/story/2012-08-26/helicopter-parents-hurt-generation-of-workers/57292900/1

USA Today. (2013a). One in ten high school seniors are extreme binge drinkers. Retrieved from http://www.usatoday.com/story/news/nation/2013/09/16/extreme-binge-drinking-seniors/2809739/

USA Today. (2013b). Overdoses attributed to club drug "Molly" increase. Retrieved from http://www.usatoday.com/story/news/nation/2013/09/25/club-drug-molly-abuse-increases/2868811/

Veldorale-Griffin, A., Coccia, C., Darling, C., Rehm, M., & Sathe, S. (2013). The role of parental indulgence and economic stress in life satisfaction: Differential perceptions of parents and adolescents. *Journal of Family Social Work, 16,* 205-224.

Vespa, J., Lewis, J., & Kreider, R. (2013). America's families and living arrangements: 2012. Current population reports (pp. 20-270). Washington, DC: U.S. Census Bureau. Retrieved from http://www.census.gov/prod/2013pubs/p20-570.pdf

Vogt, S. (n.d.). What makes marriage work: Common values. Retrieved from http://www.foryourmarriage.org/everymarriage/what-makes-marriage-work/common-values/

Vygotsky, L. (1978). *Mind in society: The development of higher psychological processes.* Cambridge, MA: Harvard University Press.

W. K. Kellogg Foundation. (2004). Using logic models to bring together planning, evaluation, and action. *Logic model development guide.* Battle Creek, MI: Author. Retrieved from http://www.wkkf.org/knowledge-center/resources/2006/02/wk-kellogg-foundation-logic-model-development-guide.aspx

Wages, S., & Darling C. (2004). Evaluation of a marriage preparation program using mentor couples. *Marriage & Family: A Christian Journal, 7*, 103-121.

Waite, L., & Gallagher, M. (2000). *The case for marriage: Why married people are happier, healthier, and better off financially.* New York: Doubleday.

Walters, A., & Hayes, D. (2007). Teaching about sexuality. *American Journal of Sexuality Education, 2*(2), 27-49.

Walters, J., & Jewson, R. (1988). *The National Council on Family Relations: A fifty-year history, 1938-1987.* Minneapolis, MN: National Council on Family Relations.

Wandersman, L. P. (1987). New directions for parent education. In S. L. Kagan & E. E Zigler (Eds.), *America's family support programs.* New Haven, CT: Yale University Press.

Warren, J. (2008). One in 100: Behind bars in America in 2008. *Pew Center on States.* Retrieved from http://www.colorado.gov/cc.ijdir/Resources/Resources/Ref/PEW_OneIn100.pdf

Wartella, E., Rideout, V., Lauricella, A. R., & Connell, S. L. (2013). *Parenting in the age of digital technology: A national survey.* Report of the Center on Media and Human Development, School of Communication, Northwestern University.

Watkins, R., Meirs, M., & Visson, Y. (2012). *A guide to assessing needs: Essential tools for col- lecting information, making decisions, and activity development.* Washington, DC: The World Bank. Retrieved from http://www.needsassessment.org/

Watson, J. (1925) *Behaviorism.* New York: W.W. Norton.

Waxman, H. (2004). *The content of federally funded abstinence-only education programs.* Washington, DC: U.S. House of Representatives Committee on Government Reform.

Weahkee, R. (2010, June). Message from the director, division of behavioral health. *Indian Health Service Headquarters Division of Behavioral Health Newsletter, 1-12.*

Weber, J. G. (2011). *Individual and family stress and crisis.* Thousand Oaks, CA: Sage.

Webster-Stratton, C., & Reid, M. J. (2003). The incredible years parent, teacher, and child training series: A multifaceted teaching approach for young children with conduct problems. In A. Kazdin & J. Weiss (Eds.), *Evidenced-based psychotherapies for children and adolescents* (pp. 224-240). New York: Guilford Press.

Weigley, E. (1976). The professionalization of home economics. *Home Economics Research Journal, 4*(4), 253-259.

Weiss, E., & Lee, G. (2009). Parenting education is economic development. Partnership for America's economic success. Retrieved from http://www.readynation.org/uploads/20090708_PAESParentingBriefFinal.pdf

Weiss, H. B., & Jacobs, E H. (1988). *Evaluating family programs.* New York: Aldine de Gruyter.

Weston, M. (1994). How to fox-trot while your partners tango: Joys and challenges of step-family life. National Stepfamily Resource Center. Retrieved from http://www.stepfamilies.info/articles/joys-and-challenges-of-stepfamily-life.php

Whitchurch, G. (2005). Walking the walk: Teaching systems theory by doing theory. In V. Bengston, A. Acock, K. Allen, P. Dilworth-Anderson, & D. Klein (Eds.), *Sourcebook of family theory & research* (pp. 573-574). Thousand Oaks, CA: Sage.

White, J., & Klein, D. (2008). *Family theories.* Thousand Oaks, CA: Sage.

Wilcox, B. (2010). When marriage disappears: The retreat from marriage in middle America. *The state of our unions 2010.* Charlottesville, VA: National Marriage Project and Institute for American Values.

Williams, L. (2004). The meaning of marriage: Two churches, one marriage. Retrieved from http://www.sandiego.edu/interchurch/index.html

Williams, L., & McBain, H. (2006). Integrating gender on multiple levels. A conceptual model for teaching gender issues in family therapy. *Journal of Marital and Family Therapy, 32*(3), 385-397.

Wood, D., Bruner, J., & Ross, G. (1976). The role of tutoring in problem solving. *Journal of Child Psychology and Child Psychiatry, 17*, 89-100.

Wood, M. (2003). Experiential learning for undergraduates: A simulation about functional change and aging. *Geriatrics & Geriatrics Education, 23*(3), 37-38.

Wood, R., Avellar, S., & Goesling, B. (2008). Pathways to adulthood and marriage: Attitudes, expectations, and relationship patterns. U.S. Department of Health and Human Services. Retrieved from http://aspe.hhs.gov/hsp/08/pathways2adulthood/index.shtml

World by Map. (2010). Median age of the world. Retrieved from http://world.bymap.org/MedianAge.html

World Health Organization (WHO). (2005). WHO multi-country study on women's health and domestic violence against women. Retrieved from http://www.who.int/gender/violence/who_multicountry_study/en/

World Health Organization (WHO). (2010). Global health observatory: HIN/AIDS. Retrieved from http://www.who.int/gho/hiv/en/index.html

World Health Organization (WHO). (2011). Global status report on alcohol and health. Retrieved from http://www.who.int/substance_abuse/publications/global_alcohol_report/msbgsruprofiles.pdf

World Health Organization (WHO). (2012). Intimate partner and sexual violence against women. Retrieved from http://www.who.int/mediacentre/factsheets/fs239/en/

World Health Organization (WHO). (2013a). Management of substance abuse. Retrieved from http://www.who.int/substance_abuse/facts/alcohol/en/index.html

World Health Organization (WHO). (2013b). Young people health risks and solutions. Retrieved from http://www.who.int/mediacentre/factsheets/fs345/en/index.html

World Public Opinion. (n.d.). Globalization. Retrieved from http://www.americans-world.org/digest/global_issues/globalization/culture.cfm

Youcha, G. (1995). *Minding the children: Childcare in America from colonial times to the present.* New York: Scribner.

ZERO TO THREE. (2011). Using evidence-based programs to support children and families experiencing homelessness. An Initiative of Conrad N Hilton Foundation in partnership with the National Center on Family Homelessness, National Alliance to End Homelessness, and ZERO TO THREE. National Center for Infants, Toddlers and Families. Retrieved from http://www.zerotothree.org/about-us/fundedprojects/strengthening-at-risk-and-homeless-young-mothers-and-families/strength_ebp122111.pdf

Zickuhr, K. (2011). Generations and their gadgets. *Pew Internet.* Retrieved from http://pewintemet.org/Infographics/2011/Generations-and-gadgets.aspx

Zinn, M., Eitzen, D., & Wells, B. (2011). *Diversity in families.* Boston: Allyn & Bacon.

事項索引

人名索引

翻訳者一覧

倉元綾子　　　監訳，まえがき，日本語版序文，序文，第 1，2，3，4，7，9，11 章，付録
　　　　　　　西南学院大学人間科学部・教授，医学博士
　　　　　　　著書　　『家族生活の支援―理論と実践―』（共著，2014，建帛社），『家族生活教
　　　　　　　　　　　育―人の一生と家族―（第 2 版）』（監訳，2013，南方新社），『アメリカ・
　　　　　　　　　　　ホーム・エコノミクス哲学の歴史』（翻訳，2005，近代文芸社）『家政学再
　　　　　　　　　　　考―アメリカ合衆国における女性と専門職の歴史』（監訳，2002，近代文
　　　　　　　　　　　芸社）ほか
　　　　　　　1955 年　生まれ
　　　　　　　1977 年　奈良女子大学家政学部食物学科卒業（家政学士）
　　　　　　　1980 年　奈良女子大学大学院家政学研究科食物学修了（家政学修士）
　　　　　　　1984 年　大阪市立大学医学部大学院医学研究科生理系生化学修了（医学博士）
　　　　　　　1984 年　神戸女学院大学家政学部・助手
　　　　　　　1990 年　湊川女子短期大学・助教授
　　　　　　　1994 年　鹿児島県立短期大学生活科学科・助教授（のち，准教授）
　　　　　　　2018 年　西南学院大学人間科学部・教授

黒川衣代　　　監訳，まえがき，第 10，11 章
　　　　　　　鳴門教育大学大学院学校教育研究科・教授
　　　　　　　著書　　『現代家族を読み解く 12 章』（共著，2018，丸善出版），『家族生活の支
　　　　　　　　　　　援―理論と実践―』（共著，2014，建帛社），『家族生活教育―人の一生と
　　　　　　　　　　　家族―（第 2 版）』（監訳，2013，南方新社），『家族援助論』（共著，
　　　　　　　　　　　2008，ミネルヴァ書房）ほか
　　　　　　　1956 年　生まれ
　　　　　　　1979 年　お茶の水女子大学家政学部卒業（家政学士）
　　　　　　　1993 年　米国パデュー大学大学院修士課程児童・家族学修了（Master of Science）
　　　　　　　1997 年　和歌山信愛女子短期大学・講師
　　　　　　　1998 年　大阪市立大学大学院生活科学研究科博士課程人間福祉学単位取得退学
　　　　　　　1999 年　秋田大学教育文化学部・助教授
　　　　　　　2005 年　鳴門教育大学大学院学校教育研究科・教授

片田江綾子　　第 5，6，8 章
　　　　　　　文部科学省初等中等教育局・教科書調査官
　　　　　　　著書　　『家族生活教育者のための倫理的な考え方と実践』（翻訳，2017，JSPS 科
　　　　　　　　　　　研費　JP16H00150），『中学校　高等学校　家庭科指導法』（共著，2011，建
　　　　　　　　　　　帛社），『学力とトランジッションの危機―閉ざされた大人への道―』（共
　　　　　　　　　　　著，2007，金子書房），『スキルズ・フォア・ライフ』（翻訳，2002，家政
　　　　　　　　　　　教育社）ほか
　　　　　　　1973 年　生まれ
　　　　　　　1995 年　お茶の水女子大学家政学部卒業（家政学士）
　　　　　　　1997 年　お茶の水女子大学大学院家政学研究科修了（家政学修士）
　　　　　　　1999 年　お茶の水女子大学生活科学部・助手
　　　　　　　2005 年　米国ミネソタ大学大学院教育人間発達学研究科仕事・コミュニティ・家
　　　　　　　　　　　族教育学科家族教育専攻修了（PhD・教育学）
　　　　　　　2006 年　香川大学教育学部・講師（のち，准教授）
　　　　　　　2013 年　文部科学省初等中等教育局・教科書調査官

泉光世 第 9，11 章
日本女子大学家政学部学術研究員・大学院非常勤講師
論文 Family Resilience among Sojourning Japanese Mothers: Links to Marital Satisfaction and Children's Behavioral Adjustment (*Family & Consumer Science Research Journal,* 2018, **46**(3), 282-296), Sojourning Japanese Fathers Raising Young Children in the U.S. (*Culture, Society & Muscalinity,* 2016, **8**(1), 58-74), Project T.R.U.S.T. Peer Education Presentation to Japanese Teens in the United States.(*Journal of the Japan Association of Home Economics Education,* 2010, **53**(3),147-152)
1968 年 生まれ
1992 年 東京学芸大学教育学部卒業（教育学学士）
2009 年 米国西ミシガン大学家族・消費者科学学部修士課程修了（MA・教育学）
2015 年 米国西ミシガン大学教育リーダーシップ学部キャリア&テクニカル教育専攻博士課程修了（PhD・教育学）
2015 年 千葉工業大学工学部英語教育センター非常勤講師
2017 年 日本女子大学家政学部学術研究員
2018 年 日本女子大学家政学部大学院非常勤講師

家族生活教育
－人の一生と家族－　第3版

発　行　日　　2019年3月31日　第1刷発行

著　　　者　　キャロル・A・ダーリン，ドーン・キャシディ，レイン・H・パウエル
監　　　訳　　倉元綾子，黒川衣代
翻　　　訳　　片田江綾子，泉光世
発　行　者　　向原祥隆
発　行　所　　株式会社　南方新社
　　　　　　　〒890-0873　鹿児島市下田町292-1
　　　　　　　電話　099-248-5455
　　　　　　　振替口座　02070-3-27929
　　　　　　　URL　http://www.nanpou.com/
　　　　　　　e-mail　info@nanpou.com

印刷・製本　株式会社イースト朝日
乱丁・落丁はお取り替えします
定価はカバーに表示しています
Printed in Japan
ISBN978-4-86124-396-7 C3077